Guido Dieckmann
Luther

atb aufbau taschenbuch

GUIDO DIECKMANN, Jahrgang 1969, hat Geschichte und Anglistik studiert. Er hat bisher mehrere sehr erfolgreiche historische Romane vorgelegt

Als Aufbau Taschenbuch sind seine Roman *Die sieben Templer* sowie *Das Geheimnis des Poeten. Ein Weimar-Krimi* lieferbar.

Martin Luthers Schicksal schien vorgegeben – er würde Jurist werden, wie es sich seine Familie wünschte. Doch während eines Gewitters verspricht er, sein Leben Gott zu weihen. Gegen den Willen des Vaters tritt er in ein Augustinerkloster ein, als Mönch aber verzweifelt er an den Zuständen der Kirche. Er will, dass seine Kirche die wahre Lehre von Jesus Christus verbreitet, statt Ablasshandel zu betreiben. Damit aber steht er plötzlich im Streit mit der ganzen christlichen Welt.

GUIDO
DIECKMANN

LUTHER

ROMAN

atb aufbau taschenbuch

MIX
Papier aus verantwortungsvollen Quellen
FSC® C083411

ISBN 978-3-7466-3299-5

Aufbau Taschenbuch ist eine Marke der
Aufbau Verlag GmbH & Co. KG

2. Auflage 2017

Bei Aufbau Taschenbuch erstmals 2003 erschienen.
Umschlaggestaltung www.buerosued.de, München
unter Verwendung von Motiven von © Richard Shepherd/Arcangel
und © Valentino Sani/Trevillion Images
Satz LVD GmbH, Berlin
Druck und Binden CPI books GmbH, Leck, Germany
Printed in Germany

www.aufbau-verlag.de

Prolog

Sommer 1505, in der Nähe von Erfurt

Von Kindesbeinen an war Martin beigebracht worden, sich vor den Naturgewalten, vor Sturmwind, Blitz und Donner vorzusehen. Auch vor der Dunkelheit, denn es hieß, sie sei die Herrin der Nacht. Unbestechlicher als jeder Richter oder Schöffe verteidige sie ihre Rechte gegenüber Mensch und Vieh. Man glaubte, sie nehme sich all jener Geschöpfe und Mächte an, die in ihrem Schutz zum Leben erwachen.

Der junge Martin fürchtete sich nicht vor den oftmals argwöhnisch beäugten Kräften der Natur. Im Gegenteil, er liebte es, wenn die Konturen vertrauter Dinge im Dämmerlicht des verbrauchten Tages verschwammen oder wenn Regen und Wind über die Berge und Landstriche seiner Heimat glitten, um die Wiesen grün und saftig und das Getreide gelb und üppig zu machen. Seine Vorfahren waren Bauern aus den dichten Wäldern Thüringens gewesen, und auch wenn die Familie Luther durch das Amt des Vaters inzwischen zu Ansehen und bescheidenem Wohlstand gekommen war, hatte Martin schon immer gespürt, daß in seinen Knochen noch viel von der Ausdauer und Hartnäckigkeit derer steckte, die im Einklang mit der Natur den Ackerboden bebauen, um ihm dankbar all das zu entnehmen, was sie für ihr Leben brauchen.

Als Martin an einem Nachmittag des Sommers 1505, nach einem Besuch des Elternhauses, den Heimweg nach Erfurt antrat, konnte er indes nicht ahnen, daß der einsame Marsch über die vom Zwielicht beschienenen Felder sein Leben für immer verändern würde.

Für gewöhnlich empfand er den Weg über die Hügel und Wiesen nicht als beschwerlich, nicht einmal bei Dunkelheit, denn er war ein kräftiger Bursche und gut zu Fuß. Mehr noch, er genoß die Stunden, die er mit sich und seinen Gedanken allein zubringen konnte, von Herzen.

An diesem Abend erschien ihm die Strecke allerdings weitaus länger, als er sie in Erinnerung hatte. Seine Füße taten ihm weh, kaum daß er die Türme und Mauern seiner Vaterstadt im Rücken wußte. Die drückende Hitze des Tages, die noch immer bleischwer in der Luft hing, machte ihm ebenso zu schaffen wie die Stechmücken, die um seinen Kopf herumschwirrten und einen bevorstehenden Wetterwechsel ankündigten. Martin fühlte sich matt und gleichzeitig von einer inneren Unruhe getrieben, die er nicht einzuordnen wußte. Waren es die ernsten Gespräche mit seinem Vater, die ihm nicht mehr aus dem Kopf gingen? Oder das verhärmte, von tiefen Falten durchzogene und doch so unendlich gütige Gesicht seiner Mutter, die unter den gestrengen Blicken ihres Ehemannes nur selten das Wort an ihn gerichtet hatte? Martin wußte es nicht genau zu sagen.

Eine merkwürdige Stille breitete sich über den Feldern aus; nicht einmal der Hauch eines Lüftchens war zu spüren. Die Mücken hatten sich verflüchtigt oder ein anderes Opfer ausersehen. Es war, als ob die Welt für einen Augenblick in gespannter Erwartung den Atem anhielt.

Der junge Mann legte die Stirn in Falten. Beunruhigt raffte er die leichte Schaube aus gebleichtem Leintuch, die ihm bis zu den Knien reichte, über der Brust zusammen und setzte seinen Weg fort. Urplötzlich, als hätten unsichtbare Münder sie aufgeblasen, türmten sich schwarze, massige Gewitterwolken hoch über ihm auf. Ein gewaltiges Brausen rauschte durch die Gipfel der Bäume und brachte deren Laub zum Zittern. Martin blieb kurz stehen und sandte einen abschätzenden Blick zum Himmel. Überrascht stellte er fest, daß ein paar der tiefsten Wolken menschliche Gesichtszüge trugen. Er sah unstete, gehetzt umherblickende Augen, Lippen, die sich bewegten, als beteten sie, Nasen, die an einen Klumpen Ton auf einer Töpferscheibe erinnerten. In Mansfeld, wo Martin aufgewachsen war, gab es alte Weiber, die schworen, man könne in den Wolken, die einen Sturm ankündigten, das Antlitz seiner zukünftigen Ehefrau erkennen. Ließ der erste Blitzstrahl bis zum Schlagen der Glocke von St. Georg auf sich warten, so blieb die Frau bis ins hohe Alter ansehnlich und die Ehe ohne Streit und Hader. Im anderen Fall lernte man die Tiefen der Hölle bereits im Diesseits kennen.

Voller Unruhe bohrte Martin die Spitze seines weichen Schnabelschuhs in den lockeren Erdboden. Obwohl der Besuch im Haus seiner Eltern ihm wichtig gewesen war, bereute er es nun, den Aufbruch so lange hinausgezögert zu haben. Schließlich warteten einige seiner besten Freunde seit den frühen Nachmittagsstunden in einer Schenke an der Krämerbrücke auf ihn, um zu würfeln, während sein Vater ihm nur lange Vorträge darüber gehalten hatte, wie schwer es für ihn war, sich in diesen unruhigen Zeiten als Mitglied der Vierherren gegen den Magistrat der Stadt durchzusetzen. Glücklicherweise, so hatte Hans Luther betont, studiere sein Sohn ja nun die Rechte und könne ihm in absehbarer Zeit mit Rat und Tat zur Seite stehen. Der alte Bergmann mochte es nicht zugeben, aber er war stolz auf seinen Sohn, den frisch gebackenen Magister der sieben freien Künste. Er hatte sogar aufgehört, ihn zu duzen, ein Umstand, der Martin jedesmal von neuem mit Verlegenheit erfüllte, wenn das steife »Ihr« aus dem Mund seines Vaters ertönte. Doch wenn der Alte sich einmal etwas in den Kopf gesetzt hatte, vermochte sein Sohn es ihm nicht mehr auszureden. So war es immer gewesen.

Martin blickte verunsichert auf die Weggabelung zurück, die er soeben gekreuzt hatte. Ein kleiner Pfad, der von dornigem Gestrüpp überwuchert wurde, führte nach Stotternheim, einem Bauerndorf. Weit und breit war keine Menschenseele zu sehen; er war ganz allein auf der Straße. Und dies bedauerte er zutiefst, denn ein Wagen mit Verdeck oder wenigstens die Gesellschaft eines fliegenden Händlers oder Vaganten hätten das unangenehme Ziehen, das sich in seinem Magen regte, erträglicher gemacht.

Wenige Augenblicke später fing es an zu regnen; die Welt stieß ihren angehaltenen Atem aus. Zunächst fielen nur wenige Tropfen, doch es dauerte nicht lange, bis es so heftig schüttete, daß der Regen Martin in Sturzbächen die Schläfen herunterlief und unter seinen ärmellosen Überrock sickerte.

Martin hatte sich dazu durchgerungen, die Landstraße zu verlassen und seinen Weg über die Hügelkette abzukürzen, als das erste Donnergrollen ertönte. Grelle Blitze zuckten durch die abendliche Wolkendecke, in der auch die abergläubischste Seele kein Gesicht mehr erkannt hätte.

Das Unwetter hatte die Hügelkette erobert.

Voller Hast stolperte Martin weiter über den unbefestigten Pfad, der sich unter seinen weichen Ledersohlen rasch in einen brackigen Sumpf verwandelt hatte. Todesangst erfaßte ihn; sein Herz raste wild, seine Zähne schlugen unkontrolliert aufeinander. Voller Entsetzen wich er der Böschung aus, an deren äußerstem Rand ein verlassener Galgen im Sturmwind schwankte. Das Hochgericht der schwarzen Eichen. Martin schluckte schwer, als seine Blicke sich auf die alte Hinrichtungsstätte hefteten. »Heilige Anna«, stammelte er außer sich, »sei mir gnädig!« Sofort schlug er die Augen nieder, um sich zu bekreuzigen, denn unverhofft auf einen Galgen zu stoßen bedeutete drohendes Unheil für Leib und Seele. Mochte das Blutgerüst auch nur noch aus ein paar unbrauchbaren, morschen Balken und Stricken bestehen, so wußte Martin doch, daß dieser Anblick ein Zeichen der Vorsehung war.

Kaum hatte er sich von seinem ersten Schrecken erholt, als auch schon zwei weitere gleißende Blitze über den Himmel zuckten; sie tauchten den Abhang in ein gespenstisches Licht. Martins Lippen entwich ein gepreßtes Wimmern; schaudernd wich er zurück. Nur wenige Schritte von ihm entfernt, zerbarst der alte Galgen, vom Blitzstrahl getroffen, in tausend Stücke. Die verschobenen Balken stöhnten auf wie eine gequälte Seele, scharfe Holzsplitter wirbelten surrend wie ein Pfeilhagel durch die Luft.

Martin zögerte keinen Augenblick zu lang. Bäuchlings warf er sich in den Morast, zog Schaube und Barett schützend über sein Gesicht und hielt sich die Ohren zu. Sein Körper krümmte sich. Ich werde sterben, schoß es ihm durch den Kopf, während die Überreste des verfluchten Galgens rechts und links von ihm zu Boden schlugen. Ich werde sterben, ohne meine Sünden bereut und die Beichte abgelegt zu haben. Kann der Himmel dies wirklich wollen? Ein schrecklicher Donnerschlag war die einzige Antwort, die er erhielt: Der Himmel zürnte ihm, er verlangte nach einem Opfer und sandte ihm zugleich eine allerletzte Warnung, daß seine Seele in Gefahr war.

»Hilf, heilige Anna«, schluchzte Martin mit erstickter Stimme. »Ich … will ein Mönch werden!« Mit den Wortes des Gelübdes auf den Lippen versank er in einer tiefen Ohnmacht.

Die Welt hörte seinen Ruf, doch sie atmete weiter, als ob nichts geschehen wäre.

Erstes Kapitel

Der 17. Juli Anno Domini 1505 versprach ein warmer, sonniger Tag zu werden. Ein wolkenloser blauer Himmel spannte sich über den Horizont, so weit man von den Wachtürmen aus blicken konnte. Die Luft roch nach dem Regen der vergangenen Nacht, und auch wenn noch einige Wasserlachen auf der Krämerbrücke sowie der übliche Morast in den verwinkelten Gassen zwischen Anger, Fischmarkt und Domplatz an den heftigen Sturm erinnerten, begrüßten die Menschen von Erfurt den neuen Tag mit Gleichmut und Gelassenheit.

Martin wünschte sich aus ganzen Herzen, es seinen Nachbarn und Kommilitonen gleichtun zu können. Einfach weiterzuleben, als ob nichts geschehen wäre, aber er wußte, daß dies nicht möglich war. Die Stürme, die sein Leben am Galgenhügel vor der Stadt in Gefahr gebracht hatten, waren bestenfalls leiser geworden, verstummt waren sie nicht. Sie tobten durch jede Windung seines Verstandes und sorgten mit unerbittlicher Härte dafür, daß er nicht vergaß, was ihm widerfahren war. Er hatte ein Gelübde abgelegt, dieses galt es nun zu erfüllen.

Wenig später stand Martin im Kreise seiner engsten Freunde und Kameraden vor dem wuchtigen, mit eisernen Dornen beschlagenen Tor des Augustinerklosters an der Comthurgasse. Dreimal setzte er an, sich Einlaß zu verschaffen, dreimal zogen seine Begleiter ihm die Hand zurück. Doch zuletzt machte er sich unter Bitten und Beschwichtigungen von ihnen los und betätigte den bronzenen Klopfer. Er war nicht wirklich bereit, ein Mönch zu werden. Aber er war bereit, ein gegebenes Versprechen einzulösen.

Als der Bruder Pförtner, ein hoch aufgeschossener Mann mit trüben Augen, einige Zeit später das Tor hinter ihm ins Schloß fallen ließ und den schweren Riegel vorschob, klang das Geräusch in seinen Ohren einmal mehr wie ein harter, dumpfer Donnerschlag.

Unzählige besorgte Stimmen hatten Martin von dem Schritt abgeraten, der Welt zu entsagen und sich in die Abgeschiedenheit eines Klosters zurückzuziehen. Seine Kollegen hielten es für eine Laune, für die sie keine Erklärung fanden. Gewiß hatte manch einer der jungen Burschen, die gemeinsam mit Martin Vorlesungen und Wirtshäuser besucht hatten, an dem Kameraden einen Hang zur Schwermut festgestellt, doch Martin war es immer wieder gelungen, seine düsteren Stimmungen in ein paar Bechern Wein zu ertränken und mit lustigen Spottreimen auf die Magister und Kanzelprediger der Stadt zu vertreiben. Erfurt wurde »die Turmreiche« genannt, weil sie innerhalb der Stadtmauern außer dem Dom viele Kirchen, Klöster und Kapellen beherbergte. Für die Studenten, deren Professoren oft Ordensmänner waren, gehörte der Besuch der Messe zum üblichen Ablauf eines jeden Werktages. Die meisten waren froh, wenn die religiösen Pflichten erledigt waren und sie sich einem angenehmeren Zeitvertreib widmen konnten. Und nun wollte ausgerechnet Martin Luther, der ideenreichste und geselligste von ihnen allen, seine aussichtsreiche Laufbahn als zukünftiger Advokat oder Beamter der höfischen Kanzlei einfach mit Füßen treten, um ein Pfaffe zu werden? Ein bettelarmes Mönchlein? Keiner von Martins Mitstudenten konnte verstehen, warum er dem gemütlichen Stübchen in der Burse, nahe der Michaeliskirche, eine schmale Klosterzelle vorziehen wollte. Aber offensichtlich sehnte er sich danach, sein weltliches Leben hinter sich zu lassen. Martin hatte sogar seine Bücher, seinen wertvollsten Besitz, verkauft. Nur die Werke der römischen Dichter Vergil und Plautus wollte er mit in die Klausur nehmen.

Zugegeben, das Studium der Theologie mochte einem Mann, der sich zum geistlichen Dienst berufen fühlte, ein glückliches Dasein, nebst einträglichen Pfründen, bescheren. Schließlich war das Leben, das die hohen kirchlichen Würdenträger führten, alles andere als kärglich oder entbehrungsreich. Glaubte man dem Gerede, so mußten sie trotz ihrer Gelübde nicht einmal auf die Reize einer Frau verzichten. Martin hatte sich jedoch für den Eintritt in einen strengen Orden entschieden, dessen arme Brüder sich trotz ihrer Gelehrsamkeit mit groben Säcken bewaffnet durch die Gassen bewegten und Almosen einsammelten. Bei allem Ansehen, das der Prior des Klosters in der Stadt genoß, waren seine Mönche doch nicht selten dem Spott und Mutwillen des einfachen Volkes ausgesetzt.

Eine Weile standen Martins Kameraden noch zusammen, während in ihrem Rücken die Stadt zum Leben erwachte. Läden wurden aufgeschlagen, Hühner liefen gackernd über das mit Stroh bedeckte Pflaster, der Karren eines Seifensieders rumpelte auf die Brücke zu. Die Blicke der jungen Männer waren indessen starr auf die Klosterpforte geheftet, als hofften sie, das schwere Tor durch die Kraft ihres Willens aus den Angeln heben und ihren Freund zur Umkehr bewegen zu können. Doch schließlich gaben sie es auf und kehrten ins Universitätsviertel zurück.

Martins Vater, der Bergmann Hans Luther, war entsetzt, als er von dem Gelübde seines Sohnes erfuhr. In einem Wutanfall zerfetzte er den Brief, in dem Martin versucht hatte, ihm die Gründe für sein Handeln zu erklären, und warf ihn ins Feuer der rußgeschwärzten Herdstelle. »Dieser elende Lump«, schrie er, ohne daß seine Frau ihn daran hindern konnte. »Nach allem, was ich für ihn getan habe, hält er mich nun zum Narren.« Sein Herz krampfte sich zusammen. Stöhnend ließ er sich auf die harte Eichenbank fallen, die den Blick auf das Holzkreuz in der Wohnstube seines Hauses ermöglichte. Als er bemerkte, daß vor den Fenstern zur Gasse, die mit in Öl getränktem Pergament überspannt waren, einige Leute stehenblieben und tuschelnd die Köpfe zusammensteckten, übermannte ihn eine Woge aus Resignation und Enttäuschung. »Alles habe ich für ihn getan«, flüsterte er hilflos, während seine Augen den züngelnden Flammen der Feuerstelle folgten, die Martins Brief längst in ein formloses Häuflein Asche verwandelt hatten. »Ich habe ihn auf die Lateinschule nach Magdeburg geschickt, damit ein gelehrter Herr aus ihm wird. Mit der Rute habe ich nicht gespart, wie es meine väterliche Pflicht gewesen ist. Er wird niemals verstehen, welche Hoffnungen sich ein Vater gesunder Söhne macht, weil ...« Wutentbrannt sprang er auf und schlug mit der Faust auf den Tisch. »Weil er niemals heiraten und eigene Söhne bekommen kann, solange er mit diesen Betbrüdern durch einen Kreuzgang rennt und Stundengebete herunterleiert.«

Martins Mutter, die den Zornausbruch ihres Gatten mit unbewegter Miene verfolgt hatte, nahm ihren ganzen Mut zusammen und verließ ihren Platz hinter dem Walkrahmen, wo sie seit Tagesanbruch damit beschäftigt war, mit einem Filzhammer feuchtes Manteltuch zu glätten und somit gegen Wind und Kälte undurchlässig zu machen. Sie trat auf ihren wütenden Mann zu und legte ihm besänftigend eine Hand auf die knochige Schulter. Ihre Finger ertasteten einen kleinen Riß unterhalb des Ärmelansatzes. Er mußte ihn längst bemerkt haben, denn seit er mit den städtischen Magistraten zu tun hatte, ging er nicht nur regelmäßig zum Bader, sondern achtete auch geflissentlich auf den Zustand seiner Überröcke, Mäntel und Wämser. Und dennoch hatte er ihr nicht befohlen, den Riß zu flicken. Sie nahm sich vor, am Abend ein wenig länger aufzubleiben und das Wams in Ordnung zu bringen, sobald ihr Gatte sich in seine Kammer zurückgezogen hatte. Für Martin konnte sie ja nicht mehr sorgen, der würde in Zukunft andere Kleider brauchen: ein weißes Wollhemd, eine Tunika, die bis zu den Fußknöcheln reicht, Skapulier und Kapuze …

»Mein Haus betritt der Junge nicht mehr«, verkündete Hans Luther nach einer Weile entschieden. Wie zur Bekräftigung seiner Worte schüttelte er die Hand seiner Frau ab und nahm die kleine Talglampe von der Eichentruhe. »Kommst du, Margarethe?«

Sie schüttelte langsam den Kopf und deutete stumm auf die Krüge am Spülstein, die sie noch von Resten der Buttermilch säubern und wegräumen mußte. »Vielleicht besteht er die Probezeit nicht«, sagte sie plötzlich, als Hans Luther bereits auf der Stiege stand. Ihre Miene hellte sich merklich auf, sogar die schlaffen Wangen gewannen ein wenig Farbe zurück. »Bevor ein Mönch seine ewigen Gelübde ablegen kann, muß er eine harte Novizenzeit durchlaufen.«

Ihr Mann starrte sie einen Herzschlag lang voller Überraschung an, dann gefror sein Gesichtsausdruck zu einem grimmigen Lächeln. »Mach dir keine unnötigen Hoffnungen, Frau«, sagte er. »Ich kenne meinen Sohn. Wenn Martin eine Probezeit auf sich nimmt, so habe ich keinen Zweifel, daß er sie bestehen wird!«

Martin Luthers feierliche Priesterweihe fand zwei Jahre nach seinem Eintritt ins Kloster und ein Jahr, nachdem er sein Gelübde abgelegt hatte, im Mariendom zu Erfurt statt.

Der Tag, an dem er seine erste Messe in der Klosterkirche las, sollte hernach wie ein Fest begangen werden. Martin schwitzte unter dem kostbaren Ornat vor Aufregung. Mit zitternden Händen stülpte er ein Birett über die kahle Stelle seiner Tonsur, während zwei ältere Mönche mit kritischen Blicken um ihn herumliefen, als wollten sie ein Pferd kaufen.

»Vergebt mir, Brüder, aber ihr macht ein Gesicht, als warte der Schinderkarren auf mich und nicht der Hochaltar«, rief Martin aus. »Ist denn mit der Stola etwas nicht in Ordnung? Haben Ratten am Saum genagt?« Ein unruhiges Lächeln huschte über sein Gesicht. »Sagt mir lieber, ob meine Angehörigen schon in der Kirche sind!«

Die beiden Mönche zuckten ungeduldig mit den Schultern und behaupteten, nicht darauf geachtet zu haben. Im nächsten Moment setzte nebenan in der Kirche das Chorlied ein. Ein Strauß aus weihevollen Tönen hallte, gleich einem Engelsgesang, von den schmucklosen Wänden wider; sie ließen Martins Herz höher schlagen. Seine Brüder sangen zum Lobpreis Gottes, des Allerhöchsten, dem er sein Leben geweiht hatte. Er vergaß die lähmende Anspannung seiner Glieder. Die Angst, daß sein geliebter Vater der Einladung nach Erfurt nicht gefolgt sein könnte, um die Messe seines Sohnes mitzuerleben, trat für eine Weile in den Hintergrund. Gemessenen Schrittes durchquerte er den kurzen Mittelgang, die Augen geradewegs auf das Meer aus brennenden Kerzen in goldenen Leuchtern gerichtet, die den Altar mit der Monstranz und der wertvollen Figur der seligen Jungfrau in einen seidigen Schimmer tauchten. Während er auf die drei hohen Glasfenster zulief, die hoch über seinem Kopf das Licht der Kerzen in einem farbenprächtigen Schleier zurückwarfen, fühlte er sich so leicht, daß er beinahe glaubte, über den kalten Steinboden zu schweben. Die in tiefes Schwarz gekleideten Mönche auf der Empore sandten wohlwollende Blicke auf ihn herab. Sie verstanden ihn und seinen Wunsch, dem Herrn zu dienen, besser als seine Freunde. Besser als sein eigener Vater. Dankbar nickte er den Männern zu.

»Audens gaudebo in Domino ...«, tönte eine sanfte Stimme durch das von süßem Weihrauchduft erfüllte Kirchenschiff. Von ihr begleitet, erreichte Martin die dunkle Eichenbank gegenüber der Sakristei, wo er das Ende des Chorlieds und das Zeichen des Generalvikars Johann von Staupitz abwarten sollte. Die vorderen Reihen sowie das reich geschnitzte Chorgestühl waren von Priestern und Ordensleuten eingenommen worden, doch weiter hinten erkannte er eine Handvoll stattlicher Männer und Frauen, deren kostbare, farbenfrohe Gewänder das monotone Schwarz der Mönchskutten in beinahe frivoler Weise durchbrachen.

Martin begann heftiger zu schwitzen, mit fahrigen Bewegungen wischte er sich über die Stirn. Einer der alten Mönche, die ihm aus der Sakristei gefolgt waren, betrachtete ihn dabei. »So geht es jedem bei der Primiz, Bruder Martinus«, näselte er in nachsichtigem Ton. »Denk an den Tag, an dem du dein ewiges Gelübde ablegen durftest.«

Der junge Mann zwang sich zu einem Lächeln, das wohl seinen Ordensbruder, nicht aber ihn selbst beruhigte. »Der Tag meiner Investitur war wundervoll«, flüsterte er, »aber diese feierliche Messe heute ... Und nur, um einen unwürdigen Mönch ins Priesteramt einzuweisen?«

Der Alte zupfte verlegen an den wenigen weißen Haaren, die ihm verblieben waren und nun wie steife Borsten von seinem kantigen Schädel abstanden. Er schien ein wenig verwirrt, hatte er den jungen Mönch doch in den zurückliegenden Jahren als einen wahren Inbegriff von Eifer, Tugend und Gehorsam kennengelernt. »Du wirst Verantwortung tragen, Bruder«, sagte er schließlich. »Es ist eine Gnade des Himmels, verirrten Seelen die Beichte abzunehmen, Absolution zu erteilen und die heiligen Sakramente zu verwalten.« Mit einer hastigen Geste wischte er Martins Bedenken beiseite. »Ach, was sage ich: Tu einfach so, als sei die Kirche leer und du allein im Zwiegespräch mit Gott!«

Während die Mönche noch sangen, verließ Martin den kühlen Winkel zwischen den Stützsäulen und bewegte sich auf den Altar zu. Der alte Mönch, der ihm Mut zugesprochen hatte, schritt mit gefalteten Händen voran. Martin verspürte ein wenig Erleichterung, als er vor dem Bildnis des Gekreuzigten auf die Knie sank. Er sprach ein kurzes Gebet. Als er sich umdrehte, fiel sein Blick auf einen der festlich gekleideten Männer, der seine Nachbarn um Hauptеslänge überragte. Er ist gekommen, jubelte er still für sich, als er seinen Vater erkannte. Hans Luthers strenge Miene brachte Martins freudige Erregung indes rasch zum Erlöschen. Eingeschüchtert gab er den beiden älteren Brüdern ein Zeichen, zur Seite zu treten, und wandte sich dem Meßbuch zu, das in seinem prunkvollen Einband aufgeschlagen vor ihm auf dem Altar lag. Martin wartete einen Herzschlag lang, dann begann er würdevoll, mit fester Stimme, die Formeln der heiligen Eucharistie zu intonieren, wie er es vorab unzählige Male geübt hatte.

»Deus qui humanae substantiae dignitatem mirabiliter condidisti, et mirabilius reformasti ...« Seine Stimme verhallte in einem Widerhall, der die Ernsthaftigkeit des heiligen Moments untermalte. Martin ergriff zwei goldene Kannen und goß zuerst Wein, danach ein wenig Wasser in einen Kelch. Seine erröteten Wangen glühten vor Konzentration, die Hände bebten kaum merklich, als er das goldene Gefäß emporhob. In dem glänzenden Edelmetall erschien sein eigenes, leicht verzerrtes Spiegelbild.

»... da nobis per huius aquae et vini mysterium, eius divinitatis esse consortes ...« Er streckte die Arme weit aus und blickte hinauf, über die Empore hinweg zur hölzernen Decke der Klosterkirche. Er wünschte sich, das Dach würde sich vor seinen Augen auftun und ihm einen winzigen Blick in den Himmel erlauben. Versonnen betete er weiter: »... qui huminitatis nostrae fieri dignitatus est particeps ... particeps ...« Erschrocken hielt Martin inne, der Kelch in seinen Händen wurde ihm schwer wie eine Kanonenkugel. Er bemerkte, wie einer der Mönche seinen Nachbarn mit dem Ellenbogen anstieß. Dessen Mundwinkel bogen sich verächtlich nach unten. Auch der Generalvikar war inzwischen aufmerksam geworden. Er nickte Martin aufmunternd zu, doch der Gunstbeweis half dem jungen Mann nicht weiter. In seinem Kopf fielen hundert Gedanken übereinander her und begruben die lateinischen Worte, die ihm doch noch vor wenigen Stunden so flüssig über die Lippen gegangen waren, als hätte er niemals etwas anderes getan, als einfachen Wein in das Blut Christi zu wandeln. Das Zittern seiner Hände wurde plötzlich so stark, daß der kostbare Meßwein über den Rand des Kelches schwappte. Er benetzte Martins Finger und tropfte auf das blütenweiße Tuch des Altars. Einer der Mönche, der die Aufgaben des Sakristans versah, sprang herbei, um den Kelch zu stützen, ehe das Unglück vollends seinen Lauf nahm. Aber es war zu spät.

»Jesus Christus, Filius tuus ...«, raunte der Sakristan Martin ärgerlich zu. »Hast du gehört? Mach doch weiter!«

Martins Atem ging stoßweise, dennoch gehorchte er willenlos.

»Jesus Christus, Filius tuus, Dominus noster; Qui tecum vivit et regnat in unitate Spiritus Sancti ...« Ohne auf den Sinn der hastig dahingeworfenen Worte zu achten, beendete Martin das Gebet. Der Glanz der Kerzen, der Weihrauch, ja selbst die Stimmen seiner Brüder kamen ihm plötzlich fremd und unwirklich vor. Benommen starrte er auf die Grabplatte vor dem Altar, unter der die Gebeine eines besonders frommen ehemaligen Priors ruhten. Erst als seine Finger sich um den Griff des Meßkelchs schlossen und er ihn an die Lippen führte, wurde ihm bewußt, daß er kläglich versagt hatte.

In einem abgeschiedenen Winkel der Sakristei riß sich Martin die lange Albe vom Leib, als stünde das farbenprächtige Gewand in Flammen. Er hatte das Gefühl, zu ersticken. Der Gedanke, daß seine erste priesterliche Handlung mißlungen war und ihn vor den Augen seines Vaters und einiger der Ratsherren von Erfurt und Mansfeld zum Narren hatten werden lassen, trieb ihm vor Scham die Röte ins Gesicht.

Ungelenk füllte er einen blau glasierten Tonbecher mit Wasser, verschüttete auch hiervon die Hälfte und nahm schließlich ein paar lange, gierige Züge. Der üble Geschmack des Versagens blieb ihm auf der Zunge haften, doch wenigstens fühlte er sich nun ein wenig erfrischt. Dann sah er plötzlich den alten Mönch im Türrahmen auftauchen.

»Euer Vater hat die Kirche verlassen, Bruder Martinus«, sagte der Ordensbruder mit einem Anflug von Mitgefühl. Als er bemerkte, daß der junge Priester sein kostbares Gewand achtlos auf einen Schemel geworfen hatte, nahm er es auf und klopfte tadelnd ein paar imaginäre Stäubchen von der zierlichen Goldumrandung.

Martin verließ die Sakristei durch eine schmale Pforte und eilte mit wehender Tunika auf die Stallungen zu, die sich an die Wirtschaftsgebäude im Comthureihof des Augustinerklosters anschlossen. Bereits von weitem sah er, wie drei Knechte sich anschickten, einer Schar von Reisenden gesattelte Pferde zuzuführen. Artig zogen die Burschen ihre Mützen und neigten in Erwartung einer großzügigen Entlohnung ergeben die Köpfe. Martin lief eilig an den Knechten vorbei; seine Hände, die noch immer bebten, verschwanden in den weiten Ärmelfalten seiner Kutte. Zwischen den gutgekleideten Herren ragte die Gestalt seines Vaters beinahe ehrfurchtgebietend heraus. Hans Luther trug eine kurzschößige Schecke aus weinrotem Wollgewebe, die über der Brust mit dezenten Lederstreifen durchwirkt war. Ein breiter Gürtel mit einer Messingschnalle, die wie ein Habicht geformt war, hielt sein Wams in den Hüften straff zusammen. Auf dem Kopf des Mannes saß zum Schutz vor Wind und Nässe eine schwarze Filzkappe mit Ohrenklappen, unter der die langsam ergrauenden Haare fast vollständig verschwanden. Als Hans Luther seinen Sohn in dessen grober Kutte näher kommen sah, verharrte er einen Moment lang zögernd vor seinem Pferd. Dann schwang er sich behende in den Sattel.

»Vater … bitte«, rief Martin verwirrt. »Wollt Ihr nicht wenigstens zum Essen bleiben?« Fassungslos sah er zu, wie zwei der Männer aus Hans Luthers Gruppe den Stallburschen ein paar Münzen in die Hand drückten und dann das Zeichen zum Aufbruch gaben. Ohne Martin oder den anderen Mönchen im Klosterhof noch einen Blick zu gönnen, lenkten sie ihre Pferde auf den Rundbogen neben der Pforte zu, vor dem der Torhüter bereits Aufstellung genommen hatte.

»Vater?« Martin wagte einen letzten Versuch, den Mann auf dem braunen Rappen zurückzuhalten. »Wir haben so viel zu bereden.«

Ein Hoffnungsschimmer blitzte in seinen Augen auf, als Hans Luther die Zügel fallen ließ und ihn von Kopf bis Fuß musterte. Doch das Gesicht des Älteren blieb maskenhaft starr, die Knochen schienen aus ihm hervorzuspringen, und noch ehe er seine Schultern straffen konnte, wußte Martin, daß er seine letzte Gelegenheit, mit dem Vater ins reine zu kommen, verspielen würde.

»Zu bereden, zu bereden«, äffte Hans Luther ihn nach. »Während der Messe hättest du wahrhaftig Gelegenheit gehabt zu reden! Aber im entscheidenden Moment machst du dir in die Hosen. Wie stehe ich nun vor meinen Gevattern da, die eigens angereist sind, um deinem Gottesdienst beizuwohnen? Ihr schadenfrohes Geschwätz wird mich zum Gespött von ganz Mansfeld machen!«

Martin zuckte zusammen wie unter dem Knall eines Peitschenhiebs. Er schämt sich für mich, dachte er müde, als er begriff, daß sein Vater ihn wieder wie einen Schulknaben angeredet hatte. Trotz der finsteren Blicke, die der ältere Mann ihm zuwarf, griff er nach den Zügeln des Pferdes, das unruhig mit den Hufen scharte. Ein heftiger Wind war aufgekommen; er fegte über den Hof und trieb das Laub der Bäume in einem wilden Sog über das holprige Kopfsteinpflaster.

»Hast du dich jemals gefragt, woher der Husten rührt, der mich jedes Jahr nach Allerseelen überfällt?« rief Martins Vater gereizt. »Daß ich mir im Kupferbergwerk den Buckel krumm geschuftet habe, nur um dich auf die Lateinschule zu schicken, brauche ich wohl nicht zu betonen. Nicht, nachdem in unserem Haus die Pest gewütet und zwei deiner unschuldigen Brüder geholt hat, ohne daß der Medicus ihnen helfen konnte!«

Martin verzog den Mund, seine Augen brannten von den Sandkörnern, die der Wind ihm ins Gesicht wehte. Die grobe Kutte schlotterte wie ein Segel um die Fußknöchel des jungen Mönchs, während er sich bemühte, auf dem Weg zum Klostertor mit dem Rappen seines Vaters Schritt zu halten.

»Ich verstehe vielleicht nicht so viel von der Heiligen Schrift wie du und deine hochgelehrten Brüder«, knurrte

Hans Luther, »aber eines der Zehn Gebote kenne ich ganz genau: Du sollst Vater und Mutter ehren, heißt es. Du hast dieses Gebot gebrochen, um in diesen düsteren Mauern fromme Phrasen zu dreschen!«

Der Bruder Pförtner, der die letzten Worte des Reiters mit angehört hatte, wandte verlegen die Augen ab. Mit einem kräftigen Stoß schlug er den eisernen Riegel zurück und öffnete das hohe Tor eine Handbreit. Vermutlich wunderte er sich, daß der Mann auf dem Rappen sich so verärgert zeigte, denn es kam höchst selten vor, daß Angehörige eines Mönches den Aufenthalt ihres Sohnes oder Bruders im Konvent mißbilligten. Viele Eltern waren im Gegenteil dankbar, wenn sie ihre jüngeren Kinder in die Obhut eines Ordens geben konnten. Sie leisteten eine großzügige Mitgift und konnten dafür sichergehen, daß ihre Söhne oder Töchter für ihr Seelenheil beten und ihre Zeit im Fegefeuer durch emsige Fürbitten abkürzen würden.

Martin ließ die Zügel los. Er machte einen Schritt zurück und sagte: »Ihr denkt, ich sei eigensinnig, Vater, und vielleicht habt Ihr recht damit. Aber es war nicht mein Wunsch, ins Kloster zu gehen. Gott selbst hat mich an diesen Ort berufen! Der Heiland hat meinen Leib verschont, als ich bei den schwarzen Eichen dem Tode ins Auge blickte. Die Errettung meiner Seele muß ich mir jedoch erst noch verdienen!«

»Wovon redest du eigentlich?« Hans Luther schüttelte verständnislos den Kopf. »Ein Blitzstrahl versengt dir den Hintern, und das nennst du ein Zeichen des Himmels? Wohl eher ein Teufelstrug, der dich genarrt hat!«

Mit einem ärgerlichen Aufschrei gab Hans Luther seinem Pferd die Sporen und preschte dann so rasch durch den Torbogen, daß er beinahe seine Ohrenkappe verloren hätte. Martin sprang gerade noch rechtzeitig zur Seite, um nicht niedergetrampelt zu werden. Atemlos starrte er dem Reiter hinterher, der sein Pferd im wilden Galopp auf den Steg in Richtung Fischmarkt trieb. Auf der gegenüberliegenden Seite des Tores, wo sich eine Reihe windschiefer Werkstätten und Fachwerkhäuser befand, pries ein wandernder Kesselflicker laut schreiend seine Dienste an. Hans Luther ritt eilig an ihm vorbei. Wenige Augenblicke später war er im Gassengewühl verschwunden.

»Mein Vater war schon tot, als ich dem Orden beitrat«, hörte Martin die Stimme des Pförtners in seinem Rücken rufen. »Und meine Brüder und ihre Weiber waren viel zu sehr damit beschäftigt, seinen Hof untereinander aufzuteilen, als mich zu besuchen ...«

Martin zuckte die Achseln und wandte sich ab, um nicht noch mehr von der Lebensgeschichte des Pförtners hören zu müssen. Während er den Comthureihof überquerte, um zum Dormitorium zu gelangen, holte ihn ein Wort ein, das sein Vater ihm voller Abscheu entgegengeschleudert hatte: Teufelstrug. Er hörte es ganz deutlich, der Wind schien es aufgefangen zu haben, um es ihm höhnisch zuzuflüstern. Teufelstrug ... Teufelstrug ... Teufelstrug.

Zweites Kapitel

Hatte manch einer seiner Brüder insgeheim den Gedanken gehegt, Martin könnte wegen seines Kummers über die mißlungene Meßfeier und das abweisende Verhalten seines Vaters seine Pflichten in der klösterlichen Gemeinschaft vernachlässigen, so wurde er in den kommenden Monaten eines besseren belehrt.

Mit geradezu gespenstischem Eifer erfüllte der junge

Mönch sämtliche Aufgaben, die er in der Kirche und im Kapitelsaal zu versehen hatte. Widerspruchslos hielt er die Zeiten des Schweigens ein; bei den Chorgebeten war er stets der erste, der sich im Gestühl einfand, und während viele der Brüder bei den Laudes, der Andacht zum ersten Tageslicht, oder dem Gebet zur Prim noch schlaftrunken vor sich hinstarrten, bewegten sich Martins Lippen voller Inbrunst und in der Hoffnung, daß die lateinischen Worte seine Seele beflügelten.

Zog er sich jedoch am Ende eines Tages erschöpft auf sein Strohlager zurück, entschwand ihm rasch die Erinnerung an das, wofür er gebetet hatte. Ohne Ruhe wälzte er sich hin und her und lauschte auf die gleichmäßigen Atemgeräusche der Männer, die durch die Bretterverkleidung des Dormitoriums drangen. Tiefe Schatten legten sich über sein Gemüt, und nach einiger Zeit fürchtete er sich, sobald sein Blick auf das kleine Holzkreuz fiel, das die einzige Zierde seiner kargen Mönchszelle darstellte.

Wenn er die Messe las, so erschrak er bei dem Gedanken, in seiner menschlichen Fehlbarkeit vor Gott zu stehen. Er fragte sich, ob er überhaupt jemals die richtigen Worte gewählt hatte, um ihn anzusprechen. Die richtigen Gesten, um ihm seine Ergebenheit zu beweisen.

Bei seinen seltenen Streifzügen durch die schmutzigen Gassen der Stadt, wo er Almosen für die Armenspeisung und das Spital erbat, beobachtete er zuweilen, wie Tagelöhner, Knechte und kleine Händler vor Ratsherren oder Edelleuten das Haupt entblößten und sich respektvoll verneigten. Auf dem Anger hatte er einen Gewandschneider gesehen, der beinahe in Ohnmacht gefallen war, nur weil einer der Hirschfelder Ritter sich dazu herabgelassen hatte, einen Seidenmantel bei ihm in Auftrag zu geben. Aber wer war der Hirschfelder, der auf einem heruntergekommenen Anwesen vor den Toren der Stadt hauste, im Vergleich zum Herrscher über Himmel und Erde?

Wer bin ich, dachte Martin, daß ich es wage, meine Augen, deren Blicke Vater und Mutter beleidigt haben, auf die göttliche Majestät zu erheben? Soll ich elender Zwerg zu ihm sprechen und ihn bitten, meine Seele zu erlösen?

Er fand keine Antworten auf diese quälenden Fragen und kam daher zu dem Schluß, daß sein Vater mit der Vermutung, der Teufel habe ihm seinen Hochmut eingegeben, recht haben könnte.

Eines Abends, als Martin die Komplet beendet und sich auf den kalten Bodenbrettern seiner Zelle niedergelassen hatte, stand unvermittelt der Generalvikar vor ihm. Von Staupitz leuchtete ihm mit einer Laterne mitten ins Gesicht. Seine blauen Augen funkelten im Lichtkegel der Lampe wie dünnes Glas. Überrascht starrte Martin seinen Vorgesetzten an und wischte sich über das schweißnasse Gesicht. »Ich habe nicht mit Eurem Besuch gerechnet, ehrwürdiger Vater«, sagte er schließlich. Mehr fiel ihm nicht ein, denn es war noch nie vorgekommen, daß der alte Johann von Staupitz zu dieser Stunde einen Mönch aufgesucht hatte. Eigentlich war es nach der straffen Ordensregel, nach der die Augustiner lebten, untersagt, zu später Stunde das Schweigen zu brechen. In den Zellen durfte nur gebetet und studiert werden. Um so verblüffter war Martin, als der Alte sich den Kastensitz vor seinem Schreibpult heranzog und in seiner Nähe Platz nahm. Die Lampe klemmte er zwischen seine Füße, so daß ihr Schein ein paar schwache Streifen über den Boden warf. Eine Weile sah der Generalvikar sich schweigend in der Zelle um, was Martin noch mehr verwunderte, da die engen, durch dünne Holzwände abgeteilten Verschläge, in denen die Ordensbrüder die Nachtstunden bis zur ersten Hore verbrachten, alle gleich aussahen. Davon abgesehen, besaß ein Mönch außer einigen persönlichen Habseligkeiten keine Besitztümer, die für einen höheren Würdenträger von Interesse hätten sein können. Von Staupitz zog die Augenbrauen zusammen. Aufmerksam hefteten sich seine Blicke auf die Umrisse eines Gegenstands, der selbst im Zwielicht unschwer als Geißel auszumachen war. Sie lag nur wenige Schritte vor dem winzigen Fensterschlitz, der die kühle Nachtluft in die Zelle ließ. An sämtlichen Enden der neun Lederriemen klebte frisches Blut.

Der Generalvikar schüttelte nachdenklich den Kopf. Was, bei allen Heiligen, sollte er nur mit dem sonderbaren jungen Mönch anfangen, der, ohne es zu wollen, die Ordnung in seinem Konvent auf den Kopf stellte? Er konnte ihm doch keinen Vorwurf machen, daß er sich in Bußübungen erging. Hatte nicht der heilige Paulus selbst empfohlen, das schwache Fleisch zu züchtigen, um es dem Willen Gottes untertan zu machen? Es war nicht ungewöhnlich, daß Brüder seines Konvents die Geißel zum Zeugen ihrer Hingabe machten, aber dieser Fall lag anders. Bruder Martinus zerfleischte sich nicht, weil er dadurch ein Gefühl von Frieden erlangte. Nein, er wollte vielmehr Dämonen austreiben, ohne zu wissen, welcher Quelle diese tatsächlich entsprangen. Eine Weile starrte von Staupitz auf den geschwungenen Handgriff der Geißel, dann erhob er sich abrupt, nahm sie vom Boden auf und warf sie, ohne zu zögern, durch den Fensterschlitz ins Freie.

»Du gehst zu hart mit dir ins Gericht, Bruder Martinus«, sagte er, nachdem er sich wieder dem bleichen Gesicht des jungen Klosterbruders zugewandt hatte. »Mit dem Teufel zu streiten hat keinen Sinn. Immerhin ist er dir um fünftausend Jahre Erfahrung voraus. Glaub mir, mein Sohn, er kennt jede unserer Schwächen!«

Martin senkte benommen den Kopf. Sein Genick war steif,

und die aufgeschürfte Haut am Rücken brannte mörderisch. Hinzu kam, daß er sich ertappt und beschämt vorkam, obgleich es dafür keinen ersichtlichen Grund gab. »Tut mir leid«, murmelte er kaum hörbar. »Gewiß wollte ich nicht ...«

»Würdest du bitte aufhören, dich fortwährend zu entschuldigen? Ich bin nicht gekommen, um dir eine Predigt zu halten, Martinus. Ich bin hier, weil deine Brüder sich beklagen, daß du ihnen den Schlaf raubst. Angeblich läufst du noch vor der Matutin in den Zellen umher und schlägst wie ein Besessener mit beiden Fäusten auf die Wände ein!«

»Ich züchtige mein sündhaftes Fleisch, ehrwürdiger Vater, nicht die Wände!«

Johann von Staupitz hielt einen Moment inne, ehe ein belustigtes Lächeln seine Mundwinkel erbeben ließ. »Nun gut, aber du verbringst dein ganzes Leben in meinem Beichtstuhl«, warf er ein. »Sechs Stunden waren es gestern, Bruder Martinus. Sechs Stunden!« Mit einem tiefen Seufzer schlug der alte Mann die Hände zusammen. »Es bleibt ein Mysterium, was ein Mönch, der die Klausur so ernst nimmt wie du, innerhalb unserer Mauern erleben kann, um hernach sechs Stunden zu beichten.« Er nahm die Laterne vom Boden auf und führte sie nahe an Martins Gesicht heran. Der junge Mann begann, geblendet von dem Licht, nervös zu blinzeln.

»Du glaubst, du seiest zu unwürdig, um das Priesteramt zu tragen, dabei sind es nur kleine Unzulänglichkeiten, mit denen du zu kämpfen hast. Andere Brüder verzweifeln, weil das Gelübde der Keuschheit ihnen ein Leben ohne Frauen und Kinder auferlegt oder sie die Armut nicht ertragen, während ihre Familien auf ihren Landgütern sitzen und ihr Hab und Gut verprassen. Man hört so einiges, wenn man den Kirchplatz von St. Severi überquert. Es soll Weiber geben, die in den Badestuben oder auf den Märkten damit prahlen, daß sie geweihten Priestern zu Diensten sind. Die Schwarzhäupterin aus dem ›Haus zum Rad‹ läßt sich sogar Frau Dekanin nennen, *Domina decanissa.*« Der Superior spie die letzten Worte aus wie ein Stück verdorbenes Fleisch. Dann bemerkte er: »Weißt du, mein Sohn, in all den Jahren, die du nun schon bei uns bist, habe ich dich einfach nichts beichten hören, was deinen enormen Selbsthaß rechtfertigt. Daß du vielleicht Vater und Mutter ermordet hättest. Oder dir im Stall eine Konkubine hältst. Alles, was du bekennen kannst, sind mindere Verstöße gegen die Ordensregel …«

Martin kämpfte sich ächzend auf die Füße und tastete das Stroh, auf dem er gesessen hatte, nach seinen Sandalen ab. Die Worte des Generalvikars verhallten in seinen Ohren. Gewiß meinte er es gut; alle meinten es gut. Nur nicht der Satan, der sich vorgenommen hatte, Martin zu vernichten. »Ich lebe … in der Angst vor dem Gericht Gottes!« stieß er schließlich hervor. »Der Herr hat mich gewarnt, als ich damals über den Galgenhügel lief. Er wollte, daß ich mein Leben ändere, um …«

Von Staupitz streckte seine Hand aus und legte sie dem aufgebrachten jungen Mann auf die Schulter. Martin biß vor Anspannung die Zähne zusammen, ließ sich die väterliche Geste aber dennoch gefallen. Zu lange hatte er auf die freundliche Zuwendung eines Menschen verzichten müssen.

»Vielleicht wollte der himmlische Vater, daß du dein Leben änderst, Bruder Martinus«, flüsterte der Superior ruhig. »Aber es war niemals sein Wunsch, daß du daran zugrunde gehst.« Er atmete tief ein, ehe er fortfuhr: »Ein Bauer, dessen Weizenfelder keinen guten Ertrag mehr liefern, wird sie zunächst eine Weile ruhen lassen, um später womöglich Hirse oder Kleie auszusäen. Niemals käme er auf die Idee, sie von seinen Ochsen zertrampeln zu lassen, nur weil auf ihnen kein Weizen mehr gedeiht. Du, mein Sohn, bist nicht schlechter als ein Weizenfeld. Du bist nur ehrlich und mußt lernen, daß Gott dich liebt. Er hat nicht vor, dich zu bestrafen.«

»Und dies soll ich glauben?« fuhr Martin verbittert auf. »Von Kindesbeinen an habe ich gehört, daß das Höllenfeuer uns verschlingt, wenn wir nicht dem vollkommenen Beispiel Jesu entsprechen. Wie sollte ich einen Gott lieben, der uns ein Feuer in Aussicht stellt, das bereits schwelt, um uns zu verzehren? Dagegen empöre ich mich. Manchmal wünschte ich mir, es gäbe gar keinen Gott. Gott ist schrecklicher und grausamer als der Teufel, denn er quält uns mit einer Seele, die rein sein möchte, und einem Körper, der nicht rein sein kann!«

Von Staupitz schrak zusammen. Von einem der hohen Bäume, deren Krone sich rauschend im Abendwind wiegte, erklang das Rufen eines Nachtvogels. Es hörte sich an wie die Klage eines verängstigten Kindes, das allein durch die Finsternis irrt. Irgendwo auf der anderen Seite des Hofes, beschwerte sich ein Hund mit wütendem Gebell. Der Generalvikar nahm seine Hand von Martins Schulter. Dann ging er mit schleppenden Schritten zur Tür und stieß sie auf. Während er auf den menschenleeren Gang hinausspähte, kam ihm der Gedanke, daß Bruder Martinus trotz seiner Priesterweihen vielleicht gar nicht ins Kloster gehörte. Wußte er denn überhaupt, was er unter ihrem Dach suchte? Als hätte der junge Mönch die Gedanken des Mannes erraten, rief er plötzlich: »Einen gütigen Gott suche ich, Ehrwürdigkeit! Einen barmherzigen Gott, den ich lieben kann und der mich liebt, wie ... wie ein Vater seinen Sohn lieben sollte!«

Von Staupitz nickte ernst. Zielstrebig durchquerte er die enge Zelle und nahm das kleine Kruzifix ab, das gegenüber von Martins Lager an der Wand hing. Einen Moment lang betrachtete er es liebevoll, ehe er es küßte und Martin in die Hände legte.

»Blicke auf Christum, deinen Erlöser, und sage ihm, was du vorhin mir gesagt hast«, erklärte er entschlossen. »Er wird dir zuhören, mein Sohn. Vertrau dich ihm an und nicht einer Geißel, an der dein Blut klebt. Hat nicht der Herr sein Blut vergossen, damit wir seine Liebe erfahren? Sprich mir nach: Ich bin dein, erlöse mich!«

Martins Finger schlossen sich um den hölzernen Leib des gekreuzigten Heilands, zunächst zaghaft, als befürchte er, sich an ihm die Hände zu verbrennen, dann jedoch mit aller Kraft, die in ihm war. »Ich bin dein«, wiederholte er die Worte des Generalvikars, »erlöse mich!«

Einige Tage später suchte von Staupitz den Prior des Klosters auf, um mit ihm über die schleppenden Bauarbeiten an der Bibliothek und andere Ordensangelegenheiten zu sprechen.

Die beiden Männer schritten an der Mauer des Refektoriums entlang, von der aus man einen guten Blick auf den Garten hatte. Beide genossen die ersten Sonnenstrahlen des Tages, die sich übermütig durch die Bäume zwängten. In unmittelbarer Nachbarschaft befand sich die kleine Krankenstube des Klosters, ein schmuckloser Bau aus gebrannten Lehmziegeln, in dem sich der Bruder Infirmarius um kranke und betagte Brüder kümmerte. Der Prior, ein kräftiger Mann, dessen markantes Gesicht von einem dichten braunen Vollbart umrahmt wurde, blieb stehen. Seine Blicke folgten den dünnen Rauchschwaden, die aus dem Kaminschlot aufstiegen und sich tänzelnd über den Dächern der Comthurei verflüchtigten.

Neben der von wildem Wein bewachsenen Pforte hatte der Spitalleiter eine kleine Bank aufstellen lassen, auf der ein

Mönch sich mit einer dampfenden Schale auf den Knien abmühte, einem hageren Greis einige Löffel Eintopf in den zahnlosen Mund zu schieben. Der Alte sperrte den Mund auf wie ein Vogeljunges, das im Nest nach Futter schrie. Die verblichenen Wangen, über die sich die Haut wie gegerbtes Leder spannten, mahlten und würgten, bevor sie den Brei wieder ausspuckten. Geduldig und ohne mit der Wimper zu zucken, führte der junge Mönch den Holzlöffel ein weiteres Mal an die Lippen des Alten heran.

Auf dem Rasen beugten sich derweil zwei Gehilfen des Spitalleiters über wuchtige Kübel und kleine Kästen aus rostbraunem Ton, aus denen frische grüne Blätter und duftende Blüten herausschauten. Der Infirmarius war ein gelehrter, weithin bekannter Mann, der im Lauf der Jahre auf dem Gebiet der Heilpflanzen große Erfahrungen gesammelt hatte. Von nah und fern kamen die Menschen, um sich von ihm Rat zu holen oder verschiedene Salben und Tränke zu bestellen. Hinter dem Pfründnerhaus befand sich eine Reihe ordentlicher, von Holzpflöcken flankierter Beete, in denen wilder Wermut zur Linderung von Fallsucht und Anfällen von Wahnsinn, Liebstöckel gegen Gicht und Nierenleiden, Lorbeer, Majoran und Salbei gezogen wurden.

»Ist das nicht Bruder Martinus?« fragte der Prior, nachdem er den beiden jungen Männern eine Weile gelangweilt bei ihrer Arbeit zugeschaut hatte. Überrascht deutete er auf den Mönch an der Seite des Greises. »Wessen Einfall war es nur, ausgerechnet ihn mit der Pflege unserer Alten zu betrauen? Seht Ihr nicht, wie tief seine Augen in den Höhlen liegen? Der junge Mann hält sich nur noch mühsam auf den Beinen. Er steht kurz vor einem Zusammenbruch und sollte in diesem Zustand gewiß keine körperliche Arbeit verrichten, für die doch unsere Laienbrüder zuständig sind!«

»Warum wundert Ihr Euch?« Von Staupitz lehnte sich gegen eine der Säulen aus Sandstein und lächelte den Prior freundlich an, ohne sich über dessen tadelnde Worte zu erregen. »Bruder Martinus verlangt nach einer Buße, die seine Seele befreit. Vielleicht findet er diese, indem er seine Kraft für andere Menschen einsetzt.«

Der Prior zuckte verständnislos die Achseln. Es war ihm nicht entgangen, daß von Staupitz sich in besonderem Maße für Bruder Martinus einsetzte, und unter anderen Bedingungen hätte er die Entscheidung, den jungen Mönch in die Krankenstube zu stecken, gewiß nicht kritisiert. Als pragmatischer Mensch, der es nicht leiden mochte, wenn Talente, die zum Wohle des Klosters eingesetzt werden konnten, verkümmerten, durfte er jedoch nicht zulassen, daß ein geweihter Priester seine ganze Zeit damit zubrachte, ältere Brüder mit Brei zu füttern.

»Bruder Martinus hat hier in Erfurt die Universität besucht, nicht wahr, ehrwürdiger Bruder?« erkundigte er sich schließlich bei von Staupitz. In seinem Kopf begann sich plötzlich ein Einfall zu regen. Ein wunderbarer Gedanke, der dem Kloster womöglich noch Ruhm und Ehre einbringen konnte. Man mußte es nur geschickt angehen, um dem Superior die Vorzüge des Planes schmackhaft zu machen.

»Er hat die Artistenfakultät durchlaufen und anschließend mit dem Studium der Rechte begonnen …«

Der Prior stieß sich mit Schwung von der Säule ab und wich in einen schattigeren Teil des Hofgangs zurück. Nachdenklich zupfte er an seinem Bart. Dann sagte er: »Bruder Martinus sollte seine Zeit nicht vergeuden … Nein, versteht mich nicht falsch, Vater. Kranke zu pflegen ist ein Werk, das der Himmel belohnen wird. Aber ich sehe Bruder Martinus doch mehr in der Rolle eines Seelsorgers. Aus diesem Grund würde ich es begrüßen, wenn er seine Studien an unserer theologischen Ausbildungsstätte fortsetzte.»

Von Staupitz antwortete nicht sofort. Mit sorgenvollem Gesicht blickte er hinüber zum Pfründnerhaus und beobachtete, wie sich sein Schützling die lederne Schürze abband, die Holzschüssel in eine Fensternische schob und dann dem vor sich hin murmelnden Greis behutsam beim Aufstehen behilflich war. Er hatte inständig gehofft, daß die ungewohnte Arbeit Martin dabei helfen würde, mit sich selber ins reine zu kommen, doch das Gesicht des jungen Mönchs bewies, daß er seine Dämonen noch immer nicht losgeworden war.

»Ihr habt recht, Prior«, sagte er nach einigen Momenten des Schweigens. »Bruder Martinus hat das Zeug zu einem begabten Gelehrten. Ich werde mich beim Generalkapitel dafür einsetzen, daß er die klösterliche Lehranstalt besucht und dort so bald wie möglich mit dem Studium der Heiligen Schrift beginnt!«

Martin fügte sich in das ihm zugedachte Schicksal, wenngleich auch mit gemischten Gefühlen. Einerseits war er von Staupitz dankbar, denn die Beschäftigung mit den Schriften des Alten und des Neuen Testaments sowie den Lehren der Kirchenväter eröffneten ihm eine Welt, die er trotz der Jahre im Kloster bis dahin nur vage und verschwommen wahrgenommen hatte. Auf der anderen Seite hatte er die Katheder der Magister zu lange gemieden, um sich ohne Mühen wieder an den Alltag eines Studiosus gewöhnen zu können.

Als der Herbst ins Land zog und die alten Mauern des Augustinerklosters von Wind und Feuchtigkeit heimgesucht wurden, begannen ihn Kopfschmerzen und Schwindelgefühl so heftig zu quälen, daß er die hohen Treppen zum Dormitorium nur unter Schweißausbrüchen und Hitzewallungen bewältigen konnte. Auch die alten Magenbeschwerden, die er längst bezwungen geglaubt hatte, machten sich nun wieder voller Heimtücke bemerkbar; er konnte weder essen noch schlafen. Martin schrieb dem Superior lange Briefe und ließ ihn wissen, daß er befürchtete, den kommenden Winter nicht zu überleben, doch dieses Mal reagierte von Staupitz mit Strenge. Er antwortete Martin, selbst der Himmel bedürfe gelehrter Männer und er solle das Vertrauen, das der Prior und mit ihm das gesamte Generalkapitel in seine Fähigkeiten setzte, nicht über Gebühr strapazieren. Ohne weiter auf die Klagen des jungen Mönchs einzugehen, verwies er ihn an den Bruder Infirmarius, der den jungen Mann eine Zeitlang mit Wechselbädern und kühlen Umschlägen von Kerbel, Gelbwurzel und Melisse behandelte. Als sein Appetit nach endlosen Wochen wieder zunahm, wurde er vom Bruder Infirmarius mit der lakonischen Bemerkung, anderen Brüdern ginge es wesentlich schlechter, ohne Umschweife vor die Tür gesetzt.

Martin atmete auf. Froh, den groben Händen des Spitalleiters entkommen zu sein, entschied er sich, den Rat seines Mentors zu beherzigen. So bündelte er alle seine Kräfte und bemühte sich, seine Selbstzweifel nicht zu stark werden zu lassen. Da der Prior ihn zum Verdruß nicht weniger Ordensbrüder von zahlreichen Pflichten entbunden hatte, vertiefte er sich mit Feuereifer in die Bücher, die in den Klosterbibliotheken auf ihre Entdeckung warteten. Er lernte die Schriften des berühmten Augustinus kennen, dem das Nordfenster der Klosterkirche geweiht war, und erfuhr, was der Gelehrte einst über das Verhältnis zwischen Gerechtigkeit und Gnadenwahl geäußert hatte. Stundenlang brütete er im Skriptorium des Klosters oder in der ehrwürdigen Bibliothek der Universität im Schein einer Kerze über alten Aufzeichnungen, um die Zeugnisse der Theoretiker zu verstehen; allen voran Thomas von Aquin, Chrisostomus und Bernhard von Clairvaux, der als Mystiker die Lehre von der mystischen Einigung zwischen Gott und dem Menschen vertrat und für eine gründliche Reform des Klosterwesens seiner Zeit eingetreten war.

Die meiste Zeit verbrachte Martin jedoch mit dem Studium der Bibel und ihrer Kommentare. Die Heilige Schrift, die vom Wirken Jesu berichtete, übte eine starke Anziehungskraft auf ihn aus. Sie beflügelte seinen Geist stärker, als die frommen Lesungen im Kapitelsaal, ja selbst die Liturgie in der Klosterkirche es jemals vermocht hatten. Es dauerte nicht lange, bis seine eigenen Gedanken mit den Worten der Bibel zu einer rätselhaften Einheit verschmolzen, und er stellte voller Überraschung fest, daß die Aussagen der alten Propheten und Evangelisten ihm größeren Trost spendeten als der Beichtstuhl des Priors. Denn in den Erzählungen, die sich vor seinen Augen auftaten, begegnete ihm ein Gott, der keine Peitschenhiebe und asketischen Bußübungen verlangte. Ein Gott, der Kranke geheilt und Sünder bedingungslos geliebt hatte.

Warum mußte ich erst Mönch, dann Priester und zuletzt Magister der Theologie werden, bevor man mich für mündig genug erklärte, dieses Buch zu lesen, fragte er sich, sooft er die schweren Folianten aus den Regalen nahm und zu seiner wurmstichigen, knarrenden Bank trug. Fieberhaft überlegte er, ob er seine Entdeckungen mit dem Generalvikar oder seinen Mitbrüdern teilen sollte, beschloß jedoch nach einigem Nachsinnen, sich einstweilen damit zu bescheiden, was er persönlich aus seiner Lektüre folgerte. Immerhin hatte er dem Kloster durch seine nächtlichen Attacken, die Wochen der Krankheit und Schwermut genug zugemutet.

Als sich seine Studien ihrem Ende näherten, fühlte sich Martin so glücklich und zufrieden, wie es seit Jahren nicht mehr der Fall gewesen war. Fast war er bereit, Gott, seinem Vater und sich selbst zu vergeben.

Drittes Kapitel

An einem sonnigen Abend kurz vor dem Fest des heiligen Martin von Tours, das wie in jedem Jahr mit großem Aufwand auf dem Domplatz begangen werden sollte, ließ der Prior Martin zu sich in seine Studierstube bitten.

Martin blickte dem schmächtigen blonden Novizen, der ihm die Botschaft überbracht hatte, verwundert hinterher. In wenigen Minuten würde die Glocke zur Vesper läuten, und er mußte vorher noch ein wertvolles Buch aus dem Skriptorium holen. Doch er kam der Aufforderung ohne Umschweife nach. Während er die breiten Steintreppen zum Wandelgang erklomm, zerbrach er sich den Kopf darüber, was der ehrenwerte Bruder von ihm wollen konnte. Seit langem hatte er das Gefühl, daß der Prior ihn nicht besonders schätzte, denn während der zurückliegenden Jahre hatte dieser, anders als Johann von Staupitz, nur das Nötigste mit ihm gesprochen. Auf der anderen Seite war sich Martin keiner Schuld bewußt, die ein Gespräch unter vier Augen notwendig machte. Als er schließlich vor dem gewaltigen, mit aufwendigen Schnitzereien verzierten Schreibtisch des Priors stand, spürte er, wie sich sein Herz in gespannter Erwartung zusammenzog.

Der Prior saß einen Moment lang da, ohne Martin anzublicken. Mit zerfurchter Stirn starrte er auf eine ausgebreitete Rolle Pergament, die fast die gesamte Breite des Tisches einnahm und an den Enden mit einem Wasserkrug aus Zinn, einem Tintenhörnchen und zwei silbernen Federbüchsen beschwert wurde. Martin war versucht, näher zu treten, um sich das blutrote Siegel anzuschauen, aber dies hätte der Prior bemerkt und ihm als Neugierde und Ungehorsam auslegen können. Also schlug er die Augen nieder und rührte sich nicht von der Stelle, bis der bärtige Mann auf dem hohen Lehnstuhl sich schließlich räusperte und das Wort ergriff.

»Dem ehrwürdigen Superior und mir ist zu Ohren gekommen, daß du inzwischen den Grad eines *Doctor theologiae* erworben hast, Bruder Martinus …«

Martin faltete bescheiden die Hände vor der Brust. Als er die Lippen öffnete, um dem Prior zu antworten, machte dieser eine schneidende Handbewegung, die Martins Erwiderung auf der Zunge verkümmern ließ.

»Du brauchst nichts zu sagen« sagte der ältere Mann in gebieterischem Ton. Seine stechenden Augen unter den buschigen Brauen schienen sich jeden Zoll von Martins Körper einprägen zu wollen. »Deine Leistungen sprechen für sich. Sie waren hervorragend, und die ehrenwerten Magister, allen voran Doktor Johann von Paltz, bescheinigen dir eine glänzende Zukunft als Sententiar und Lehrer der Heiligen Schrift, zum Ruhme Gottes und unseres Klosters.«

Martin errötete vor Verlegenheit. Der Prior war ein strenger Mann, der seine Brüder zwar oft tadelte, ihnen jedoch niemals ein Lob aussprach. Diese Strenge war auch nicht weiter verwunderlich, denn Lob und Ehre gebührten allein Gott dem Herrn. Einen Menschen, und vor allem einen Mönch, zu ehren bedeutete nichts anderes, als ihn der Sünde des Stolzes auszusetzen. Der Prior war vielmehr bekannt für seine Sorge um das Ansehen des Erfurter Konvents, und auch wenn Martin niemals das Bedürfnis gehabt hatte, sich mit seinen Sorgen und Gewissensnöten an ihn zu wenden, mußte er zugeben, daß der Ordensmann weit über die Klostermauern hinaus als umsichtiger Verwalter und korrekter Seelsorger galt.

»Ich danke Euch für das Vertrauen, das Ihr in meine Fähigkeiten gesetzt habt, ehrwürdiger Prior«, sagte er deshalb vorsichtig, während er inständig hoffte, daß der Mann am Schreibtisch seine Worte nicht als Hochmut auffaßte. Das abwesende Gesicht des Priors ließ indessen nicht erkennen, ob er Martin überhaupt zugehört hatte.

»Du bist oft krank gewesen!« Der Prior erhob sich unvermittelt. Mit einer raschen Geste schob er die Gegenstände beiseite, mit denen er die Schriftrolle auf seinem Pult gestrafft hatte, worauf sich das dünne Pergament sogleich zusammenrollte.

»Es geht mir gut, ehrwürdiger Prior«, antwortete Martin. »Der letzte Winter war hart für Mensch und Vieh!«

Der Prior schaute ihn mit kaum verhohlener Abneigung an. Seine Lippen wurden dünn wie ein Tintenstrich, als er Martins Aufmerksamkeit auf die Schriftrolle lenkte. »Der Superior ist davon überzeugt, daß du dein erstes Tor passiert hast, Bruder Martinus«, sagte er kühl. »Dabei vergißt er, daß ich mich noch vor ihm dazu entschlossen habe, deinen Sachverstand nicht in der Krankenstube oder im Beichtstuhl verkümmern zu lassen ...«

»... Ehrwürdigkeit«, rief Martin aus. Er schüttelte aufgeregt den Kopf, doch sein Einspruch machte auf den Prior nicht den geringsten Eindruck. Reglos stand der Mann am Fenster und lauschte den hohen Glockenschlägen, welche die Mönche zur Vesper in die Kirche riefen. Draußen, auf dem Korridor, der über eine Treppe in den Kreuzgang führte, knarzten ein paar Dielenbretter unter den trippelnden Schritten der Schreiber. Die Skriptoren mußten von den höher gelegenen Stuben aus den weitesten Weg bis zur Kapelle zurücklegen und verspäteten sich daher häufig.

»Keine Sorge, Bruder«, sagte der Prior eine Spur versöhnlicher. »Selbstverständlich erteile ich dir wegen des versäumten Gebets einen Dispens. Es wird sich ohnehin einiges für dich ändern, wenn du Erfurt erst verlassen hast!«

Martin stieß geräuschvoll den Atem aus. Im ersten Augenblick glaubte er sich verhört zu haben. »Ihr ... schickt mich fort?« stammelte er beunruhigt. »Aber ich habe doch nichts getan, Vater Prior ...«

»O nein, gewiß nicht. Aber Seine Ehrwürdigkeit, Generalvikar von Staupitz, ist der Meinung, daß du die Welt kennenlernen solltest. Er hat dich ausgewählt, um einen wichtigen Schriftsatz nach Rom zu bringen.« Er ergriff die Schriftrolle und schlug sie ein paarmal insistierend in die offene Hand.

Nach Rom. Er sollte nach Rom reisen. Die Worte des Priors strömten durch Martins Körper wie siedendes Öl. Er würde die engen Klostermauern verlassen, um den Mittelpunkt der Welt kennenzulernen, die goldene Stadt der Wunder. Die Residenz des Heiligen Vaters. Ein leichtes Schwindelgefühl übermannte ihn, als ihm der Prior einige zusammengeschnürte Schriftstücke in die Hand drückte und ihn anschließend mit sanfter Gewalt hinüber zur Pforte schob. Vielleicht war dieser Auftrag die Antwort seiner Gebete und das Ende seines Seelenschmerzes.

Ehe Martin die Studierstube verlassen konnte, sagte der Prior zum Abschied: »Vielleicht glaubst du, ich wüßte nicht, wie es in dir aussieht, Bruder Martinus, weil ich dir weniger Beachtung geschenkt habe als unser verehrter Generalvikar. Aber da irrst du dich. Ein Zweifler, der sich mit Fragen herumschlägt, die seine Seele in Gefahr bringen, wird sich auch auf den goldenen Straßen des himmlischen Jerusalem verirren!«

»Ich verspreche Euch, meinem Konvent keine Schande zu bereiten, ehrwürdiger Prior«, murmelte Martin. Dann eilte er, ohne sich umzublicken, den dämmrigen Korridor entlang, dem Comthureihof entgegen.

Auf Wunsch des Klosters schloß sich Martin einer Pilgergruppe an, die von einem erfahrenen Führer geleitet wurde. Da es Augustinermönchen untersagt war, allein zu reisen, wählte das Konvent zusätzlich einen jungen Ordensbruder aus, der ihn auf der langen Wanderung über die Alpen begleiten sollte. Johann von Mecheln war ein etwas dicklicher, gemütlicher Mann, dem es mit seiner leutseligen Art leichtfiel, seine Reisegefährten zu unterhalten. Allerdings stellte sich rasch heraus, daß kaum einer so ungeeignet für die Strapazen einer Alpenüberquerung war wie der untersetzte Augustiner, denn obgleich sein Mundwerk selten zur Ruhe kam, fiel er schon am zweiten Tag nach ihrer Abreise zurück. Immer wieder schickte er einen der Bewaffneten, die den Zug flankierten, mit der flehentlichen Bitte um eine Rast zum Führer und hielt somit die Gruppe länger auf als notwendig. Unmut machte sich breit, und obwohl Martin nichts dafür konnte, fühlte er sich doch verantwortlich. Einige Male nahm er sogar die Schuld auf sich und gab vor, vom Weg abgekommen zu sein, damit sich der Zorn der Reisenden nicht allein über dem Haupt seines Gefährten entlud. Warum der Konvent ihm ausgerechnet Johann von Mecheln zugewiesen hatte, blieb ihm ein Rätsel, über das er gar nicht nachsinnen mochte.

»Ich habe Gehorsam gelobt«, jammerte Johann am Abend des dritten Reisetages auf seinem Lager in den Pilgerunterkünften. »Aber der Weg nach Rom ist mit wahrhaft spitzen Dornen bestreut. Die Hälfte dieser Dornen steckt bereits in meinen armen Zehen!«

Martin, der sich mit dem Itinerar in eine Ecke des schmutzigen Verschlags zurückgezogen hatte, hob stirnrunzelnd den Kopf. »Wenn du krank bist, muß ich dem Bergführer Bescheid sagen, daß wir in der Herberge bleiben.«

Aber davon wollte der dicke Mönch nichts wissen. »Mach dir keine Sorgen, Bruder Martinus. Du wirst sehen: Morgen geht es mir wieder besser. Ich werde dich gewiß nicht allein mit diesen finsteren Gesellen weiterziehen lassen!«

Martin biß sich auf die Lippen, um nicht laut zu lachen.

Die finsteren Gesellen, von denen Johann sprach, waren eine Handvoll Dominikaner aus Regensburg, die einem Kloster außerhalb von Rom eine wertvolle Monstranz überbringen und anschließend mit den italienischen Mönchen eine Gebetsverbrüderung beider Abteien aushandeln sollten. Bruder Johann war nicht gut auf die Männer zu sprechen, denn die hielten sich meist ganz vorne, an der Spitze des Pilgerzuges, auf, während er selbst von Martin wie ein Sack voller Pflaumen geschoben und gezogen werden mußte. Abgesehen davon mißfiel ihm, daß die Dominikaner auffällig oft mit ihrem Führer die Köpfe zusammensteckten. Den übrigen Mitgliedern der Gruppe begegneten sie dagegen mit deutlichem Argwohn.

»Eine hochmütige Gesellschaft!« urteilte Martins Reisegefährte, während er stöhnend seine geschwollenen Füße rieb. »Ist dir nicht aufgefallen, daß sie immer unter sich bleiben? Vorgestern habe ich ihren Wortführer eingeladen, mit uns gemeinsam die Komplet zu beten, aber der unhöfliche Mensch hat nur den Kopf geschüttelt und mich stehenlassen!« Entrüstet verjagte der Mönch eine Fliege, die hartnäckig seine Tonsur umkreiste. »Dabei gehören sie auch nur einem Bettelorden an. Allerdings hat dieser sich schon früh der Heiligen Inquisition verschrieben, und das stärkt ihr Ansehen.«

»Was willst du damit sagen?« fragte Martin verständnislos.

»Nun, einer ihrer Oberen soll ein Buch über die satanischen Umtriebe der Teufelsbuhlen im Reich verfaßt haben. Es heißt *Malleus maleficarum*, der Hexenhammer. Seit einigen Jahren reisen die Grauen Brüder mit ihrem Machwerk im Beutel durch Städte und Dörfer, um ... O nein, das ist ja nicht zum Aushalten!«

Bruder Johanns gutmütiges Gesicht verzog sich zu einer

schmerzerfüllten Grimasse. Martin, der erleichtert war, nichts mehr von den Dominikanern und ihrer unsinnigen Hexenjagd hören zu müssen, stand sogleich von seiner Strohschütte auf und nahm den Beutel vom Haken, den ihm der Bruder Infirmarius vorsorglich mit einer Auswahl getrockneter Heilkräuter gefüllt hatte. Eine freundliche Geste, mit der er nicht gerechnet hatte.

»Du hättest auf unseren Führer hören sollen«, meinte Martin seufzend. »Er hat dir hundertmal gesagt, daß die Pilgerschaft ein Gebet ist, das mit den Füßen gesprochen wird. Du brauchst festeres Schuhwerk!« Ohne den Klagen des Mönchs weiter Gehör zu schenken, befeuchtete er zwei Tücher aus Linnen mit Wasser, verteilte ein paar Lorbeerblätter darauf und wickelte sie seinem Ordensbruder fürsorglich um die Füße.

Als der Pilgerführer im Morgengrauen an die Tür ihres Quartiers klopfte, fühlte sich Johann von Mecheln zwar noch matt, aber er war in der Lage, die Reise mit Hilfe eines Maultieres fortzusetzen.

Zu Martins freudiger Erleichterung erreichte der Pilgerzug Italien, noch bevor sich über den Alpen die ersten Herbststürme zusammenbrauten. Der Weg durch die weiten Ebenen der Lombardei war so angenehm, daß es zur Verwunderung aller dieses Mal Martin war, der das Schlußlicht des Zuges bildete. Die mißbilligenden Blicke der Dominikanerbrüder, die das Ziel ihrer Reise allem Anschein nach nicht früh genug erreichen konnten, nahm er dabei gerne in Kauf. Voller Begeisterung betrachtete er sich die vollen Weintrauben in den stattlichen Gärten, die Pfirsich- und Zitronenbäume. Sogar zu dieser Jahreszeit schien in Italien alles so viel heller und farbenfroher zu sein. Die Luft war angefüllt vom Duft süßer Blüten und würziger Kräuter. Kurzum: Es war eine neue, reizvolle Welt, die sich vor seinen Augen auftat, und er nahm sich fest vor, sich weder von Bruder Johann noch von den wortkargen Mönchen des Dominikanerordens die Freude an all diesen neuen Entdeckungen nehmen zu lassen.

Als die Gruppe der Rompilger nach Mailand kam, besuchte Martin gemeinsam mit Bruder Johann den prächtigen Dom und stiftete der Heiligen Jungfrau eine dicke Wachskerze zum Dank dafür, daß sie ihn und seine Gruppe sicheren Schrittes über die Berge geführt hatte. Gerne wäre er noch ein Weilchen länger in der norditalienischen Metropole geblieben, aber seine Gefährten drängten alsbald zum Aufbruch. So reiste die Gruppe schon wenige Tage später weiter auf dem Handelsweg über Cremona, Padua und Florenz, wo die Sonne noch so heiß schien, daß sie Bruder Johann das Gesicht verbrannte.

Eines Nachmittags, als Martin sich gerade ein kleines Stück Brot und etwas Ziegenkäse abgebrochen hatte, ging ein langgezogener Schrei durch den Zug der Pilger. Er setzte an der Spitze ein und wurde weitergetragen, bis er auch die Waffenknechte erreicht hatte, die zusammen mit Martin und Bruder Johann hinter den Proviantkarren herliefen.

Der dickliche Mönch machte ein ängstliches Gesicht und wandte sich zu dem Landsknecht um. »Was ist geschehen? Werden wir angegriffen?« rief er.

Der Mann wischte sich lachend über das verschwitzte Gesicht. Seit einiger Zeit führte die Straße bergauf, einer Anhöhe entgegen. Die Luft war staubtrocken, tiefe Risse hatten sich in den Boden gegraben.

»Du bist wohl noch nicht oft auf Pilgerfahrt gewesen, Bruder, nicht wahr?« Der Bewaffnete deutete mit seiner Hellebarde auf die Menge vor ihm, die Freudenschreie ausstieß und jubelnd in die Hände klatschte. Martin reckte den Hals.

Er sah, wie der Pilgerführer, gefolgt von einigen der jüngeren Reisenden, den Hügel erklomm, daß es hinter ihm nur so staubte. Andere ließen sich am Wegesrand auf die Knie sinken, um ihre Kreuze oder Rosenkränze mit den Lippen zu berühren. Erleichtertes Gemurmel erklang. Nach dem ersten begeisterten Aufschrei machte nun ein Name die Runde, der Martin aufhorchen ließ: Monte Mario.

»Wir sind angekommen«, rief Martin aufgeregt. Sein Herz machte einen Satz vor Freude. »Der Monte Mario liegt vor den Toren Roms. Komm, Bruder Johann, laß uns einen Blick ins Tal werfen!«

Johann von Mecheln wehrte sich lachend, als Martin ihn beim Handgelenk packte und voller Übermut an den noch immer knienden Pilgern vorbeidrängte. »Sollten wir nicht zuerst ein gemeinsames Gebet sprechen, Bruder Martinus?« keuchte der Mönch außer Atem. Seine Kutte war vom Staub fast weiß geworden. »Wenn der Prior ahnen würde, wie oft wir die Chorgebete durcheinandergebracht haben, würde er uns eine Woche lang ausgestreckt auf den Fliesen des Kapitelsaals liegen lassen!«

»Wenn ich erst den Lateranpalast gesehen und in der Kirche des heiligen Petrus die Messe gehört habe, lege ich mich freiwillig zwei Wochen auf die Fliesen!«

Bruder Johann bekreuzigte sich mit einem tiefen Seufzer. »Ich werde dich beim Wort nehmen, Bruder Martinus«, sagte er. Dann blickte er sich suchend nach den Dominikanern um, aber die Männer waren nirgendwo am Abhang zu entdecken. Sonderbar, überlegte er, ich hätte schwören können, daß sie die ersten sein wollen, die sich am Anblick der ewigen Stadt ergötzen. Er zuckte mit den Achseln und hastete Martin hinterher.

Der laue Abendwind trug aus der Ferne das Geläut von Kirchenglocken auf den Hügel hinauf. Sie klangen weitaus heller als die schweren Bronzeglocken, die Martin aus Erfurt kannte. Überwältigt sank er auf die Knie und wartete mit klopfendem Herzen, bis sich der Dunst langsam vor seinen Augen zerteilte. Als die Wolkenschleier vorüberzogen, tauchte am Horizont die Silhouette einer prächtigen Stadt auf. Martin erkannte Paläste aus hellem Marmor, die Wohlstand, Macht und Erhabenheit erahnen ließen. Türme und goldene Kuppeln erhoben sich neben verfallenen Bauwerken aus vorchristlicher Zeit, die verschlafen im Licht der Sonne lagen und an ihre einstige Größe gemahnten. Zwischen alldem schlängelte sich der Tiber gleich einem blauen Band durch das Bild. Der Fluß brach sich in mehreren Schleifen und umschloß eine gewaltige Insel, die durch Brücken mit den jeweiligen Ufern verbunden war. Es gab nicht eine einzige Stadt, nein, es gab viele Städte, und jede einzelne von ihnen versprühte ein magisches Licht, eine Aura des Übernatürlichen.

Martin holte tief Luft. Er sog die Eindrücke auf wie ein Verdurstender, dem man nach Tagen der Auszehrung einen Becher Wasser reicht; nur mit Mühe gelang es ihm, sich von dem herrlichen Anblick zu trennen. Und so kniete er noch, als die anderen Pilger sich längst um ihren Führer geschart hatten, um das letzte kurze Wegstück bis zum Stadttor anzutreten.

Viertes Kapitel

Martin und Bruder Johann nahmen ihr Quartier im Konvent der römischen Augustiner in der Nähe der Piazza del Popolo. Eine wundersame Welt tat sich vor ihnen auf. Die Ordensbrüder empfingen die beiden Deutschen sehr herzlich und gaben sich alle Mühe, ihnen nach der anstrengenden Reise so viel Bequemlichkeit zu verschaffen, wie es einem Bettelorden mit strengen Regeln möglich war. Der Abt, der vom Generalvikar von Staupitz gehört hatte, vermittelte Martin ein Gespräch mit dem Sekretarius der päpstlichen Kanzlei, der seine Schriftstücke mit dem Versprechen entgegennahm, sie so bald wie möglich dem Heiligen Vater vorzulegen.

»Du hast mir nie gesagt, warum der Superior dich mit seinen Briefen nach Rom geschickt hat«, beklagte sich Bruder Johann, als er Martin nach dessen Unterredung mit dem Sekretär auf den Stufen des prächtigen Amtsgebäudes erwartete. Er legte den Kopf in den Nacken und blinzelte zu den gigantischen Marmorsäulen empor, welche die weitläufige Galerie des Palastes umgab. In einer Nische des Hofes sprudelte frisches Wasser aus einem bronzenen Löwenmaul; ein rundes Becken aus hellem Sandstein fing es auf.

Martin schaute seinen Gefährten nachdenklich an. In Bruder Johanns Mundwinkel klebten die Reste einer in Honig gebackenen Teigpastete, wie sie fliegende Händler an jeder Ecke feilboten. Wie es aussah, hatte der Mönch die Zeit des Wartens gut genutzt.

»Seine Ehrwürdigkeit ist besorgt über die Spannungen, die seit einigen Monaten innerhalb unseres Konvents herrschen«, erklärte er schließlich, während er sich einen Weg durch das Gewimmel der Piazza, hinauf zur Basilika San Giovanni in Laterano bahnte. Bruder Johann hörte ihm aufmerksam zu.

»Der Generalvikar setzt sich für eine Reform der erstarrten Ordensregel ein. Er hat einen Kreis von Äbten um sich geschart, die ihn in seinen Bestrebungen unterstützen wollten, die Geschäfte des Ordens einer einheitlichen Kontrolle zu unterwerfen. Wenige Monate vor unserer Abreise hat der Papst eine Bulle erlassen, die von Staupitz an die Spitze sämtlicher Augustiner im deutschen Reich stellt.«

Bruder Johann gab sich verwirrt. Umständlich wich er einer vergoldeten Sänfte aus, die von vier kräftigen Trägern durch die Via Benedetto geschleppt wurde. »Ich vermute einmal, daß die Entscheidung des Heiligen Vaters die Äbte nicht besonders glücklich machte, nicht wahr?« erkundigte er sich schmunzelnd.

Martin nickte. »Nicht weniger als sieben Klöster weigerten sich, die Änderungen anzuerkennen. Von Staupitz blieb nichts anderes übrig, als ein weiteres Mal an den Papst zu apellieren. Da ich vor meinem Eintritt in den Konvent die Rechte studiert habe, hielt man mich für geeignet, die entsprechenden Schriftstücke zu überbringen.«

»Ich dachte mir doch gleich, daß wir keine gewöhnlichen Pilger sind«, bemerkte Bruder Johann voller Bewunderung. »Zumindest hat dich eine wichtige Aufgabe in die Ewige Stadt geführt. Mir würde der Prior nicht einmal einen Honigtopf anvertrauen!«

Martin lachte so laut auf, daß eine Geflügelhändlerin, die mit einfachen Holzkäfigen voller Federvieh vor einem geöffneten Laden stand und mit einer grell geschminkten Frau feilschte, sich erschrocken umdrehte.

»Ich fürchte, der Pater Prior hat nicht ganz unrecht, wenn er um seinen Honig bangt«, sagte der junge Mönch vergnügt. Er nickte der Geflügelhändlerin freundlich zu, die sich alsbald wieder ihrem Verkaufsgespräch zuwandte. Bruder Johann seufzte geschlagen, aber er nahm seinem Gefährten den Scherz nicht übel. Zum ersten Mal seit vielen Monaten sah er Martin heiter und gelöst. Er würde sich hüten, die gute Laune seines Mitbruders zu zerstören.

Sanfte Töne empfingen die beiden jungen Männer, als sie die prächtige Basilika San Giovanni betraten und die Finger voller Ehrfurcht mit geweihtem Wasser benetzten. Der Eingangsbereich lag im Zwielicht, doch weiter vorn, wo sich der Hochaltar befand, tauchten Hunderte von duftenden Bienenwachskerzen, Reihe um Reihe auf goldenen Dornen befestigt, das hallende Kirchenschiff in einen bläulichen Schimmer.

Ein Heer von Mönchen wandelte würdevoll durch den Mittelgang. Die Köpfe andächtig auf die Brust geneigt, sangen sie das Kyrie de Angelis. Ihre tiefen Stimmen hallten von den Wänden aus Alabaster mit Goldverkleidung wider.

Martin fühlte, wie sein Mund trotz der kühlen Luft trokken wurde. Gebannt folgte er dem Gesang, der in den Mauern der prächtigen Basilika trotz der vertrauten lateinischen Worte so ungewohnt in seinen Ohren klang. Seine Blicke streiften eine Abfolge wunderschöner Wandfresken mit biblischen Szenen, deren kräftige Farben sich mühelos gegen das schummrige Licht behaupteten. Unwillig ließ er sich von Bruder Johann auf die Seite ziehen. Ohne daß ein Geräusch ihre Schritte angekündigt hätten, fand er sich plötzlich einer Anzahl von Kardinälen gegenüber, die, angetan mit violetten Roben und den Insignien ihrer kirchlichen Macht, zielstrebig auf die Statue der Jungfrau Maria zuhielten.

Benommen von so viel Pracht, lehnte sich Martin gegen einen Pilaster im hinteren Teil der Basilika, während Bruder Johann sich flüsternd mit einem hageren Benediktiner unterhielt, dessen Aufgabe es war, den Strom der Pilger zu regeln. Ein leises Frösteln überfiel ihn, als seine Hände den kühlen Stein berührten. Der Gesang der Mönche erstarb zwischen den wuchtigen Kapitellen.

Im nächsten Augenblick kam es in einem der Seitenschiffe zu einem Auflauf. Dutzende von Pilgern mit breitkrempigen Hüten, Mönche verschiedener Orden sowie einfache und edel gekleidete Männer und Frauen drängten sich um einen goldenen Reliquienschrein, der mit Brokatdecken verhängt war. Unmittelbar daneben befand sich ein Sockel, auf welchem ein hölzerner Kasten stand. Angeleitet von einem Sakristan, warfen die Menschen Münzen in den Kasten und erhielten hernach vom Sakristan die Erlaubnis, einen Schritt auf den Marmorstein zuzugehen. Einige der Gläubigen neigten in stummer Ehrfurcht die Knie vor der Reliquie. Frommes Schluchzen war zu hören.

»Bruder Martinus!« Die schrille Stimme seines Reisegefährten holte Martin jäh aus seinen Gedanken. Er drehte sich um und sah, wie der dicke Mönch ihm mit fröhlicher Miene zuwinkte. In der Hand schwenkte er einen Beutel aus gegerbtem Leder, mit dem er sich die Menschenmenge vom Halse hielt. »Bruder, hörst du nicht?« rief er noch einmal. »Da vorne kannst du eine Messe für die Toten kaufen!« Er kämpfte sich durch das Gewühl aus Leibern und murmelnden Stimmen und zog Martin ohne Umschweife mit sich. Unwillig wichen die Pilger zurück und machten den beiden Mönchen Platz. Im Angesicht des Heiligtums und unter den strengen Blicken des Sakristans getraute sich niemand, Martin und Bruder Johann aufzuhalten.

»Der Benediktiner hat mir erklärt, was die Pilger hierherführt«, flüsterte der dicke junge Mann aufgeregt, während er mit spitzen Fingern an seinem Schnürbeutel nestelte. »Die Gebeine des heiligen Johannes des Täufers, der unseren Heiland im Fluß Jordan untertauchte, besitzen erlösende Kräfte. Du wirfst zwei Münzen in den Kasten, und dafür werden einem deiner Angehörigen fünfhundert Jahre Fegefeuer erlassen!«

»Bemerkenswert«, sagte Martin. »Wissen die Gebeine des Heiligen auch, welchen meiner Ahnen ich erlöst wissen möchte?« Mit einem flauen Gefühl im Magen näherte er sich dem sonderbaren Kasten auf dem Steinsockel. Man mußte sich auf die Zehenspitzen stellen, um den schmalen Schlitz zu erreichen. Metallische Geräusche deuteten an, daß sich die Pilger die Gelegenheit, Ablaß für verstorbene Familienangehörige oder Freunde zu leisten, nicht nehmen ließen. Ihrem Beispiel folgend, warfen auch Martin und Bruder Johann eine Münze in den Kasten.

Während Bruder Johann den Sakristan mit einem Wortschwall überschüttete, trat Martin zurück, um den unablässig nachdrängenden Menschen Platz zu machen. Da erschienen die Kardinäle, die sich eine Zeitlang in einer der kleinen Kapellen auf der Ostseite der Basilika aufgehalten hatten, wieder im Kirchenschiff. Einer der Würdenträger, ein ziemlich dicker Mann, dessen steife purpurne Robe bei jedem Schritt raschelte, streifte die Pilgerschar und vor allem den Holzkasten vor der Reliquie mit wohlwollenden Blicken. Er stellte sich dicht vor den Hochaltar, der von einem Zelebranten mit einem riesigen Weihrauchfaß beräuchert wurde. Die anderen Kardinäle gesellten sich zu ihm und erhoben die Hände. Goldene Abendmahlskelche stießen klirrend aneinander.

Über Martins Gesicht flog ein verklärtes Lächeln, als die süßlichen Schwaden von Weihrauch an den Fresken vorbei hinauf zur Kuppel schwebten.

»War der Besuch von San Giovanni nicht wunderbar, Bruder Martinus?« schwärmte Johann von Mecheln, nachdem er und Martin die Basilika verlassen hatten. Er tänzelte vor Begeisterung.

Martin murmelte eine zustimmende Antwort, die sein Gefährte jedoch schon nicht mehr hörte, da er gutgelaunt vor ihm die Treppen hinuntersprang. Rom scheint ihm zu bekommen, dachte Martin irritiert. Zumindest sah es nicht so aus, als ob die zahlreichen Beschwerden, über die er während der langen Wanderschaft geklagt hatte, ihn noch plagten.

Auch das kam einem Wunder gleich. Er beobachtete, wie Bruder Johann seine Kutte schürzte und mit sichtlichem Vergnügen einer Taverne entgegenstrebte. Aus der weit geöffneten Tür des Gebäudes drang das Geräusch von heißem, spritzendem Olivenöl sowie ein verführerischer Duft nach gebratenem Würzfleisch auf die Gasse hinaus. Zu Bruder Johanns Bedauern ließ Martin sich jedoch nicht überreden, die Taverne zu betreten. Daher verabschiedete sich der Mönch und schlug mit beleidigter Miene den Weg zur Piazza del Popolo ein, um wenigstens das gemeinsame Klostermahl im Kapitelsaal nicht zu versäumen.

Martin orientierte sich kurz, dann setzte er sich in Bewegung. Er wußte genau, daß er die unverhoffte Stunde der Freiheit nutzen mußte, denn so rasch würde es keine weitere Gelegenheit geben, sich Bruder Johanns Gesellschaft zu entziehen. Voller Tatendrang schlug er den Weg in Richtung der inneren Stadtbezirke ein.

Während er eine lehmige Straße entlangschlenderte und sich die Häuser, Türme und Denkmäler ansah, mußte er an die Worte eines Pilgers denken, der ihm eines Abends, bei einem Becher Wein in der Herberge, Rom als höchsten Himmel und finsterste Hölle zugleich beschrieben hatte. Als sich der Tag dem Ende entgegenneigte, begriff er, was der Alte mit der wenig schmeichelhaften Äußerung hatte sagen wollen. Während die prunkvollen Paläste der römischen Aristokraten und kirchlichen Würdenträger, die Kirchen und Kapellen Reichtum und Lebensfreude ausstrahlten, versanken die verwahrlosten Hütten der Armen im Morast der Hoffnungslosigkeit. Wohin Martin sich auf seinem Spaziergang durch die überfüllte, lärmende Stadt auch wandte, überall traf er auf Gegensätze, die ihn mit tiefer Fassungslosigkeit erfüllten. Hier schien es niemanden zu verwundern, wenn sich inmitten eines Viertels von hübschen weißen Palazzi mit roten Ziegeln und breiten Toren unvermittelt ein verfallener, von Pechfackeln beleuchteter Bretterbau erhob, hinter dessen morschen Wänden zwanzig Huren ihrem Gewerbe nachgingen. Kirchen erhoben sich aus dem Schutt alter Säulenteile mit ionischen, korinthischen oder dorischen Kapitellen. Hinzu kam der Schmutz, der in manchen Stadtteilen knöcheltief auf der Straße lag. Die Römer schienen sich der Kanäle und Viadukte ihrer Ahnen nicht mehr zu erinnern, denn als Martin seinen Erkundungsgang fortsetzte, beobachtete er, wie zuweilen die Fenster der höher gelegenen Häuser geöffnet und ganze Körbe von Unrat achtlos auf die Gasse geleert wurden. Kühe und Schafe zertraten ihren eigenen Dung, während sich keine zehn Schritte entfernt zwei Betrunkene an einer Mauer erleichterten. Ein entsetzlicher Gestank breitete sich über den Vierteln der Altstadt aus, den auch die frische Brise, die vom Fluß stadteinwärts wehte, nicht vertreiben konnte. Martin verzog angewidert das Gesicht; seine Finger verkrampften sich um das Itinerar, die Wegbeschreibung, die man ihm im Augustinerkloster überlassen hatte. Doch sosehr er sich auch bemühte: Es schien beinahe unmöglich zu sein, die formlosen Linien und Pfeile sowie die kleinen Kreuze auf dem Pergament, die auf Kirchen wie Sant' Agnese, San Pietro in Montorio oder Santa Croce in Gerusalemme hindeuteten, mit dem unüberschaubaren Gewirr aus Straßen, Plätzen oder halb verfallenen Mauerdurchgängen in Einklang zu bringen, die in der untergehenden Sonne einem einzigen Klumpen aus übelriechendem Stein und Holz glichen.

Seufzend rollte er die nutzlose Karte wieder zusammen, schob sie unter das Skapulier seiner Kutte und überantwortete sich seinem eigenen Orientierungssinn. Bruder Johann würde gewiß nach ihm suchen lassen, wenn er bis zur gemeinsamen Komplet nicht ins Kloster zurückgekehrt war.

Durch die schmalen, stickigen Gassen, die von den größeren Piazzi abzweigten, schob sich ein unüberschaubares Gewirr aus Menschen und Pferden, Sänften und Karren. Kerzen-, Wein- und Wollhändler schrien gegeneinander an. Barbiere rasierten ihre Kunden auf offener Straße. Notare und arme Poeten mit Schreibtafeln boten den Vorübereilenden ihre Dienste an. Vor dem Portal der Kirche San Sebastiano drängten sich ganze Scharen von Andenkenverkäufern um brennende Kohlenfeuer. Wer es wagte, sich durch ihre Phalanx zu zwängen, den hielten sie energisch auf, indem sie ihm Heiligenmedaillons, Fläschchen mit Tränen Jesu und kleine Holzdosen unter die Nase hielten. Ein älterer, bärtiger Mann mit schlaffen Tränensäcken stellte sich Martin breitbeinig in den Weg. Er trug eine schmutzige Kapuze aus Sackleinen, unter der sein wirres graues Haar wie ein Nest von züngelnden Schlangen hervorsproß. Die Wangen des Alten waren verschrumpelt und erinnerten an zwei getrocknete Apfelhälften. Sein Atem roch säuerlich nach billigem Wein.

»Heilige in großer Auswahl, *fratello mio*«, rief der Fremde eifrig, wobei er eine Reihe schwarzer Zahnstümpfe entblößte. »Braucht Ihr ein Wunder, guter Bruder? Kauft einen Heiligen zu Eurem Schutz und Eurer Seligkeit. Hier, nehmt ein Bild der heiligen Odilia. Es schenkt den Blinden ihr Augenlicht wieder!«

Martin schüttelte verlegen den Kopf. Die blechernen Heiligenbilder mochten Wunder wirken, doch ihrem verwahrlosten Verkäufer hatten sie gewiß noch nie eines beschert. Hastig versuchte er, sich an dem glühenden Kohlenbecken vorbei auf die Kirchentreppe zu retten. So rasch, wie er hoffte, ließ sich der Händler indessen nicht abschütteln.

»Wie ich sehe, sind Eure Augen noch gut. Wäret Ihr in meinem Alter, so würdet Ihr die Hilfe der heiligen Odilia gewiß nicht so gleichgültig abtun!«

»Vermutlich. Doch nun laßt mich bitte ...«

»Wie steht es um Eure Füße?« fiel der Händler Martin ins Wort. Er deutete auf die verstaubten Sandalen des jungen Mönchs. »Als Bettelmönch leidet Ihr doch bestimmt des öfteren unter schmerzhaften Blasen! Dann wäre der heilige Crispianus genau der Richtige für Euch. Er macht Eure Füße wieder wie neu. Ihr könnt hernach auf jeder Hochzeit tanzen ... Oh, verzeiht einem armen, alten Mann. Ich vergaß, daß Ihr gar nicht tanzen dürft!«

»Ich werde Eure Medaillons meinem Ordensbruder empfehlen, sobald wir den Pilgerweg zurück in unsere Heimat antreten«, brummte Martin, dem das Geschwätz des Händlers inzwischen gehörig auf die Nerven ging. Wie konnten sich diese abgerissenen Jammergestalten überhaupt erdreisten, direkt vor San Sebastiano ihren windigen Geschäften nachzugehen? Zwei junge Priester stiegen achtlos die Treppe hinunter und verschwanden durch eine kleine, von wilden Rosenhecken umsäumte Pforte. Das rege Treiben vor dem Kirchenportal schien sie ebensowenig zu berühren wie die Kardinäle der Aufruhr der Pilger vor dem Reliquienschrein in San Giovanni in Laterano.

Nicht einmal die Geistlichen schreiten ein, dachte Martin verblüfft. Er überlegte, ob sie vielleicht am Treiben der Händler mit verdienten, als ihn plötzlich der schrille Ton eines Jagdhorns auf dem Absatz herumwirbeln ließ. Um ihn herum brach ein wildes Durcheinander aus. Die Händler rafften ihre Waren zusammen. Zwei Weiber sprangen mit Kiepen auf dem Rücken die Kirchentreppe hinauf. Fackeln wurden gelöscht. Martin spürte, wie sich die Hand des Andenkenverkäufers hart auf seine Schulter legte und ihn wie in einer Eisenklemme zu Boden zwang.

»Auf die Knie mit Euch, Bruder«, keuchte der Alte atemlos. Er ließ die Schnüre, an denen seine blechernen Medaillons hingen, unter seinen zerrissenen Kittel wandern und warf sich in den Morast, daß der Schlamm nur so spritzte. Mit furchtsamen Augen spähte er unter den Rändern seiner spitzen Kapuze hervor, einem Reiterzug entgegen, dessen beide Herolde trompetend durch die Gasse preschten. Vier schwarze Rappen, die aussahen, als reite der fahle Tod auf ihnen, begleiteten eine mit roter Seide ausgeschlagene Sänfte. Martin hob ungläubig den Kopf.

Ein Heer von Landsknechten in buntgescheckten Beinkleidern und glänzenden Brustpanzern galoppierte, Piken schwingend, durch einen Torbogen. Voller Übermut stießen die Männer alles um, was ihnen dabei in die Quere kam. Kupfergeschirr und Öllampen, die an den Hauswänden befestigt waren, wurden herabgerissen, Wein- und Weizenkrüge zerschellten auf den spitzen Katzenköpfen. Ein Rudel wilder grauer Hunde hetzte bellend darüber hinweg. Frauen rafften lamentierend ihre Röcke und zogen sich erschrocken in die nahe gelegenen Häuser zurück.

»Na los, du lahmer Tölpel«, zischte der Alte Martin ein zweites Mal an. »Willst du dich wohl niederknien?« Er rüttelte schroff an Martins weitem Ärmel. »Heiliger Hieronymus! Das ist Seine Heiligkeit, der Papst …«

Seine Worte trafen Martin wie ein Brandpfeil. Der Papst durchquerte die Stadt! Es gelang ihm gerade noch, dem Beispiel der Händler zu folgen und den Rücken zu beugen, als die päpstlichen Hundeführer keine Handbreit von seinem Gesicht an ihm und den übrigen Knienden vorbeistürzten. Einige der grauen Bestien brachen aus ihrer Reihe aus und machten sich über die Waren eines Schmalzbäckers her, dessen Verkaufstisch von einem der Reiter umgestoßen worden war. Aus den Augenwinkeln beobachtete Martin, wie nun die glänzenden schwarzen Hengste den Platz von San Sebastiano überquerten. An ihren Sattelgurten hingen Dutzende erlegter Rebhühner und Wildgänse. Die Gesellschaft mußte sich auf einer Jagd in den Auen des Tiber vergnügt haben.

Inmitten der Schar fiel Martin ein bärtiger Mann auf, dessen Pferd gehörigen Abstand zu denen seiner Begleiter hielt. Der Reiter war ein wahrer Hüne von Gestalt. Er trug einen wallenden Pelzumhang, der noch den halben Pferderücken verhüllte, und einen goldenen Brustharnisch. Seine breiten Schultern strafften sich bei dem scharfen Ritt über das unebene Pflaster wie von selbst. Nicht einmal der Gassenschmutz, den die Hufe seines Pferdes gleichmäßig über die Köpfe der knienden Menge verteilte, vermochte den majestätischen Blick des Riesen zu trüben. Bar jeden Gefühls fixierten seine Augen die aufflackernde Laterne des Ritters, der seinen Waffenknechten mit barschen Kommandorufen auftrug, den Durchgang zur Piazza freizuhalten.

Papst Julius II. – der Stellvertreter Gottes auf Erden.

Als die Hufgeräusche auf dem Pflaster verklungen waren, erhob sich Martin. In seinem Kopf brummte es, als habe sich ein ganzer Hornissenschwarm eingenistet. Doch dies war nicht alles. Ein gewaltiges Stöhnen und Jammern umgab ihn. Im Überschwang der Gefühle lief er zur Straßenecke, um den davongaloppierenden Reitern nachzublicken, doch alles, was er von ihnen und der Sänfte noch sah, war eine Staubwolke, die sie völlig einhüllte. Ein paar Kinder schossen aus einem finsteren Hauseingang, vor dem mehrere Klafter Holz gestapelt waren. Wie Raben hüpften sie über die schmutzige Gasse und stocherten, aufgeregt flüsternd, mit Stöckchen im Morast herum.

»Du siehst richtig, Bruder, sie sammeln Pferdeäpfel auf«, hörte Martin die rauhe Stimme des Andenkenverkäufers direkt hinter sich. »Schließlich könnten einige dabei sein, die das Pferd des Heiligen Vaters verloren hat!« Unwillig funkelte Martin die zerzauste Gestalt an, die in gebückter

Haltung vor ihm verharrte. Der Mann hatte sich erstaunlich schnell von seinem Schrecken erholt. Während andere Händler fast ihre gesamte Ware unter den Hufen der Jagdgesellschaft verloren hatten, zauberte er mit flinken Fingern seine kleinen Blechscheiben unter dem Wams hervor. Beinahe liebevoll hauchte er sie an und polierte sie mit einem Zipfel seines Ärmels blank. Dann zog er eine kleine Phiole aus der Tasche und schüttelte sie auffordernd. »Ihr seid ja bleich wie eine Kirschblüte, lieber Freund«, sagte er mit einem schmierigen Grinsen. »Also, nicht viele Menschen wissen das, Bruder, aber der Puder des heiligen Cosma kuriert jeden Schock. Dagegen sind die Holzsplitter der Pfeile, die den heiligen Sebastianus durchbohrten, nur eitler Tand …«

Auf Martins Stirn bildeten sich Schweißtropfen. Angewidert stieß er den Händler beiseite und jagte mit fliegendem Mantel die Straße hinunter.

Als Martin den Kapitelsaal seiner römischen Ordensbrüder betrat, kam ihm Bruder Johann schon von weitem entgegen. In seiner Hand schwenkte er ein Bündel gelblicher, zusammengeschnürter Papiere.

»Ein Bote war vorhin an der Pforte, Bruder Martinus!« flüsterte er atemlos. »Er hat diese Schriftstücke für dich zurückgelassen. Ist das nicht aufregend? Vermutlich sind es die Antwortbriefe des Heiligen Vaters an den Generalvikar.«

Martin widersprach nicht, obgleich er nicht damit rechnete, daß der Papst neben seinen mannigfaltigen Beschäftigungen persönlich Zeit gefunden haben sollte, um sich eingehend mit den Ordensstreitigkeiten der deutschen Bettelorden zu beschäftigen. Aber die Schriftstücke stammten aus der päpstlichen Kanzlei. Langsam erbrach er das blutrote Siegel des Begleitbriefs und vertiefte sich in die klare, verschnörkelte Schrift.

»Gute Neuigkeiten?« Bruder Johann trat ungeduldig von einem Fuß auf den anderen.

»Sieht ganz so aus, als ob wir unser Bündel schnüren und die Heimreise antreten könnten!« erwiderte Martin bedächtig. »Die päpstliche Kanzlei hat sich zu einem salomonischen Urteil durchgerungen. Und dieses ist bei weitem nicht das schlechteste Ergebnis, das der Superior hätte erzielen können. Von Staupitz wird empfohlen, auf die Erweiterung seines Reformkreises zu verzichten, dafür darf er sich auch künftig der Unterstützung des Heiligen Vaters gewiß sein. Außerdem behält er das Recht, seine Aufsichtsfunktion an der Spitze der deutschen Augustiner weiterhin auszuüben.«

»Ich freue mich, daß für unser Kloster alles gut ausgegangen ist«, sagte Bruder Johann. »Laß uns essen, es ist spät geworden!«

Die beiden suchten sich einen freien Platz an der Tafel, wo die Brüder bereits schweigend ihre Abendmahlzeit einnahmen. An einem Stehpult, auf dem ein brennender Kerzenleuchter stand, las ein kugelrunder Mönch mit hungrigen Blicken aus der Ordensregel vor.

»Wer ist der Mann, der neben dem ehrwürdigen Abt speist?« flüsterte Martin plötzlich, ohne die Lippen zu bewegen. Er hatte einen vornehm aussehenden Herrn auf der Empore ausgemacht, der sich angeregt mit dem Abt zu unterhalten schien. Martin warf einen verstohlenen Blick auf die kostbare Kleidung, welche der Fremde mit dem stolzen Selbstbewußtsein eines Patriziers zur Schau stellte. Ein schwarzer, gekräuselter Bart, durch den sich bereits einige silberne Fäden zogen, umrahmte ein markantes Gesicht, das den Eindruck purer Daseinsfreude vermittelte. Die Nase war ein wenig zu groß geraten, was aber dem Erscheinungsbild insgesamt keinen Abbruch tat. Das Wams, das der Mann trug, war von moosgrünem, schimmerndem Samt. Es besaß knielange, geschlitzte Rockschöße und war über der Brust offen, so daß man das teure Hemd sehen konnte. Martin fiel auf, daß der Unbekannte weder Spitz- noch Faltkragen umgebunden hatte, wie es in Deutschland Sitte war, dafür schmückten mehrere schwere Spangen und Goldketten seinen Hals. Am Hüftband hingen ein mit kostbaren Edelsteinen verzierter Dolch sowie eine pralle Lederbörse.

Mit einem charmanten Lächeln erhob der Gast seinen Pokal, wobei er den Abt mit einer respektvollen Handbewegung ehrte. Martin beobachtete ihn eine Weile aufmerksam, woraufhin er entschied, daß der Fremde nicht wie ein Römer aussah, auch wenn seine dunklen Augen von Zeit zu Zeit temperamentvoll aufflackerten und ein süffisantes Lächeln seine vollen Lippen umspielte.

Bruder Johann räusperte sich. »Der ehrwürdige Vater Abt hat einen Landsmann von uns an seine Tafel geladen«, wisperte er. »Wie ich annehme, geht er im Kloster aus und ein, um mit dem Orden Geschäfte zu machen.«

»Geschäfte? Dann ist er wohl ein Kaufmann?«

Martins Gefährte machte ein verächtliches Gesicht. »Er gehört zu diesen schwäbischen Pfeffersäcken, die in Florenz, Venedig und auch in Rom Kontore unterhalten«, preßte er hervor. »Bestimmt hast du schon von Jakob Fugger gehört, den man auch den Reichen nennt? Der Mann, der dem ehrwürdigen Abt gerade Honig um den Bart schmiert, ist Hannes Zink, Fuggers Faktor und Vertrauter in Rom. Der Kellermeister hat mir erzählt, daß die Fugger in der Stadt einen Palazzo besitzen, der prunkvoller ausgestattet ist als die Räume der Engelsburg. Dieser Zink soll ein schlauer Fuchs sein, mit tausend Wassern gewaschen. Angeblich kann er einen Sack voll Gold auf hundert Schritt Entfernung riechen, was unsereins wohl höchstens mit einem gepfefferten Hammeleintopf gelingt!« Achselzuckend wandte sich Bruder Johann wieder seiner dampfenden Schüssel mit Gemüsebrei zu.

Martin verkniff sich ein Schmunzeln, während er selber zum Löffel griff und abwesend in seinem Essen herumzurühren begann. Auf dem Pilgerweg hatte er ein paarmal von der Augsburger Kaufmannsfamilie Fugger reden hören. Geschichten über ihre Geschäfte und Handelsverbindungen geisterten durch halb Europa, besonders nachdem Jakob, der jüngste der Brüder, wenige Jahre zuvor die Leitung des erfolgreichen Handelshauses übernommen hatte.

»Doktor Martin Luther?«

Martin zuckte erschrocken zusammen, als er den Vertreter des Hauses Fugger unvermittelt vor sich stehen sah. Sein Gesicht lief vor Verlegenheit rot an, denn er wäre nie auf den Gedanken gekommen, daß der Kaufmann seinen Ehrenplatz neben dem Abt verlassen könnte, um das Gespräch mit ihm zu suchen. Davon abgesehen, war er es nicht gewohnt, daß jemand ihn mit Doktor Luther anredete. Die Mönche, die in seiner Nähe saßen, wurden aufmerksam. Sie starrten zu ihm und dem Gast des ehrwürdigen Vaters herüber, als erwarteten sie, daß Martin jeden Augenblick zu tanzen anfinge. Der dicke Bruder am Vorlesepult mußte die Worte des deutschen Faktors ebenfalls gehört haben, denn er stolperte über die zuletzt vorgetragene Zeile der Heiligenvita, wiederholte sie und verhaspelte sich erneut.

»Verzeiht, ich hatte nicht vor, Euch zu erschrecken«, sagte Hannes Zink höflich. Er bediente sich nicht des Lateinischen, sondern der deutschen Sprache. Obwohl der Kaufmann bereits seit mehr als einem Jahrzehnt in Rom lebte, hatte er den Akzent seiner süddeutschen Heimat nicht verloren.

»Euer Abt verriet mir, daß sich unter seinem Dach einige Deutsche aufhalten, und da wollte ich die Gelegenheit nicht versäumen, sie selbst zu begrüßen. Keine Sorge, er hat es erlaubt!« Ohne eine Antwort abzuwarten, ergriff Zink Martins Hand und schüttelte sie herzlich. Ein wenig überrumpelt, ließ Martin die Begrüßung über sich ergehen. Als er sich von der Bank erhob, stellte er fest, daß der Kaufmann erheblich kleiner war, als er vermutet hatte. Dafür wirkte sein kluges Lächeln aus der Nähe noch einnehmender. Inzwischen hatte der Kaufmann sich einen langen Überrock um die Schultern gelegt, dessen Pelzbesatz winzige Funken schlug, sooft Hannes Zink den Kopf bewegte.

»Ihr kommt aus Erfurt?« erkundigte er sich interessiert. Mit Schwung warf er seinen Mantel über die Tafel. Es sah tatsächlich so aus, als verkehre er regelmäßig im Konvent und fühle sich inmitten seiner Mauern wie zu Hause. In Erfurt hätte sich kein Gast ein solches Auftreten erlaubt. Martin hätte gerne gewußt, welche Geschäfte den Kaufmann mit einem Bettelorden verband, doch unter den argwöhnischen Augen des italienischen Abts fühlte er sich zu befangen, um ihn danach zu fragen.

So antwortete er ein wenig einsilbig: »Unser Kloster zu Erfurt hat mich und einen weiteren Bruder in Ordensangelegenheiten nach Rom gesandt.« Martin warf seinem Gefährten einen unschlüssigen Blick zu, aber Bruder Johann machte keine Anstalten, sich in das Gespräch mit dem Vertreter der schwäbischen Pfeffersäcke einzuschalten. Martin konnte nur ahnen, daß sein Gefährte, der selbst einer wohlhabenden Kaufmannsfamilie entstammte, nicht die besten Erinnerungen an den Konkurrenzkampf zwischen den süddeutschen Handelshäusern hatte.

»Wie gefällt Euch die ewige Stadt, Doktor?« Zinks Stimme klang weich und geschmeidig, wenngleich Martin auch das

Gefühl hatte, als lauere ein Hauch von Spott in seinem Lächeln. »Gewiß habt Ihr den Lateranpalast gesehen und die Peterskirche auch ...«

Martin nickte. »Darf ich Euch bitten, mich mit Bruder Martinus anzureden, hoher Herr?« bat er den Gast des Klosters. Es war ihm unangenehm, daß der Fremde ihn so unvorbereitet angesprochen hatte. Außerdem war das bei den Mahlzeiten übliche Schweigen noch nicht aufgehoben worden. Mit klopfendem Herzen beobachtete er, wie sich Zinks buschige Brauen zusammenzogen.

»Es ist nur, weil ...« Martin holte tief Luft. »Nun, ich muß mir den Vorwurf der Eitelkeit gefallen lassen, wenn ich mich bei meinem akademischen Titel rufen lasse!«

Hannes Zink überlegte einen Moment lang, dann glätteten sich seine Züge. »Natürlich, mein Freund, das hatte ich nicht bedacht. Unter der heißen Sonne des Südens pflegen auch die Brüder Eures Ordens zuweilen die klösterlichen Regeln etwas ungezwungener auszulegen.«

Martin fiel es nicht schwer, das joviale Lächeln des Schwaben zu erwidern. Zinks Erfahrung mochte auf Beobachtungen beruhen, die er im Umgang mit Äbten, Prälaten und anderen höheren Würdenträgern Roms gesammelt hatte. Allerdings bezweifelte er, daß diese Lockerung der Ordensregel sich auch auf einen einfachen Mönch wie ihn oder Bruder Johann erstreckte.

Die beiden Männer unterhielten sich noch eine Weile, bis die Glocke das Ende der Ruhezeit ankündigte. Nachdem der Abt die Tafel aufgehoben hatte und die Brüder ihren Zellen im oberen Stockwerk zustrebten, begleitete Martin den Kaufmann, auf dessen Bitte hin, hinaus zur Pforte. Der Mönch, der das Tor im Auge behielt, döste gelangweilt vor sich hin. Seine Finger spielten mit ein paar Fäden seiner Kukulle.

»Ihr gefallt mir, Bruder«, sagte Zink unerwartet. Er maß Martin mit einem durchdringenden Blick. Ein frischer Wind war aufgezogen. Er übertönte das Zirpen der Grillen, die zwischen den hohen Sträuchern saßen, und verteilte einen angenehmen Duft nach Jasmin, Oleander und wildem Flieder über den verspielten Arkaden des kleinen Klosterhofes.

»Offensichtlich verfügt Ihr über einen scharfen Verstand und seid Euren Herren treu ergeben ...«

»Mein *Herr* ist unser Gott, Herr Zink«, wandte Martin vorsichtig ein. Seine Hände schlossen sich um den Rosenkranz, den er unter seiner Kutte mit sich trug. Er war todmüde und durcheinander und sehnte sich nach seinem Lager im Gästehaus des Klosters. Der Tag hatte für seinen Geschmack wahrhaftig genug an Überraschungen mit sich gebracht. Auf weitere mochte er gerne verzichten. Schließlich hatte er seine eigenen Probleme.

»Ich wollte Euch gewiß nicht zu nahe treten, guter Bruder«, bemerkte Zink seufzend. Er zog ein zerknautschtes Barett mit einer Pfauenfeder aus einer eingenähten Falte seines Überrocks und setzte es auf. Ein Knecht führte ein gesatteltes Pferd aus dem Stall, das den Kopf anhob und die Mähne schüttelte, als es seinen Herrn erkannte.

»Mir war nur gerade der Gedanke gekommen, ob es Euch nicht gefallen würde, noch eine Weile länger in Rom zu bleiben und mir Eure bewundernswerten geistlichen und juristischen Fähigkeiten zur Verfügung zu stellen. Ich habe meinem Herrn in Augsburg vor einiger Zeit ein paar geschäftliche Vorschläge unterbreitet, die ich gerne von einem kompetenten Berater absegnen lassen würde. Versteht Ihr?«

»Nur zu gut, Herr!« entgegnete Martin. Die Nebel, die Zinks Worte in seinen Kopf getrieben hatten, begannen sich zu lichten. »Aber ich fürchte, daß ein Mönch nicht der richtige Arbeiter im Weinberg des Herrn Fugger in Augsburg ist! Wenn Ihr mich nun entschuldigen würdet? Es wird Zeit, daß ich mich auf das Chorgebet vorbereite.«

»Wie Ihr wünscht, Bruder«, sagte der bärtige Schwabe ein wenig kühler, »aber was die Mönche betrifft, so irrt Ihr Euch gewaltig. Seit einigen Tagen habe ich eine Schar eifernder Dominikaner aus Regensburg am Hals, die Eure Zweifel nicht zu teilen scheinen.«

Martin, der sich bereits zum Gehen gewandt hatte, drehte sich abrupt um die eigene Achse. »Dominikaner?« fragte er zögernd nach. »Welcher Art sind denn die Geschäfte, an denen Ihr das Haus Fugger zu beteiligen gedenkt?«

»Begleitet mich morgen früh hinauf zur Heiligen Stiege, Bruder Martinus«, sagte Zink lächelnd. »Dort werde ich Euch vorführen, um was es meinem Herrn und mir geht!«

Scharen von Pilgern aus aller Herren Länder krochen auf Händen und Füßen eine steile Treppe im Herzen von Rom hinauf. Ein unbeschreibliches Stimmengewirr brauste durch die noch kühle Luft des anbrechenden Tages.

Martin stand dicht bei Hannes Zink, der seine Diener angewiesen hatte, mit dem Wagen ein Stück abseits auf ihn und den jungen Augustiner zu warten. Benommen folgte Martin der Schlange von Menschen, die sich mit Bußsprüchen auf den Lippen auf die Heilige Stiege zubewegten. »Es heißt, die Treppe stamme aus Jerusalem«, hörte Martin Zink flüstern. »Sie soll einst zum Richthaus des Pontius Pilatus geführt haben!«

Am Fuß der Treppe kassierte ein stämmiger Dominikanermönch, der an einem Tisch mit einer Waage und mehreren Pergamentstreifen saß, Geld von den Pilgern. Zink drängte Martin durch das Gewimmel, bis sie vor dem Mönch zu stehen kamen. Der Schreiber des Ordensmannes hatte soeben einer jungen Frau ein Dokument ausgestellt und ihre

Münzen auf die Waage geworfen. Als sie sich über den Tisch beugte, legte er ihr, wohlwollend lächelnd, seine plumpe Hand auf den Kopf. Das Mädchen war keine fünfzehn Jahre alt. Ihr Haar, das sie geflochten trug, war tiefschwarz, mit einem Stich ins Bläuliche, die Haut schimmerte milchigweiß wie Alabaster. Als sie sich abwandte, bemerkte Martin, daß ihre Augen in Tränen der Erleichterung schwammen.

»Weiter, mein Freund«, hörte er Zinks Stimme. Er fühlte sich gleichwohl auf den Wechseltisch zugeschoben. »Ihr seid an der Reihe!«

Der Dominikaner ließ sich von seinem Schreiber einen neuen Pergamentstreifen reichen. Martins Lippen öffneten sich ungläubig. Der Mann am Tisch war ihm sofort bekannt vorgekommen, nun aber erinnerte er sich, wo er ihn schon einmal gesehen hatte. Sie hatten gemeinsam die Alpen überquert. Der Ablaßverkäufer gehörte zu der Gruppe schweigsamer Mönche, die Bruder Johann im Verdacht gehabt hatte, im Auftrag der Inquisition nach Rom zu reisen. Wie sein Gefährte, so hatte auch Martin gerätselt, was die Dominikaner zu einem so raschen Aufbruch veranlaßt haben mochte, aber er wäre nie auf den Gedanken gekommen, einem von ihnen ausgerechnet am Fuß der Heiligen Stiege wiederzubegegnen.

Als der Mönch bemerkte, daß Martin ihn unsicher anstarrte, hob er ruckartig den Kopf und streckte ihm sein unrasiertes Kinn entgegen. »Name des Verstorbenen und Verwandtschaftsgrad?« sprach er ihn unwirsch an. Nicht ein Funke des Erkennens glomm in seinen Augen auf. Er tat, als sei er Martin nie zuvor begegnet. »Ihr seid doch hier, um einen Ablaß für zeitliche Sünden zu erwerben, Bruder?«

Martin mußte unwillkürlich schlucken. Die Menschen um ihn herum wirkten befreit, sobald sie vom Tisch des Dominikaners zurückkehrten und die Heilige Stiege erklommen.

Befreit und zufrieden. Er mußte an das hübsche, dunkelhaarige Mädchen denken. An die Tränen, die in ihren Augen wie kleine, blitzende Diamanten ausgesehen hatten.

»Schreibt Heine Luther«, antwortete er schließlich, an den Schreiber gewandt. Er spürte kalten Schweiß im Nacken. »Er war mein Großvater!« Ernüchtert warf Martin einen Blick zurück auf die lehmige Straße, aber dort war wieder Ruhe eingekehrt. Auch das junge Mädchen war nirgendwo mehr zu sehen. Hannes Zink stand wenige Schritte hinter ihm und spielte am Griff seines Dolches, doch er ließ ihn nicht aus den Augen. In den vielen Jahren, die er nun schon in Rom lebte und seinen Handel betrieb, hatte er es sich offenkundig zur Gewohnheit gemacht, aus den Gesten und Mienen der Menschen herauszulesen, was diese dachten. Die Fähigkeit, andere mit Blicken abzutasten, hatte ihn zu einem erfolgreichen Mann gemacht. Martin kam jedoch nicht umhin, sich zu fragen, warum der Schwabe keine Übereinkunft mit den Dominikanern treffen wollte.

»Ein *Vaterunser* auf jeder der achtundzwanzig Stufen, Bruder«, holte der Mann am Wechseltisch ihn brüsk aus seinen Überlegungen. »Wenn du oben angekommen bist, wird dein Großvater Heine aus dem Fegefeuer befreit und darf einziehen in die Ewigkeit!« Er nahm dem unscheinbaren Schreiber den Pergamentstreifen ab, schüttete ein wenig Sand aus einer verbeulten Streubüchse darüber und händigte ihn Martin aus.

»Grüß mir deinen beleibten Ordensbruder«, rief der Dominikaner Martin boshaft hinterher. »Sag ihm, daß es selbst für die Todsünde der Prasserei Aussicht auf Vergebung gibt ...« Als der Mönch begriff, daß er soeben zugegeben hatte, Martin zu kennen, biß er sich mit düsterem Gesichtsausdruck auf die Zunge. Verärgert winkte er den nächsten Bußpilger heran, ein schmächtiges Bürschlein, dessen Augen unter einem mit Muscheln besetzten Schlapphut kaum zu erkennen waren.

Martin ging langsam auf die Stufen zu; er fiel auf die Knie. Die Stimmen der Wartenden, der Büßer und des Mönches steigerten sich in seinen Ohren zum schrillen Ton einer Fanfare. Er versuchte sich zu konzentrieren. Wie der Dominikaner es ihm gesagt hatte, begann er damit, das vorgeschriebene Gebet zu sprechen: »Pater noster, qui es in caelis: Sanctificetur nomen tuum: Adveniat regnum tuum: Fiat voluntas tua, sicut in caelo, et in terra ...«

Ein lautes Stöhnen mischte sich mit seinen Worten. Irritiert öffnete er die Augen. Unmittelbar neben ihm umklammerte eine weißhaarige Frau die Stufen, um sich hochzuziehen. Ihre Hände waren geschwollen, die langen Finger von Gicht gekrümmt.

»Panem nostrum quotidianum da nobis hodie: Et dimitte nobis debita nostra, sicut et nos dimittibus debitoribus nostris ...«

Das Stöhnen der alten Frau wurde eindringlicher. Sie kam nicht weiter, sosehr sie sich auch abmühte, der von den Dominikanern versprochenen Tilgung ihrer Sündenschuld habhaft zu werden. Martin schlug erneut die Augen auf. Als er den verzweifelten Ausdruck auf dem Gesicht der Alten bemerkte, fühlte er voller Bestürzung, wie sich seine Kehle zu verengen begann. Er wollte soeben aufstehen, um der Gestrauchelten die Hand zu reichen, als sich eine weitere Person zwischen ihn und die Greisin schob.

»Keine Angst, ich helfe dir schon«, ertönte eine helle, angenehme Stimme auf italienisch. Martin verharrte abwartend auf seiner Treppenstufe. Als sie ihren Schleier in den Nacken schob, erkannte er das junge dunkelhaarige Mädchen, das ihm bereits am Ablaßtisch aufgefallen war. Ohne Umschweife legte sie der alten Frau einen Arm um die Taille und schob sie langsam die Stufen hinauf. »No, Signorina piccola«, jammerte die Alte, zu Tode erschöpft, aber ihr Einwand verhallte ungehört. Stufe um Stufe arbeitete sie sich die Heilige Steige hinauf. Es dauerte nicht lange, bis die fast durchsichtigen Wangen des Mädchens vor Schweiß und Anstrengung glänzten. Dennoch hörte sie nicht auf, geduldig auf die Greisin einzureden, die sich ergeben den Armen der zierlichen Frau anvertraute.

»He, ihr dort oben!« ertönte plötzlich die Stimme des Schreibers, der unten auf die beiden Frauen aufmerksam geworden war. »Das Weib muß allein hinaufsteigen, oder glaubst du, du könntest sie ins Himmelreich hineintragen?«

»Das ist eine steile Stiege«, gab das Mädchen ohne Furcht zurück. »Ob sie ins Himmelreich führt, werden wir sehen, wenn wir oben angelangt sind!« Unbeirrt setzte sie ihren Weg fort.

Martin schaute zu den Geldkassierern; der kleine Tisch mit der Waage wurde jedoch von weiteren Pilgern umringt. Zum ersten Mal war er gezwungen, die leidenden Menschen um sich herum wahrzunehmen: einen zerlumpten Mann mit blutenden Knien, der dem Dominikaner gewiß seine letzten Münzen auf die Waage gelegt hatte; eine Schwangere, die schützend die Hände vor den geschwollenen Leib legte; Verkrüppelte, Männer mit schmutzigen Augenbinden.

Martin fühlte sich wie gelähmt. Es gelang ihm nicht mehr, das Gebet auf der Pilatustreppe zu Ende zu sprechen.

»Versteht Ihr nun, was ich meine«, schimpfte Hannes Zink, als Martin wieder bei ihm auf der belebten Straße stand. Er sah wütend aus und winkte seinem Burschen, der sich mit den Pferden eilig einen Weg zu ihnen bahnte.

»Der Dominikaner ist nicht feinfühlig genug. Seine griesgrämigen Blicke verschrecken die Pilger. Sie würden nicht nur für einen ihrer Verstorbenen die Stiege hinaufsteigen, sondern für viele, wenn man ihnen nur erklärte, welchen heiligen Nutzen der Ablaß bringt!« Die Stimme des Schwaben klang immer zorniger. »Das Haus Fugger gibt sich nicht mit Brosamen zufrieden. Wenn ich Herrn Jakob überrede, ins Ablaßgeschäft einzusteigen, so muß es fundierter sein als das, was der Dominikaner hier veranstaltet.«

Martin wußte nicht, was er Zink antworten sollte. Gewiß hatte der Kaufmann der Fuggerschen Faktorei recht, wenn er sich über die mangelhafte Aufklärung der Pilger beschwerte. Andererseits war ihm auch nur daran gelegen, an der Not der Menschen und ihrer Furcht vor dem quälenden Feuer der Buße zu verdienen. Die alten Ängste vor der Rache eines zürnenden, strafenden Gottes begannen unvermittelt wie mit Klauen nach Martin zu greifen. Vor seinem geistigen Auge tauchte das Mädchen von der Treppe auf. Ihr weißes Gewand war am Rücken zerfetzt, blutige Striemen, die von einer Bastonade herrührten, zeichneten sich von der milchigen Haut ab. Sie erreichte die letzte Stufe, doch kaum hatte sie ihre Hand ausgestreckt, um sich hinaufzuziehen, als ein kräftiger Fußtritt sie traf. Sie stürzte, sich mehrmals überschlagend, in die Tiefe.

»Ich kann Euch und dem Haus Eures Herren nicht helfen, Meister Zink«, sagte Martin abrupt. Er starrte Zink an, als sei er aus einem tiefen Traum erwacht.

»Das ist schade, Bruder Martinus. Wollt Ihr nicht noch einmal in Ruhe darüber …«

»Nein, Herr! Sobald das Wetter eine Reise zuläßt, werde ich Rom verlassen. Ich muß nach Erfurt zurückkehren. Dort gehöre ich hin!«

Hannes Zink machte keinen weiteren Versuch, Martin zum Bleiben zu überreden. Was die letzten Worte des jungen Mannes betraf, so hatte er indessen seine Zweifel, daß es Martin tatsächlich mit Gewalt in die Mauern seines Klosters zurückzog. Zink hatte die Augen des Mönchs studiert. Ebenso den leicht gebückten Gang. Seine fein gerundeten Lippen und das kräftige, stoppelige Kinn verrieten Entschlußkraft, die zerfurchte Stirn ließ auf unzählige durchwachte Nächte schließen. Der Mönch war trotz allen Eifers für die Gelübde seines Ordens ein Getriebener, ein Mensch, der weder in der Askese noch in der Sinnlichkeit weltlicher Freuden sein Glück finden konnte. Er befand sich auf der Flucht. Doch nicht vor Menschen, die man sehen und beurteilen konnte, sondern eher vor Dämonen, die seinen Glauben attackierten. Ob er sich nun in Rom oder in Deutschland aufhielt: Hannes Zink war davon überzeugt, daß sie Bruder Martinus früher oder später finden und ihm den Garaus machen würden.

Fünftes Kapitel

Erfurt, im Frühjahr 1511

»Ich bin von Herzen betrübt, Euch schon wieder mit meinen Sorgen zur Last zu fallen, Ehrwürdigkeit!«

Der Prior des Erfurter Augustinerklosters führte Generalvikar von Staupitz, der soeben in der Kirche ein stilles Gebet vor dem Marienfenster beendet hatte, durch eine kleine, mit wildem Wein bewachsene Pforte in den Kreuzgang. Zögernd ließ von Staupitz seine Blicke über die rohen Mauern schweifen. Der Kreuzgang war ein überdachtes, von hübschen Säulen getragenes Viereck, in dessen Mitte sich die schlichten Steine und Kreuze des Klosterfriedhofs aus der grauen Erde schoben. Zu bestimmten Zeiten wandelten die Brüder hier dicht an den Mauern entlang, um Zwiesprache mit dem Ewigen zu suchen. Doch zu dieser abendlichen Stunde lag der Kreuzgang verlassen vor ihm. Einige Strahlen der untergehenden Sonne malten kupferrote Streifen auf die Schindeln der abfallenden Dächer. In einem Winkel jenseits der steinernen Treppe, die hinauf zu den Schlafstätten der Mönche führte, kniete ein Mönch auf allen vieren und beugte sich über die hellen Bodenplatten. Seinen regelmäßigen Armbewegungen und dem leisen Keuchen war zu entnehmen, daß er den Stein vom Schmutz der Stiefel und Sandalen zu befreien versuchte, die unzählige Male über ihn hinweggeschritten waren. Schwungvoll ließ er die Bürste über den kalten Stein kreisen. Nach einer Weile tauchte er sie in einen Kübel mit frischem Brunnenwasser, um seine Arbeit mit unverminderter Geschwindigkeit fortzusetzen.

»Seht Ihr, was ich meine, Ehrwürdigkeit?« flüsterte der Prior ratlos. Wie gebannt starrte er auf den Rücken des jungen Mannes, dessen Muskeln sich unter den rhythmischen Bewegungen seiner Arme wie eine Bogensehne spannten.

Von Staupitz zog mit einer hastigen Geste die Kapuze über den Kopf. »Ich sehe einen jungen Bruder, der den Kreuzgang scheuert. Aber ...«

»Ihr wißt so gut wie ich, daß dieser Eifer an Besessenheit grenzt«, unterbrach ihn der Prior. Seine Augen funkelten gereizt. »Dieser wilde Blick, die Hände unstet, die Augen rot von Tränen. Nein, Ehrwürdigkeit, seit Bruder Martinus aus Rom zurückgekehrt ist, benimmt er sich wie einst der Besessene von Gerasa!«

»Soweit mir bekannt ist, hat unser Herr die Teufel aus dem Besessenen getrieben und danach in eine Herde von Schweinen gejagt«, sagte von Staupitz mit einem nachsichtigen Lächeln. »Ich hoffe, Ihr verlangt von mir kein ähnliches Wunder, Bruder Prior!«

Der bärtige Mann verzog das Gesicht. Er haßte es, wenn der Generalvikar zu losen Scherzen Zuflucht nahm, um seine eigene Unsicherheit zu überspielen. Im Klosterleben gab es keinen Platz für Gelächter und haltlose Späße. »Ich verlange kein Wunder«, antwortete er daher mißmutig, »aber es könnte nichts schaden, wenn Ihr Eurem Schützling einmal ordentlich ins Gewissen reden würdet. Die anderen Brüder beginnen sich vor ihm zu fürchten. Einer der Novizen verriet mir gestern sogar, er habe gehört, wie Bruder Martinus im Dormitorium mit dem Teufel sprach!«

Von Staupitz holte tief Luft. Er faltete die Hände und lief den Kreuzgang entlang, um auf die andere Seite des Klosterfriedhofs zu gelangen. Selbst wenn der Prior übertrieb, hörte sich das, was er gesagt hatte, doch besorgniserregend an. Er mußte der Angelegenheit nachgehen, wenn er nicht wollte, daß eines Tages die Inquisition vor den Toren stand.

Martin staunte nicht schlecht, als er ohne Vorwarnung eine zweite Bürste über die Steinplatten wischen sah. »Ehrwürden … Ihr?« entfuhr es ihm. Der Generalvikar hatte sich auf die Knie heruntergelassen und fing an, die Platten zu bearbeiten. Martin starrte seinen Ordensoberen beschämt an, dann gab er sich einen Ruck und setzte seine Arbeit um so betriebsamer fort. »Ihr solltet nicht hier sein, Ehrwürdigkeit«, preßte er zwischen den Zähnen hervor. »Das ist nicht Eure Aufgabe …«

Von Staupitz hustete. »Möglich, mein Sohn, aber deine Aufgabe ist es ebenfalls nicht. Jedenfalls werden die Bodenplatten nicht mehr sauberer, auch wenn du ihnen die ganze Nacht hindurch zu Leibe rückst.« Er hielt kurz inne, als die Geräusche von sich entfernenden Schritten an sein Ohr drangen. »Der Prior!«, sagte er leise und lächelte. »Vermutlich hält er uns nun beide für verrückt.«

»Ihr solltet nicht hier sein«, wiederholte Martin starrsinnig, dieses Mal ein wenig lauter. Er tauchte die Bürste so energisch in den Kübel ein, daß das Wasser über den Rand schwappte und seine Kutte durchnäßte.

»Du läßt mir keine andere Wahl, mein Sohn. Seit Wochen

bist du nun wieder hier und hast doch kaum ein Wort mit mir gewechselt – nicht einmal im Beichtstuhl. Bruder Johann ist da ganz anders. Er berichtete mir von eurer Reise mit glänzenden Augen und schwärmerischen Worten!«

Martins Gesicht lief feuerrot an. Aus den Augenwinkeln beobachtete er, wie zwei Krähen zwischen den verwitterten Grabsteinen jenseits des gotischen Bogenganges umhersprangen. Auf der Suche nach Gewürm schlugen die Vögel ihre Schnäbel tief ins Erdreich. Kurz darauf erhoben sie sich krächzend in die Lüfte und zogen triumphierend ein paar Kreise um den Kirchturm. Der Lärm der Gassen, die dem Kloster benachbart lagen, verebbte allmählich. Selbst aus der nahen Hufschmiede und den Bauhütten der Comthurei drangen nur noch vereinzelt Hammerschläge über den Hof.

»Für Bruder Johann war Rom ein goldgelber Mond aus Honigkuchen«, sagte Martin nach einer Weile bitter. »Aber das war nicht seine Schuld!«

»Was, um alles in der Welt, ist denn nur geschehen?« erkundigte sich der Generalvikar. Er legte seine Bürste zur Seite und bedachte Martin mit einem nachdenklichen Blick. Von seinen Schläfen rann der Schweiß in Bächen; dicke Tropfen trafen sein grobes Gewand. »Als dein Vater in Christo befehle ich dir zu sprechen!«

»Rom ist ein einziger Jahrmarkt. Ein Sündenpfuhl! Wohin man blickt, regiert der Wucher. Man kann alles kaufen. Beischlaf mit geschminkten Kurtisanen! Seelenheil! Es gibt Paläste aus weißem Marmor mit Springbrunnen in der Halle, in denen der Klerus auf der Suche nach Lustbarkeiten ein und aus geht. Könnt Ihr Euch das vorstellen, Ehrwürdigkeit? Bordelle für geistliche Würdenträger!«

Von Staupitz hob resigniert die Arme. Er war erschöpft und fror auf den kalten Steinplatten, aber er stand nicht auf. Statt dessen sagte er: »Ich kann es mir gut vorstellen. Solche

Häuser gibt es wahrscheinlich auch in Leipzig oder Magdeburg.«

»Gibt es in Magdeburg auch eine Kirche, welche die dreißig Silberlinge des Judas ausstellt?« fragte Martin unbeherrscht. »Wenn Ihr sie alle küßt, schmort Ihr hundert Jahre weniger im Fegefeuer!«

»Und du meinst, Rom stünde mit solchen Reliquien allein da? Armer Bruder Martinus. Hast du nie etwas davon gehört, was geschah, als der große Thomas von Aquin starb? Kaum hatte er seinen letzten Atemzug getan, als seine eigenen Brüder auch schon über seinen Leichnam herfielen und ihn abkochten ... um an die Knochen zu gelangen. Der Kurfürst von Sachsen soll selbst eine der größten Reliquiensammlungen der Christenheit besitzen!«

Martin hörte auf zu scheuern. Benommen starrte er auf die nassen Spuren hinab, in denen sein eigenes Spiegelbild zu einer unförmigen Fratze verschwamm. In der Stadt begann eine einzelne Glocke zu läuten. Vermutlich gehörte sie zur Barfüßerkirche, deren Glöckner fast taub war und kein Zeitgefühl mehr besaß.

»Ich habe den Heiligen Vater gesehen, während er mit seinem Gefolge durch eine Straße ritt«, bemerkte Martin widerstrebend. »Es heißt, er sei ... grausam und blutrünstig. Seine Handlanger sollen in Rom Angst und Schrecken verbreiten ...« Über seine eigenen Worte erschüttert, verkrampften sich Martins Hände im Schoß. Ein eisiges Prickeln wanderte über seinen Rücken. Er konnte nicht fassen, daß er es gewagt hatte, in dieser Weise über den Papst zu sprechen. Die Äußerung ließ sich jedoch nicht mehr zurücknehmen. Mißtrauisch suchte Martin die Miene seines Mentors nach einer Spur von Verärgerung oder Empörung ab. Doch zu seinem Erstaunen empfing er nur denselben halb sorgenvollen, halb spöttischen Gesichtsausdruck, der von Staupitz für gewöhnlich begleitete. Plötzlich begann der ältere Ordensmann zu kichern. »Du solltest dir diese Gerüchte nicht zu sehr zu Herzen nehmen, Bruder Martinus«, sagte er. »Komm, laß uns hinüber in den Hof gehen. Ich muß dir etwas mitteilen.«

»Was gefällt Euch hier nicht?«

Von Staupitz plagte sich ächzend auf die Füße. Dann bot er Martin seine Hand an. »Nun ja, wenn du mich so fragst: Dieser Boden ... die Farbe vielleicht. Ich mag saubere Bodenplatten im Kreuzgang. Aber bei allem, was wir tun, sollten wir doch niemals unsere Brüder in Verlegenheit bringen. Wenn sie nicht lernen können, so flink zu schrubben wie du, werden sie einen Weg finden müssen, um deinen Teil ein bißchen weniger ... funkeln zu lassen.«

Martin nickte. Er wußte genau, worauf von Staupitz anspielte, und war dankbar für dessen Warnung. Während er dem älteren Bruder zur Pforte folgte, streckte er seine steifen Gelenke und warf einen Blick über die Schulter. Das schwächer werdende Sonnenlicht reflektierte die Wassertröpfchen auf den Platten des Wandelgangs.

Vor einem glockenförmigen Bienenstock aus Korbgeflecht, der auf einem Steinquader im Innenhof stand, blieb von Staupitz stehen. Zu seinen Füßen quoll dichter Rauch aus einem Feuer, das einige Knechte mit Tannenzapfen und dürren Blättern am Lodern hielten. Er gab Martin die Anweisung, den Bienenstock mitsamt seinem Sockel an einem Seil hinauf in die Krone des benachbarten Lindenbaumes zu ziehen.

»Sachte, Bruder Martinus«, rief der Generalvikar lachend, »du störst sie sonst. Für einen Doktor der Theologie, der das klassische Griechisch beherrscht, gibst du einen erbärmlichen Bienenzüchter ab. Die alten Griechen verehrten die Honigbiene. Sie war ihnen kostbarer als all ihre Sklaven ...

So, ganz sanft ziehen, als würdest du eine Kuh melken!« Von Staupitz nahm ein Messer von dem kleinen Mauerstück auf. Vermutlich hatten die Handwerker, die den Bau der Klosterbibliothek vorantrieben, es zurückgelassen. Versonnen reinigte er die schartige Schneide.

»Du hast dich während deiner Studien ausgiebig mit der Heiligen Schrift beschäftigt, nicht wahr?« fragte er leise.

Martin nickte, ohne zu wissen, worauf der Generalvikar hinauswollte.

»Das haben nicht viele, aber in Wittenberg wirst du Gelegenheit haben, darüber zu sprechen, was du gelesen hast!«

»Wittenberg?«

Von Staupitz nahm dem verblüfften Martin das Seil mit dem Bienenstock aus der Hand und vertäute es am Stamm des Baumes. Er schien bestens mit der Bienenzucht vertraut zu sein. Um ihn herum lagen Schleudern, Masken zum Schutz des Gesichts und ein paar Schaber zum Auskratzen der Waben. »Die Spannungen im Erfurter Konvent sind auch nach deiner Rückkehr aus Rom nicht beigelegt worden, Bruder«, sagte er nach einer kurzen Pause. »Es gibt viel böses Blut. Ich halte es für angebracht, wenn du die Stadt für eine Weile verläßt und ...« Er sprach nicht weiter. Eine Gruppe von Ordensbrüdern kam unter dem Torbogen durchgelaufen, der die beiden Innenhöfe miteinander verband. Vermutlich waren sie auf dem Weg zur Kirche. Als die Mönche Martin bei dem Generalvikar stehen sahen, verfinsterten sich ihre Blicke. Von Staupitz wartete, bis die Männer im Haus verschwunden waren, dann fuhr er fort: »Ich schicke dich an die Quelle des Wissens, oder wie die Humanisten sagen würden: *ad fontes.* Das Kloster in Wittenberg ist noch recht jung, aber Seine Durchlaucht, Kurfürst Friedrich, den man überall den Weisen nennt, hält schützend seine Hand über unsere Brüder. Er setzt sich auch für die kürzlich gegründete Universität ein. Glaub mir, Bruder Martinus: In Wittenberg wirst du auf Menschen stoßen, die deine Predigt zu schätzen wissen.«

Martin blickte über den Kopf des Superiors hinweg auf den kleinen Turm der Kirche, in der er so oft um Frieden für seine Seele gebetet hatte. Die Worte des älteren Mannes klangen vernünftig, dennoch besiegten sie Martins Zweifel nicht. Nicht einmal die Pilgerreise nach Rom hatte ihm die Antworten beschert, die er für sein Leben suchte. Und nun sollte er das für seine Gelehrsamkeit berühmte Erfurter Konvent verlassen, um an einem unbedeutenden Ort in Kursachsen unterzutauchen? Er kannte Wittenberg, denn er hatte während seines Studiums einige Zeit dort zugebracht, um sich mit Moralphilosophie auseinanderzusetzen. Daher wußte er, daß der Kurfürst die Professoren für die Universität vornehmlich aus den Reihen der Augustinermönche berief.

»Da verliere ich meinen Glauben, fühle mich schon beim Beten wie ein Narr, und Ihr verlangt von mir, daß ich mein Elend nach Wittenberg trage«, sagte Martin in einem Anflug von Galgenhumor. »Ich gehöre nicht hinaus in die Welt, Ehrwürdigkeit. Das hat mir der Aufenthalt in Rom deutlich vor Augen geführt.«

Von Staupitz lächelte. »Deine Pilgerschaft ist aber noch lange nicht zu Ende, Bruder Martinus. Überhaupt predigen wir das am besten, was wir am dringendsten lernen müssen.«

»Wenn ich Euer Mißfallen erregt habe, werde ich härter arbeiten, Vater! Ich verspreche Euch, ich werde …«

»Härter arbeiten? Bald wirst du keine Finger mehr haben. Nein, Martinus, es ist entschieden. Gott hat dir einen unruhigen Geist, aber auch Gnadengaben in Fülle zugedacht. In Wittenberg kannst du althergebrachte Denkweisen ändern, Augen öffnen. Und das willst du doch, oder? … Etwas verändern?«

Martin gab keine Antwort. Er wollte gewiß nichts verändern, sondern sich den Himmel verdienen, dessen Gnade ihm weiter entfernt erschien als je zuvor in seinem Leben. Den Tränen nahe, beobachtete er, wie die beiden Krähen, die ihm bereits auf dem Klosterfriedhof aufgefallen waren, zurückkehrten. Sie ließen sich auf einem der Giebel nieder und starrten in den Hof hinab.

Während Martin sein Bündel packte und dem Kloster zu Erfurt, das doch etliche Jahre seine Heimat gewesen war, Lebewohl sagte, stieg in Rom ein dünner weißer Rauchfaden zum Himmel empor.

Das Volk, das sich auf den Plätzen und Straßen rund um den päpstlichen Palast versammelt hatte, fiel ehrfürchtig auf die Knie. Fromme Gesänge wurden angestimmt, Frauen schlugen sich gegen die Brust. Der freudige Ruf »*habemus papam*« erscholl von einem Ende der Stadt bis zum anderen.

Die Kardinäle, die einige Tage in strenger Klausur zugebracht hatten, waren sich erstaunlich schnell einig geworden: Nach kurzer Sedisvakanz hatten sie Rom einen neuen Papst gegeben.

Im Dom, der dem heiligen Apostel Petrus geweiht war, wurde wenig später die goldene Tiara auf einen breiten, kahlen Schädel gebettet. Dieser gehörte einem Mann, dessen Augen die Zeremonie unbeeindruckt, ja beinahe kühl verfolgten. Seine Finger trommelten gegen die mit prächtigen Schnitzereien verzierten und mit reichlich Blattgold überzogenen Armlehnen des Thrones, von dem aus er von nun an die Geschicke der Christenheit lenken sollte. Zum Zeichen der Macht, welche dieses heilige Amt verlieh, wurde ihm eine gewichtige Weltkugel aus purem Gold gereicht. Widerstrebend lösten sich die unsteten Hände des Mannes von den Lehnen des Thrones, um das begehrte Symbol in Empfang zu nehmen.

»Kardinal Giovanni de Medici, wir erklären dich zum Papst Leo X., Bischof von Rom und Stellvertreter Christi auf Erden …«, ertönte eine weihevolle Stimme durch den Schwall würzigen Weihrauchs, der einem Meer von leise klirrenden Gefäßen entstieg.

»… Nachfolger des heiligen Petrus und zum heiligen Oberhaupt der Römisch-Katholischen Kirche.«

Der Papst hob den Kopf. Ein samtenes Lächeln legte sich auf seine Lippen.

Sechstes Kapitel

Das Städtchen Wittenberg in Sachsen lag direkt an der Elbe. Ein starker Mauergürtel mit Wassergräben umgab Gassen und Märkte. Insgesamt elf Wachtürme, die bereits von weitem zu erkennen waren, überragten die Dächer der Bürgerhäuser und Kirchen wie steinerne Lanzen.

Durch drei Tore gelangte man in die Stadt: im Westen durch das Schloßtor, im Süden durch das Elbtor und im Osten durch das Elstertor. Die Hofhaltung hatte es mit sich gebracht, daß Handwerk und Handel des an der Kreuzung zweier Handelsstraßen gelegenen Städtchens in kurzer Zeit aufgeblüht waren. Auch die Nähe zum Fluß hatte sich für die Siedlung als nutzbringend erwiesen. Neben dem eigenen Münzrecht besaß die Stadt das Stapelrecht für Getreide, Wein, Holz, Heringe und andere Waren, die auf dem Land- und Schiffsweg befördert werden konnten. Gegen die Zahlung von tausend rheinischen Gulden hatte der Kurfürst sogar die hohe Gerichtsbarkeit an die Stadtväter abgetreten, und auch wenn sich der Hof eine Rücknahme vorbehielt, trugen all diese Errungenschaften doch zum Selbstbewußtsein der Bürger bei. Ratsherren, Gilden und Zünfte demonstrierten ihre Hingabe an die Stadt durch den Bau stattlicher Kirchen und die Unterstützung der Universität sowie sämtlicher Klöster, die sich in Wittenberg niedergelassen hatten.

Martin erreichte die Stadt, als der Oktober das Laub der Bäume golden färbte. Zu seiner eigenen Überraschung lebte er sich ohne Schwierigkeiten im Kloster seines Ordens ein, das im Osten der Stadt lag. Die wenigen Augustiner bewohnten ein noch recht neues Gebäude, das nach dem Brauch der Bettelorden schlichte, zweckmäßige Formen aufwies. In der Stadt wurde der Konvent »schwarzes Kloster« genannt, was aber nicht auf die Farbe der schmucklosen Mauern zurückzuführen war, sondern vielmehr auf die der Mönchskutten. Neben den Augustinern, die erst seit wenigen Jahren in der Stadt weilten, gab es im Norden Wittenbergs noch ein Franziskanerkloster, das zur Grablege der herzoglichen Familie bestimmt worden war.

Im Schwarzen Kloster lernte Martin Bruder Ulrich kennen, der vom Prior den Auftrag erhalten hatte, sich um den Neuankömmling zu kümmern. Bruder Ulrich war ein dunkelhaariger, gutaussehender Mönch, der zu den ersten Ordensbrüdern gehörte, die sich auf Einladung des Kurfürsten in Wittenberg niedergelassen hatten. Wie Martin selbst war auch er in den biblischen Wissenschaften unterwiesen worden, wenngleich er diese nicht mit der gleichen Hingabe betrieb, wie Martin es tat. Die beiden Mönche hatten überhaupt recht wenig gemeinsam. Ulrich kämpfte sich nur schwerfällig durch seine Bücher, während für Martin die Stunden, die er allein beim Studium verbringen durfte, die glücklichsten waren. Dafür war Bruder Ulrich ein beliebter Seelsorger und aufmerksamer Zuhörer. Er ging freimütig auf alle Menschen zu, die ihm begegneten, und behauptete, daß ihre Schicksale ihn mehr lehrten als sämtliche Schriften, die jemals in einem Skriptorium oder auf einer Druckerpresse entstehen könnten. So erschien es den meisten älteren Brüdern verwunderlich, daß Bruder Ulrich so gut mit dem schweigsamen, oft unausgeglichen wirkenden neuen Mönch aus Erfurt auskam. Ja, Martin selbst begann bald, die Nähe des aufgeweckten jungen Mannes zu suchen. Oft kam es vor, daß die beiden diskutierten, bis die Kerzen heruntergebrannt waren oder die Glocke sie zum Frühgebet rief.

Eines Nachmittags wartete Bruder Ulrich vor den Toren der Stadt auf Martin. Die beiden Männer hatten sich an einer Niederung des Flusses verabredet, denn Bruder Ulrich wollte, daß Martin einige der ärmeren Bewohner Wittenbergs kennenlernte, mit denen er in seiner Eigenschaft als Prediger zu tun haben würde. Ulrich hielt seine Kutte gerafft, während sich zu seiner Linken ein Fischer mit einem Kescher und mehreren Binsenkörben abmühte. Der Mann war blind.

»Warte, ich helfe dir«, rief Bruder Ulrich eifrig. Ohne zu zögern, ließ er seine Kutte los und nahm dem Fischer das Netz aus der Hand. Wenige Minuten später hatten sie den Fang des Alten mit vereinten Kräften an Land gebracht.

Ein Stück abseits des Weges kniete eine Gruppe Waschfrauen im Gras. Mit derben Bewegungen schlugen sie nasse Wäschestücke auf großflächige Steine, daß es nur so spritzte. Ein paar der Mädchen sangen, während ein Knabe sie mit einer Flöte begleitete.

Eine Weile betrachtete sich Bruder Ulrich die idyllische Szene. Das Wetter war gut, die Türme und Zinnen der Stadtbefestigung glühten im Sonnenschein. Im Westen breitete sich das Schloß des Kurfürsten aus, ein langgezogener Gebäudekomplex, den eine Allee hochgewachsener Bäume und Sträucher in den Schatten verbannten. Der Kurfürst legte großen Wert auf Luxus und Bequemlichkeit. Er beschäftigte bedeutende Baumeister, die den Innenhof mit zierlichen Treppen und Arkaden versehen hatten. Decken aus wertvollen Hölzern, steinerne Kamine mit eingelassenen Wappentafeln sowie Malereien und Wandteppiche aus flämischem Damast verliehen den Hallen, Gemächern und Ritterstuben ein prunkvolles Antlitz. Doch dies alles täuschte nicht darüber hinweg, daß das Äußere des Schlosses auf den Betrachter nüchtern, kalt, ja beinahe einschüchternd wirkte. Die Fenster waren klein und mit hölzernen Läden versehen; sie sahen aus wie schwarze Augen, die argwöhnisch auf die Welt herabblickten. Nicht einmal der stattliche Rundturm der Schloßkirche, der sich in unmittelbarer Nachbarschaft an den westlichen Flügel der Residenz anschmiegte, vermochte diesen Eindruck abzuschwächen.

Bruder Ulrich schüttelte sich, als ihn unerwartet einige Wassertropfen im Gesicht trafen. Zwei der jungen Frauen, die auf der Flußniederung gewaschen hatten, waren unbemerkt an ihm vorbeigelaufen und hatten absichtlich das feuchte Leintuch in seiner Richtung ausgeschüttelt. Die Mädchen kicherten spöttisch, worauf der Mönch ihnen scherzhaft mit dem Zeigefinger drohte. Er wollte schon auf die Frauen zugehen, um sich mit ihnen zu unterhalten, als er Bruder Martinus zwischen den Bäumen hervortreten sah. Der junge Mann bot den üblichen Anblick. Übernächtigt und verwirrt sah er aus. Unter seinem Arm klemmte ein Buch, von dem er sich wohl nicht hatte trennen können. Bruder Ulrich stemmte die Hände in die Seiten.

»Ich wollte nicht hetzen, Bruder«, rief er ihm schon von weitem zu, worauf Martin nur noch schneller lief.

»Keine Sorge, wie ich sehe, habt Ihr die Zeit gut genutzt!« Martin hob eine Augenbraue und schnippte mit Daumen und Zeigefinger einige der Wassertropfen aus Bruder Ulrichs dunklen Locken, die sich widerspenstig um seine Tonsur ringelten. »Wart Ihr angeln oder waschen, Bruder?« fragte er mit einem treuherzigen Augenaufschlag.

Bruder Ulrich verzog in gespielter Entrüstung das Gesicht. Der untere Teil seiner Tunika war völlig durchnäßt und zerknittert. »Seht Ihr den Mann mit den Binsenkörben am Fluß? Sein Name ist Gunter. Wenn ich nicht in den Fluß gestiegen und mich um sein Netz gekümmert hätte, wäre sein ganzer Fang verloren gewesen.«

»Und das wäre schlecht für ganz Wittenberg geworden«, sagte Martin schmunzelnd. »Schließlich haben wir heute Freitag!«

»So ist es. Ihr lernt wirklich schnell!«

Mit ausgelassenem Lachen traten die beiden Mönche den Heimweg an. Sie stiegen die kleine, bewaldete Böschung hinauf und folgten dem Pfad zum Schloßtor. Schon von weitem kündigte ein Plätschern am Fuße der Mauer den vom Fluß gespeisten Wassergraben an. Unter dem Bogen des Tores, dessen Flügel weit geöffnet waren, stand der Fischer, dem Bruder Ulrich geholfen hatte, und unterhielt sich mit einem der Soldaten, die den Zugang zur Stadt bewachen mußten. Martin sah, wie der Blinde in seinen Binsenkorb griff und einen Fisch herausholte, den er dem Wächter unter die Nase hielt. Der Wachmann sandte einen kurzen Blick hinauf zur Brustwehr, wo einige seiner Kameraden gelangweilt in die Sonne blinzelten oder ihre Harnische mit einem eingefetteten Stück Tuch polierten. Als der Torwächter die beiden Mönche sah, ließ er den Fisch hastig in eine Tonne gleiten und winkte sie und den Fischer Gunter durch das Tor. Sie liefen stadteinwärts.

Auf dem mit Stroh und Binsen bedeckten Platz vor der Schloßkirche hatten einige Krämer kleine Buden und Schragentische aufgeschlagen. Hinter diesen boten sie den Vorübereilenden wortgewandt ihre geflochtenen Körbe, Krüge und Becher aus Ton sowie bunte Bänder, Broschen und Bordüren an. Ein Tuchhändler hatte schmale Stoffstreifen als Proben seiner Handelsware um eine lange Stange gewunden, die er im Winde flattern ließ. In einiger Entfernung schnatterten Hühner und Gänse aufgeregt durch die Stäbe hölzerner Käfige. Der Geruch von Bienenwachs, Brot und gesottenem Fisch legte sich über die Häuser und Scheunen der Gassen rund um den Kirchplatz. Während aus den Hinterhöfen, die mit ihren hölzernen Galerien und weitläufigen Treppenaufgängen wahre Labyrinthe bildeten, der Lärm von Sägen und Schleifsteinen auf den Platz getragen wurde, unterhielten sich Hausfrauen mit Wassereimern vor einem Ziehbrunnen. Ein greisenhafter Mann, dessen talarähnliches Gewand ihn als Angehörigen der Universität auswies, trat aus der Seitenpforte der Kirche, neben der sich ein Bettler in einem zerlumpten Waffenrock niedergelassen hatte. Unaufgefordert öffnete der alte Mann den kleinen Lederbeutel, der vom Gürtel seiner Tunika herabhing, und warf dem Bettler ein paar Münzen in den Schoß.

Vor einer Reisigverkäuferin, die sich ein gutes Stück abseits des Trubels gegen die Kirchenmauer lehnte, blieb Bruder Ulrich schließlich stehen. Martin trat neugierig näher und musterte die Frau, deren ermattete graue Augen einen Wimpernschlag lang aufleuchteten, als sie seinen Begleiter wahrnahmen. Armut und Entbehrung hatten die Frau vorzeitig altern lassen. Ihre Haut war fast so grau wie der Stein des Mauervorsprungs, vor dem drei ordentliche Bündel mit Reisig, Tannenzapfen und Zunder lagen. Auf dem Kopf trug sie einen vergilbten Schleier, der unter dem spitzen Kinn von einem Band gehalten wurde. Mit einem Ausdruck tiefer Erschöpfung blickte sie zu der grünlich schimmernden Kuppel des Turms hinauf, unter der eine Reihe furchteinflößender Wasserspeier saßen.

»Holz, Bruder?« sprach die Reisighändlerin Bruder Ulrich

an. Sie ging erwartungsvoll in die Hocke und legte die Hand auf eines der Bündel. Der würzige Duft von frisch geschlagenem Holz drang aus ihren schäbigen Kleidern. Ulrich nickte ihr lächelnd zu. »Wie geht es deinem Mädchen, Hanna? Ist ihr Husten besser geworden?«

Die Frau erwiderte die Blicke des Mönches nur zaghaft. Verlegen murmelte sie eine unverständliche Antwort. Dann begann sie umständlich ein paar längliche Ruten abzuzählen. Dabei konzentrierte sie sich so sehr, daß sie nervös zu blinzeln begann. »Ein halbes oder ein ganzes Bündel, Bruder?« erkundigte sie sich verwirrt. Es lag auf der Hand, daß sie, seit sie an der Kirchenmauer lehnte, noch kaum etwas verkauft hatte. Bruder Ulrich entdeckte den Fischer, der soeben zwischen zwei Verkaufsständen auftauchte. Sein Stock klopfte tastend über das holprige Pflaster. Lachend sprang Bruder Ulrich auf den Blinden zu, legte ihm einen Arm um die Schulter und flüsterte ihm etwas ins Ohr. Der Fischer zuckte die Achseln.

»Du bekommst zwei frische Fische, Hanna«, sagte der Mönch fröhlich. Er griff in den Korb des alten Mannes und ließ einen bescheidenen Teil seines Fanges vor der Reisighändlerin auf den Boden klatschen. »Ein Bündel Reisig müßte genügen. Damit können wir unseren Brüdern im Kloster heute abend schön einheizen.«

Ein scheues Lächeln flog über das ausgemergelte Gesicht der Frau, denn sie war intelligent und hatte die Doppeldeutigkeit der Worte durchaus erfaßt. Bruder Ulrich ließ sich das kleine Bündel reichen, gab es jedoch sogleich an Martin weiter. »Darf ich dir unseren neuen Pfarrer vorstellen, Hanna? Sein Name ist Pater Martinus!«

Martin begrüßte die Frau mit einigen dürren Floskeln, wurde aber alsbald von Bruder Ulrich und dem Fischer weitergetrieben.

»Das arme Weib ist nicht ganz bei Verstand«, sagte Gunter

in verschwörerischem Ton, kaum daß sie die Schloßstraße hinter sich gelassen hatten. »Sie haust mit ihrem Kind in einer verfallenen Hütte im Wald. Bei Vollmond, wenn es die Werwölfe am schlimmsten treiben, geht sie raus, Wasser holen …«

»Das ist doch barer Unsinn«, unterbrach ihn Bruder Ulrich grob. »Werwölfe! Willst du Pater Martinus Angst einjagen?«

Martin schüttelte ungnädig den Kopf. So leicht ließ er sich nicht erschrecken. Er hatte bereits gehört, daß sich in den Köpfen zahlreicher Wittenberger hartnäckig abergläubische Vorstellungen hielten, gegen die selbst die Priester einen vergeblichen Kampf führten. »Gespenster machen mir keine Angst«, sagte er leise. »Jedenfalls keine, wie ihr sie euch vorstellt!«

»Ein Werwolf, ein Unhold oder Buhlteufel. Wen schert's.« Der Fischer malte mit seinem Stock Zickzacklinien in den Straßenschmutz. »Die hohen Herren kennen sich besser damit aus als ein armer, blinder Fischer. Tatsache ist jedoch, daß die krumme Hanna eine Hütte außerhalb der Stadtmauern gesucht hat. Neun Monate später kommt ein Kind zur Welt, so verkrüppelt, daß die Wehmutter drei Tage kein Wort spricht. Der eigene Mann fällt ihr vor Schreck tot um. Seitdem hält Hanna diese Ausgeburt des Teufels da draußen im Wald versteckt!«

»Du willst also einem studierten Theologen erzählen, ein Dämon hätte einer anständigen Christin ein Kind angedreht?« Bruder Ulrich tippte sich vielsagend gegen die Stirn. Gerade noch rechtzeitig riß er den Blinden zur Seite, als ein paar Studenten in Eile über die Schwelle eines hohen Giebelhauses stolperten und den Mann dabei beinahe umrannten.

»Das ist die Burse von Meister Andres«, knurrte der Fischer. »Die Burschen, die unter seinem Dach leben, nutzen jede Gelegenheit, um in der Stadt für Unfrieden zu sorgen!«

Martin warf dem Alten einen überraschten Blick zu, doch

Bruder Ulrich hob nur ungehalten die Augenbrauen. »Gut, daß sie nicht gehört haben, was du über die arme Hanna gesagt hast. Gerüchte bewegen sich hier schneller vom Fleck als ein kurfürstlicher Kurierreiter. Außerdem weiß ich, wie Hannas Unglück sich tatsächlich zugetragen hat.«

»So? Da bin ich aber neugierig!«

Bruder Ulrich lief zwei Schritte voraus, dann drehte er sich auf dem Absatz herum und rief: »Hannas Mann hat im Wald einen wilden Eber erlegt. Sie hat ihn ausgenommen und geräuchert, dann haben sie ihn gegessen ... jeden Tag während der Fastenzeit. Sogar am Karfreitag.«

»Ihr meint, dafür hat Gott das Kind in ihrem Leib zum Krüppel werden lassen, und ihren Mann hat der Schlag getroffen?« wollte Martin wissen. Bruder Ulrich zog eine Grimasse und deutete vielsagend auf den Blinden, der aussah, als würde das Problem ihn besonders beschäftigen. Plötzlich entspannten sich seine Züge. »Aha, so ist das? Ihr wollt einen armen, blinden Christenmenschen für dumm verkaufen? Gebt mir meine Sachen zurück. Ich habe mich lange genug mit den Herren Betbrüdern aufgehalten, meine Fische verkaufen sich schließlich nicht von allein!«

Zeternd packte er seine Netze und den Binsenkorb. Ehe Martin und Ulrich ihn aufhalten konnten, stolperte er auch schon über den staubigen Marktplatz, dem ärmlichen Mauerviertel entgegen.

Ein Stück weiter des Wegs kam Bruder Ulrich und Martin ein junger Bursche entgegen, der eine Wanne voller Mörtel in den Hof eines mit wildem Efeu bewachsenen Hauses schleppte. Ein Ochsenkarren holperte an ihm vorüber, der bis zum Rand mit Bauholz beladen war. Martin bemerkte, daß der hintere Teil des Gebäudes mit einem Gerüst versehen war, auf dem Zimmerleute und Maurer standen. Auf der obersten Plattform des Gerüsts, das sich unmittelbar unter dem Dachreiter befand, befestigte ein Arbeiter mit einer speckigen Lederschürze eine Winde, um Eimer mit Mörtel und gebrannten Lehmziegeln hinaufzubefördern. Lautes Gebrüll tönte über den Hof. Bruder Ulrich hielt den jungen Mörtelträger an, dessen schmächtiger Körper sich unter der Last der schweren Wanne krümmte.

»Gott zum Gruß, Freund Thomas«, sagte er freundlich. »Wie ich sehe, macht der Bau Fortschritte. Dies ist unser neuer Gemeindepfarrer aus Erfurt. Pater Martinus Luther!«

Die Männer auf dem Gerüst, die auf den Mönch aufmerksam geworden waren, beugten sich über die groben Planken und glotzten mißtrauisch auf den Hof hinab. Von der Kelle eines Arbeiters tropfte feuchter Mörtel, aber keiner von ihnen sagte ein Wort. Der junge Thomas ließ die Wanne stöhnend auf das Pflaster sinken. Er nickte Martin scheu zu, dann wischte er sich über die vor Schweiß glitzernde Stirn, nahm den Mörtel wieder auf und verschwand damit in der Bauhütte. Es war nicht zu übersehen, daß der Junge etwas auf dem Herzen hatte, doch unter den abweisenden Blicken der Handwerker wagten es weder Martin noch Bruder Ulrich, ihm nachzugehen.

»Ich freue mich darauf, euch in der Messe zu sehen«, rief Martin schließlich, um das bedrückende Schweigen zu brechen. Er hatte nicht damit gerechnet, daß die Wittenberger ihren neuen Seelsorger mit Jubel empfangen und im Triumph durch die Gassen tragen würden, aber der Argwohn, der in den Augen der einfachen Handwerker aufblitzte, sobald sie einen Geistlichen nur von weitem sahen, befremdete ihn. Hatten die Menschen hier etwa Angst vor ihren Priestern?

Er wünschte den Männern ein gutes Gelingen. Als die Männer sich wieder ihrer Arbeit an den Mauern zuwendeten, verließ er mit Bruder Ulrich den Hof. »Man könnte meinen, ich wäre aussätzig«, meinte er fröstelnd. »Habe ich den Leuten etwas getan, daß sie so abweisend reagieren?«

Bruder Ulrich sog die kühle Luft ein. »Ach was, daran werdet Ihr Euch gewöhnen, Pater Martinus! Wahrscheinlich dachten die Burschen, Ihr seiet nur gekommen, um den Zehnten einzutreiben. Einige Zünfte und Gilden mögen am kurfürstlichen Hof recht gut verdienen, aber die meisten gehen doch leer aus. Die Zeiten sind schlecht, die Kassen leer ...«

»Sie dachten, ich wäre hinter ihrem Geld her?«

»Aber nein. Sie dachten, der Papst wäre hinter ihrem Geld her. In manchen Städten werden die Marktbrunnen mit Wein gefüllt, sobald ein neuer Bischof Einzug hält. Hier müssen die Menschen dem Papst Abgaben zahlen, wenn ein neuer Pfarrer auftaucht. Nur so können sie sichergehen, daß sie auch in Zukunft die Sakramente gespendet bekommen. *Manus manum lavat*, wie der Lateiner sagt. Eine Hand wäscht die andere!« Bruder Ulrich rieb Daumen und Zeigefinger aneinander, als zählte er Geld. »Aber nun sollten wir uns beeilen, wir müßten längst wieder im Kloster sein!«

Martin schüttelte bestürzt den Kopf. Die Bräuche, von denen Ulrich gesprochen hatte, waren ihm unbekannt, doch nun wurde ihm klar, daß die Wittenberger keinen Grund sahen, seine Ankunft mit Begeisterung aufzunehmen.

Siebtes Kapitel

Rom, 1512

In den weiten, hallenden Treppenhäusern des Vatikanpalastes war es nach der drückenden Hitze, die den ganzen Tag über den Straßen Roms gehangen hatte, angenehm kühl und zudem menschenleer. Mit Ausnahme einiger Wächter, die von Zeit zu Zeit durch die von Marmorsäulen getragenen Korridore liefen, begegnete man hier oben nur selten jemandem. Girolamo Aleander blinzelte in das Licht der Lampe, die sein geistlicher Mentor, Kardinal Thomas Vivo von Gaeta, genannt Cajetan, wie ein Weihrauchgefäß vor ihm auf und nieder schwenkte. Nach der Helligkeit des sonnigen Platzes mußten sich seine Augen erst an das dämmrige Licht auf den Gängen der päpstlichen Residenz gewöhnen. Aus einiger Entfernung war der Gesang von Mönchen zu hören.

Aleander blickte sich irritiert um. Er war ein bleicher, nicht mehr ganz junger Mann, der eine glänzende Ausbildung genossen hatte und einer vielversprechenden Zukunft entgegensah. Sein ganzes Leben, jedenfalls so weit er zurückdenken konnte, hatte er sich in der Nähe der päpstlichen Macht aufgehalten und darauf gewartet, daß eines Tages ein Würdenträger auf seine überdurchschnittlichen Fähigkeiten aufmerksam werden würde. Von Natur aus ernsthaft veranlagt und mit der Tugend der Geduld reichlich gesegnet, war es sein Anliegen, die Welt des Glaubens durch fortlaufende Studien besser kennenzulernen und sich sein eigenes Bild von ihren Herren und Knechten zu machen. Und auch wenn er selbst zu Vorsicht und Bescheidenheit neigte, hatte er der Kirche doch niemals das Recht abgesprochen, die Fülle ihrer Gewalt durch Stolz und Prachtentfaltung zu zeigen.

In Gedanken versunken, bemerkte Aleander, wie der Kardinal in einen Gang einbog, der mit den Porträts ehemaliger Päpste geschmückt war. Aleander kannte die Galerie, aber eine fromme Scheu hatte ihn bisher davon zurückgehalten, sich den Ölgemälden in ihren schweren goldenen Rahmen zu nähern. Obwohl er nicht wußte, warum er sich vor Farbe und Patina fürchtete, jagten ihm die starren Gesichter der Verblichenen Angst ein, die einst auf dem Stuhl des heiligen Petrus gesessen waren.

Der Kardinal schien diese Art von Befangenheit nicht zu kennen, denn er blieb bald vor diesem, bald vor jenem

Bildnis stehen, hob seine Lampe und studierte die in Ölfarbe gebannten Gesichtszüge der dargestellten Männer mit dem Hauch eines Lächelns auf den Lippen. Aleander straffte die Schultern und ging zu ihm hinüber. Aus den Augenwinkeln betrachtete er seinen Schutzherrn aufmerksam. Cajetan war ein großer, stattlicher Mann, dessen Haar im jahrzehntelangen Dienst um die Belange der Kurie ergraut war. Seine Haut besaß die Farbe eines römischen Schindeldaches, und wenn er lachte, entblößte er eine Reihe makelloser Zähne, was darauf hindeutete, daß er auf seine Gesundheit achtete und sich nicht, wie so mancher im Palast, dem Trunk und der sinnlosen Völlerei hingab.

»Als ich vor vielen Jahren nach Rom kam, glaubte ich, nichts sei so edel, wie in Gottes Diensten zu stehen«, fing der Kardinal nach einer Weile zu sinnieren an. »Damals war der Mann Papst, der hier so gefaßt auf unsere armselige Sterblichkeit herabsieht. Alexander VI.«

Er ging weiter, bis er zu einem besonders prunkvollen Gemälde kam. Auf diesem war ein Papst in fließendem purpurnem Ornat abgebildet, der im Gebet versunken schien. Aleander begutachtete die Feinheiten der Gewandung, in der jedes Fältchen zu erkennen war, und gelangte zu dem Schluß, daß er nie zuvor ein derart kräftiges, leuchtendes Rot gesehen hatte.

»Drei Mätressen. Fünf Kinder. Ein glühender Verfechter des Stierkampfes.«

»Ist das wahr?« fragte Aleander ungläubig. Cajetan lachte amüsiert, als er in die von heiligem Eifer funkelnden Augen seines jungen Schützlings blickte.

»Meine erste Einladung zu einem Bankett im Palast des Papstes erhielt ich für den Vorabend des Allerheiligenfestes. Vielleicht habt Ihr gehört, was sich das einfache Volk über diesen Abend erzählt?«

Aleander zuckte unbehaglich mit den Schultern. Dunkel erinnerte er sich an die Bräuche der Menschen in seiner Vaterstadt, durch die am Abend vor Allerheiligen Geister gebannt und Hexen entlarvt werden sollten.

»Als ich mich dem Palast näherte«, fuhr Cajetan beschwingt fort, »war der Weg von lebenden Statuen gesäumt – nackten Jünglingen und Mädchen, deren Körper mit Silberfarbe bemalt waren. Der große Saal glitzerte im Schein Hunderter brennender Kandelaber aus getriebenem Silber. Kurtisanen und Freudenmädchen hockten zwischen den purpurnen Vorhängen und ließen ihre Armreife klirren, sobald jemand an ihnen vorüberging. Seine Heiligkeit war ein großer Freund sinnlicher Genüsse. Er hatte Preise für diejenigen Gäste ausgelobt, die am ausdauerndsten ihren Mann standen.« Er warf Aleander einen Blick zu und stellte zufrieden fest, daß das Gesicht des jungen Mannes seine Blässe verloren hatte.

»Nein, mein Freund«, sagte er, »ich habe nicht an dem Wettkampf teilgenommen.« Cajetan lachte in sich hinein. Aleander war zweifelsfrei ein intelligenter Beobachter. Ein Mann, wie ihn die Kirche brauchte, wenn sie nicht an ihrem eigenen Atem ersticken wollte. Dennoch konnte es nichts schaden, wenn man ihn frühzeitig mit der rauhen Wirklichkeit der vatikanischen Sitten konfrontierte. Rasch hob der Kardinal seine Lampe auf, um das nächste Gemälde anzuleuchten. Der Lichtschein fiel auf das bärtige Antlitz des erst vor kurzer Zeit zu Grabe getragenen Papstes Julius II.

»Julius. Hier sieht er recht ehrwürdig aus, nicht wahr? Wie ein Hirte, der sich um die Herde der ihm anvertrauten Schafe sorgt. Allerdings hatte er ein ganz anderes Bildnis im Sinn, als er den Künstler zu sich rufen ließ. Er wollte der Nachwelt als Kriegerfürst in Erinnerung bleiben – hoch zu Roß, mit dem Schwert in der Hand, auf dem Kriegszug gegen das aufmüpfige Venedig. Habt Ihr jemals an einem seiner Jagdausflüge in die Auen des Tiber teilgenommen?«

Aleander verneinte hastig. Kopfschüttelnd beteuerte er, daß ihm nie der Sinn nach Vergnügungen dieser Art gestanden habe.

Cajetan stieß einen Seufzer aus. Er ließ die Lampe wieder sinken und maß seinen Begleiter mit einem durchdringenden Blick. »Ihr habt immer noch Geheimnisse, die Ihr mir nicht anvertrauen wollt, Girolamo. Heraus mit der Sprache: Wonach steht Euch der Sinn?«

»Gott zu dienen, Euer Eminenz«, antwortete Aleander entschlossen. »Dabei mitzuhelfen, Seine Kirche wieder aufzubauen und ihr die Reinheit zu verleihen, die sie verdient!«

Der Kardinal neigte abschätzend den Kopf, als dächte er über eine ihm angebotene Ware nach. »Ach ... So kann man Euch also in Versuchung führen«, murmelte er. »Aber vielleicht habt Ihr recht. Auch ich warte seit vielen Jahren auf jemanden, der die Christenheit aufrüttelt.«

Aleanders Herz begann schneller zu schlagen. Nie zuvor hatte Cajetan so vertrauensvoll mit ihm gesprochen. Auf dem Hof vor dem Palast wurde der Gesang der Mönche lauter. Sie sangen zu Ehren des neuen Papstes, und Aleander überlegte, ob es wohl Leo X. sein konnte, auf den sich die Hoffnungen des Kardinals richteten. Zögernd folgte er seinem Mentor durch eine kleine Pforte, die auf den Balkon des Südflügels hinausführte.

In Wittenberg drängten sich an diesem Morgen die Studenten der kleinen Universität in einem Saal des Collegiums an der Langen Straße.

Waren die Vorlesungen in der Anfangszeit des Lehrbetriebs noch in den Räumen des Franziskanerklosters abgehalten worden, so stand Magistern und Studenten dank der Großzügigkeit des Landesfürsten nun ein stattliches zweistöckiges Gebäude mit hübschen Zwerchgiebeln und einem stolzen Dachreiter zur Verfügung. Das Collegium besaß eine Reihe von Hörsälen mit dunkel getäfelten Wänden, Emporen, Materialkammern und Seminarräumen. Über eine Treppe gelangte man zu den Studentenunterkünften, winzigen Stuben, die zwar die Bequemlichkeit boten, nicht zu spät zu Veranstaltungen zu kommen, ansonsten jedoch ebenso zugig und eng waren wie die Bursen, die man über die ganze Stadt verteilt fand. Selbst das Armenhospital am westlichen Ende der Stadt vermietete den Studenten der Wittenberger Leucorea, wie die Universität bei ihrer Gründung genannt worden war, bescheidene Unterkünfte. Die Lehrer, die in der Regel verschiedenen Orden angehörten, brauchten keine gesonderten Wohnungen, da sie in ihren jeweiligen Klöstern unterkamen.

»Darf ich um Ruhe bitten?« unterbrach ein Mann in einem Talar aus nachtblauem Samt das Gemurmel der Studentenschar. Er nahm seine Kappe ab und bestieg würdevoll das erhöhte Katheder, von dem er die Reihen der jungen Männer gut überschauen konnte, die sich zu seinem Vortrag über Kirchenrecht eingefunden hatten. Zwischen den geflickten Wämsern und den Überröcken aus teurem Leipziger Tuch schien zuweilen der grobe Stoff einer Mönchskutte hindurch.

»*Extra ecclesiam nulla salus*«, verkündete der Magister Andreas Karlstadt mit getragener Stimme, während er seine zerknitterten Notizen mit dem Handballen zu glätten versuchte. »Außerhalb der Kirche ist kein Heil zu finden. Diese Debatte besteht seit über vierzehnhundert Jahren. Seit den frühen Tagen der Kirche.« Er hielt kurz inne, als seine Blicke auf den jungen Augustinermönch trafen, der auf einer der Eichenbänke in der letzten Reihe des Hörsaales Platz genommen hatte. Überrascht hob er eine Augenbraue, denn seine Vorlesungen wurden in der Regel als Pflichtveranstaltungen angesehen, in die sich kaum einer seiner Kollegen verirrte. Dennoch schien der Mönch, den man ihm vor einigen Tagen als Pater Martinus Luther vorgestellt hatte, seine Worte voller Erwartung in sich aufzunehmen.

Karlstadt räusperte sich, dann setzte er seine Ausführungen fort. »Aber nun hat das fünfte Laterankonzil das berühmte Diktum des heiligen Cyprianus bestätigt. Es gibt keine andere Möglichkeit, den Tiefen der Hölle zu entkommen, als Mitglied der Heiligen Römischen Kirche zu sein und sich zu ihr zu bekennen!«

Die Studenten nahmen Karlstadts Vortrag gelassen hin. Einige kritzelten Notizen auf die Rückseite von schmalen Pergamentstreifen. Papier war teuer, daran hatte auch der Buchdruck wenig geändert. Aufmerksam wurden die jungen Männer erst, als sich plötzlich der Mönch zu Wort meldete. Blicke gegenseitigen Unverständnisses wanderten zwischen dem Magister und dem Mann im Habit des Bettelordens hin und her. Obschon die Studenten stets aufgefordert wurden, in öffentlichen Diskursen ihre Meinung zu vertreten, kam es doch selten vor, daß Professoren während ihren Vorlesungen unterbrochen wurden.

»Professor Karlstadt«, rief Martin durch den düsteren Raum«, »Ihr vergaßt zu erwähnen, daß es auch in den östlichen Kirchen Menschen gibt, die der Lehre Christi in Ergebenheit folgen. Was sagt der Lateranbeschluß über unsere griechisch-orthodoxen Brüder und Schwestern?«

Der Magister erstarrte. Ungnädig blickte er vom Katheder auf den Störenfried herab und bedauerte zutiefst, daß es sich bei diesem nicht um einen einfachen Studenten handelte. Einen jungen Burschen hätte er kurzerhand vor die Tür gesetzt, damit er seinen Hitzkopf an der frischen Luft abkühlen konnte, doch nun sah er sich zu einer Antwort genötigt.

»Die griechisch-orthodoxen Christen?« schnarrte er voller Verachtung. »Ganz einfach!« Karlstadt wühlte erregt in seinem Berg von Notizen, der ihm plötzlich völlig überflüssig vorkam. »Ein frühes Kirchendokument erklärt eindeutig, daß der Bischof von Rom – und kein griechischer Patriarch – der Nachfolger des heiligen Petrus war. Gewiß wollt Ihr nicht leugnen, Pater Martin, daß unser Herr Jesus Christus dem Petrus die Schlüssel des Himmelreichs übergeben hat.«

»Dann müssen wir also die Heiligen der östlichen Kirchen als verdammt ansehen?« erwiderte Martin. »Denn sie standen niemals unter dem Bischof von Rom!«

Karlstadt ballte die Fäuste, Schweißtropfen perlten über seine hohe Stirn. »Ihr … Ihr habt das Wesentliche nicht begriffen, Pater. Und ich kann hier nicht …«

»Aber das wäre doch die unausweichliche Schlußfolgerung aus Cyprianus' Behauptung«, fiel ihm Martin ins Wort. »Den griechisch-orthodoxen Christen bliebe die Erlösung verwehrt. Oder basiert diese Mutmaßung auf einer übertrieben wörtlichen Interpretation des Wortlautes aus dem Evangelium nach Matthäus? *Es Petrus, et super hanc petram aedificabo ecclesiam meam …*«

»Danke, wir sind alle vertraut mit diesem Vers, guter Mann«, wandte der Magister ein. Hilflos mußte er zusehen, wie der junge Mönch ihm seine Vorlesung auseinandernahm. Die Studenten schien er auch schon auf seine Seite gezogen zu haben, denn im Anschluß an seine letzte Bemerkung hatten einige der jungen Männer ein beifälliges Gemurmel angestimmt. So etwas durfte Karlstadt auf keinen Fall zulassen. Mit gestrafften Schultern schleuderte er Martin entgegen: »Ich hätte nicht damit gerechnet, daß ausgerechnet ein Angehöriger des ehrwürdigen Augustinerordens es wagen würde, die Autorität eines Kirchenkonzils in Frage zu stellen, Doktor Luther!«

Martin erbleichte und spürte, wie Dutzende von Augenpaaren sich auf ihn richteten. »Das habe ich auch nicht getan, Professor Karlstadt«, brachte er zögernd hervor. »Auch wenn das *vierte* Konzil eingestanden hat, daß Cyprianus sich möglicherweise getäuscht haben könnte ...«

»Was meint Ihr damit?« wollte ein Student wissen, der gleich unter dem Katheder des Magisters saß und die Diskussion der beiden Gelehrten eifrig mitgeschrieben hatte.

»Nun, das Konzil hat im Jahre 1215 festgestellt, daß es unter gewissen Umständen sehr wohl auch außerhalb der römischen Kirche möglich sei, Seelenheil zu finden ... allerdings niemals ohne die Gnade des Herrn Jesus Christus!«

Der Scholar gab einen grunzenden Laut von sich, der von Zustimmung bis Widerspruch alles bedeuten konnte. Bevor er jedoch dazu kam, Martins Worte niederzuschreiben, zog der Magister eine kleine Bronzeglocke aus der wurmstichigen Lade seines Katheders und begann sie hin und her zu schwenken.

Ein allgemeines Getöse beendete die Vorlesung. Stiefel polterten die Treppe von den höher gelegenen Räumen hinunter. Karlstadt warf Martin einen Blick zu, der so kalt war wie der Frost an einem nebelverhangenen Wintermorgen. Dann legte er die Glocke aus der Hand, raffte eilig seine Aufzeichnungen zusammen und verließ das Podest über eine kleine Treppe, die entlang einer Galerie in die kleine Hauskapelle führte. Martin sah dem wallenden Talar des Gelehrten mit gemischten Gefühlen hinterher. Er hatte Karlstadt herausgefordert, und dies war nicht gut. Doch wäre es, um des lieben Friedens willen, angebrachter gewesen, zu schweigen und die haltlosen Kommentare des Magisters zu einem wichtigen kirchenrechtlichen Problem widerspruchslos stehenzulassen?

Während Martin sich an den Trauben zusammenstehender Studenten hinaus ins Freie kämpfte, mußte er an den Generalvikar seines Ordens denken. Er fragte sich, was von Staupitz wohl in dieser Situation getan hätte, und kam zu dem Schluß, daß er Karlstadt aufsuchen mußte.

Kaum hatte er den Vorraum mit dem Wasserbecken erreicht, als plötzlich ein grauenvoller Schrei ertönte. Der schrille Laut ging ihm durch Mark und Bein.

»Mein Gott, das kommt vom Marktplatz!« hörte Martin einen der Studenten rufen. »Die Baustelle!«

Von bösen Vorahnungen getrieben, lief er los. Er stieß das breite Tor des Collegiums auf und bahnte sich einen Weg durch die Menge. Bereits von weitem sah er, daß sich einige Männer und Frauen mit bestürzten Mienen um das halbfertige Giebelhaus scharten, das er erst wenige Tage zuvor gemeinsam mit Bruder Ulrich besucht hatte. Eine Frau mittleren Alters war auf dem lehmigen Boden vor der Bauhütte zusammengebrochen. Ihr zerrissener Schleier, der einmal dottergelb gewesen sein mußte, war verrutscht, das Kleid von Mörtelflecken und Strohhalmen beschmutzt. Neben ihr stand einer der Handwerker, die Martin neulich auf dem Gerüst gesehen hatte. Der Mann war weiß wie der Kalk, mit dem er ansonsten die Zwischenräume des Fachwerks zu bearbeiten pflegte. Dennoch redete er begütigend auf die Frau am Boden ein. Sie stieß seine Hand weg. »Thomas«, wimmerte sie unter Tränen. »Thomas!«

Als Martin zu den vorstehenden Balken der Bauhütte aufsah, weiteten sich seine Augen vor Entsetzen. An einer der Verstrebungen schaukelte der leblose Körper eines jungen Mannes im Wind. Es war der Mörtelträger, den Bruder Ulrich so besorgt nach seinem Befinden gefragt hatte. Martin bekreuzigte sich hastig, dann stürzte er auf den Erhängten zu und stemmte ihm aus Leibeskräften die Füße hoch, um den Strick um dessen Hals zu lockern. Ein zerbrochenes Faß lag umgestürzt vor ihm auf dem Boden. Der junge Mann mußte es als Tritt benutzt haben, um sein grausiges Vorhaben in die Tat umzusetzen.

»Helft mir doch«, schrie Martin den Umstehenden zu. Er keuchte, als müsse er selbst ersticken. »Trennt endlich das verdammte Seil durch!«

Der Handwerksmeister, der noch immer neben der schluchzenden Frau verharrte, nickte. Es sah aus, als erwache er aus einem tiefen Schlaf. So schnell ihn seine Füße trugen, rannte er zur Bauhütte hinüber und erklomm ihr Dach mit Hilfe einer Leiter. Er schob seine massige Gestalt Zoll für Zoll den Querbalken entlang, bis er den Knoten des Seiles erreicht hatte. Dann zog er sein Messer und hieb mit kräftigen Schlägen auf das Seil ein, bis er es durchtrennt hatte. Der Körper des Jungen gab nach; sonderbar leicht kam er Martin vor. Leicht und biegsam wie die Rute eines Weidenbaums, dachte er, als er ihn in seine Arme gleiten ließ. Wie durch eine Wand aus Bienenwachs hörte er die Frau auf dem Hof ein weiteres Mal schrill aufschreien. Während der Handwerksmeister die Leiter hinabstieg, bemühte er sich, den Kopf des Toten vom Matsch fernzuhalten.

»Laßt mich zu ihm, Pater«, sagte die Frau mit undeutlicher Stimme. Martin zuckte zusammen. Er hatte sie nicht kommen hören, aber nun stand sie plötzlich neben ihm, ehe er dem Erhängten die Augen bekreuzigen und das vorgeschriebene Gebet sprechen konnte. »Laßt mich, Pater«, wiederholte die Frau mit dem dottergelben Schleier. »Ich bin Theresa, seine Mutter!«

Martin stand schwerfällig auf. Er nahm wahr, wie zwei geharnischte Reiter mit Helmen und Schwertern auf den Hof ritten. Soldaten der Stadtwache, die sich nach dem Hergang des Unglücks erkundigten. Eine aufgetakelte Magd, die zumindest einen der Berittenen, vielleicht aber auch alle beide kannte, gab bereitwillig Auskunft, worauf die Männer nur kurz die Achseln zuckten, die Magd mit einem sehnsuchtsvollen Blick musterten und die Baustelle wieder verließen.

»Er war ein braver Junge«, sagte der Handwerker. Er hatte seine braune Schürze aus zusammengenähten Lederstücken wieder vor den Leib gebunden und die gaffenden Zimmergesellen an ihre Arbeit zurückbefohlen. »Vielleicht war ich zu streng mit ihm. Ich habe gesagt, er soll arbeiten und nicht immerzu grübeln. Schon gar nicht über die Frauenzimmer. Wir sind einfache Leute, die von der Hand in den Mund leben. Aber hätte ich gewußt, was in seinem Kopf vor sich geht ...«

»Warum hat er das getan?« flüsterte Theresa, außer sich vor Schmerz. Sie hielt den Leichnam fest in ihren Armen, als könnte sie ihn dadurch ins Leben zurückholen. Als sie sah, wie zwei halbwüchsige Gesellen eine Bahre herbeischleppten, um den toten Jüngling vom Hof zu tragen, verkrampften sich ihre Finger im Stoff seines weiten Kittels.

Der Handwerksmeister wandte sich Martin zu. Verstohlen begann er mit ihm zu flüstern, denn sein Weib sollte nicht hören, was ihn beschäftigte: »Was sagt denn die Kirche dazu ... Ich meine, wenn einer Selbstmord begeht?«

Martin öffnete den Mund, um zu antworten, doch ein herzzerreißendes Schluchzen verhinderte es. Die Klagelaute kamen aus dem Fenster eines schäbigen Hauses, an dessen Balken aufgefädelte Knoblauchzehen trockneten. Das zweistöckige Gebäude wurde von dem Bauhof nur durch einen kleinen, verwilderten Garten und einen Zaun getrennt. Zwischen den Hecken ragten die Speichen eines zerbrochenen Wagenrads wie das Gerippe eines verendeten Tieres auf.

Einen Atemzug lang glaubte Martin hinter dem Vorhang die Silhouette eines dünnen Mädchens mit zerrauften Haaren wahrzunehmen, doch bevor er reagieren konnte, war diese auch schon im Schatten der Stube verschwunden.

»Ihr wolltet ihm helfen, Pater Martin«, hörte er plötzlich die Stimme des Meisters dicht an seinem Ohr. Mit seiner schwieligen Hand wischte der Mann sich über die staubverschmierten Wangen. »Werdet Ihr Thomas begraben?«

Martin holte tief Luft. Wieder drängte sich das Bild seines Ordensoberen von Staupitz zwischen seine Gedanken. Er konnte förmlich dessen Stimme hören, wie er ihm riet, sich der erlösenden Gnade Gottes anzuvertrauen. Dessenungeachtet gab es Vorschriften, die er als Priester befolgen mußte. Die Kirche verlangte sie ihm ab. Vor dem Hausanbau war mittlerweile völlige Stille eingekehrt. Alle starrten ihn an, als warteten sie nur auf seine Entscheidung. Theresa war die einzige, die sich nicht für ihn zu interessieren schien. Sie hatte sich erhoben und gab nun den wartenden Knechten mit einem Wink zu verstehen, daß sie die Leiche ihres Sohnes nun zur Totenwäscherin bringen konnten.

Am Abend lief Martin gehetzt in seiner Zelle im Kloster auf und ab. Bruder Ulrich hatte ihn aufgesucht, um Näheres über den Unglücksfall in Erfahrung zu bringen, aber Martin lehnte es ab, sich mit ihm darüber zu unterhalten. Er war viel zu aufgewühlt, um einen klaren Gedanken zu fassen.

Martin hatte die Menschen auf dem Bauhof stehenlassen. Er war geflohen, als sie seinen Rat und seinen geistlichen Zuspruch dringend gebraucht hatten. Doch was, um alles in der Welt, hätte er dem Handwerker sagen sollen? Daß die Kirche seinen Sohn verdammte, weil der sich in einem Anfall von Schwermut das Leben genommen hatte? Daß seine Seele verloren war und er ohne den Trost der heiligen Sakramente in einem verwahrlosten Winkel an der Friedhofsmauer unter die Erde gebracht werden würde? Wenn ihn der Schinder nicht gleich vor die Tore der Stadt karrte, um ihn wie einen Beutelschneider unter dem Galgen zu verscharren.

Schwerfällig trat Martin zu dem schmalen Fensterkreuz und löschte die Kerze, die auf dem Sims einsam vor sich hin flackerte. Dunkelheit herrschte in seinen Gedanken, also sollte auch in der kärglichen Kammer kein Licht brennen. Vielleicht beleidige ich Gott sogar durch meinen bloßen Anblick, ging es ihm durch den Kopf, als er das heiße Wachs der Kerze zwischen Daumen und Zeigefinger spürte. Er ließ sich auf den eisigen Steinboden sinken und verschränkte die Arme vor seiner Stirn.

»Du bist die Liebe, und doch kann ich dich nicht finden«, flüsterte er haltlos. »Von mir wird verlangt, deinen Kindern Trost zu spenden, und doch versage ich jeden Tag aufs neue!« Er hielt einen Moment inne, als er ein schleifendes Geräusch vom Korridor her erhaschte. Vermutlich krochen ein paar Ratten über die Dielenbretter.

»Ich habe nie behauptet, ich wüßte die Antwort auf alles«, wisperte Martin, ohne sich weiter auf die knirschenden Laute vor seiner Tür zu kümmern. Plötzlich sprang er auf. Wutentbrannt schlug er seine Faust gegen die kahle Wand der winzigen Kammer. »Ich trotze dir. Du Satan, du verdammter Schuft. Ich durchschaue deine Machenschaften. Deine widerlichen Lügen. Du lockst einen jungen Burschen ins Grab. Du beschämst eine Mutter und flüsterst ihr ein, sie müsse ihr krankes Kind vor der Welt verstecken, damit es keine Zuflucht bei Gott suchen kann!« In Rage stolperte Martin durch die Zelle, wobei er gegen den Tisch stieß, auf dem seine Bücher und Schriften lagen. Ein Krug mit Wasser stürzte um, sein Inhalt ergoß sich über einige Pergamente. Mit einem zornigen Schrei wischte Martin über die durchnäßten Seiten.

»*Vade retro, Satanas*«, fauchte er auf lateinisch. »Nicht einmal hier oben willst du mich aus deinen Klauen lassen? Verschwinde in deine Hölle, du mieser Kerl!«

Martin spürte, wie sein Herz immer stärker gegen die Rippen schlug. Das pulsierende Geräusch raste durch seine Ohren, blinde Angst schnürte ihm die Kehle zu. Röchelnd fiel er auf die Knie und schlug dabei mit dem Kopf so hart gegen das Holz seines Kastensitzes, daß ein dumpfer Laut durch die Zelle schoß. Sein Gesicht wurde heiß vom Blut, das aus einer Wunde über der linken Augenbraue troff.

»Ich bin dein. Erlöse mich«, stöhnte er, kaum noch Herr seiner Gedanken. »Wenn ich mich irre, wenn mein Leben … Teufelstrug ist, wie mein Vater einst behauptete, dann zeige mir meinen Irrtum auf, Herr. Du bist dazu in der Lage!« Er rang nach Atem und war überrascht, daß die kühle Luft des Abends plötzlich ungehindert seine Lungen erreichte. »Herr, ich bin dein. Erlöse mich!«

Am nächsten Morgen schlich sich Martin heimlich aus der Kapelle, kaum daß die Worte des Stundengebetes verklungen waren. Ohne Bruder Ulrich, der ihn neugierig musterte, eine Erklärung abzugeben, schlüpfte er aus der Seitenpforte zur Kupfermauer hin und lief ein kurzes Stück an der Stadtmauer entlang, bis sich der schmale, von hohen Bäumen flankierte Kirchplatz von St. Marien vor ihm auftat.

Der Tag war noch jung, dennoch herrschten auf dem Platz und in den verschlungenen Gassen rings um die Fachwerkhäuser und Holzschuppen bereits emsiges Treiben. Ein Barbier, dessen im Wind schaukelndes Ladenschild verschiedene heilkundliche Fähigkeiten anpries, wetzte, auf Kunden wartend, ein Rasiermesser am Mauervorsprung seines Hauses. Eine Schankmagd tauchte eine Anzahl leerer Holzkrüge in eine Tränke, um sie von den Resten abgestandenen Dünnbiers zu säubern. Sie beäugte Martin neugierig, sprach ihn jedoch nicht an. Statt dessen begrüßte sie einen Tuchscherer, der mit seinem Weib die Straße entlangschritt. Unter den wachsamen Blicken seiner Frau, einer hageren Matrone, deren Kopfputz wie eine Schellenkappe von den Ohren abstand, erwiderte der Mann den Gruß der aufreizenden Magd nur zurückhaltend und setzte seinen Weg mit raschen Schritten fort.

Martin eilte weiter, vorbei an zur Gasse offenen Läden, Kornspeichern und Garküchen, in denen Zwiebeln gehackt und Gemüse geputzt wurden. Der Morast war hier noch tiefer als drüben, im Schloßviertel. An jeder Hausecke saß ein Misthaufen. Hühner liefen gackernd über das Pflaster, zwischen dem glitschige Büschel Löwenzahn wucherten. Ein verführerischer Duft nach Zimt und Anis drang aus der Backstube nahe St. Marien, die mit einem grauen, trutzigen Ungetüm von Pulverturm beinahe verschmolz. Der Bäcker schob ein Blech runder Schmalzkringel durch eine Bresche in der Mauer seiner Stube, um das Gebäck abkühlen zu lassen. Der Geruch stach Martin wohltuend in die Nase, doch er hatte keine Zeit, um sich aufzuhalten. Sein Ziel war der Kirchhof von St. Marien.

Das eiserne Tor, das die Mauer aus Feldsteinen durchbrach, quietschte, als Martin es vorsichtig öffnete und den Friedhof betrat. Suchend blickte er sich um.

»Pater Martin?« erklang plötzlich eine Stimme aus dem Gebüsch. »Was tut Ihr hier zu dieser Stunde? Sucht Ihr vielleicht mich?«

Der Totengräber, ein etwa fünfzigjähriger stämmiger Mann, hatte Martin entdeckt. Der Mann stand, auf seine Schaufel gestützt, vor einer Grube, die er offensichtlich soeben ausgehoben hatte, denn rund um den Aushub verteilten sich frische Erdhügel. Das Grab selbst schien von einer wohlhabenden Familie in Auftrag gegeben worden zu sein, es war wenigsten zehn Zoll breit und befand sich in unmittelbarer Nähe zur Totenkapelle. Einige der wohlhabenderen Bürger Wittenbergs hatten das aus Ziegelsteinen errichtete Gotteshaus gestiftet und mit Bleiglasfenstern, einem dreiseitigen Chor und einem schlanken achteckigen Türmchen versehen lassen.

»Wollt Ihr mit mir über die Beerdigung des Spitalaufsehers reden?« erkundigte sich der Totengräber mit gerunzelter Stirn. Er wich zurück, als befürchtete er, der neue Priester könnte auf den verrückten Einfall kommen, ihn zu berühren. Entgegen der landläufigen Meinung, nach der Männer seines Gewerbes mit leichenblassen, dürren Geschöpfen in Verbindung gebracht wurden, die bei Vollmond zwischen den Gräbern umherschlichen, war der Wittenberger Totengräber von stattlicher Statur und recht ansehnlich. Sein blonder Kinnbart war ordentlich gestutzt, das rotblonde, an einigen Stellen schon lichte Haar straff gescheitelt. Allein die groben Hände des Mannes vermittelten Martin einen Eindruck von dem harten Tagwerk, mit dem er – Argwohn und Schmähungen zum Trotz – seinen Lebensunterhalt verdiente.

Martin stellte sich auf die gegenüberliegende Seite des frischen Grabes und betrachtete die aufgeworfenen Erdhügel zu seiner Linken. Einen Moment lang zögerte er, dann begann er dem Totengräber den Zweck seines Besuches auseinanderzusetzen. Noch während er sprach, fingen die Glocken von St. Marien zu läuten an.

»Bei den Tränen der Heiligen Jungfrau, Pater!« zischte der Totengräber entrüstet, als Martin schließlich erklärt hatte, was er von ihm erwartete. »Wie stellt Ihr Euch das vor? Ich darf keinen Selbstmörder in geweihter Erde bestatten!«

Martin hob abwehrend die Hand. Er hatte sich vorgestellt, daß es nicht einfach werden würde, den Totengräber von seinem Vorhaben zu überzeugen, aber seine Nerven waren zu gespannt, um länger mit dem störrischen Mann zu diskutieren.

»Du sollst niemanden bestatten«, rief er. »Ich will nur, daß du eine weitere Grube aushebst. Ist das so schwer zu verstehen?«

»Es tut mir ja leid um den Burschen, aber … Er ist nun mal verflucht. Das ist heilige Erde, fragt doch den Dechanten, wenn Ihr mir nicht glaubt. Selbstmörder dürfen nicht auf den Kirchhof, schon gar nicht in die Nähe der Kapelle. Ihr müßt den Schinderknecht rufen. Natürlich nicht Ihr selbst, denn sein Broterwerb ist noch unehrenhafter als der meine!«

»Geh mir gefälligst aus dem Weg!« fauchte Martin. Er lief mit geraffter Kutte um das Grab herum. Erschrocken machte der Totengräber einen Schritt zur Seite, wodurch er beinahe ausgeglitten und in die Grube gesunken wäre. Stöhnend ließ der Mann die Schaufel fallen. »Der Teufel wird kommen, um seine Seele zu holen«, jammerte er. »Und dann …«

Martin stieß einen ärgerlichen Laut aus. »… dann werde ich ihn erwarten und dafür sorgen, daß er uns nie wieder quält! Her mit deiner Schaufel! Wenn du mir nicht helfen willst, hebe ich das Grab eben eigenhändig aus! Lauf zur Baustelle in der Langen Straße und sag, daß Meister Otto seinen Sohn bringen darf. Beeile dich!«

Einige Leute kamen ans Tor gelaufen. Die laute Auseinandersetzung zwischen den Gräbern hatte ihre Aufmerksamkeit erregt. Mit offenen Mündern sahen sie zu, wie ihr Gemeindepfarrer die Schaufel des Totengräbers vom Boden aufnahm und damit wie besessen zu graben anfing. Ein ängstliches Raunen erhob sich. Martin hob kurz den Kopf. Sein Blick streifte den Magister Karlstadt, der sich zu den Schaulustigen gesellt hatte. Er trug den roten Talar, der ihn als Angehörigen der Universität auswies.

»Manche Menschen behaupten in eitler Selbstgefälligkeit, ein Kind sei verdammt, weil es sich das Leben genommen hat«, rief Martin den Frauen und Männern am Tor zu. Er betrachtete sie abschätzend. Den verschlossenen Gesichtern war anzusehen, daß sie alle derselben Ansicht waren. Vermutlich verharrten sie nur, weil sie es nicht versäumen wollten, wenn die Erde plötzlich ihren Schlund aufsperrte und den frevelhaften Priester mit sich hinabzog.

»Ich hingegen sage, er wurde vom Teufel übermannt, und seine arme Seele war nicht stark genug, um sich der Schliche des Widersachers zu erwehren. Trifft diesen Jungen denn größere Schuld an der Verzweiflung, die ihm ins Herz gelegt wurde, als den Unschuldigen, der im Wald von einem Wegelagerer oder Raubritter überfallen wird?«

Ein Handkarren mit breiten Scheibenrädern holperte über den unebenen Pfad, der zum Torbogen des Kirchhofs führte. Kreischend stob eine Schar Gänse auseinander, als das Gefährt vor der Pforte abrupt zum Stehen kam. Eine Handvoll dunkel gekleideter Männer und eine dicht verschleierte Frau hoben vorsichtig eine Planke vom Karren, auf dem ein in weiße Leintücher gewickelter Körper lag. Aufgeregt flüsternd traten die Schaulustigen zurück. Es brachte Unglück, sich zu nahe an einen Toten heranzuwagen, der sich den Strick um den Hals gelegt hatte. Schweigend trugen die Männer die Planke an den Grabsteinen vorbei. Martin erwartete sie mit einem aufmunternden Lächeln.

»Gott muß Erbarmen haben«, rief er. »Gott ist barmherzig. Er kennt die Stürme, die in unseren Herzen toben! Einst glaubte ich, er bestrafe uns zu Lebzeiten, weil er rachsüchtig ist und die Sünden der Menschen bis ins vierte Glied ihrer Nachkommenschaft heimsucht. Ich war davon überzeugt, er wartet nur darauf, daß wir einen Fehler machen, um uns den gebrochenen Bund vorwerfen zu können!« Entschlossen warf er die Schaufel zur Seite und schlug ein Kreuz über dem Grab. »Aber ich habe mich getäuscht, hört ihr? Diejenigen, die meinen, der Herr sei ein zorniger Richter, sehen ihn nicht, wie er ist, sondern blicken auf einen Schleier, als hätte sich eine dunkle Wolke vor sein Antlitz geschoben. Wenn wir fest darauf vertrauen, daß Christus unser Heiland ist, dann wird unser Gott uns mit Barmherzigkeit empfangen. Fest an Gott zu *glauben* heißt, seine Liebe nicht zurückzuweisen.« Martins Gesichtszüge entspannten sich. Er blickte über die Köpfe des Handwerksmeisters und seiner Frau hinweg zum Tor, wo sich Professor Karlstadt nervös durch den Bart fuhr. Schließlich gab er den Leichenträgern ein Zeichen, die Planke in das von ihm geweihte Grab hinabzulassen.

»Te absolvo a peccatis tuis, in nomine Patris, et Filii, et Spiritus Sancti. Amen!«

Professor Karlstadt lief ziellos durch die Gassen des Mauerviertels. Seine Gedanken kreisten um das, was sich soeben auf dem Kirchhof zugetragen hatte. Wie hatte Luther es wagen können, eigenmächtig die Beerdigung eines Selbstmörders vorzunehmen, fragte er sich immer wieder. Noch dazu in geweihter Erde.

Fröstelnd zog der Magister die Enden seines pelzgefütterten Talars enger um den Leib. Die Stimme des Mönchs dröhnte noch immer in seinen Ohren.

»Ist Euch nicht wohl, Herr?« Eine Frau war vor ihm stehengeblieben. Sie trug ein schäbiges Kleid aus karierter Wolle und ausgetretene Holzpantinen. Karlstadt runzelte verwirrt die Stirn. Er erinnerte sich dunkel, das Weib am Tor des Friedhofs gesehen zu haben. Auch sie hatte buchstäblich an den Lippen des Mönchs gehangen.

»Du … du bist die Reisighändlerin, die vor den Mauern in

einer Hütte lebt, nicht wahr?« fragte er mit dünner Stimme, obgleich er die Antwort schon wußte. Ein leichtes Schwindelgefühl trübte seinen Blick. Erst da bemerkte er, daß ein kleines Mädchen mit blonden Zöpfen neben der Frau stand.

»Mein Name ist Hanna, Herr!«

Karlstadt nickte müde, während seine Augen das Kind musterten. Die Kleine war etwa neun Jahre alt. Ihre rechte Hand und ihr rechter Fuß schienen merkwürdig verkrümmt, zusammengekrallt wie bei einem Adler, der das Fliegen verlernt hatte und nun zu einem nutzlosen Dasein auf dem Erdboden verurteilt war. Die Leute erzählten sich Schauergeschichten über das Mädchen und ihre Mutter.

Unwillkürlich mußte Karlstadt an einen Vers der Heiligen Schrift denken, in dem von der rechten Hand Gottes die Rede war. Wie sollte ein verkrüppeltes Wesen wie dieses Kind jemals in den Himmel aufsteigen ... Andererseits hieß es auch, daß Christus die Kinder zu sich gerufen und seinen Jüngern verboten hatte, sie abzuweisen. Ach, es führte zu nichts, sich den Kopf über solche Fragen zu zerbrechen.

Schwer atmend lehnte sich der Magister an den hölzernen Stützpfeiler eines Speichers, in dem Roggen und Gerste in Säcken gelagert wurden. Die Reisighändlerin nahm ihr Kind an die Hand und blickte sich hilfesuchend um, doch Karlstadt gab ihr zu verstehen, daß ihm nichts fehlte. Der Schwächeanfall würde vorübergehen.

»Du hast ihm zugehört, Hanna«, sagte er unvermittelt. »Seine Worte haben dich berührt, sonst hättest du es niemals gewagt, mich anzusprechen. Habe ich recht?«

Hanna strich ihrer Tochter mit einer sanften Geste über das strohblonde Haar. »Mir hat gefallen, was Pater Martinus über Gottes Barmherzigkeit gesagt hat, Herr.«

Über ihrem Kopf wurde geräuschvoll ein Laden aufgestoßen. Ein korpulentes Weib schob eine gesprungene Tonschüssel mit Küchenabfällen durch das Fensterkreuz. Aus ihrer Stube quoll ein beißender Geruch von Gänseschmalz und verbranntem Weißkohl. Als die Vettel bemerkte, daß sich vor ihrem Haus Leute unterhielten, zog sie die zum Entleeren bereite Schüssel leise schimpfend in die Stube zurück.

»Er greift die Lehren der Kirche an!« zischte Karlstadt. Sein Blick wurde hart. »Luther wagt es …« Weiter kam er nicht. Der Gestank aus dem gegenüberliegenden Haus reizte seine Kehle so sehr, daß ihm für einen kurzen Augenblick schwarz vor Augen wurde. Entschlossen machte sich das kleine Mädchen von der Hand seiner Mutter los und ging beherzt auf den ihr fremden Mann zu. Mit einem aufmunternden Lächeln öffnete sie ihre Hand, in der ein paar zerdrückte Waldbeeren lagen. Karlstadt starrte überrumpelt auf die Früchte. Bevor er protestieren konnte, hatte das Mädchen sie ihm zum Geschenk gemacht.

»Woher soll ich wissen, was die Kirche lehrt, hoher Herr«, rief Hanna ungerührt, während der Magister sich notgedrungen die Beeren in den Mund stopfte. »Ich kenne die Heilige Schrift nicht. Glaubt Ihr, jemand hätte sich jemals die Mühe gemacht, einer armen Reisigverkäuferin und ihrer kranken Tochter aus der Bibel vorzulesen? Und selbst wenn: Hätte unsereins sein Latein verstanden?«

Karlstadt richtete sich auf. Mit fahrigen Handbewegungen brachte er sein Gewand wieder in Ordnung, wobei er den Pelzbesatz mit Beerensaft bekleckerte. Er seufzte. Heute war kein Tag, der Gutes brachte. Als er sich umblickte, sah er einen Wagen näher kommen; Fässer, die nach Hering rochen, schlugen polternd gegen das hohle Holz. Ein schielender Fuhrknecht beschwerte sich über die Schragen eines Löffelschnitzers, weil diese fast die Hälfte der ohnehin schon zu schmalen Gasse einnahmen. Wüste Beschimpfungen wurden ausgetauscht.

»Herr …?«

»Ja, schon gut, Frau«, gab der Magister störrisch zurück. Obwohl er es gewesen war, der die Frau in ein Gespräch verwickelt hatte, kam es ihm plötzlich töricht vor, sich mit ihr auf offener Straße zu streiten. Die Leute begannen schon, ihn anzustarren. Er wollte schleunigst weg von der Gasse. Nach Hause, in die Abgeschiedenheit seines Studierzimmers, das, wenn Gott ihm gnädig war, ihn so empfing, wie er es in der Früh verlassen hatte. Warum hatte er sich von diesem Bruder Martinus nur so in die Enge treiben lassen? Warum konnte nicht alles so bleiben, wie es war?

»Ich habe deinen Einwand verstanden, Frau«, sagte er schließlich. »Aber die Auslegung der Heiligen Schrift darf keinem Laien überantwortet werden. Es ist Sache des Priesters, seiner Herde das Evangelium zu erklären!«

»Pater Martinus ist ein Priester«, meldete sich unvermittelt das kleine Mädchen zu Wort. Schüchtern legte sie den Kopf in den Nacken und blickte an der hageren Gestalt ihrer Mutter hinauf. »Nicht wahr, er ist unser Gemeindepfarrer?«

Hanna nickte ernst. Sie griff nach der kleinen Hand ihrer Tochter und führte sie auf das Pflaster zurück. Ein paar der Waldbeeren, die das Mädchen zurückbehalten hatte, fielen dabei in eine Wasserlache. Ehe der verdutzte Karlstadt etwas erwidern konnte, waren die beiden auch schon hinter einem Stapel Bauholz verschwunden. Der Magister verharrte einige Augenblicke lang nachdenklich, während der Lärm auf den Straßen und Plätzen der Stadt anschwoll. Dann setzte er sich in Bewegung und strebte dem Rathausplatz entgegen. Nach den letzten Worten der Reisighändlerin hatte er beschlossen, nicht nach Hause zu gehen, nicht sofort jedenfalls. Sein Ziel war das Schloß, genauer die höfische Kanzlei des Kurfürsten, dessen Sekretär, Georg Spalatin, umgehend von den Umtrieben des Mönches in Kenntnis gesetzt werden mußte.

Der Sekretarius würde schon Mittel und Wege finden, dafür zu sorgen, daß die Ruhe an der Universität und in der Stadtkirche wiederhergestellt wurde.

Achtes Kapitel

Der Herbst und der Winter zogen an Martin vorüber, ohne daß er viel davon wahrnahm. Früher hatte er den Wechsel der Jahreszeiten aufmerksam beobachtet, doch in diesem Jahr ließen ihm die wachsende Sorge um seine Studenten und Pfarrkinder kaum noch Zeit, um an etwas anderes zu denken als die Frage, wie er zu einem klareren Verständnis des Evangeliums gelangen konnte. Während sich über die Türme und Zinnen der Stadt dicke Schneehauben legten, saß er manchmal tagelang in der Turmstube des Klosters und studierte. Als der Frühling kam und die ersten zarten Knospen und Triebe an die Bäume zauberte, stellte er verwundert fest, daß er den Winter ohne seine üblichen Krankheiten überstanden hatte.

An der Universität gab es viel zu tun. Martin hielt Vorlesungen über die Psalmen und die Briefe des Apostels Paulus. Als er sich mit dem Römerbrief beschäftigte, ging ihm ein neues Verständnis der Kirchenlehre auf. Allmählich begann er zu begreifen, was die frühen christlichen Gelehrten unter dem Begriff »Gottes Gerechtigkeit« verstanden hatten. Nicht die Angst vor der Sünde machte einen Menschen zum Kind Gottes, sondern die Freude an seinem Wort. Der Gerechte lebte aus dem Glauben heraus, nicht aber, indem er sich geißelte, bestrafte und fürchtete.

Gemeinsam mit einem wachsenden Kreis interessierter Studenten, zu dem auch Bruder Ulrich und einige andere

Mönche stießen, las er die alten Kommentatoren und Glossatoren, die der römischen Kirche einst ihr Gesicht verliehen hatten. Dabei registrierte er pflichtschuldig die verschiedenen Ansichten der Scholastiker und Kanoniker. Innerlich begann er sich jedoch Zeile um Zeile von ihnen zu lösen.

Im selben Jahr strebte im Heiligen Römischen Reich Deutscher Nation ein spektakulärer Prozeß seinem Höhepunkt entgegen, in dem es um die Freiheit der humanistischen Forschung und die Verteidigung des Lehrens ging. Die Dominikaner hatten es sich zum Ziel gesetzt, sämtliche hebräischen Schriften mit Ausnahme des Alten Testaments einzusammeln und den Flammen zu übergeben, weil sie ihren Inhalt für ketzerisch ansahen. Die verschreckten jüdischen Gemeinden hatten an Kaiser Maximilian appelliert, der schließlich ein Gutachten in Auftrag gegeben hatte. Ein bedeutender Gelehrter und Humanist aus Pforzheim, Johannes Reuchlin, Rat und Richter des Schwäbischen Bundes, wurde damit beauftragt, sich mit den Aussagen der betreffenden Bücher zu befassen und sie auf etwaige Schmähungen Christi zu prüfen.

»Die Sprache der Hebräer ist einfach, unverdorben, heilig, kurz und fest«, zitierte Martin eines Morgens, im Beisein Bruder Ulrichs, aus einem Brief, den Vertreter der Universität Erfurt an das Wittenberger Kloster gesandt hatten. »Reuchlins Gutachten ist eindeutig zugunsten des jüdischen Schrifttums ausgefallen. Die Universität Erfurt wird sich seiner Meinung anschließen!«

»Mag sein« entgegnete Bruder Ulrich zweifelnd. »Doch das hat die Dominikaner nicht davon abgehalten, vor den Stufen des Doms zu Köln einen Scheiterhaufen zu errichten. Wie ich hörte, haben die Sorbonne in Paris und einige andere Universitäten im Streit um das humanistische Schrifttum ein negatives Urteil gefällt. Sie halten Reuchlin für bestechlich und die hebräischen Bücher für lasterhaft!«

Niedergeschlagen zerknüllte Martin das Schreiben in seiner Hand. »Wohin soll das führen, wenn sogar ehrenwerten Gelehrten der Mund verboten wird?« murmelte er. »Der Kurfürst von Sachsen trägt sich mit dem Gedanken, einen neuen Magister für die griechische Sprache nach Wittenberg einzuladen, aber wer kann in diesen Zeiten sagen, wie lange der Knabe noch ungehindert lehren darf?«

Bruder Ulrich schüttelte den Kopf. »Weißt du denn, wie lange man *dich* noch lehren läßt, Bruder Martinus?« Er ergriff einen Krug mit Dünnbier, der auf Martins Stehpult stand, und ließ ihn ein paarmal in der Faust kreisen. »Du mußt deine Zunge im Zaum halten!«

»Wie meinst du das?«

»Nun, ich finde einfach, daß du etwas vorsichtiger sein solltest, wenn du deine Studenten unterrichtest, mein Freund«, sagte Bruder Ulrich. »Professor Karlstadt hat sich mit dem Sekretär des Kurfürsten beraten. Ich hörte zufällig, wie er es dem Rektor mitteilte. Die beiden werden dich im Auge behalten.«

Martin hob die Schultern. »Was können sie schon tun? Ich lehre aus der Heiligen Schrift. Von mir aus kann sich Andreas Karlstadt bei den Aposteln Petrus, Jakobus und Johannes beklagen!« Er ging zu seinem Pult hinüber, legte den Brief aus Erfurt in eine Ledermappe und begann dann einige Bücher und Pergamente zusammenzusuchen, die er für seine nächste Vorlesung benötigte. »Und bei Mose, Jesaja, Habakuk ...« Geräuschvoll kramte er in einer Lade seines Pultes nach Schreibwerkzeug und einer Sandbüchse. Zum Vorschein kamen die Scherben eines in Blei gefaßten Stundenglases, ein Rosenkranz aus glänzendem Bernstein und ein Bund Schlüssel, die für die wichtigsten Türen der Universität paßten.

Bruder Ulrich sah Martin dabei zu, wie er jedes einzelne Stück sorgfältig mit einem Zipfel seiner Kutte abrieb und danach wieder im Dunkel der Lade verschwinden ließ. Der Eifer, den sein Mitbruder an den Tag legte, stimmte ihn nachdenklich.

»Die Beharrlichkeit der Humanisten hat dem Ansehen der Dominikaner im Reich schwer geschadet«, lenkte er das Gespräch noch einmal auf den Brief aus dem Erfurter Kloster, der inzwischen unter einem Berg von Büchern und Folianten verschwunden war. »Aber auch einige unserer Bischöfe haben sich die Gunst des Volkes und der Fürsten verscherzt. Sie werden alles tun, um diese Scharte auszuwetzen.«

Martin wandte sich gereizt von seinem Pult ab. Er wußte, daß Bruder Ulrichs Befürchtungen nicht aus der Luft gegriffen waren, es war gefährlich, sich gegen die herrschende Meinung der Mächtigen auszusprechen. Oftmals genügte ein winziger Funke, um einen Flächenbrand zu entfachen. Aber sollte er deswegen auf halbem Wege stehenbleiben?

»Kommt, Bruder«, sagte er schließlich, während er die Tür zum Korridor öffnete. »Hört Euch meine Vorlesung erst einmal an, den Kopf zurechtrücken dürft Ihr mir später!«

Eine Stunde später trafen Martin und Bruder Ulrich im Hörsaal der Universität ein, wo bereits Dutzende von Studenten, Magistern und sogar eine Handvoll Bürger auf den Beginn der angekündigten Vorlesung warteten.

Der Raum war überhitzt und so voll, daß Bruder Ulrich nur mit großer Mühe einen freien Platz fand. Seufzend quetschte sich der junge Mönch auf eine der hinteren Bänke und faltete voller Anspannung die Hände im Schoß.

Zur selben Zeit ließen sich auf der höher gelegenen Galerie des Hörsaals einige würdevoll aussehende Männer nieder. Obwohl sie sich bemühten, möglichst wenig Aufsehen zu erregen, wurde Bruder Ulrich doch sogleich auf die Herren aufmerksam. Sie waren ohne Ausnahme von Rang. Unter ihnen befand sich nicht nur Professor Karlstadt, sondern auch ein elegant gekleideter Edelmann, dessen Augen die Anwesenden kühl und abschätzend registrierten. Es war Georg Spalatin, der Sekretär des Kurfürsten. Ulrich hob die Hand, um Martin auf den Beobachter aufmerksam zu machen. Gerade heute durfte sich der Freund keinen Fehler erlauben, denn wenn Kurfürst Friedrichs Sekretär sich eigens in eine Vorlesung bemühte, konnte dies nur bedeuten, daß er vorhatte, seinem Fürsten später einen detaillierten Bericht zu erstatten.

Martin lächelte Bruder Ulrich flüchtig zu, gab jedoch mit keiner Regung zu erkennen, ob er die Warnung seines Ordensbruders verstanden hatte. Gelassen schlüpfte er in den mit Pelz versehenen Talar, den er über dem Arm getragen hatte, und durchquerte gemessenen Schrittes den nach Leder und Kreidestaub riechenden Saal. Die frisch gescheuerten Holzdielen knirschten unter seinen Füßen, als er die wenigen Stufen zum Katheder emporstieg.

»Als ich Mönch war«, begann er nach einer kurzen Sammlung, »habe ich geglaubt, daß Kutte und Skapulier mich heilig machen würden. Was war ich für ein arroganter Einfaltspinsel!«

Einige der Studenten lachten amüsiert auf. Die Vorlesung versprach spannend zu werden. Bruder Ulrich schlug die Augen nieder und hielt den Atem an.

»Nun hat man mich zum Doktor der Theologie promoviert, und ich bin versucht zu glauben, daß der Pelz meines Talars mich weise machen wird … Nun, Gott hat schon einmal durch den Mund eines Esels gesprochen, vielleicht wird er es ja noch einmal tun. Aber ich werde euch frank und frei sagen, wie ich darüber denke. Wer von euch war schon einmal in Rom?«

Ein Student hob die Hand. Martin kannte ihn. Der junge

Mann entstammte einer vornehmen Patrizierfamilie aus Nürnberg und lebte erst seit wenigen Monaten in Wittenberg, um seine Studien vor Ort abzuschließen.

»Und habt Ihr einen Ablaßbrief gekauft, junger Freund?« fragte Martin mit ernster Miene. Er öffnete den Pelzkragen und fächelte sich Luft zu. »*Ich* habe es getan. Ein Silberling fiel auf die Waagschale eines äußerst geschäftstüchtigen Klosterbruders, und als die Schale sich senkte, sprang mein Großvater, wie von einem Katapult geschossen, aus den Abgründen des Fegefeuers. Für den doppelten Preis hätte ich auch die Großmutter und einen Onkel auslösen können. Aber verzeiht mir, Ihr Herren, ein Mönch ist dem Gelübde der Armut verpflichtet! Mir fehlte schlicht und einfach das Geld. Also müssen meine Verwandten weiter im Feuer schmoren.«

Martin hielt kurz inne, um nun auch noch die weiten Ärmel aufzukrempeln. Herausfordernd stützte er sich mit den Ellenbogen auf den Rand des mit rotem Samt ausgeschlagenen Pultes und schaute ins Auditorium, um erste Reaktionen auf seine Worte abzuschätzen. In den vorderen Reihen entdeckte er einige erheiterte Gesichter, andere trugen eine eher grimmige Miene zur Schau. Doch niemand unterbrach ihn.

»Was mich betrifft, so versicherten mir die Priester, da würde schon der Anblick der heiligen Reliquien meine Zeit im Fegefeuer erheblich verkürzen«, fuhr er kurz darauf fort. »Zu meinem Glück gab es in Rom genügend Nägel vom heiligen Kreuz, um jedes Pferd in Sachsen zu beschlagen. Aus den Splittern des Kreuzes ließe sich eine Kriegsflotte zimmern. Aber das ist in der christlichen Welt nichts Besonderes mehr. Auf die Überreste unserer Heiligen trifft man schließlich überall. Achtzehn von zwölf Aposteln liegen beispielsweise in Spanien begraben!«

Erneut brandete Gelächter auf. Einige der Studenten hielten die Hand vor den Mund und flüsterten aufgeregt miteinander. Bruder Ulrich blickte sich erschüttert um; er fühlte sein Herz bis zum Hals schlagen. Aus den Augenwinkeln sah er, wie sich der kurfürstliche Sekretär auf der Empore vorbeugte. Plötzlich begannen seine Lippen zu zucken, und der Hauch eines Lächelns streifte die ernsten Züge des Edelmannes.

Voller Erleichterung sank Bruder Ulrich auf seine Bank zurück. Aufregungen dieser Art waren nichts für ihn. Er nahm sich im stillen vor, gleich im Anschluß der Vorlesung in die Marienkirche zu gehen und der Heiligen Jungfrau eine Wachskerze zu stiften. Spalatin billigte Martins Ansichten nicht, aber wenn sie ihn belustigten, so nahm er sie möglicherweise gar nicht so ernst.

»Es liegt mir fern, Gefühle zu verletzen«, verkündete Martin mit lauter Stimme. »Mein eigenes Leben wurde verschont, weil ich mich unter den Schutz der heiligen Anna, der Mutter Mariens, gestellt habe. Dennoch kann ich nicht gutheißen, daß wir die frommen Zeugen Christi mißbrauchen, um mit dem Teufel um unsere Seele zu würfeln. Was würden die Heiligen von uns denken, wenn sie wüßten, wie mit ihren Leibern umgegangen wird?«

Selbst die frömmsten Studenten klopften nun beifällig auf ihre Tische. Nur oben, auf der Empore, blieb alles still. Karlstadt war bleich geworden. Unruhig wippte er auf den Zehen, während der kurfürstliche Sekretär in purer Fassungslosigkeit die Stirn runzelte. Seine gute Laune war verflogen. »Ihr habt recht daran getan, mich zu verständigen, Karlstadt«, raunte er dem Magister zu. »Der Kurfürst soll erfahren, daß in der Stadt gegen die heiligen Reliquien gepredigt wird.« Er überlegte einen Moment lang, ehe ein Gedanke seine Augen aufleuchten ließ. »Heute nachmittag findet im

Schloßhof ein Mysterienspiel statt, das Seine Durchlaucht zum Gedenken an seinen Vater gestiftet hat. Ich denke, das ist der richtige Zeitpunkt, um ihm von dem starrsinnigen Mönch zu berichten!«

Karlstadt verzog das Gesicht, als habe er in eine faule Frucht gebissen. Allmählich wußte er selbst nicht mehr, was er denken oder glauben sollte. Wie ein Schlafwandler lehnte er sich über die Brüstung der Galerie.

Der Haupthof der kurfürstlichen Residenz war mit dem der benachbarten Kirche durch einen finsteren, von verdorrten Kletterpflanzen überwucherten Bogengang verbunden. Zwei Wachen mit Lederpanzern und Hellebarden hatten die Aufgabe, die Tore zu bewachen und unliebsamen Zeitgenossen den Zutritt zum Schloß zu verweigern. Argwöhnisch musterten die Männer das Volk, das unter den fröhlichen Klängen von Flöten, Tamburins und Hörnern auf den Hof strömte, um sich das fromme Schauspiel anzuschauen. Der runde Kirchturm warf seinen Schatten über die gewölbten Bleidächer des Hauptgebäudes.

Die Luft war erfüllt von trockener Hitze und Schweiß. Überall auf dem groben Pflaster brannten kleine Strohfeuer oder glühten Kohlen in dreibeinigen Tonöfen. Mit ihrer Hilfe sollte die Bevölkerung sich auch nach Anbruch der Dunkelheit noch an den Spielen ergötzen können. Dutzende von Knechten und Mägden, die im Schloß Dienst taten, eilten hin und her, um ihre verschiedenen Aufgaben zu versehen. Wie es aussah, hatten sie an alles gedacht. Zwischen dem Mauerwerk im östlichen Teil des Hofes, das nur vereinzelt von eingelassenen Reliefs geziert wurde, waren farbenfrohe Girlanden und Blumengebinde angebracht worden, während über der Freitreppe in zartem Blau das Wappen der Wettiner prangte. Unterhalb der beiden erhöht liegenden Balkone schaukelten brennende Öllampen an stabilen Kupferketten. Der sanfte Wind entlockte ihnen leise, metallisch klingende Töne. In Ermangelung einer Tribüne waren sämtliche Treppenstufen mit Hirschfellen ausgeschlagen worden, damit die Höflinge und die Angehörigen der Patrizierfamilien, Ratsherren und Schöffen mit ihren Gemahlinnen sich einigermaßen bequem niederlassen konnten. Das gemeine Volk war auf die Westseite des Hofes verwiesen, was kaum einen der Zuschauer grämte. Denn wenn das Spektakel des Mysterienspiels auch von den Treppen aus besser zu sehen war, so hielten sich doch im hinteren, unbeleuchteten Teil des Hofes zahlreiche Spielleute, Possenreißer und fliegende Händler auf, die es sich nicht nehmen ließen, noch vor dem Beginn der Moritat Becher mit heißem Met und Wein auszuschenken.

Über allem Treiben erhob sich in der Mitte des Hofes, den steilen Freitreppen gegenüber, eine hölzerne Bühne, an die vier Zimmergesellen unter den kritischen Blicken ihrer Meister letzte Hand anlegten. Etwa zwölf Fuß über dem Boden thronte eine aus stabilen Balken gezimmerte Plattform. Sie war so ausgerichtet, daß die Darsteller die Schloßkirche direkt in ihrem Rücken hatten. Ein Gewirr aus Pfählen, die angespitzt in den Boden gerammt worden waren, sollte die Bühne stützen.

Während die Wittenberger gutgelaunt über den Hof schlenderten, lehnte sich Martin, ein wenig abseits der lärmenden Menge, gegen eine Mauer, die zu den Wirtschaftsgebäuden führte. Hier lagen gestapelte Felle, Holzkisten und verrostete Bratspieße, die in der Schloßküche nicht mehr gebraucht wurden. Martins Blicke ruhten auf einer hübschen Laute, die sich ein junger Spielmann ganz in seiner Nähe über die Schulter geworfen hatte. Er stieß einen sehnsuchtsvollen Seufzer aus. Unwillkürlich mußte er daran denken, wie gern er doch in seiner Jugendzeit auf der Laute musiziert hatte.

Die feinen Klänge, die das edle Instrument erzeugte, liebte er mehr, als er sagen konnte. Noch im Kloster zu Erfurt hatte er während der spärlichen Ruhephasen, welche die anderen Mönche mit Schlafen und Spaziergängen zugebracht hatten, regelmäßig Noten geschrieben und Lieder gedichtet. In Wittenberg hingegen hatte er bisher keine Zeit dafür gefunden, sich dieser Leidenschaft hinzugeben. Einen Moment lang überlegte er, ob er den Spielmann bitten sollte, ihm die Laute kurz zu überlassen, als plötzlich von einem der Balkone eine Trompetenfanfare ertönte und ihn einer Entscheidung enthob.

Aus dem Rauch der Kohlenfeuer löste sich eine Gruppe von Schaustellern in bunten Gewändern. Von der Menge freudig begrüßt, bahnten sich die Männer und Frauen einen Weg durch das Getümmel. Sie trugen brennende Pechfackeln, um nicht im Zwielicht über die eigenen Füße oder die langen Schleppen zu stolpern. Vor der Schaufläche angekommen, löschten sie die Feuer in einem Wasserfaß und erklommen dann unter dem Jubelgeschrei und Applaus der Umstehenden die angelehnte Leiter zur Bühne. Ein weiteres Mal heulte die Fanfare auf, dieses Mal jedoch aus einem Rundbogenfenster, das direkt über dem ehrfurchtgebietenden Wappen des Fürstenhauses lag. Das Mysterienspiel konnte beginnen.

Martin verließ seinen stillen Winkel und kämpfte sich durch das Gedränge, um etwas von der Aufführung mitzubekommen. Soweit er erfahren hatte, beruhte das Stück, das der Kurfürst ausgewählt hatte, auf dem Holzschnitt eines berühmten Künstlers. Es trug den Namen »Christus auf dem Regenbogen« und sollte dem Volk zur religiösen Belehrung, Erbauung und Ermahnung gleichermaßen dienen.

Aus der Ferne erkannte er einen untersetzten, bärtigen Mann, der mit einer hellen Tunika aus Leinen bekleidet war. Er saß auf einem bemalten hölzernen Bogen, flankiert von der Jungfrau Maria, einer Frau mit grell geschminkten Wangen, die ohne weiteres eine Enkeltochter des Christus-Darstellers hätte sein können, und von Johannes dem Täufer. Zwei würdig dreinblickende Erzengel, die man an ihren ausladenden Flügeln erkannte, knieten zu Füßen des triumphierenden Heilands und spielten Trompete.

Die Zuschauer rückten enger zusammen, während die schrillen Stimmen der Metverkäufer verklangen. Alle Augen waren auf das Gerüst gerichtet. Voller Staunen reckten Männer und Frauen die Hälse und beobachteten, wie aus dem rechten Ohr des Mannes im Leinengewand plötzlich eine zarte Lilie wuchs. Aus dem Hintergrund tauchten nun weitere Schausteller auf. Sie bildeten einen Halbkreis um den hölzernen Regenbogen, worauf sich die geflügelten Erzengel erhoben, um die Ankömmlinge in zwei Gruppen einzuteilen. Fanfarenstöße und wildes Lärmen führten die kleinere Schar als erlöste Seelen in den Himmel ein, während das dröhnende Geläut der Kirchenglocke die Verdammten, die zur Linken der kindlichen Jungfrau Maria standen, in Richtung eines brodelnden Kupferkessels zerrte.

Martin verzog den Mund, als unvermittelt ein Schatten ihm die freie Sicht zur Bühne nahm. Verwundert wandte er den Kopf und bemerkte, daß sich der Sekretär des Kurfürsten neben ihn gestellt hatte. Georg Spalatin betrachtete das Schauspiel mit gespielter Andacht. Er trug eine kostbare Schaube aus buntem, gemustertem Brokat, welche die Schultern des Mannes doppelt so breit aussehen ließ. Über dem knielangen Mantel aus scharlachrotem Tuch war das mit Gold- und Silberfaden aufgenähte Wappen des sächsischen Landesherrn zu sehen. Spalatin schien bester Laune zu sein.

»Ich hoffe, Ihr findet Gefallen an dem frommen Schauspiel, Pater Martinus«, sagte der Sekretär unvermittelt. Er lächelte Martin höflich zu.

Martin wagte nicht, sich von der Stelle zu rühren. Es lag

auf der Hand, daß Spalatin, dessen Platz eigentlich bei Kurfürst Friedrichs Edelleuten auf den Stufen der Freitreppe war, nicht zufällig an die Seite eines armseligen Bettelmönchs geraten war.

»Ich bewundere den Wunsch unseres gnädigen Landesherrn, seine Untertanen zu unterhalten und gleichzeitig zu belehren, Exzellenz!«

»Sekretär, mein Freund«, erwiderte Spalatin demütig. »Ich bin nichts als ein armer Schreiber, dem die Stimmung in der Stadt zunehmend größeres Kopfzerbrechen bereitet!«

»Ihr seid kurfürstlicher Sekretär, Herr, Erzieher des jungen Prinzen Johann Friedrich und geheimer Archivar der höfischen Kanzlei. Wenn es jemanden gibt, der Einfluß auf den Fürsten hat, dann seid Ihr es!« Ein heftiges Geschrei lenkte Martins Aufmerksamkeit wieder nach vorn, wo die verdammten Seelen inzwischen, heftig um sich schlagend, den Kessel umtanzten. Sie verdrehten die Augen und stöhnten, während eines der engelhaften Wesen mit bitterer Miene ein engbeschriebenes Pergament aus dem Gewand zog, es entrollte und den Männern durch den Dampf des kochenden Wassers sämtliche sieben Todsünden und wohl noch eine Reihe weiterer Übertretungen vorhielt. Zur selben Zeit wackelte auf der anderen Seite der Plattform ein abstoßend fetter Edelmann mit wallendem Umhang auf eine riesige Waage zu. Zwei Gaukler und ein Spielmann, in dem Martin den Jungen mit der hübschen Laute wiedererkannte, schickten sich an, sowohl Sünden als auch gute Taten in die Waagschalen zu legen. Ein Bündel italienischer Tarockkarten stellte die Übertretungen des Sünders dar, für die guten Werke mußten zierliche Blumengebinde herhalten. Drei oder vier Mägde rannten zwischen einem Bretterstand nahe dem Torturm und der Bühne hin und her, um für frischen Nachschub zu sorgen. In hohem Bogen warfen sie die Blumen durch die Luft. Einige Gaukler fingen sie behende auf und steckten sie den Frauen ins Haar, welche die guten Werke verkörperten. Das Publikum brüllte vor Lachen, nur vereinzelt drangen Buhrufe und erboste Pfiffe durch die langsam einbrechende Dunkelheit.

Georg Spalatin machte ein gelangweiltes Gesicht. Das Mysterienspiel schien ihn zu ermüden, dennoch wich er nicht von Martins Seite. »Vielleicht überschätzt Ihr meine Macht, Pater Martinus«, sagte er. Seine Stimme nahm einen bedächtigen Unterton an, der auf Martin jedoch ein wenig verschlagen wirkte. Offensichtlich stimmte es, was man sich in der Stadt über den Sekretär erzählte. Spalatin war ein glänzender Diplomat und ein feinsinniger Politiker, der stets das erreichte, was er sich vornahm.

»Auch ein kurfürstlicher Sekretär ist auf die Unterstützung ehrenwerter Männer angewiesen. Ich hoffe, Ihr könnt mir von Nutzen sein!« Er hielt inne, um zu applaudieren, als der fette Edelmann wie ein leerer Sack über die Balken geschleift wurde.

Martin legte die Stirn in Falten. »Wie sollte ein Mönch *Euch* oder dem Hof von Nutzen sein. Ausgerechnet ich …«

»Kurfürst Friedrich ist sehr stolz auf seine Reliquien!« unterbrach ihn Spalatin barsch. »Er hat zwanzig Jahre und ein Vermögen in seine Sammlung gesteckt. An Allerheiligen werden Tausende von gläubigen Pilgern zum Schloß heraufziehen, um sie zu sehen!«

»Vor allem werden sie *zahlen*, um sie zu sehen, Sekretarius! All die schönen Stücke. Brot vom letzten Abendmahl, Milch aus der Brust der heiligen Jungfrau! Einen Dorn aus dem Geflecht, das auf Golgatha die Stirn des Herrn verletzte. Nicht zu vergessen die neunzehntausend kleinen Knochenstückchen, die zu einer weitaus größeren Schar heiliger Personen gehörten.«

»Ihr wißt so gut wie ich, daß Opfergaben zur Buße üblich sind – genau wie ein Geständnis und aufrichtige Reue!«

Über Martins Gesicht glitt ein ironisches Lächeln. Nun wußte er, woher der Wind wehte, der ihm den Sekretär an den Hals getrieben hatte. »O ja. Die richtigen Gebete, die richtigen Münzen und eine Million neunhunderttausendzweihundert Jahre und siebenundzwanzig Tage weniger im Fegefeuer.«

Spalatin setzte zu einer scharfen Erwiderung an, doch im selben Moment begannen auf der Mysterienbühne die Engel wie wild mit den Flügeln zu schlagen. Die Menge reagierte mit begeisterten Zurufen. Der kurfürstliche Sekretär wartete ungeduldig, bis das Getöse vor ihm abgeflaut war, dann erhob er drohend seinen Zeigefinger. »Beißt nicht die Hand, die Euch führt, Pater Martinus. Unser gnädiger Kurfürst kommt für Euren Lehrstuhl an dieser Universität auf. Seine Reliquien, über die Ihr in Euren Vorlesungen so dreist spottet, bezahlen auch *Euch*!«

»Und wer den Spielmann bezahlt, der gibt an, welche Melodie erklingt?« fragte Martin. Er spürte, wie sich sein Magen schmerzhaft zusammenzog. Seit einiger Zeit plagten ihn in den Morgenstunden heftige Krämpfe, die in zunehmend kürzeren Abständen auftraten, aber sosehr Bruder Ulrich ihn auch drängte, hatte er es bislang abgelehnt, den Medicus zu Rate zu ziehen. Er war der Ansicht, daß es ihm besser bekam, die Beschwerden zu ignorieren.

Spalatin entging Martins plötzlicher Anflug von Schwäche nicht. Noch immer lächelte der Edelmann. »Seht Ihr das Buntglasfenster gleich über der Balustrade?« fragte er in geschmeidigem Ton. Martin hob den Kopf und nickte.

»Seine Durchlaucht verfolgt das Spiel von dem Gemach aus, zu dem das Fenster gehört. Er kann uns sehen. Bringt ihn nicht in Verlegenheit!«

»Das war niemals meine Absicht, Sekretarius«, erhob Martin aufgeregt Einspruch. »Vielleicht hättet Ihr den Kurfürsten davon unterrichten sollen, was Ihr in meiner Vorlesung gehört habt. Ihr hättet ihm erklären können, was die Heilige Schrift zu den Themen Buße und Vergebung sagt!«

Spalatin sah zu, wie die Wachen von Strohfeuer zu Strohfeuer liefen, um die Flammen zu ersticken. Das Volk strömte lachend und plaudernd den Torbögen entgegen, während die kostümierten Schausteller, die Spielleute und Knechte darangingen, ihre Requisiten zusammenzusuchen. Ein Priester hob segnend die Hände und sprach einige abschließende Worte.

»Keine Sorge, Pater Martinus Luther«, sagte Spalatin, während er und Martin von einer Woge von Menschen über den Hof getrieben wurden. »Ich habe dem Kurfürsten gegenüber jedes Wort wiederholt, das während Eures Vortrags gefallen ist. Zu meiner Überraschung war Friedrich recht angetan von Euren Auslegungen. Er trägt sich sogar mit dem Gedanken, den Dominikanern die Ablaßpredigt in Kursachsen zu verbieten.«

»Das wäre gewiß eine weise Entscheidung!« Martin atmete tief durch und warf einen letzten forschenden Blick auf das hell beleuchtete Bleiglasfenster im oberen Geschoß des Mittelflügels. Zu seiner Enttäuschung nahm er dahinter nur einen undeutlichen Schatten wahr. Spalatin lachte belustigt auf. »Seine Durchlaucht hat den Hofmaler Cranach zu sich befohlen, um einige Skizzen anfertigen lassen. Habt Ihr schon von dem Künstler gehört?«

»Von Cranach? Aber gewiß doch, Herr. Er und seine Gemahlin Barbara gehören zu meiner Gemeinde.«

»Ein begabter Mann«, sagte Spalatin anerkennend. »Wirklich talentiert!« Er hielt auf die Treppen zu, auf deren Stufen noch einige Höflinge, kostbar gekleidete Edeldamen und

Beamte in strengem Schwarz beisammen standen und leise miteinander plauderten. »Der Kurfürst unterstützt seine Malerwerkstatt, weil sie Wittenberg und dem Hof Ehre macht. Er würde es gewiß gutheißen, wenn auch Ihr der Universität erhalten bliebet! Es liegt ganz bei Euch!«

Er nickte Martin zum Abschied kurz zu und eilte dann mit wehender Schaube die Stufen hinauf zur Schloßpforte. Martin sah ihm noch eine ganze Weile nach. Als er schließlich den Hof überquerte, bemerkte er, daß einige Kinder auf die verwaiste Bühne gestiegen waren. Kichernd standen sie um die Waage herum und rüttelten an ihr. Ein Mädchen mit Sommersprossen und feuerrotem Haar warf Kieselsteine in die Schalen. Plötzlich stampfte sie mit dem Fuß auf und rief: »Deine Sünden wiegen zu schwer, Tilman. Siehst du? Du mußt in die ewige Verdammnis hinab!«

»In die Verdammnis«, kreischten die anderen Kinder. Sie hängten sich mit beiden Armen an die Ränder der linken Schale. »In die Hölle muß er!« Spöttisch deuteten sie mit dem Finger auf ein schmächtiges Bürschchen, das in äußerster Bedrängnis bis an den Rand der Bühne zurückwich.

Martin vergaß vor Schreck beinahe zu atmen, als er den Jungen ängstlich aufheulen hörte. Hilflos ruderte das Kind mit den Armen, jeden Moment konnte es das Gleichgewicht verlieren und in die Tiefe stürzen. So schnell er konnte, lief Martin zur Bühne hinüber. Er wollte dem Kleinen zurufen, vorsichtig zu sein und vom Rand der Plattform zurückzutreten. Doch er verwarf den Gedanken, weil er befürchtete, daß sein Geschrei das Kind erschrecken könnte.

»Noch ein Stein, und die Waagschale ist unten«, feixte das rothaarige Mädchen. Ihr und den anderen Kindern schien überhaupt nicht klar zu sein, was sie da oben anrichteten. Sie imitierten lediglich das Spiel der erwachsenen Schausteller.

Vom Torbogen erklang zorniges Gebrüll. Einer der Scharwachen hatte die Kinder ebenfalls entdeckt. Er eilte im Laufschritt über den Hof, seine Hellebarde blitzte bedrohlich auf. Im nächsten Moment verlor der kleine Tilman den Halt. Er machte einen Schritt ins Leere und strauchelte.

Martin stöhnte auf. Ohne zu zögern, sprang er vor und streckte seine Hände aus. Der Junge fiel – und landete geradewegs in seinen Armen. Mit einem erstickten Keuchen sank Martin mit ihm zu Boden.

»Verdammter Dreck«, zeterte der Wächter einige Momente später. Seine wütenden Blicke versprühten Gift und Galle, als er Martin beim Aufstehen half. »Ich habe die Bengel schon einmal davongejagt, aber sie müssen sich an meinem Kameraden vorbeigeschlichen haben und so noch einmal auf den Hof gelangt sein.« Er richtete seine Hellebarde wie einen Wurfspieß in Richtung der Kinder, die reglos auf der Bühne standen. »Eine Tracht Prügel sollte man euch verpassen!«

Das rothaarige Mädchen zitterte vor Angst, ihr hübsches, von Sommersprossen übersätes Gesicht war in einem Ausdruck ungläubigen Schreckens erstarrt. Sie und ihre Spielgefährten schienen so durcheinander, daß sie nicht einmal daran dachten, das Weite zu suchen.

Martin half dem kleinen Jungen auf die Beine und strich ihm mit einer freundlichen Geste über das dunkle Haar. Nachdem er den Torwächter beruhigt und ihn auf seinen Posten zurückgeschickt hatte, nahm er die Leiter zur Hand und kletterte umständlich die Sprossen hinauf. »Ihr habt das Mysterienspiel gesehen, nicht wahr?« fragte er die scheu zu Boden blickenden Kinder mit sanfter Stimme. »Was hat Euch am meisten beeindruckt?«

Keines der Kinder getraute sich, dem Mönch zu antworten, der in seiner vom Wind bewegten Kutte vor ihnen stand. Erst als Martin sie nachdrücklich aufforderte, sagte das

Mädchen schluchzend: »Wir ... wir wollten nicht, daß dem kleinen Tilman etwas zustößt. Er ist doch mein Vetter ...«

»Und die Waage?« Martin zeigte auf die beiden Schalen, die sich noch immer zu beiden Seiten auspendelten. »Ihr habt gesehen, wie die Gaukler mit ihrer Hilfe gute Taten und Sünden gegeneinander aufgerechnet haben. Nun gut, ich werde euch zeigen, was schwerer wiegt als all eure Kieselsteine!« Energisch band er sich die silberne Kette mit dem Kruzifix vom Gürtelband und ließ beides in die rechte Waagschale gleiten. Dann packte er einen der umstehenden Knaben und ließ sich mit ihm ebenfalls auf der Schale nieder. Das Mädchen sperrte fassungslos den Mund auf, als sich die Waage plötzlich in Richtung Seelenheil und Paradies neigte.

»Und nun kommt, Kinder«, rief Martin, während er den kleinen Jungen von seinem Schoß hob. »Ihr müßt nach Hause gehen, es ist spät geworden!« Während er besorgt darüber wachte, daß die Kinder heil von der Bühne kamen, gingen in den oberen Gemächern des Schlosses die Lichter aus. Dennoch wurde Martin das Gefühl nicht los, daß der Kurfürst noch immer hinter seinem Fenster stand und jede seiner Bewegungen mit durchdringenden Blicken verfolgte.

Neuntes Kapitel

Girolamo Aleander kannte den prachtvollen Festsaal des Vatikanpalastes noch von einigen früheren Besuchen an der Seite Kardinal Cajetans. Als er jedoch an diesem Vormittag durch die beiden bewachten Torflügel trat, beschlich ihn der sonderbare Eindruck, zum ersten Mal an diesem Ort zu stehen. Verwirrt schaute er sich um.

Die Wände der weiträumigen Halle waren mit kostbarem

Alabaster und Jade verkleidet, das unwirklich grün schimmerte. Wuchtige Säulen unterteilten den großen Raum in ein wahres Labyrinth aus Nischen. Überall standen Ruhebänke und Betstühle aus feinem Kirschbaumholz. Der neue Papst, so erzählte man, hatte sie eigens anfertigen und mit Schnitzereien versehen lassen, weil er sich nicht an das Mobiliar seines verstorbenen Vorgängers hatte gewöhnen können.

Während die Wächter die Torflügel hinter ihm schlossen, durchquerte Aleander den Saal, bis er auf einen der beiden Zeremonienmeister stieß. Der alte Mann war fast blind, dennoch schien er jeden Winkel des Papstpalastes genau zu kennen. »Seine Heiligkeit erwartet Euch?« rief er in einem Ton, der Aleander einen Schauer über den Rücken jagte. »Davon ist mir nichts bekannt!« Ohne ein weiteres Wort gab er Aleander ein Zeichen, ihm zu folgen. Offensichtlich war er beleidigt, daß er über Aleanders Besuch nicht vorher in Kenntnis gesetzt worden war. Während er dem jüngeren Mann vorausging, hinterließen seine Schritte anklagende Geräusche auf dem spiegelglatten Parkettboden.

»Geht durch diese Pforte«, sagte der Zeremonienmeister mürrisch. Mit der Spitze seines langen Stabes aus Elfenbein klopfte er gegen den Stoff eines gewaltigen Wandteppichs, auf dem ein Künstler in schillernden Farben das letzte Abendmahl Christi abgebildet hatte. Tausende winziger Staubteilchen lösten sich und tanzten im einfallenden Licht um Aleander herum.

Der junge Mann richtete sich zu seiner vollen Größe auf und trat selbstsicher in den Nebenraum – dort aber verharrte er in ungläubigem Erstaunen. Auf der anderen Seite des Vorhangs saß ein halbnackter, muskulöser Mann mittleren Alters auf einem Schemel und wartete mit ausgebreiteten Armen darauf, daß ein Diener ihm einen frischen Kittel über den Kopf streifte. Seine bloßen Füße standen auf dicken persischen Teppichen, die im Unterschied zum Parkett des Marmorsaales jedes Geräusch dämpften. Da in den Nebenraum kaum Tageslicht fiel, brannten auf hölzernen Konsolen Dutzende von Kerzen in Kandelabern aus getriebenem Silber.

»Euer Heiligkeit …« Mit einem Ächzen sank Aleander auf die Knie und küßte den Ring des Mannes. »Der Zeremonienmeister ließ mich ein, aber ich ahnte nicht … ich meine …« Die Worte blieben ihm im Halse stecken.

Der Papst verdrehte die Augen. Halb verärgert, halb amüsiert neigte er den Kopf und beobachtete, wie sein Leibdiener mit einer goldenen Kanne an eine der Kommoden trat und Wasser in eine Schüssel laufen ließ. Ein weiterer Bediensteter servierte derweil gebratene Hühnchenstücke, Weintrauben und dicke Scheiben Rosinenbrot auf venezianischen Silbertellern.

Aleander kannte das päpstliche Zeremoniell besser als die Gemächer seines Elternhauses, doch in diesem Augenblick war er so durcheinander, daß er nicht wußte, ob er sich erheben oder auch nur etwas sagen sollte. Also zog er es vor, kniend vor dem Schemel des Papstes innezuhalten und zu warten, bis der Heilige Vater das Wort an ihn richtete. Leo X. schien es damit indessen gar nicht eilig zu haben. Voller Hingabe erteilte er seinem Leibdiener Befehle, die seine Kleidung betrafen. Das seidene Hemd roch nicht nach Lavendel, die Tunika war schlecht geplättet. Staunend hörte Aleander zu, wie der Papst dem blöde glotzenden Alten die Unterschiede zwischen den verschiedenen Wollgeweben und der Art ihrer Färbung auseinandersetzte.

Eine Weile später war der Papst angekleidet und bereit, mit Aleander zu sprechen. Er lud ihn mit einer Handbewegung ein, sich einen gepolsterten Schemel heranzuziehen. Der alte Leibdiener klaubte derweil die abgelegten Kleider, die überall im Raum herumlagen, vom Boden auf, verneigte sich ehrerbietig und eilte dann durch die Pforte hinaus in die Halle.

»Gewiß wundert Ihr Euch, warum ich Euch zu dieser Stunde bereits sehen wollte, nicht wahr, Aleander?« Mit dem beringten Finger seiner rechten Hand strich der Papst über sein stoppeliges Kinn. Seine intelligenten Augen musterten Aleander abschätzend. »Euer Ruf eilt Euch voraus, mein Freund! Paris, Lüttich und nun – Rom!«

»Das erfüllt mich mit Sorge«, sagte Aleander, den Blicken des Älteren ausweichend. Obgleich ihm Schmeicheleien in jeder Form zuwider waren, hatte er doch bereits frühzeitig gelernt, daß die Fürsprache einflußreicher Persönlichkeiten im Vatikan über den Erfolg einer Karriere entscheiden konnte. Oder aber über deren Scheitern. Wem also mochte es schaden, ein wenig Berechnung zu zeigen, wenn der Papst Interesse an seiner Person bekundete?

»Kardinal Cajetan schildert Euch als fleißigen Gelehrten, getrieben von glühendem Ehrgeiz!« Der Papst erhob sich von seinem Schemel und begann mit auf dem Rücken verschränkten Armen durch den Raum zu schlendern. Unvermittelt blieb er stehen, beugte sich über Aleander und flüsterte in eindringlichem Ton: »Laßt mich raten: Ihr hattet einen strengen Vater, dessen eigene Pläne durch die geistliche Laufbahn des einzigen Sohnes ihre Vollendung finden sollten!« Er kicherte, wie über einen gelungenen Scherz. »Und eine hingebungsvolle Mutter, die sanft und fromm war, jedoch gemordet hätte, um Euch im Scharlachrot einer Kardinalsrobe zu sehen ...«

»Euer Heiligkeit.« Aleander machte ein düsteres Gesicht. Das Gespräch nahm eine Wendung, mit der er nicht gerechnet hatte. Aber gab es überhaupt ein zutreffendes Bild von dem Mann, in dem sein väterlicher Freund Cajetan den Retter der Christenheit sehen wollte?

»Was wißt Ihr über Albrecht von Brandenburg?« fragte der Papst plötzlich, scheinbar ohne jede Überleitung. Zwinkernd forderte er Aleander auf, ihn durch die Pforte in den angrenzenden Festsaal zu begleiten.

»Soweit ich weiß, ist Markgraf Albrecht Erzbischof von Magdeburg und Verwalter des Bistums Halberstadt«, gab Aleander zurück. Seine Stimme klang irritiert, als er hinzufügte: »Er ist noch recht jung für einen hohen kirchlichen Würdenträger!«

»Gut beobachtet, mein Freund!« Papst Leo legte nachdenklich die hohe Stirn in Falten. Seine Blicke wanderten ruhelos durch den Saal, bis sie auf einem goldenen, mit Gemmen und funkelnden Edelsteinen besetzten Kreuz haftenblieben. »Albrecht von Brandenburg hat sich um das Erzbistum Mainz beworben!«

»Aber das ist völlig unmöglich, Euer Heiligkeit«, rief Aleander aus. »Nach dem Kanonischen Recht darf ein Bischof nicht mehr als zwei Bistümer verwalten! Außerdem ...« Er hielt abwartend inne, doch ein leichtes Nicken ermutigte ihn, den Sachverhalt weiter auszuführen. »Albrecht von Brandenburg war noch minderjährig, als er zum Bischof gewählt wurde.«

»So ist es«, entgegnete der Papst schmunzelnd. »Genau wie ich!« Einen Augenblick lang sah es so aus, als wollte er sich an Aleanders Verlegenheit ergötzen, dann aber raffte er sein langes weißes Gewand zusammen und erklomm ein paar Steinstufen, die auf einer schmalen Empore mündeten. Aleander folgte dem hochgewachsenen Mann unaufgefordert und sah sich plötzlich einer rechteckigen Tafel gegenüber, auf der ein fast detailgetreues Modell der Stadt Rom aufgestellt war. Mit beinahe kindlicher Faszination betrachtete er die liebevoll nachgebildeten Häuser, Paläste und Kirchen. Am Rand des Tisches lag eine fein gearbeitete Kuppel aus hell gebranntem Ton, die einem heidnischen Tempel alle Ehre gemacht hätte. Aleander konnte die Miniatur keiner der ihm bekannten Gotteshäuser zuordnen. Noch ehe er den Papst danach fragen konnte, erklärte dieser: »Erzbischof Albrechts Ambitionen im Deutschen Reich könnten Gottes Ruhm vermehren. Meint Ihr nicht auch?«

Aleander blickte ihn verstört an. »Ich fürchte, das verstehe ich nicht!«

Auf die Wangen des Papstes legte sich ein zarter rötlicher Hauch. »Dann denkt einmal scharf nach, mein ehrgeiziger Freund«, sagte er. »Europa ist in Aufruhr. Die Türken stehen vor den Toren Wiens, die Franzosen sind mir auf den Fersen. Und unser Rom ist zu einer einzigen Gosse geworden – am Tag streunen verwahrloste Hunde und Bettler durch die Straßen, nachts wagt sich kein ehrbarer Bürger ohne Leibwache aus dem Haus. Banditen, Wüstlinge und Huren bevölkern die Tavernen und Badehäuser. Ich möchte dies ändern.«

Aleander nickte verständnisvoll. Seit er im Palast wohnte, verließ er seine Räume nur noch höchst selten. Seine Familie lebte seit Jahren nicht mehr in Rom. Freunde hatte er keine, und was er am wenigsten suchte, war ein enger Kontakt zu der lauten, pulsierenden Welt draußen, vor den Toren des Vatikans. Das grobe Geschrei der Straßenhändler und Gaukler, die anzüglichen Blicke der geschminkten Kurtisanen, ja sogar die eifernden Predigten der Bußbrüder waren ihm zuwider. Schon als Knaben hatte ihn der Trubel der Hauptstadt abgestoßen. Mit Grauen entsann er sich eines Spaziergangs, den er einst als Vierjähriger an der Hand seines Vaters über die Piazza del Popolo gemacht hatte. Im wildesten Getümmel hatte der Vater plötzlich seine Hand losgelassen und war in der Menge verschwunden, ohne sich nach ihm umzusehen. Weinend vor Angst, war dem kleinen

Jungen nichts anderes übriggeblieben, als seinen Weg durch die feindselige Umgebung allein zu suchen. Als er viele Stunden später den Palazzo der Familie Aleander erreicht hatte, war er bleich, hungrig und voller Haß gewesen. Sein Vater schien mit diesem Ergebnis zufrieden zu sein; niemals hatte er einen Grund dafür genannt, warum er seinen Sohn in der Stadt ausgesetzt hatte. Erst als er heranwuchs und am eigenen Leib feststellte, wie gefährlich das Leben war, begann Aleander allmählich zu begreifen, daß sein Überleben als Angehöriger einer beneideten Patrizierfamilie einzig und allein von seinem Verstand und einem gehörigen Maß an Kaltblütigkeit abhing. Aleander erinnerte sich nicht mehr sehr deutlich an seine Jugendjahre. Seinem Vater hatte er den Verrat an seiner Unschuld nicht verziehen, bis zu dem Tag, an dem man ihn von seinen geliebten Büchern fort an das Totenbett des Vaters gerufen und ihm die klaffenden Wunden an seinem Körper gezeigt hatte. Der Patrizier Aleander war dem Mordanschlag einer rivalisierenden venezianischen Adelssippe zum Opfer gefallen.

Von diesem Tag an hatte sein Sohn gewußt, wohin sein Weg führen sollte: ins Zentrum der Macht. Rom blieb indessen stets die Ferne. Die unnahbare, die feindliche Stadt. Ja, er konnte sehr gut verstehen, was den Heiligen Vater in seinem Bedürfnis nach Ordnung und Sicherheit umtrieb. Während er noch darüber nachdachte, wie der Papst wohl darangehen mochte, die Mißstände in seiner Stadt zu beseitigen, nahm Leo die winzige Kuppel vom Tisch und drehte sie spielerisch zwischen Daumen und Zeigefinger.

»Wißt Ihr, was dieses Modell darstellt, Aleander?« fragte er.

»Ich würde sagen, es sieht aus wie … eine stattliche Kirche.«

»Nicht irgendeine Kirche. Dies ist mehr als ein Gebäude.

Es ist ein Symbol meiner festen Absicht, die Kirche Jesu wiederherzustellen. Wenn ich Albrechts Bewerbung um den Bischofssitz unterstütze, so könnte das meinen Plänen dienlich sein.«

Aleander öffnete den Mund zu einer Erwiderung, doch im nächsten Moment wurde die Tür aufgerissen, und der Zeremonienmeister betrat den Raum. Sein dünner weißer Bart bauschte sich im Luftzug auf, als bestände er aus Spinnweben. Mit schneidender Stimme teilte er dem Papst mit, daß der Abgesandte der Republik Venedig eingetroffen war.

Leo X. schüttelte seinen weiten Ärmel über den Ellenbogen und machte eine energische Handbewegung, worauf sich der Alte gekränkt, jedoch unter tiefen Verbeugungen zurückzog.

»Die Venezianer können warten, meine Pläne nicht«, raunte er Aleander mit verschwörerischer Miene zu, nachdem die Wachposten die Türflügel wieder geschlossen hatten. »Ihr müßt wissen, daß Erzbischof Albrecht bereit ist, zehntausend Dukaten zu zahlen, wenn der Heilige Stuhl eine Ausnahme macht und ihm das Bistum Mainz überträgt!«

Aleander glaubte sich verhört zu haben. »Aber Euer Heiligkeit ... Der Bischof ist bankrott. Arm wie eine Maus. Nicht einmal die Juden wollen ihm noch Kredit gewähren. Wie, um alles in der Welt, sollte er soviel Geld auftreiben können?«

Der Papst schenkte Aleander ein dünnes Lächeln. »Unser Freund Cajetan hat wohl daran getan, Euch zu seiner rechten Hand zu machen, mein Freund. Denn wie ich sehe, seid Ihr mit den Angelegenheiten des Reiches bestens vertraut!«

»Nun ja, ich ...«

»Dann gehe ich wohl recht in der Annahme, daß Euch auch der Name Fugger etwas sagt?«

»Die Bankiers aus Augsburg? Aber gewiß, Euer Heiligkeit. Immerhin unterhalten sie in einigen italienischen Städten blühende Handelskontore. Man erzählt sich, daß selbst Kaiser Maximilian Geld von ihnen leiht!«

»Der Kaiser und ... unser Freund Albrecht«, entgegnete Leo. Vorsichtig legte er die winzige Kuppel zurück auf die Tafel mit dem Modell der Stadt. Sie paßte genau auf den Rumpf eines prächtigen Kirchengebäudes, welche das Zentrum des Petersplatzes einnahm. »Ein Darlehen auf acht Jahre.«

»Gut, aber wie will er es zurückzahlen? Jakob Fugger wird nicht bis zum Jüngsten Tag darauf warten, bis der Bischof ihm seinen Wechsel einlöst.«

»Das muß er auch nicht! Ich habe Albrecht von Brandenburg die Erlaubnis erteilt, für ein Jahr in Deutschland den Ablaß von Strafe und Schuld zu vertreiben. Die Hälfte der eingenommenen Gelder wird nach Rom gehen und für den Neubau der Peterskirche verwendet werden. Der Dom wird groß werden, Aleander. Strahlend. Ein Bauwerk, das sich wie eine Aureole des Göttlichen über den Häuptern der Christenheit erhebt und noch stehen soll, wenn der Herr auf den Wolken des Himmels erscheint, um die Seinen zu sich zu rufen!«

»Und die andere Hälfte des Geldes kassieren die Fugger als Rückzahlung ihres Vorschusses«, ergänzte Aleander voller Bewunderung. Der Plan des Papstes klang einleuchtend; sein Gelingen würde dem Vatikan auf lange Zeit die Mittel zur Verfügung stellen, die er brauchte, um in diesen bedrohlichen Zeiten die Macht des Papstes aufrechtzuerhalten. Der Neubau eines Gotteshauses, das dem heiligen Petrus, dem ersten Bischof Roms, geweiht war, würde der Stadt, ja dem gesamten Erdkreis einen unauslöschlichen Stempel aufdrücken. Ein Symbol des Glaubens war im Entstehen, das Aleander von Herzen bejahte.

»Wie ich sehe, findet mein Vorhaben Eure Billigung,

Aleander«, rief der Papst fröhlich. Prüfend hob er eine Augenbraue und wartete geduldig ab, bis Aleander eine zustimmende Antwort gegeben hatte.

»Nun, dann sollten wir keine Zeit mehr mit Plaudern verlieren, nicht wahr? Laßt meinen Schreiber rufen. Ich werde Bischof Albrechts Bruder, dem Kurfürsten von Brandenburg, sogleich ein Sendschreiben übermitteln und ihm empfehlen, Johann Tetzel mit dem Ablaßgeschäft in Deutschland zu betrauen.«

»Tetzel, den Dominikanermönch?«

Leo X. nickte. Sein Gesicht nahm einen beinahe schwärmerischen Ausdruck an. »Glaubt mir, Aleander«, sagte er, »für unsere Zwecke kann es keinen Besseren geben!«

Sowohl Papst Leo als auch Kurfürst Friedrich der Weise von Sachsen standen zu ihrem gegebenen Wort. Während der eine alles dafür tat, um das Geschäft mit dem Ablaß von Strafe und Schuld im Reich voranzutreiben, verbot der andere den Dominikanern, allen voran Johannes Tetzel, den Verkauf der Briefe innerhalb der Grenzen seines Territoriums.

Dennoch dauerte es nicht lange, bis sich die Wagen der reisenden Kommissare und ihrer Begleiter vom Bankhaus Fugger in Bewegung setzten. Sie zogen von Süden nach Norden und vergaßen auf ihrer Route weder Stadt noch Marktflecken. Dabei sollte der feilgebotene Ablaßbrief die Buße vor einem Priester zwar nicht völlig ersetzen, aber in der Regel weigerten sich die Beichtväter auch nicht, ihren Gemeindemitgliedern Absolution zu erteilen, sobald sie ihnen eine der begehrten Urkunden vorzeigten.

Bischof Albrecht von Brandenburg und Mainz verkündete auf der Höhe seines Triumphs, daß jeder Priester bei der notwendigen Beichte zu Rate gezogen werden könne. Je mehr Briefe man daher erwarb, desto häufiger der Freispruch. Wer sich den Kauf zahlreicher Ablaßzettel leisten konnte, durfte sich der ewigen Seligkeit sicher sein.

Neu war diese Ansicht nicht; seit Menschengedenken hatte man die fromme Pflicht gekannt, seiner Buße durch die Erfüllung bestimmter kirchlicher Auflagen Nachdruck zu verleihen. Doch nie zuvor war es Vertretern der Kirche eingefallen, aus dem Ablaßgeschäft eine Jahrmarktsattraktion zu machen. Dieses Vorgehen blieb allein dem Einfallsreichtum des bischöflichen Generalbevollmächtigten vorbehalten, dem norddeutschen Dominikaner Johannes Tetzel.

Tetzel war ein einfacher, in die Jahre gekommener Mönch, dem nicht viel an scharfsinnigen Disputationen oder theologischen Feinheiten gelegen war. Seine Ordensoberen hielten ihn für grobschlächtig, doch auch von heiligem Eifer beseelt, wenn es darum ging, den Menschen die Versöhnung mit Gott nahezubringen. Zudem verfügte Tetzel über das unschätzbare Talent, Menschen zu überzeugen, indem er einerseits die Qualen der Hölle in den düstersten Farben beschwor, andererseits jedoch stets die Rechte der potentiellen Ablaßkäufer pries. Gott, so wurde er nicht müde zu erklären, stehe in der Pflicht, bußfertigen Sündern Vergebung zu schenken. Was war einfacher, als ihn durch den Kauf eines Ablaßbriefes daran zu erinnern?

Da Kurfürst Friedrich es trotz zahlreicher Beschwerden ablehnte, den Dominikaner in Sachsen predigen zu lassen, riet man Tetzel, sein Lager in Jüterbog, einer kleinen Stadt nördlich von Wittenberg, aufzuschlagen. Dort konnte er sichergehen, daß keine Gewalt seinen Handel störte. Jüterbog lag jenseits der sächsischen Grenze und gehörte somit zum Einflußbereich der Brandenburger, die Tetzel gewogen waren.

Der Sommer des Jahres 1517 war noch nicht zu Ende, als

die marktschreierischen Predigten der Ablaßverkäufer auch nach Wittenberg vorstießen. Zwar durften Tetzels Leute die Stadttore nicht durchschreiten, aber die Kunde von dem Mann, der, nur wenige Meilen entfernt, für wenig Geld die Tilgung unbequemer Gewissenslasten anbot, verbreitete sich wie ein Lauffeuer in der Stadt. In Scharen strömten Wittenberger Bürger, Kaufleute, Studenten Handwerker, ja selbst Bauern aus den umliegenden Dörfern und Gehöften ins Brandenburgische, um dem ungewöhnlichen Spektakel beizuwohnen. Tetzel war nur zu gerne bereit, ihnen genau das Schauspiel zu bieten, das sie von ihm erwarteten. Müdigkeit oder Erschöpfung kannte der untersetzte, stets ein wenig gebückt gehende und seine Umgebung aufmerksam beobachtende Mann überhaupt nicht. Noch am Tag seiner Ankunft in Jüterbog ließ er durch Herolde, die seinen Wagenzug begleiteten, verkünden, daß er gekommen sei, den Brüdern und Schwestern aus dem nahen Kurfürstentum Sachsen zu predigen.

Bei den Ratsherren der kleinen Stadt stieß die Begeisterung des unscheinbaren Mönchs auf fruchtbaren Boden. Sie ließen Türme und Zinnen, Tore und Wehrgänge mit bunten Fahnen schmücken. Auch die Priester hatten keine Bedenken, waren sie doch von bischöflichen Legaten auf das Erscheinen Tetzels und seiner Begleiter vorbereitet worden. Während der Wagen des Dominikaners noch entladen wurde, liefen Kinder in die Kirchen und Kapellen, um mit glänzenden Augen vor den Figuren der Schutzheiligen Jüterbogs Kerzen zu entzünden.

Wenige Stunden später war es dann soweit. Eine Eskorte aus vier berittenen Wachen mit runden Tellerhelmen führte die Prozession des Ablaßpredigers zum Marktplatz hinauf. Ein Jüngling, der eine violette Tunika mit Kapuzenkragen aus verknitterter Wolle anhatte, sprang mit Feuereifer vor dem Zug her und rührte die Trommel. Hinter ihm erschien ein Reiter auf einem grauen Pferd. An der Kutte, die sich über den kugelrunden Bauch des Mannes wölbte, erkannte man unschwer den Mönch Johannes Tetzel. Obwohl es ihm offenbar schwerfiel, sein Pferd ruhig und sicher durch die Menschenmenge zu lenken, blickte er würdevoll vor sich hin. Eine Aura des Unantastbaren umgab ihn. Nur hin und wieder, sobald er auf einem Balkon oder Erker vornehm gekleidete Bürger wahrnahm, neigte er hoheitsvoll den Kopf und deutete auf den riesigen, mit blutroten Bändern und Fahnen gezierten Wagen, der ihm in gemessenem Abstand folgte.

Unter den neugierigen Zuschauern, die von Wittenberg gekommen waren, um sich die Predigt des Dominikaners anzuhören, waren auch Hanna, die Reisighändlerin, und ihre kleine Tochter. Grete schmiegte sich schüchtern an ihre Mutter, der es mit Müh und Not gelungen war, auf dem Karren eines Garnhändlers einen Platz zu finden, von dem sie den quadratischen, mit Stroh bedeckten Marktplatz bis zu den Stufen der benachbarten Kirche überblicken konnte.

Mit gemischten Gefühlen betrachtete die Frau das stolz in die Höhe ragende Kreuz auf der Ladefläche des vorbeifahrenden Wagens.

»Es sieht aus wie der Mast eines der Boote, mit denen die Fischer auf die Elbe hinausfahren«, flüsterte die kleine Grete, während sie aufgeregt am Saum ihres derben Rockes zupfte. Hanna mußte widerstrebend lächeln. Manchmal war die Scharfsinnigkeit der Kleinen ihr beinahe unheimlich. Auch in diesem Fall hatte sie recht. Auf den Querbalken des Kreuzes war ein rotes Samttuch drapiert, auf dem das päpstliche Wappen durch den trüben Herbsttag leuchtete, als käme es aus einer anderen Welt. An den Pfosten des Wagens brannten Fackeln, deren Flammen sich wie zischende kleine Nattern bewegten.

Tetzel zog die Zügel an, damit sein Pferd den Schritt verlangsamte. Sogleich sprang ein älterer Mönch herbei, übernahm die Zügel und führte den Rappen in einem weiten Bogen an den Absperrungen vorbei, geradewegs auf den Marktbrunnen zu.

»Die Knechte dürfen das Banner nicht einrollen, bevor nicht das Stroh in Brand gesteckt ist«, rief der Ablaßprediger seinem Gehilfen durch den Lärm der wartenden Menge zu.

Der Mönch neigte ergeben den Kopf. »Keine Sorge, Bruder. Es ist alles nach Euren Wünschen vorbereitet. Ich habe mich bei einem der Stadtvögte über die Leute hier erkundigt, während Ihr an Eurer Predigt gefeilt habt.« Über das verhärmte Gesicht des Gehilfen legte sich ein zufriedenes Lächeln, das andeutete, daß er sich im Besitz wertvoller Nachrichten wähnte. Ungeduldig forderte Tetzel ihn auf zu reden.

»Seht Ihr den Mann mit den aufgeplusterten Rockschößen, der soeben die Kirchentreppe herunterkommt?« flüsterte der Mönch wichtigtuerisch. »Ihm gehören mehrere Weinberge und Obstgärten vor der Stadt, ein überaus wohlhabender Herr ... und er hat vor kurzem seine Mutter verloren.«

»Möge sie in Frieden ruhen. Weiter ...«

Dies ließ sich der Mönch nicht zweimal sagen. Dienstfertig half er Tetzel beim Absteigen und berichtete dabei, was er über die Besitzverhältnisse der Jüterboger Bürgerschaft im einzelnen in Erfahrung gebracht hatte. Unter den Personen, die er für besonders betucht hielt, gab es einen Ritter, dessen Söhne am Hof des Brandenburger Fürsten einflußreiche Positionen einnahmen, eine Witwe, die nach dem

Tod ihres Gemahls dessen Fettsiederei mit Hilfe einiger Gesellen weiterführte, sowie eine kleinere Anzahl von Ratsherren, Kaufleuten und Handwerkern.

Tetzels Gedanken begannen unter dem monotonen Geplapper des Mönchs abzuschweifen. Während er sich der Kirchentreppe näherte, fiel sein Blick plötzlich auf den Karren des Garnhändlers. Bestürzt verfolgte er, wie eine ärmlich aussehende Frau mit verfilztem Haar vor einem blonden Mädchen in die Hocke ging. Der Arm des Mädchens war verkrüppelt, die Schlinge, in der sie ihn vermutlich gewohnheitsmäßig trug, hatte sich gelöst. Milde lächelnd faltete die Frau ein zerrissenes Tuch zusammen und legte es behutsam um das verdrehte Gelenk.

»Was fehlt dem Kind?« wollte Tetzel wissen. »Seine Beine baumeln vom Karren, als wären es Holzscheite.« Sein Gehilfe wandte sich irritiert um, musterte Mutter und Tochter kurz und zuckte dann desinteressiert die Achseln. »Ist wohl verkrüppelt! Wahrscheinlich Bettelvolk. Von denen ist gewiß nichts zu holen!«

»Abwarten, Bruder«, brummte der Ablaßprediger tadelnd. »Wie heißt es in der Schrift: ›Die Gesunden benötigen keinen Arzt!‹«

Während Tetzel den Schultheiß und den Geistlichen der Marktkirche begrüßte, hielt sein Wagen vor einem noch nicht entzündeten Scheiterhaufen, der unweit des Brunnens aufgeschichtet worden war. Der junge Trommler kletterte auf die Ladefläche und kehrte kurz darauf mit mehreren eingerollten Bannern von beachtlichem Ausmaß zurück, die er geschäftig hinter dem Scheiterhaufen aufbaute. Die Umstehenden sahen ihm mit wachsender Spannung dabei zu.

Tetzels großer Moment war nun gekommen. Mit gefalteten Händen, die ernste Miene eines Kirchenfürsten zur Schau tragend, stellte er sich auf den Bock seines Sturmwagens, als befände er sich auf einer Kanzel. Er warf seinen Umhang am Arm zurück und nahm eine der Pechfackeln aus ihrer Halterung am Pflock des Wagens. Noch ehe er ein einziges Wort äußern konnte, erstarb jedes Geräusch auf dem überfüllten Marktplatz.

»Ihr braven Bürger von Jüterbog und all ihr, die ihr aus Kursachsen zu mir gekommen seid«, rief Tetzel mit dröhnender Stimme über die Köpfe der Menschen hinweg. »Habt ihr euch schon einmal die Hand im Feuer verbrannt?«

Er verharrte einen Moment, abwartend blickte er ins Publikum. Erst als er nickende Köpfe und zustimmendes Gemurmel wahrnahm, fuhr er fort. »Von einer Brandblase am Finger kann man schon die ganze Nacht kein Auge zutun. Ist es nicht so?«

Unvermittelt stieß er seine linke Hand nach unten, direkt über die züngelnden Flammen seiner Fackel. Einige Frauen schrien erschrocken auf, andere hielten sich kopfschüttelnd die Hand vor den Mund, während Tetzels Hand im Feuer zu zittern begann. Kalter Schweiß stand auf der flachen Stirn des Mannes. Er verzerrte das Gesicht vor Schmerz und Anstrengung. Endlich riß er die mit Brandblasen übersäte Hand von der Fackel weg. Mit Tränen in den Augen hielt er sie in die Höhe, damit jeder die Verletzungen sehen konnte, die das Feuer ihm beigebracht hatte. Während er starr wie eine Salzsäule auf dem Bock stand, kam sein Gehilfe mit feuchten Tüchern angelaufen, die er dem Dominikaner gleichmütig um die geröteten Finger wand.

»Stellt euch vor, meine Freunde, nicht nur eure Hand, sondern euer Körper würde brennen«, rief Tetzel der Menschenmenge zu. »Nicht nur eine schlaflose Nacht lang, nicht drei Tage oder eine Woche, sondern ewiglich. Und niemand ist da, der euch in kalte Tücher hüllt, um eure Qualen zu lindern.«

Er holte aus und schleuderte seine Fackel auf den vorbereiteten Scheiterhaufen. Den daneben stehenden Knechten blieb gerade noch Zeit, zur Seite zu springen, bevor das Stroh lichterloh zu brennen begann. Auf dem Karren des Garnhändlers bettete Hanna den Kopf ihrer Tochter Grete in ihren Schoß. Ihre Augen weiteten sich vor Grauen, aber auch Faszination.

»Wie können wir verhindern, daß unsere Seele nach dem Tod in der Hitze des Fegefeuers leiden muß?« fragte Tetzel. Dramatisch hob er beide Arme, bis sein Körper die Form eines Kreuzes einnahm. Dabei starrte er wie gebannt auf den brennenden Scheiterhaufen. Als die Flammen knisternd höher schlugen und ein Funkenregen über den Stufen der Kirche niederging, zog der Trommler an einer Schnur, woraufhin ein gewaltiges Banner entrollt wurde. Die Menschen reckten neugierig die Hälse. Im Schein des Feuers erkannten sie Bilder von einem Mann, einer Frau und einem Kind – mit zum Himmel erhobenen Armen und in Qual erstarrten Gesichtern –, die im Feuer der Hölle loderten.

Schreckensrufe wurden laut. Fensterläden wurden zugeschlagen. Einige der Zuschauer stahlen sich schluchzend von ihren Plätzen und verschwanden in der Dunkelheit. Andere falteten die Hände und blickten flehentlich zu dem Mann auf dem Wagen, dessen Miene Verständnis und Mitleid zum Ausdruck brachte. »Seid unverzagt, meine Freunde!« ließ Tetzel seine Stimme erneut über den Platz erschallen. »Heute sendet euch der Heilige Vater, Papst Leo X., einen Beweis seiner unendlichen Güte. Ein Geschenk, das euch vor diesem Feuer rettet. Einen besonderen Ablaß von Strafe und Schuld, mit dem ihr nicht nur eure Erlösung erwirken, sondern auch am Aufbau des Petersdoms in Rom teilhaben dürft.«

»Wie soll das geschehen?« hörte man einen Ruf aus der Menge. Unwillig drehten sich die Bürger nach einer Gruppe junger Burschen um, die müßig am Marktbrunnen beisammen standen.

Tetzel bückte sich, als habe er nur auf diese Frage gewartet. Aus einer Kiste zog er eine Pergamentrolle hervor, die er dann demonstrativ in die Höhe hielt.

»Mit dem Erwerb eines solchen Ablaßbriefs könnt ihr dem Fegefeuer entkommen! Seht ihr das rote Kreuz mit dem Wappen des Papstes? Es strahlt so hell wie die Flamme, die soeben meine Hand verletzt hat. Ach, was sage ich, es leuchtet heller. Wie ein Morgenstern.«

Trommelwirbel ertönte. Tetzel wartete lächelnd, bis wieder Stille eingekehrt war, dann sagte er: »Nun wißt ihr, was ihr tun müßt, um für euch, eure Weiber und Kinder vorzusorgen. Aber ich sehe an euren Gesichtern, daß ihr euch noch immer Sorgen macht. Ihr fragt euch, welches himmlische Glück euch zuteil werden kann, wenn die Seelen der bereits Verstorbenen im Feuer brennen. Eure Mütter und Väter, die das Zeitliche bereits gesegnet haben? Hört ihr nicht ihre Stimmen, die euch anflehen, sie freizukaufen?«

Er löste eine weitere Pechfackel aus ihrer Verankerung, sprang behende vom Wagen und näherte sich den Reihen der Zuschauer. Freundlich sprach er eine Handvoll Personen an, auf die ihn sein Gehilfe vor der Kirche aufmerksam gemacht hatte. Die Fettsiederin schaute betreten zu Boden, während der Ritter mit gerunzelter Stirn die Schultern straffte. Wenige Augenblicke später knüpften beide ihre Geldbörsen vom Gürtel und folgten Tetzel die Stufen zur Kirchenpforte hinauf, wie Schafe, die ihren Hirten gefunden hatten. Voller Triumph schwang Tetzel den Ablaßbrief. »Schließt euch uns an, Freunde! Vor dem Altar werdet ihr eine Messingtruhe finden. Sie steht unter dem Bildnis der Heiligen Jungfrau, die auf euch wartet. Mit einem kleinen Almosen könnt ihr den Verstorbenen Erlösung bringen. Kommt, folgt uns!«

Aufgeregtes Geflüster erhob sich. Aus den Augenwinkeln sah Tetzel, wie die Mutter des verkrüppelten Kindes ihr Wolltuch um den Kopf schlang und dann von ihrem Karren stieg. Das Mädchen streckte ihr die Hand entgegen. Sichtlich angerührt, eilte der Ablaßprediger die Stufen hinab. Seine Augen glänzten vor Tränen, als er sich der überraschten Frau in den Weg stellte. Der Schein seiner Fackel hüllte Hannas Kopf in einen fahlen, milchigen Schleier. »Ich habe dich und dein verkrüppeltes Kind gesehen«, raunte der Ablaßkrämer ihr väterlich zu. »Ich hoffe, du hast aus meinen Worten etwas gewonnen!«

»Aber … Herr …«

»Sorge dafür, daß der zerstörerische Engel an deiner Tochter vorübergeht und sie zu Jesus laufen kann, wenn ihre Zeit gekommen ist. Denke daran: Wenn das Geld im Kasten klingt, die Seele aus dem Fegefeuer springt!«

Triumphierend wandte er sich um und erklomm von neuem die Treppe. Hanna und Grete standen einen Atemzug lang wie betäubt da, dann wurden sie auch schon von der Menge erfaßt, welche unaufhaltsam nach vorne drängte, um der Aufforderung des Mönchs nachzukommen. Wieder wurden Trommeln geschlagen, die Kirchenglocken begannen zu läuten. In Hannas Ohren bohrte sich das metallische Geräusch von Münzen, die aneinanderschlugen. Weißpfennige und Dukaten. Willenlos ließ sie sich mit Grete weitertreiben.

Zehntes Kapitel

Martin war verärgert und bestürzt, als ihm die Neuigkeiten aus Jüterbog zu Ohren kamen. Dabei erschreckte ihn nicht so sehr der Umstand, daß die Wittenberger über die Grenze strömten, um sich Tetzels Predigten anzuhören, als vielmehr die Tatsache, daß die Bürger felsenfest davon überzeugt waren, der Besitz eines Ablaßbriefes enthebe sie von Reue und Umkehr. Hatte er sie so schlecht belehrt? Während er in der Stadtkirche die Beichte hörte, kam es nicht selten vor, daß Männer und Frauen gar nicht erst abwarteten, bis er ihnen eine Buße aufgab. Sie hielten ihm den Ablaß unter die Nase und erklärten lächelnd, ihr Geld habe sie von ihren Sünden befreit. Weigerte er sich, ihnen die Absolution zu erteilen, so beharrten sie auf ihrem Recht, im voraus dafür bezahlt zu haben, und drohten, mit ihrem Brief zu einem anderen Priester zu gehen.

Eines Tages, als Martin sich auf den Weg gemacht hatte, um Bruder Ulrich und einige andere Mönche vor dem Elstertor zu treffen, begegnete er Hanna unweit der Klostermauer. Sie machte den Eindruck, als wartete sie auf ihn.

»Ich habe dich schon lange nicht mehr in der Messe gesehen, Hanna«, sagte er freundlich, als die Reisighändlerin ihn begrüßt hatte. »Wie geht es deiner kleinen Grete?«

»Wir waren in Jüterbog, beim Prediger Tetzel!« Hanna zögerte einen Moment lang, bevor sie ein zusammengefaltetes Stück Pergament aus ihrem abgetragenen Schultertuch zog. Ehrfürchtig berührte sie es mit ihren Fingerspitzen, dann reichte sie es ihrem Gemeindepriester. »Das habe ich für Grete gekauft, Pater Martinus. Der Ablaßprediger hat gesprochen wie ein Heiliger. Ich konnte gar nicht anders, als seinen Befehlen zu gehorchen. Es war …« Sie hielt kurz inne, um nach den richtigen Worten zu suchen. »… ein Traum. Ja, ich fühlte mich wie in einem Traum. Die Glocken … Musik … und dann die Stimme des Bruders Tetzel!« Hanna zuckte mit den Schultern und blickte Martin, der sich inzwischen in die Zeilen des Briefes vertieft hatte, erwartungsvoll an.

»Ausgestellt vom Erzbischof von Mainz«, murmelte er

geistesabwesend. »Ich kann das nicht glauben!« Er las schweigend weiter. Mit bangem Herzen beobachtete Hanna, wie die Miene des sonst so gütigen Mönchs sich verfinsterte.

»Ist etwas nicht in Ordnung, Pater?« fragte Hanna nach einer Weile. Sie machte einen Schritt zurück, in den Schatten eines Apfelbaums, dessen Zweige über die hohe Klostermauer wuchsen. Plötzlich fühlte sie sich, als habe der Mönch sie bei etwas Verbotenem ertappt. Verärgert blickte sie sich um. Hätte sie ihm doch den Brief niemals in die Hand gegeben. Er war das einzige kostbare Stück, das sie und Grete besaßen. Ihre letzten Weißpfennige hatte sie dafür in die Messingtruhe des Ablaßpredigers geworfen.

»Kannst du mir sagen, warum du diesen Brief gekauft hast, Hanna?« fragte Martin barscher, als er es eigentlich beabsichtigt hatte. »Das ist nur ein Stück Papier, dessen Inhalt du nicht einmal selber lesen kannst. Die Worte sind ...«

Martin sprach nicht weiter, da er bemerkte, daß die Reisighändlerin mühsam um Beherrschung rang. Plötzlich aufsteigende Tränen brachten ihre sonst so matten Augen zum Funkeln. Gewiß hat sie in gutem Glauben gehandelt, dachte er. Mehr noch, sie hat ein Opfer gebracht, um dessenwillen sie nun vielleicht tagelang würde hungern müssen. Ich habe kein Recht, ihr Vorwürfe zu machen. Weder ihr noch den anderen Angehörigen des Sprengels, die dem Dominikaner ihr Geld in den Kasten geworfen haben.

»Dann taugt das Papier nichts?« Hannas Stimme klang schwächer als ein Lufthauch. Sie deutete auf den Ablaßbrief, den Martin noch immer in der Hand hielt, aber sie verlangte ihn nicht zurück.

Martin seufzte. »Es ist meine Schuld, daß du dein Geld eingebüßt hast, Hanna«, sagte er reuevoll. »Ich habe in meinen Predigten Dinge angedeutet, ohne sie genau zu erklären. Vielleicht hatte ich Angst, mich zu weit aus dem Fenster zu lehnen. Aber damit ist es nun vorbei, ich habe lange genug gezögert ...«

Hannas Verwirrung wuchs. Sie verstand nicht genau, wovon der Mönch sprach, aber allmählich dämmerte es ihr, daß das Schauspiel, dessen Zeuge sie in Jüterbog geworden war, wohl doch nicht die Macht hatte, Menschen aus dem Fegefeuer zu erretten. Nicht einmal die Opfermünzen. Doch wenn der Ablaßprediger sich geirrt hatte, mußte sich dann nicht auch der Papst in Rom irren? Erschüttert nahm sie Martin das Pergament aus der Hand. Sie rieb das brüchige Material zwischen ihren Fingern, dann zerriß sie es vor Martins Augen in winzige Stücke, die sogleich vom Wind erfaßt und in den morastigen Torgraben getrieben wurden.

»Du mußt auf Gottes Liebe vertrauen«, erklärte Martin schweren Herzens. »Nicht auf die Worte eines einzelnen Predigers!« Er maß Hanna mit einem durchdringenden Blick, ahnend, daß er ihr etwas genommen hatte, was für sie kostbarer war als die Weißpfennige, die sie für den Ablaß hatte zahlen müssen: Zuversicht. Er konnte nur beten, daß es ihm gelang, an die Stelle ihrer erstorbenen Begeisterung für Tetzels Versprechen neue Hoffnung zu setzen. Eine Hoffnung für sie und ihre Tochter, die auf Wahrheit gründete, nicht aber auf dem Aberglauben eines Mannes, der gar nicht die Macht hatte, Sünden zu vergeben.

Hastig durchsuchte Martin seinen Beutel nach ein paar Münzen, die er Hanna in die Hand drückte, ohne auf ihren leisen Protest zu hören. »Spar dein Geld für Grete, damit sie etwas zu essen bekommt«, rief er. Dann stürmte er mit wehendem Umhang davon, der Klosterpforte entgegen.

Die Geräusche im Dormitorium nahmen an diesem Abend kein Ende. Für gewöhnlich wurde die Nachtruhe peinlich genau beachtet, denn die Zeit bis zur ersten Hore war nur kurz und selten ungestört. Doch ausgerechnet heute klagten einige der Brüder über Magenbeschwerden und Zahnschmerzen. Bruder Gernot, ein Mönch, der bereits in jungen Jahren ältlich wirkte, trug Martin auf, sich um die kranken Ordensbrüder zu kümmern. Martin lag ein Wort des Widerspruchs auf der Zunge, das er jedoch schleunigst herunterschluckte, als er begriff, daß er die unverhoffte Nachtwache am Lager der Mönche nutzen konnte, um sein Vorhaben in die Tat umzusetzen. Er mußte an den Erzbischof schreiben und ihm seine Sorgen über die leichtfertigen Predigten Tetzels schildern. Bischof Albrecht mußte einfach ein Einsehen haben, daß der Dominikaner und seine Gehilfen das Sakrament der Buße mißbrauchten. Albrecht war Herr eines bedeutenden geistlichen Kurfürstentums. Wenn einer die Macht hatte, dem Geldeintreiber Einhalt zu gebieten, so war er es.

Nachdem im Dormitorium endlich Ruhe eingekehrt war, nahm Martin leise Papier und Feder aus einer Lade, zündete sich ein Talglicht an und begann mit klammen Fingern zu schreiben. Zunächst kamen die Worte nur stockend, beinahe widerstrebend. Mehrmals mußte Martin innehalten, um sich zu vergewissern, daß er auch den richtigen Ton traf. Es lag ihm fern, den Bischof zu verärgern, doch er mußte ihm klarmachen, daß er in seiner Eigenschaft als Kirchenfürst Pflichten hatte – Pflichten, die Ablaßkrämer wie Tetzel mit Füßen traten. Nach einer Weile brachen Martins Gedanken wie eine Sturzflut aus ihm heraus. »Ach lieber Gott«, schrieb er, »so werden die Seelen, die Eurer Fürsorge anvertraut sind, zum Tode unterwiesen! Und die schwere Verantwortung, die von Euch für diese Seelen gefordert wird, wächst immer mehr an. Darum kann ich in dieser Sache nicht länger schweigen ...«

Als die Glocke die Mönche zum Morgengebet rief, schrak Martin aus seinen Gedanken auf. Neben seinem Schemel begann das Holz der schmalen Pritschen zu knarren. Erschöpft wandte er sich zur Tür um und fand sich unvermittelt Ulrich gegenüber. Der junge Ordensbruder musterte ihn kopfschüttelnd.

»Du siehst aus, als hättest du heute nacht kein Auge zugemacht«, flüsterte Bruder Ulrich mit vorwurfsvoller Stimme, während sich die Männer im Saal schlaftrunken, aber schweigend von ihren Strohsäcken erhoben. Der Bruder Kellermeister, der zumeist als einer der ersten auf den Beinen war, lief gähnend mit einem langen Kienspan umher und entzündete Wachskerzen, die auf einem an Seilen von der Decke hängenden Wagenrad befestigt waren.

Martin sprang nun ebenfalls auf. Er versuchte, das Schreiben an den Bischof unter einer Falte seiner Tunika vor Ulrichs Blicken zu verbergen, doch sein Freund war schneller. Mit einer fliegenden Handbewegung entriß er Martin das Papier und lief damit auf den dunklen Korridor hinaus. Martin starrte ihm einen Atemzug lang benommen hinterher, ehe er ihm mit einem ärgerlichen Aufschrei nachsetzte. »Gib mir den Brief zurück, Bruder Ulrich«, zischte er voller Empörung. Seine Stimme hallte von den Wänden wider. Er sah, wie sein Freund das Papier überflog und ihn dann mit zusammengekniffenen Augen bei der Stiege erwartete.

»Ist das dein Ernst? Du willst den Ablaßhandel in der Öffentlichkeit erörtern?«

»Es ist meine Pflicht, den Bischof von den betrügerischen Machenschaften Tetzels in Kenntnis zu setzen! Her mit dem Brief, sonst ...«

Bruder Ulrich war größer und kräftiger als Martin. Es fiel ihm nicht schwer, den wütenden Ordensbruder mit einer Hand zurückzudrängen, während er das Schreiben mit ausgestrecktem Arm hoch über seinen Kopf hielt. Ein Mönch, dessen Gesicht von Altersflecken und Warzen gezeichnet war, schleppte sich, auf einen Stock gestützt, die Stufen der

Stiege zum Refektorium hinab. Als er das Gerangel der beiden Männer sah, traten ihm beinahe die Augen aus den Höhlen. »Bruder Ulrich! Bruder Martinus! So etwas habe ich ja noch nie erlebt!« keuchte er. »Schämt Ihr Euch denn gar nicht, Euch wie zwei dumme Schuljungen zu benehmen?« Der Alte spuckte Gift und Galle. »Für diesen Bruch unserer Regel werdet Ihr Euch vor dem Prior zu verantworten haben!«

Bestürzt sah Ulrich, wie der alte Mönch sich seinen Stock unter die Achsel klemmte und eilig die Treppenstufen hinunterstolperte. »Entschuldige, Martin«, murmelte er beschämt. »Natürlich habe ich kein Recht, mich in deine Angelegenheiten einzumischen, aber ...«

Martin nahm ihm das Blatt ab und steckte es umständlich in eine Tasche seiner Kutte. Eine Spur versöhnlicher blickte er seinen Freund an. Der ausgestandene Schrecken steckte ihm noch in allen Gliedern, dennoch konnte er Bruder Ulrich nicht wirklich böse sein. Sein alter Gefährte würde in Kürze noch andere Dinge verdauen müssen, sobald Martin seine Thesen zum Ablaßhandel und zur Stellung des Heiligen Vaters in der Kirche der Universität zur Disputation vorgelegt hatte. Als er mit Ulrich darüber sprach, meinte der Mönch ungläubig: »Damit greifst du nicht nur den Bischof an, sondern mit ihm den Papst. Du rüttelst an den Grundfesten unserer Kirche!«

»Ihre Mauern werden nicht gleich einstürzen, nur weil ein Mönchlein sich dagegenlehnt«, wandte Martin ein. »Du wirst sehen, der Bischof wird mein Schreiben hoheitsvoll zur Kenntnis nehmen und mir durch seine Schreiber eine belanglose Antwort zustellen lassen. Dann wird er ohne großes Aufsehen Tetzels Possenreißer zum Schweigen bringen und die Priester anweisen, den Menschen wieder das rechte Verständnis von den drei Teilen der Buße zu vermitteln. Ein

Mann in Albrechts Position möchte gewiß nicht dafür verantwortlich sein, daß Männer wie der Dominikaner ihn in Verruf bringen.«

Bruder Ulrich hob ratlos die Schultern. Er hatte nicht den geringsten Zweifel, daß Martin die Gefahr, in die er sich durch seinen Protest brachte, herunterspielte, um ihn zu beruhigen. Unter keinen Umständen würde der Erzbischof auf die Vorwürfe eines Klosterbruders hören, auch wenn dieser sich als Gelehrter einen Namen gemacht hatte.

Der Tag vor dem Allerheiligenfest war in Wittenberg zum Markttag bestimmt worden. Die Gitter der Stadttore mußten zwei Stunden früher hochgezogen werden, damit die Bauern von den Höfen im Umland genug Zeit hatten, ihre Schragentische und Buden aufzubauen. Innerhalb kürzester Zeit herrschte auf dem Platz vor der Schloßkirche ein emsiges Treiben. Die Wittenberger Händler hatten feste, durch Holzdächer geschützte Buden, deren aufklappbare Läden ihnen als Verkaufsfläche dienten. Im Schatten des hohen Turmes verkauften sie Eier, Bauchspeck und Käse, Wachskerzen und Talg, Wolle, Tongeschirr und Tuche. Ein Hökerer pries mit lauter Stimme kleine Bleikapseln mit eingravierten Kreuzen an, deren Inhalt angeblich gegen die Pest und andere Seuchen half. Sein Nachbar, ein Weißschmied, versuchte verärgert das Geschrei des Quacksalbers zu übertönen, indem er die Umherschlendernden beredt auf seine Messer, Dolche und Forken aufmerksam machte.

Martin eilte mit schnellen Schritten über den Markt, ohne sich bei den Ständen und Tischen der Krämer und Bauern aufzuhalten. Mit einem Hammer in der einen Hand und einem flatternden Pergament in der anderen hielt er zielstrebig auf das Portal der Schloßkirche zu, neben dem sich ein Mützenmacher und mehrere Händler von Heiligenbildern niedergelassen hatten. Als der Mützenmacher den Priester in dessen schwarzem Gewand kommen sah, sprang er sogleich von dem Faß auf, das ihm als Sitzgelegenheit diente, und nahm die eigene Kappe vom Kopf.

Martin grüßte den Mann höflich, gab aber zu verstehen, daß er nicht gekommen war, um etwas zu kaufen, woraufhin sich der Händler wieder in seinen Winkel zurückzog. An der Kirchentür hingen bereits mehrere Anschläge. Dies war nicht ungewöhnlich, denn im Innern des Gotteshauses fanden auch nach Fertigstellung der Hörsäle an der Schloßstraße noch einige Vorlesungen der Universität statt. Das breite Portal diente somit Magistern und Studenten als Tafel für Bekanntmachungen aller Art.

Martin trat einen Schritt zurück und maß die Fläche mit kritischem Blick. Nachdem er eine genügend große Stelle für sein Pergament gefunden hatte, setzte er einen Nagel an. Seine Hand zitterte ein wenig; trotz der Kälte des Oktobermorgens spürte er plötzlich eine unerträgliche Hitze unter seinem Habit. Die Geräusche des Marktes verschmolzen in seinen Ohren zu einem namenlosen Durcheinander. Er atmete ein paarmal tief durch, dann hob er seinen Hammer und heftete das Blatt ohne Umschweife an die Tür.

Dumpf hallten die Schläge durch das menschenleere Gotteshaus.

Auf dem Kirchplatz blieben ein paar Studenten stehen und blickten neugierig zum Portal herüber. Die jungen Männer waren in Eile, dennoch warteten sie, bis ihr Magister seinen Anschlag zu Ende geführt hatte und weitergegangen war. Zögernd überquerte die kleine Schar die staubige Straße, um sich das Pergament anzuschauen. Vor dem Rundbogen trafen sie auf den Mützenmacher, der soeben zu einem Verkaufsgespräch ansetzen wollte. Als er bemerkte, daß das Interesse der Studenten auf den Aushang gerichtet war, stellte er sich mit verschränkten Armen neben sie und starrte auf die sauberen, handschriftlich zu Papier gebrachten Zeilen. Was um alles in der Welt mochten die Scholaren an dem Gekritzel eines Bettelmönchs so faszinierend finden?

»Disputatio pro declaratione virtutis indulgentiarum ...« Der Student, der direkt vor dem Portal stand, überflog die Worte seines Professors mit maßlosem Staunen. »Die Liebe zur Wahrheit und der Wunsch, sie an den Tag zu bringen, sind die Gründe, daß über die nachstehenden Sätze eine Disputation in Wittenberg in Aussicht genommen ist. Den Vorsitz dabei wird führen der ehrwürdige Vater Martinus Luther ... Darum bittet er die, die nicht persönlich anwesend sein und mündlich mit uns disputieren können, dies abwesend durch Schriften zu tun. Im Namen unseres Herrn Jesu Christi, Amen.«

»Gelehrtengewäsch«, schimpfte der Mützenmacher griesgrämig. Er wandte sich um und ging an seinen Stand zurück. Eine Gruppe Pilger, die zum Feiertag nach Wittenberg gezogen war, um vor den Reliquien des Fürsten zu beten, kam die Gasse vom Schloßtor heraufgezogen. In Windeseile fielen mehrere Krämer über die Unglücklichen her.

Die Studenten verzogen verächtlich die Gesichter. »Lies weiter«, drängte einer der Burschen seinen Vordermann. »Was schreibt Doktor Luther genau?«

»Man soll die Christen lehren: Dem Armen zu geben oder dem Bedürftigen zu leihen ist besser, als einen Ablaß zu kaufen.«

»Mein Gott!«

Der Student drehte sich um. Auf seinem Gesicht lag ein Lächeln. »Was willst du? Endlich ist jemand mutig genug, gegen diese habgierigen Seelenverkäufer anzugehen!« Wieder vertiefte er sich in die Schrift an der Tür. »Der Papst will und kann keine anderen Sünden erlassen als die, welche er nach seinem oder nach der kirchlichen Satzungen Befinden auferlegt hat … Es irren die Ablaßhändler, die sagen, daß der Ablaß des Papstes den Menschen von jeder Strafe erlöse und errette … Jeder Christ, der wahre Reue empfindet, erhält vollkommenen Erlaß der Strafe und der Schuld, die ihm auch ohne Ablaßbriefe gebührt.«

Der junge Mann hörte auf zu lesen, als das Geflüster seiner Kameraden lauter wurde. Einer der Studenten drängte sich an den anderen vorbei und riß mit einer raschen Handbewegung das Thesenblatt von der Tür herunter. Unter zahlreichen Unmutsbekundungen rollte er es zusammen und ließ es in seinem Wams verschwinden.

»Warum nimmst du es ab?« fragte der Student bestürzt, der vorgelesen hatte. »Doktor Luther wollte gewiß, daß es alle sehen können!«

Sein Freund atmete tief durch, während er in die fragenden Gesichter der Umstehenden blickte. Sie haben ja keine Ahnung, dachte er, welche Sprengkraft in diesen Zeilen verborgen ist. Er selber wußte es, denn er war selbst in Jüterbog gewesen. Vom Marktbrunnen aus hatte er miterlebt, wie der Dominikaner die Menschen in die Kirche gelockt und ihnen das Geld aus den Taschen geschwatzt hatte. O ja, er würde dafür sorgen, daß seine Mitbürger lesen konnten, was Doktor Luther geschrieben hatte. Nicht nur ein kleiner Kreis von Gelehrten, welcher der lateinischen Sprache mächtig war, sollte davon erfahren, sondern auch Zunftmeister und Kaufleute, Schullehrer und Pilger.

»Was hast du vor?« hörte er einen seiner Kameraden rufen. Die Studenten wurden ungeduldig. Die Glocken riefen sie zurück ins Collegium. Professor Karlstadt, der eine Vorlesung über das römische Recht angekündigt hatte, haßte es, wenn er durch verspätete Ankömmlinge unterbrochen wurde. Er war ohnehin in letzter Zeit oft gereizt und zerfahren.

Der junge Mann biß sich nachdenklich auf die Unterlippe. Unter seinem Wams schien sich das gefährliche Pergament wie ein Glüheisen in seine Haut zu brennen. »Es sind genau fünfundneunzig Thesen«, murmelte er abwesend. »Der Drucker in der Kupfermauergasse wird gewiß ein Vermögen dafür verlangen, aber ich schätze, mein Geld ist auf seiner Presse gut angelegt!«

Die fünfundneunzig Thesen wurden wenige Tage später ohne Martins Wissen ins Deutsche übersetzt und gedruckt. Als Martin davon erfuhr, erschrak er zutiefst, aber es war zu spät, um einzugreifen. Scholaren und Magister rissen sich um die druckfrischen Exemplare der Flugschriften, kaum daß diese die Presse verlassen hatten. Was Martin jedoch rasch versöhnlich stimmte, war die Tatsache, daß seine Thesen tatsächlich das einfache Volk erreichten. Dies war mehr, als er zu hoffen gewagt hatte.

In den Schenken und Badestuben diskutierte man die Druckschriften bei Kerzenschein. Stets fand sich ein des Lesens Kundiger ein, der bereit war, gegen einen Humpen Bier die spektakulären Äußerungen des Mönchs vorzutragen. Im Reisegepäck von Kaufleuten und Vaganten verließen die Schriften schließlich die engen Mauern Wittenbergs und gelangten in viele Städte und Dörfer des Reichs.

Generalvikar von Staupitz war hin- und hergerissen, als er einer Schar junger Mönche im Kreuzgang des Erfurter Klosters daraus vorlas. Einerseits bewunderte er den Scharfsinn seines ehemaligen Zöglings, die Kraft und Brisanz seiner Beweisführung, die nicht auf Spekulationen beruhte, sondern auf wissenschaftlicher Exegese der Heiligen Schrift, den Beschlüssen heiliger Konzile und den frühen Lehren der Kirchenväter. Andererseits war der alte Mann welterfahren genug, um zu wissen, daß ein Mönch gezwungen werden konnte, Worte und Lehren zu widerrufen, die seinen

Oberen nicht behagten. Mit bangem Herzen fragte er sich, ob Martins Glaube stark genug war, um diese Prüfung auszuhalten.

Wie vorauszusehen, stießen die Thesen zur Ablaßpredigt nicht nur auf geneigte Leser. Der Winter war kaum ins Land gezogen, als auch Tetzel und sein Auftraggeber, Bischof Albrecht von Mainz, von der unerhörten Tat des Wittenberger Augustinermönchs Kenntnis erlangten. Tetzel kochte förmlich vor Wut. Sein Banner wurde zwar noch immer regelmäßig auf den Marktplätzen und in den Kirchen zwischen Magdeburg und Halberstadt ausgerollt, doch sein Publikum wurde von Veranstaltung zu Veranstaltung spärlicher, bis es schließlich völlig ausblieb. Statt dessen mußte der Ablaßkrämer Spott und Verachtung erdulden, sobald sein Wagen sich einer Stadtmauer näherte.

»Klingt die Münze in seinem Becher, wird der Papst reicher und frecher«, riefen die Leute Tetzel im Chor zu, während er sich noch damit abmühte, ihnen die schrecklichen Höllenstrafen zu schildern, denen sie nur mittels einer großzügigen Gabe entrinnen konnten.

»Mit diesem Ablaß kann ich euch von jeder Sünde freisprechen«, predigte Tetzel auf dem Höhepunkt seiner Verzweiflung. »Acht Dukaten für einen begangenen Totschlag! Neun für Meineid oder Kirchenraub. Selbst wenn ihr euch an der Jungfrau Maria vergangen hättet …«

Tetzels Stimme verebbte im Gelächter des einfachen Volkes, längst fand er kein Gehör mehr bei ihm. Nur noch wenige Menschen waren überhaupt bereit, sich auf ein Gespräch mit dem Dominikaner und seinen Gehilfen einzulassen. Manche Zuhörer machten sich einen Spaß daraus, während der Predigt auf einen Stein oder ein Faß zu steigen, Martin Luthers Thesenschrift aus dem Beutel zu nehmen und mit lauter Stimme daraus vorzulesen, bis Tetzel mit hochrotem Kopf das Trommelsignal erschallen ließ und den Rückzug antrat.

Der verschmähte Ablaßkrämer und sein geistlicher Herr waren indessen nicht die einzigen im Reich, welche die Verbreitung der aufrührerischen Druckschriften mit Sorge und Mißfallen betrachteten. Der Revisor des Handelshauses Fugger sparte nicht mit Vorwürfen, als er eines Abends in Magdeburg mit Tetzel zusammentraf, um die Einnahmen der Wintermonate durchzurechnen.

»In dieser Woche war es nur noch ein Fünftel von dem, was Ihr sonst einnehmt, Bruder«, erklärte der Kaufmann, ein vornehm gekleideter Herr mit braunen Locken und ordentlich gestutztem Kinnbart. Er musterte den Mönch herablassend.

»Ich nehme an, daß Bischof Albrecht Bescheid weiß, wem Ihr diese Verluste zu verdanken habt?« Ohne eine Erwiderung abzuwarten, winkte er einen seiner Handelsknechte herbei, der mit einem Krug Wein neben dem Stehpult stand. Er ließ sich einschenken, dachte aber überhaupt nicht daran, Tetzel etwas anzubieten. »Mein Herr, Jakob Fugger, ist sehr ungehalten über Euer Versagen«, sagte er nach einer kurzen Pause. »Glaubt mir, er kann recht ungemütlich werden, wenn er sein Geld nicht zurückerhält. Wie wollt Ihr das Rom erklären, Tetzel?«

Der Dominikaner ballte die Fäuste; in seinen Augen loderte pure Mordlust auf. »Keine Sorge ... Ihr bekommt Euer Geld!« stammelte er, und es war das erste Mal, daß ihm die Worte nicht so leicht und ungezwungen über die Lippen kamen wie gewöhnlich. »Dieser Ketzer wird verdammt werden für seine Dreistigkeit, gegen den Heiligen Vater und sein Wort zu hetzen!«

»Ach, tatsächlich?« Der Revisor leerte seinen Becher in

einem einzigen Zug. Mit dem Ärmel seines Gewandes wischte er sich über den Mund, dann zog er ein zerknittertes Papier unter seinem Rechnungsbuch hervor. »Seid Ihr wirklich so naiv, daß Ihr nicht hört, was die Leute auf den Straßen und Plätzen des Bistums sagen? Hier könnt Ihr es nachlesen: ›Wenn der Papst wüßte, wie die Ablaßprediger das Geld erpressen, würde er den Petersdom lieber in Asche fallen sehen, als ihn aus Haut und Knochen seiner Schafe erbauen zu lassen.‹« Er blickte Tetzel voller Abneigung an. »Eure Beliebtheit scheint sich in einer schweren Krise zu befinden, Bruder!«

Der untersetzte Mönch schüttelte langsam den Kopf. Er hatte sich wieder ein wenig gefaßt, denn in seiner Stimme schwang nicht der Hauch eines Gefühls, als er dem Abgesandten des Hauses Fugger antwortete: »Das wird sich legen, sobald wir mit dem Unruhestifter fertig sind. Wer ist schon dieser Martin Luther?«

»Ein armseliger Mönch, der das Haus Fugger und mit ihm die ganze Christenheit zum Narren hält?« schlug der Revisor spöttisch vor. Mit einer raschen Bewegung schloß er das dicke Rechnungsbuch, dessen Eintragungen mit roter Tinte ihm unangenehm ins Auge stachen. Das Geräusch hallte hart und vorwurfsvoll von den gewölbten Wänden des Lagerhauses wider.

»Ein verlogener, abtrünniger Ketzer, den ich brennen lassen werde«, entgegnete Tetzel mit giftigem Blick. »Bischof Albrecht hat auf meinen Ratschlag einen Boten entsandt, um die sogenannten Thesen dem Papst zu überbringen. Sie sind bereits auf dem Weg nach Rom.«

Tetzel hatte die letzten Worte kaum ausgesprochen, als er auch schon bemerkte, wie seine Anspannung von ihm abfiel. Plötzlich war er wieder die Gelassenheit selbst. »Noch bevor das Jahr sich seinem Ende zugeneigt hat, werde ich

Zeuge sein, wie man in Wittenberg einen Scheiterhaufen aufschichtet!«

»Wenn Euch das gelingt, reiche ich Euch persönlich die Fackel, um das Holz in Brand zu setzen«, sagte der Revisor ungerührt und verließ mit schnellen Schritten den Raum.

Georg Spalatin wartete voller Ungeduld, bis Martin seine Vorlesung beendet und der letzte Student den Hörsaal der Wittenberger Leucorea verlassen hatte. Dann knallte er die Tür zu und stapfte mit düsterer Miene auf den verwunderten Mann im Talar zu.

»Wie konntet Ihr es wagen?« tobte der Sekretär. »Warum habt Ihr Seine Durchlaucht, den Kurfürsten, von Eurem Schreiben an den Erzbischof nicht in Kenntnis gesetzt?«

Martin zuckte zusammen. Er hatte noch nie erlebt, daß Spalatin die Fassung verloren hatte, deshalb war er um so überraschter, als der Vertraute des Kurfürsten sich vor ihm aufbaute und seine Faust grob auf das Stehpult donnerte. Als er seine Augen niederschlug, bemerkte er, daß Spalatin einen Brief mit gebrochenem Siegel niedergelegt hatte.

»Ich wollte ihn nicht kompromittieren«, erklärte er atemlos, den Blick starr auf das blutrote Wappen gerichtet. »Aber Ihr müßt doch zugeben, daß es gut war, den Fürsten nicht eingeweiht zu haben. So kann unser Herr jederzeit schwören, daß er weder von meinen Schriften noch von meiner Kritik am Erzbischof gewußt hat. Dasselbe gilt auch für meinen Prior und die Ordensoberen …«

Spalatin verdrehte gequält die Augen. »Mit Eurem Protestbrief an Albrecht von Mainz kann Seine Durchlaucht leben, Doktor Luther. Schließlich war der Kurfürst persönlich dagegen, die Macht seiner politischen Feinde mit sächsischem Geld zu vergrößern. Deshalb hat er den Tetzel ja auch nicht ins Land gelassen. Aber was ist mit Eurer Kritik an

Rom? Macht Ihr Euch überhaupt eine Vorstellung, wie peinlich das alles für das Fürstenhaus ist?« Der Sekretär des Kurfürsten legte den Kopf in den Nacken und stieß ein bitteres Lachen aus. »Ausgerechnet sein gefeierter Magister der Theologie zieht sich die Verdammung des Papstes zu!«

Martin raffte in Eile seine Bücher zusammen, um den Saal zu verlassen. Er hatte weder Zeit noch Muße, sich länger mit dem Sekretär auseinanderzusetzen, doch als er die wenigen Treppenstufen zum Auditorium hinabgehen wollte, trat ihm Spalatin unvermittelt in den Weg und packte ihn am Arm. »Ihr werdet bleiben und mir zuhören«, zischte der Mann ihn an. Resolut zerrte er ihn am Ärmel seines Talars zurück zum Pult, auf dem noch immer der Brief mit dem gebrochenen Siegel lag.

»Ihr wurdet nach Rom zitiert«, sagte Spalatin leise, während Martin ungläubig den an die Kanzlei des Kurfürsten gerichteten Brief überflog. »Nun habt Ihr den Ärger am Hals, vor dem ich Euch gewarnt habe. Der Vatikan droht Euch mit der Exkommunikation!«

»Aber ich bin ein treuer Sohn der heiligen Kirche. Ich glaube nicht, daß der Papst diese Vorladung ausstellen ließ. Vermutlich hat er meine Schrift noch nicht einmal gelesen!«

Spalatin mußte unwillkürlich lächeln, als er Martins betroffenen Gesichtsausdruck bemerkte. Wie ein trotziger Knabe, schoß es ihm unvermittelt durch den Kopf. Doktor Luther mochte ein intelligenter Gelehrter sein, ein begabter Redner, an dessen Lippen die Studenten im Collegium und die Gläubigen während der heiligen Messe hingen. Aber im Grunde genommen reagierte er nicht anders als ein Scholar, der ein kluges Traktat verfaßt hatte und nun enttäuscht war, weil sein Vater ihm nicht genug Beachtung schenkte. Spalatin hatte sich nie die Mühe gemacht, etwas über Martins Vergangenheit in Erfahrung zu bringen, über die frühen Wünsche und Sehnsüchte, welche jeder Mann hatte. Dieses Versäumnis bereute er nun, denn er fing an, sich für die Herkunft des Klosterbruders zu interessieren. Möglicherweise war sein Glaubenseifer nur vorgeschoben, und hinter seiner Maske aus Starrsinn und Eifer steckte etwas völlig anderes.

»Haltet Euch bedeckt, Bruder Martinus«, sagte Spalatin schließlich ernst. Er legte Martin eine Hand auf die Schulter und maß ihn mit eindringlichem Blick. »Schreibt vorerst kein Wort mehr, bis ich Gelegenheit hatte, diese Sache aus der Welt zu schaffen.«

Martin sah plötzlich elend aus. Seine Wangen glühten vor Aufregung, als er dem Sekretär erklärte, daß die Erläuterungen, die er zu den fünfundneunzig Thesen seiner ersten Schrift ausgearbeitet hatte, bereits gedruckt und veröffentlicht waren.

»Gott sei mit Euch«, rief Spalatin entgeistert. »Ob mein Fürst und ich Euch nun noch helfen können, steht in den Sternen ...« Der Sekretär machte auf dem Absatz kehrt und polterte aus dem Saal, als wäre der Leibhaftige hinter ihm her.

Wie betäubt sah Martin ihm nach. Er tut gut daran, nicht mit mir gesehen zu werden, dachte er. Vom heutigen Tag an konnte es gefährlich werden, sich mit einem Mann zu zeigen, der den Zorn des Papstes heraufbeschworen hatte.

Als Martin die Universität verließ und sich auf den kurzen Heimweg zum Kloster machte, bemerkte er plötzlich einen jungen Mann, der auf ihn gewartet zu haben schien. Der Fremde kauerte reglos unter dem runden Erker eines Giebelhauses, der mit seinen in Blei gefaßten Butzenscheiben über die schlammige Gasse ragte. Martin seufzte. Wieder ein Student, der sich mit mir über die Thesen unterhalten will, dachte er müde. Zwei Reiter ritten an ihm vorüber, dem Osttor entgegen.

»Doktor Luther?«

Der Fremde löste sich aus dem Schatten des windschiefen Erkers und trat auf die Straße. Martin streifte ihn nur mit einem flüchtigen Blick. Obgleich seine Beobachtungsgabe unter der fortgeschrittenen Erschöpfung litt, fiel ihm auf, daß der Junge mittelgroß und dünn war. Seine schmalen Schultern wurden unter dem steifen Tuch seiner gefütterten Schecke buchstäblich zusammengedrückt. Trotz der aufmerksam funkelnden Bernsteinaugen wirkte der Fremde so schüchtern, daß Martin unvermittelt lächeln mußte. Gewiß hatte es diesen Burschen, der ein Student sein mußte, Überwindung gekostet, ihn auf offener Straße anzusprechen.

»Ich wollte Euch nur sagen, wie sehr ich mich über Eure Thesen gefreut habe, Doktor«, begann der Unbekannte nun mit heiserer Stimme. »Sie sind so ...« Er sprach nicht weiter, weil ihm die gewählten Worte plötzlich zu belanglos erschienen. Martin stieß scharf die Luft aus; er beobachtete, wie die beiden Reiter in einer Staubwolke verschwanden. Sie trugen Harnische, Beinschienen aus Leder und Schwerter an den Hüften. Unwillkürlich begann sein Herz heftig zu pochen. Was würde wohl mit ihm geschehen, wenn der Kurfürst es sich einfallen ließ, ihn nach Rom auszuliefern? Würde man ihn von Stadtknechten verhaften, in Ketten schmieden und in die Kerker der Inquisition werfen lassen?

»Äh, Doktor ...?« Die Stimme des schmächtigen Studenten holte Martin aus seinen düsteren Überlegungen. Mißmutig runzelte er die Stirn. Wie es aussah, war der Fremde wohl doch nicht so scheu, wie er ihn eingeschätzt hatte. Zumindest legte er einige Hartnäckigkeit an den Tag. Es wurde Zeit, daß er ihn los wurde. Immerhin hatte er noch eine Predigt und weitere Vorlesungen vorzubereiten.

»Es liegt vor allem an Euch, daß ich an diese Universität

kam«, erklärte der junge Mann, während seine Füße aufgeregt Furchen in den Sand zogen. »Ich stamme aus der Kurpfalz und habe in Tübingen und Heidelberg studiert, bevor ich …«

»Nun, dann wünsche ich Euch viel Glück bei Euren Studien, mein Freund«, unterbrach Martin den Redeschwall des Fremden. Er schob ihn mit sanfter Gewalt zur Seite, um seinen Weg auf der Straße fortzusetzen.

»Aber ich bin der neue Professor, den Seine Durchlaucht, Kurfürst Friedrich, eingeladen hat«, hörte er plötzlich die klägliche Stimme des Jungen protestieren. »Mein Name ist Melanchthon. Philipp Melanchthon. Mein Großonkel ist der Pforzheimer Humanist Reuchlin. Gewiß habt Ihr von ihm und dem langen Prozeß gehört, den er gegen die Dominikaner und deren Strohmann Pfefferkorn austragen mußte?«

Martin blieb stehen und drehte sich mit ungläubiger Miene um. Er konnte sich kaum vorstellen, daß ein junger Mann von kaum zwanzig Jahren kompetent genug sein sollte, um hitzige Scholaren in den Geisteswissenschaften zu unterrichten. Doch da kein Geringerer als Georg Spalatin für die Einstellung der Magister zuständig war, zweifelte er keinen Moment daran, daß Melanchthon die Wahrheit gesagt hatte. Der kleine Kurpfälzer mit den melancholischen rehbraunen Augen und der zu großen Schecke war sein neuer Kollege. Verlegen reichte Martin ihm die Hand und hieß ihn mit einigen dürren Worten in Wittenberg willkommen. Nach einigem Zögern lud er Melanchthon ein, ihn bis zur Klosterpforte zu begleiten, um mehr über ihn und seinen Weg von der fernen Pfalz nach Kursachsen in Erfahrung zu bringen.

»Melanchthon«, murmelte Martin nach einer Weile, während er sich bemühte, seine Gedanken nicht zu sehr abschweifen zu lassen. »Ein außergewöhnlicher Name für einen Deutschen!«

Der junge Mann lächelte amüsiert, was bewies, daß er nicht zum ersten Mal auf dieses Thema angesprochen wurde. Mit gewandten Worten erzählte er von seiner Familie, die in der kleinen Ortschaft Bretten als Waffenschmiede in so hohem Ansehen stand, daß sie sogar Ratsherren und Schöffen stellte. Ähnlich wie Martin hatte man auch den kleinen Philipp zum Besuch der Lateinschule ausersehen, wobei es ihm zugute gekommen war, daß ein Bruder seines Großvaters sich als Humanist und Gelehrter bereits einen Namen gemacht hatte.

»Ursprünglich hieß meine Familie Schwarzerd«, erzählte Melanchthon leutselig. Er schien zu Martin vom ersten Augenblick an Vertrauen gefaßt zu haben. »Aber mein Großonkel riet mir, dem Geist der Zeit zu folgen und den Familiennamen ins Griechische zu übersetzen. Allem Anschein nach hat mir das Glück gebracht, denn mit siebzehn Jahren wurde ich zum Magister promoviert. Und nun bin ich hier!«

Martin seufzte. Angesichts des Ärgers, der ihn erwartete, hielt er es für seine Pflicht, den Enthusiasmus des jungen Kurpfälzers zu dämpfen.

»Auch wenn Ihr eine gute Anstellung gefunden habt, dürft Ihr Wittenberg nicht mit dem Garten Eden verwechseln, Doktor Melanchthon! Manchmal erscheint mir die Stadt vielmehr als ein ... ein stinkendes Mistloch, aus dem das Unkraut des Aberglaubens so hoch schießt, daß ich meine Axt anlegen muß!«

»Aber wer einen neuen Garten anlegt, muß auch auf die kleinen Pflanzen achten«, erwiderte Melanchthon leise. »Man muß sie begießen und pflegen, damit sie nicht mitsamt dem Unkraut aus der Erde gerissen oder unter einem fallenden Baum erschlagen werden.«

Martin starrte den jungen Mann einen Augenblick lang verständnislos an, dann prustete er plötzlich vor Lachen.

Philipp Melanchthon machte einen Schritt zur Seite. »Lacht Ihr mich etwa aus?« fragte der Gelehrte verunsichert.

»Entschuldigt, verehrter Doktor, ich wollte Euch gewiß nicht kränken. Aber Ihr erinnert mich auffallend an Ulrich, einen meiner Mitbrüder im Kloster. Auch dieser hat immer ein paar Weisheiten auf Lager, mit deren Hilfe er mich als unverbesserlichen Grobian und Holzhacker im Weinberg des Herrn entlarvt.« Heftig klopfte er Melanchthon auf die Schulter.

»Ist das ein neuer Scherz?«

Martin schüttelte den Kopf. »Seid nicht so mißtrauisch, Herr Kollege. Darf ich Euch einladen, unsere bescheidene Mahlzeit im Refektorium mit uns zu teilen?« Er machte eine auffordernde Geste, ohne sich an der gerunzelten Stirn des Torhüters zu stören, der nur ungern sah, wenn Mönche unbekannte Gäste mit auf das Klostergrundstück brachten. Bei Pater Martinus war dies allerdings etwas anderes. Vor einigen Tagen hatte der Prior – ohne Martins Wissen – Anweisung erteilt, das mittlerweile bekannteste Mitglied seines Konvents zu unterstützen.

Philipp Melanchthon atmete erleichtert auf. Mit sichtlicher Begeisterung nahm er Martins Einladung an und folgte dem Älteren durch die Pforte auf den Innenhof.

Elftes Kapitel

Die folgenden Monate vergingen im Fluge, ohne daß Martin von Spalatin oder dem Kurfürsten eine Nachricht erhielt. Für ihn war dies ein gutes Zeichen, denn er glaubte zu wissen, daß der Erzbischof ihn ebensowenig vergessen hatte wie das päpstliche Räderwerk der Macht. Auf seine Schriften, die nach wie vor von eifrigen Studenten verbreitet wurden, antworteten lediglich einzelne Dominikaner mit wütenden Protestbriefen. Aber zunächst fand sich niemand zu einer formellen Stellungnahme oder einem gelehrten Streitgespräch ein, wie es dem Brauch entsprach.

Gerüchte wurden laut, nach denen der Ablaßprediger Tetzel in Frankfurt an der Oder im Schnellverfahren zum Doktor der Theologie promoviert worden war, um dem vorlauten Wittenberger bei Diskussionen ebenbürtig zu sein. Sonderbarerweise aber hielten sich sowohl Tetzel und der Bischof als auch die Vertreter des Hauses Fugger bedeckt. Es schien zunächst beinahe so, als strafe Papst Leo das deutsche Mönchsgezänk, wie er es in einem Schreiben an die Bischöfe des Reichs genannt hatte, mit Nichtbeachtung. Doch Martin war klar, daß dieser vermeintliche Frieden lediglich eine Denkpause zum Sammeln von Kräften darstellen konnte. Die Bestätigung dieser Ahnung sollte er etwa ein Jahr nach der Veröffentlichung seiner Thesen zu spüren bekommen.

»Der Glaube an Gott macht jeden Christenmenschen zum Priester«, verkündete Martin eines Sonntagmorgens in der vollbesetzten Stadtkirche von St. Marien. »Niemand steht zwischen euch und Gott!«

Martin legte andächtig die Hände ineinander. Voller Rührung blickte er in die Gesichter der Bürger, Studenten, Magister und einfachen Bauern, die sich unter der Kanzel eingefunden hatten, um seiner Predigt zuzuhören. Er stockte. Über dem Gotteshaus lag eine so andächtige Stille, daß er unvermittelt an jenen Tag vor elf Jahren erinnert wurde, als er in der Augustinerkirche zu Erfurt seine erste Messe gelesen hatte. Damals war er ein an Gott und sich selbst zweifelnder Bettelmönch gewesen, der es nicht gewagt hatte, im Angesicht des mächtigen Kreuzes an der Wand, der goldenen Gerätschaften und kostbaren Heiligenbilder auch nur den Kopf zu heben. Nun aber stand er aufrecht, mit gestrafften Schultern vor dem Altar, das Herz angefüllt mit Gottesfurcht und dem Wunsch, seiner Gemeinde das zu geben, was sie am nötigsten brauchte: ihre Hoffnung auf Erlösung durch Glauben.

Als er Hanna und ihre kleine Tochter Grete bemerkte, die gleich neben dem jungen Philipp Melanchthon standen, glitt ein fröhliches Lächeln über seine Züge. Er war bei bester Stimmung, und daran vermochten auch Spalatin und seine Schnüffler nichts zu ändern. Wie gewöhnlich ließ sich der geheime Sekretär des Kurfürsten nicht in der Menge der Gemeinde blicken, aber Martin ahnte, daß Spalatin irgendwo auf der Empore saß und jedes seiner Worte mit kratzender Feder mitschrieb.

»Ihr werdet durch Gottes Verheißungen und ewige Liebe erlöst werden«, rief er schließlich. »*Sola fide,* allein durch den Glauben an seine Gnade könnt ihr errettet werden.«

»Amen«, antworteten ihm die Gläubigen, auch wenn einige von ihnen skeptisch auf den Boden starrten. Die Zweifler blieben an jenem Sonntag jedoch in der Minderheit. Martin öffnete die Schnüre seines Ornats und zog einen Bogen Papier hervor, den er wie ein weißes Taschentuch über den Köpfen seiner Zuhörer schwenkte. »Sicherlich habt ihr von dem Gerücht gehört, daß der Papst mich nach Augsburg zitiert hat, wo ich vor einem Kardinal aus Rom über meine Erkenntnisse der Heiligen Schrift Rechenschaft ablegen soll …«

Beunruhigtes Gemurmel wanderte durch die Reihen. Männer und Frauen hoben abwehrend die Hände, Melanchthon und selbst Professor Karlstadt blickten einander an und verzogen in tiefer Sorge das Gesicht.

Beschwichtigend hob Martin die Hand und bat die Menge

eindringlich, zur Ruhe zu kommen. »Das Gerücht entspricht der Wahrheit. Und ich bete zu Gott, daß Kardinal Cajetan, der im Namen des Heiligen Vaters mit mir reden möchte, keinen Tadel an seinem Knecht finden wird. Euch, meine Brüder und Schwestern, bitte ich über folgendes nachzudenken, während ich in Augsburg bin. Wir sind versessen auf Reliquien, Ablässe, Pilgerfahrten an heilige Stätten – und doch ist unser Herr, Jesus Christus, immer da. Er ist hier, in jedem Winkel, jede Stunde des Tages. Er ist nicht in den Gebeinen der Heiligen zu finden, sondern mitten unter uns, in eurer Liebe zueinander. In seinem Sakrament und in Gottes Wort.«

Martin ließ den Brief mit der Vorladung nach Augsburg von der Kanzel fallen. Sanft wie eine Schwalbe segelte das wichtige Papier zu Boden, wo es auf den steinernen Platten zu Füßen Karlstadts liegenblieb. Ein paar junge Mädchen, die den prächtigen, mit Goldfäden durchwirkten Kleidern nach einflußreichen Patrizierfamilien angehörten, fingen an zu kichern; im nächsten Augenblick dröhnte befreites Gelächter durch das hallende Kirchenschiff. Martin schmunzelte ebenfalls. Er nahm die große, in schweres Hirschleder gebundene Bibel und zeigte sie der Gemeinde.

Kaum hatte er das Buch aufgeschlagen und die Seite geglättet, als er urplötzlich erbleichte. Seine Augen verengten sich, als erspähten sie einen Geist der Vergangenheit. Doch es war keine Erscheinung, die sich vor ihm auftat. Im hinteren Teil des Kirchenschiffes, halb verdeckt durch einen Stützpfeiler, stand Hans Luther. Sein Vater.

Auf dem sonnigen Platz vor der Kirche mußte Martin nach dem Gottesdienst zahlreiche Hände schütteln. Einflußreiche Patrizier, Ratsherren und Geistliche umlagerten ihn, um ihm für die beschwerliche Reise und den Aufenthalt in Augsburg Glück zu wünschen. Es dauerte nicht lang, bis Martin, der nicht daran gewöhnt war, daß man um seine Person so viel Aufhebens machte, der Schädel brummte. Er verspürte das dringende Bedürfnis, einige Stunden allein in seiner Klosterzelle zu verbringen, um in der Einsamkeit seines Zufluchtsortes Kraft für die kommenden Tage zu schöpfen. Doch bevor er sich zurückziehen durfte, galt es noch, einen schweren Stein aus seinem Weg zu räumen. Suchend blickte er sich um, als unvermittelt Professor Karlstadt auf ihn zugelaufen kam. Martin blickte ihm überrascht entgegen. Er bemerkte, daß dem Magister Schweißperlen auf der Stirn standen.

»Es hat Euch große Überwindung gekostet, meinen Gottesdienst zu besuchen, nicht wahr, Andreas?« fragte er seinen atemlosen Kollegen vorsichtig.

Karlstadt neigte mit ernster Miene den Kopf. »Ich habe seit unserer ersten Begegnung dazugelernt, Bruder Martinus. Und wenn ich alter Bücherwurm dazu fähig bin, so sind es andere auch!« Irritiert blickte er zur Kirchentür hinüber, aus der soeben Hanna und die kleine Grete in den Sonnenschein hinaustraten. Hanna sah an diesem Morgen wie verwandelt aus. Ihr dichtes blondes Haar war frisch gewaschen und im Nacken aufgesteckt. Sie trug ein einfaches, aber sauberes Kleid aus rostroter Wolle, dessen Ärmel mit Lederschnüren an den Schulterteilen befestigt waren. Unter den Schnüren schaute weißes Leinen hervor. Mit einem feinen Lächeln machte Hanna ihre Tochter auf die beiden plaudernden Männer aufmerksam. Grete stützte sich auf ein paar primitive Krücken, die aus Ästen gefertigt waren. Obwohl ihr die Anstrengung vom Gesicht abzulesen war, verbat sich das Mädchen mit dem kindlichen Willen, sein Ziel aus eigener Kraft zu erreichen, jede fremde Hilfe. Als sie den Magister erblickte, nickte sie ihm mit leuchtenden Augen zu. Martin sah es und hob belustigt die Brauen. »Wie es aussieht, habt Ihr eine kleine Seele gewonnen, mein Freund!«

»Na ja … es scheint so.« Karlstadt räusperte sich verlegen. »Hört zu, Bruder Martinus. Der Lehrkörper steht geschlossen hinter Euch. Ich habe bereits einen Protestbrief verfaßt, den ich als erster zu unterzeichnen gedenke, falls der Kardinal Euch in Augsburg der Inquisition ausliefert.«

Martin hielt den Atem an. Nach einem kurzen Augenblick des Schweigens nickte er und drückte Karlstadt anerkennend die Hand.

Hans Luther war sichtlich gealtert. Die Last zahlreicher arbeitsamer Jahre hatte aus dem einst kräftigen, selbstsicheren Bergmann einen von tiefen Sorgenfalten gezeichneten Greis werden lassen. Unsicher waren seine Bewegungen, langsam, beinahe schleppend war sein Gang. Nur das stolze Kinn und die durchdringenden silbergrauen Augen unter den buschigen, streng nach oben gezogenen Brauen erinnerten Martin an den Vater, der seine Kindheit und Jugend mit eiserner Faust beherrscht hatte. Einen Vater, der sich wohl niemals so recht damit abgefunden hatte, daß sein Sohn ihm abtrünnig geworden und ins Kloster gegangen war.

Als sich die Menge auf dem Kirchplatz zerstreut hatte, erspähte Martin den alten Mann ein Stück weiter des Wegs, nahe der Begräbniskapelle. Hans Luther stützte sich auf die Schragen eines fliegenden Händlers, der Holzschnitte und Druckschriften verkaufte. Geduldig ließ der alte Mann sich Bild um Bild vorlegen, wobei er das aufdringliche Geschwätz des Krämers ermüdet zur Kenntnis nahm.

»Nun, Vater?« sprach Martin ihn an. Mit einiger Bestürzung beobachtete er, wie sein Vater mit zusammengekniffenen Augen und zittrigen Fingern ein paar kleine Münzen abzählte und sie danach wie eine Perlenschnur auf dem

Schragentisch auslegte. Er hatte einen Holzschnitt gekauft. Ein Porträt seines Sohnes.

Unvermittelt drehte der Alte sich um und hielt den Holzschnitt ins Licht, so daß die milde Herbstsonne durch das dünne Blatt leuchtete. »Bist du in Schwierigkeiten, Sohn?« fragte er mit matter Stimme.

Martin schüttelte den Kopf, ein wenig zu zögerlich, wie es dem Alten erschien. Mit belegter Stimme erkundigte er sich nach seiner Mutter und den Verwandten in der Heimat.

»Deiner Mutter geht es nicht besonders gut«, antwortete Hans Luther. »Sie hat mich gebeten ... Sie bittet dich, ihr zu vergeben ... uns, unserer Familie. Weil wir die ganze Zeit weggeblieben sind. Das war nicht recht, denn wenn Kinder gegenüber ihren Eltern Pflichten haben, so haben Eltern diese in größerem Maße. Aber vorhin, in der Kirche, hat mich einfach der Mut verlassen.« Hans Luther hielt kurz inne, um den erstandenen Holzschnitt umständlich in einer Tasche seines Rockes zu verstauen. Währenddessen nickte er, als müßte er sich selbst von etwas überzeugen. »Du bist nicht mehr der Mann, den ich an der Klosterpforte in Erfurt verlassen habe. Und ... dies ängstigt mich ebensosehr, wie es mich mit Stolz erfüllt!«

Martin räusperte sich. Er bat seinen Vater, ihm zu folgen, fort von den Schragentischen, hinter denen der geschwätzige Bilderkrämer jedes ihrer Worte verstehen konnte. Gemeinsam schlenderten sie die Gasse entlang, die zum Saumarkt führte. An Sonntagen war dieser Markt meist wie ausgestorben.

»Ich habe gebetet, daß Ihr mir eines Tages vergebt, Vater«, sagte Martin schließlich. In seiner Stimme schwang Wehmut mit. »Ihr habt so viel für mich getan ... Wieviel, könnt Ihr nicht einmal ahnen.«

»Vielleicht haben wir dir und deinen Geschwistern aber

nicht genug Liebe geben können. Deshalb hast du sie bei Gott gesucht. Was wird nun geschehen? Gehst du nach Augsburg?«

Martin hob ausweichend die Schultern. Er wußte nur zu gut, daß es seinem Vater eine Menge Kraft und Überwindung abverlangt hatte, nach Wittenberg zu reisen, um mit ihm zu sprechen. Ob seine Eltern tief im Innern spürten, daß dies womöglich die letzte Gelegenheit war, miteinander ins reine zu kommen? Der Gedanke jagte Martin einen Schauer über den Rücken. Er wollte nicht sterben, schon gar nicht den schmählichen Tod eines verurteilten Ketzers auf dem Scheiterhaufen. Plötzlich gab er sich einen Ruck, trat auf seinen Vater zu und legte beide Arme um ihn. Tränen schossen ihm in die Augen.

»Schon gut, Junge«, murmelte Hans Luther, während er die Umarmung seines Sohnes unbeholfen über sich ergehen ließ. »Ist ja gut. Ich weiß, du mußt tun, was du für richtig hältst.« Ein Lächeln huschte über die eingefallenen Wangen des alten Mannes. »Aber versuch dennoch, ein einziges Mal im Leben deinen vorlauten Mund zu halten!«

Zwei Wochen später rumpelte Martins Reisewagen über den breiten steinernen Brückendamm, der durch das bewachte Tor in die Stadt Augsburg führte. Von vier Reitern in ledernen Waffenröcken begleitet, kämpfte sich das Gefährt durch die verwinkelten Gassen, dem Domplatz entgegen.

Es war bereits fast dunkel, der Himmel wölbte sich über ihren Köpfen wie ein bleiernes Dach. Ein kalter Wind jagte Regenschauer über die Stadt, von der Martin durch das schmale Guckfenster, das auf den Rat der Wachsoldaten hin vergittert worden war, nur wenig mehr erkannte als die schemenhafte Silhouette von steil emporragenden Mauern mit Zinnen und Wendeltreppen sowie einer Reihe gepflegter Steinhäuser.

Sie folgten der Stadtmauer ein Stück in westlicher Richtung und passierten alsbald einen weiteren Torbogen, hinter dem sich ein sichelförmiger Platz ausbreitete. Dicht an dicht standen hier Holzhäuser, als stritten sie miteinander um den besten Standort. Zwischen den einstöckigen Hütten, deren Fenster kein Glas hatten, sondern notdürftig mit Kuh- und Ziegenhäuten vernagelt waren, lagen finstere Gäßchen, in denen sich neben Unrat auch Säcke und Kisten stapelten. Die Enge dieses Viertels war bedrückend; jedes noch so winzige Stückchen Erde schien ausgefüllt. Es stank nach saurem Fisch, gegerbten Häuten und Küchendunst.

Etwas ansprechender als der armselige Flecken an den Mauerausläufern sah die gegenüberliegende Seite des Platzes aus. Dort erhob sich eine Reihe ansehnlicher Bürgerhäuser mit prächtigen Stufengiebeln und rauchenden Kaminen. Offensichtlich hatten sich hier, in der Nähe des Doms, Kaufleute, Tuch- und Weinhändler, kaiserliche Beamte und Baumeister angesiedelt. Ihre Häuser waren durch gotische, mit Weinreben bewachsene Arkadengänge miteinander verbunden und wurden von der morastigen Nachbarschaft mittels einer tiefen Wasserrinne, der sichtbaren Grenze zwischen Armut und Reichtum, getrennt.

Obwohl es wie aus Kübeln schüttete, war es innerhalb der Mauern Augsburgs so laut, daß Martin Mühe hatte, sich auf die Worte seines Mitreisenden, eines Leipziger Ordensbruders, zu konzentrieren, der ihm in begeistertem Ton die Schönheiten der reichen Handelsstadt schilderte. Schönheiten, von denen Martin durch die Gitter des hölzernen Kastenwagens nicht mehr zu sehen bekam, als wenn er sich unterirdisch fortbewegt hätte. Der peitschende Regen trug nur wenig dazu bei, das Getöse zu dämpfen, das aus den Werkstätten der Steinmetzen und Zimmerleute über den Platz schallte und sich mit den Rufen der Straßenhändler mischte.

Augsburg war Martin als Stadt glanzvoller Reichstage bekannt; ihre Bewohner – vor allem die Mitglieder der wohlhabenden Gilden und Zünfte – hatten sich längst daran gewöhnt, daß Fürsten, Edelleute, Ritter und Kleriker von Zeit zu Zeit durch die Stadttore strömten und die Straßen und Plätze bevölkerten. Feierliche Bankette, Turniere und andere Festlichkeiten waren während der Wochen, in denen die Fürsten innerhalb der Mauern weilten, an der Tagesordnung. Selbst Kaiser Maximilian, von dem es hieß, daß er sterbenskrank darniederlag, hatte man während der zurückliegenden Ratsversammlungen zuweilen auf seinem prächtigen schneeweißen Schimmel und in Begleitung seines Enkels über den Domplatz reiten sehen.

»Wenn Ihr dieser Straße folgt, kommt Ihr zum Palast der Fugger«, rief Martins Mitreisender. Er mußte sich anstrengen, um den Lärm des Platzes und den prasselnden Regen zu übertönen. »Früher besaßen die Herren Pfeffersäcke einen Handelshof am Rindermarkt, aber der ist für den großen Jakob Fugger ja nicht mehr standesgemäß genug, jetzt, da sogar der Kaiser bald in seiner Schuld stehen wird!«

Natürlich nicht, dachte Martin und verzog den Mund. Die Gerüchte, nach denen das Geld der Augsburger Kaufleute zu gegebener Zeit die Kandidatur des jungen Spaniers Karl zum Kaiser unterstützen sollte, waren längst bis zu ihm nach Kursachsen gedrungen.

»Damit haben die Kaufleute nicht nur Einfluß auf den Erzbischof von Mainz, sondern auch auf den zukünftigen Kaiser selbst«, murmelte er, nachdem sein Reisegefährte mit seinem Bericht zu Ende gekommen war. Raffiniert. Mit düsterer Miene spähte er durch das kleine Gitterfenster. Er hatte sich buchstäblich in die Höhle des Löwen begeben.

Wenig später hielt der Reisewagen vor den dicken Mauern eines festungsartigen Bauwerkes, das durch die Schleier aus

Nebel und Regen wie ein riesiges zerbrochenes Spinnrad aussah. Angetrieben von barschen Befehlen seiner berittenen Begleiter, sprang Martin aus dem Wagen und hastete geduckt einen kleinen Pfad entlang. Man hatte ihn zur Abtei des Karmeliterordens gebracht, wo er sein Quartier nehmen und sich auf die Unterredung mit dem Abgesandten des Papstes vorbereiten sollte.

Zitternd vor Kälte, pochte Martin an das wuchtige, mit Ketten gesicherte Tor, vor dem nicht einmal eine Laterne brannte. Er hörte das Wiehern von Pferden und ebenso deren Hufschläge, woraus er folgerte, daß die Stallungen ganz in der Nähe des Hauptbaus lagen. Innerhalb weniger Augenblicke war er naß bis auf die Haut, das Wasser rann ihm über Gesicht und Hals. Während er auf den Pförtner wartete, stampfte er wie ein Schuljunge mit den Füßen auf, um sich warm zu halten. Aber es war vergebens; in seinem Innern steckte eine Kälte, die auch das wärmste Kaminfeuer nicht würde vertreiben können: die Kälte lähmender, erstarrter Furcht.

Ein wortkarger Karmeliterbruder führte Martin mit einer Kerze in der Hand durch das zugige Gemäuer. Auf dem Weg in die oberen Räume, der über unzählige Treppen und durch hallende Korridore führte, versuchte Martin angestrengt, sich zu orientieren. Aber bald schon gab er es auf. Die kahlen, grauen Mauerwände, die nur in unregelmäßigen Abständen von schmalen Nischen mit Heiligenfiguren oder Betstühlen durchbrochen waren, sahen in jedem Stockwerk gleich aus. Unwillkürlich fragte sich Martin, warum man ihn ausgerechnet an diesen Ort bestellt hatte, doch er mußte zugeben, daß die Abtei aufgrund ihrer Abgeschiedenheit das höchste Maß an Diskretion bot. Die Boten des Papstes hatten augenscheinlich an alles gedacht.

»Ihr werdet erwartet, Bruder Martinus!« Der Karmeliter wies mit seiner Kerze auf einen kleinen Raum, dessen Tür nur halb angelehnt war. Mit klopfendem Herzen trat Martin über die Schwelle und sah sich um. Das Zimmer war trotz seiner Dachschräge luftig und geräumig. Sein vorderer Teil wurde von einem gewaltigen Kamin beherrscht, in dem ein munteres Feuer knisterte. Unmittelbar vor einer gemauerten Nische, deren hohe Fenster vom Regen beschlagen waren, stand ein polierter Schreibtisch aus Eichenholz, hinter dem ein älterer Ordensbruder saß. Der Mann schien auf Martin gewartet zu haben. Langsam hob er den Kopf und blickte ihm erwartungsvoll entgegen.

»Ehrwürdigkeit ... Ihr?« Martin widerstand dem Impuls, einen Freudenschrei auszustoßen, als er seinen früheren Erfurter Mentor, den Generalvikar von Staupitz, wiedererkannte. Statt dessen eilte er auf den Mönch zu, kniete nieder und küßte ihm ergeben die Hand. »Großer Gott, Vater! Warum hat man Euch hierherbefohlen? Habt Ihr durch mich Schwierigkeiten bekommen?«

Von Staupitz lächelte ihn gütig an. »Keine Sorge, Bruder Martinus. Mir geht es gut. Ich bin hier, um dir zu helfen, aus den Schwierigkeiten herauszukommen – mit Gottes Hilfe!« Er trat einen Schritt zurück und schlug ein Kreuz über der Brust. Danach kehrte er an den Schreibtisch zurück. Der Abt des befreundeten Klosters mußte dem Generalvikar die Studierstube überlassen haben.

»Tetzel wurde die Predigt verboten«, sagte Martin mit fester Stimme. Die Anwesenheit seines alten Lehrers erfüllte ihn mit unerwarteter Hoffnung und neuem Lebensmut. »Man sagt sogar, er stehe in Leipzig unter Hausarrest. Das ist doch ein gutes Zeichen, nicht wahr? Das bedeutet gewiß, daß Rom ...« Martin sprach nicht weiter; er wurde plötzlich von einem Krampf geschüttelt, der ihn beinahe straucheln ließ.

»Das heißt doch nur, daß der Ablaßprediger in seiner Gier zu weit gegangen ist!« Von Staupitz hatte sein Lächeln auch nach Martins stürmischer Begrüßung beibehalten, doch nun wurde er schlagartig ernst. »Was ist denn mit dir, Martinus?« fragte er. »Bist du krank? Soll ich den Spitalleiter rufen lassen?«

»Es geht schon, Ehrwürdigkeit … Wahrscheinlich hat mir nur die lange Reise zugesetzt. Und dann dieser ewige Regen.« Martin ließ kurz den Kopf kreisen und massierte sich mit der linken Hand den Nacken. Vor den Fenstern schlugen die Zweige eines hohen Baumes gegen das dünne Glas der Butzenscheiben. Ihr dürres Laub warf gespenstische Schatten auf die gekalkten Wände der Kammer. Seufzend hob Martin die Schultern. »Dabei dachte ich, in Süddeutschland wäre das Wetter besser als bei uns zu Hause.«

»Lenke nicht vom Thema ab, Bruder Martinus«, sagte von Staupitz in vorwurfsvollem Ton. »Hier geht es um wichtigere Dinge als den Regen.«

»Wißt Ihr noch, was Ihr mir sagtet, bevor ich Erfurt verließ, ehrwürdiger Vater? Ich habe auf Euren Rat gehört. Ich bin an die Quelle gegangen. Zu Christus selbst. Im griechischen Original ist es klar, daß Christus nicht von Buße tun spricht. Ein junger Magister hat es mir bestätigt. Sein Name ist Melanchthon …«

Der Generalvikar fuhr gereizt von seinem Stuhl auf. Er packte Martin bei den Schultern und schüttelte ihn, als habe er einen Schwachsinnigen vor sich, dem er mit Gewalt den Verstand in den Kopf zurück jagen mußte. »Martin! Um der Heiligen Jungfrau willen, hör mir zu! Du wirst in Kürze Seiner Eminenz Kardinal Thomas de Vio von Gaeta gegenüberstehen. Aber der Kardinal hat dich nicht hergerufen, damit du ihm die Heilige Schrift auslegst oder von den Griechischkenntnissen junger Humanisten erzählst. Ich bitte dich, in Gottes Namen, hab acht ... Sei bedacht. Sprich nicht, während er dich befragt, höre nur zu. Dein Leben könnte davon abhängen!«

Bevor Martin antworten konnte, wurde die Tür zur Studierstube aufgestoßen, und der Mönch, der ihn empfangen und hereingeführt hatte, erschien wieder. Über dem Arm trug er eine saubere Kutte aus dunklem Wollstoff, dazu ein Skapulier, Kapuze und Schulterkragen. »Zieht Eure nassen Sachen aus, Bruder«, sagte er, während er Martin mit mürrischem Gesichtsausdruck das Kleiderbündel unter die Nase hielt. »Aber rasch, wenn ich bitten darf. Seine Exzellenz ist bereit, Euch zu empfangen!«

Girolamo Aleander ging im Refektorium auf und ab, mit den Fingerspitzen befühlte er seine klopfenden Schläfen. Seit er vor wenigen Tagen in Augsburg eingetroffen war, litt er unter quälenden Kopfschmerzen. Auf der langen Tafel, die zu dieser Tageszeit nicht benutzt wurde, stand ein dampfender Becher mit einem Sud aus Himbeerblättern, den einer der Mönche, wahrscheinlich der Küchenmeister, dem hohen Besuch aus dem fernen Rom gebracht hatte. Eine Geste des Mitgefühls – oder aber der Versuch, ihn gnädig zu stimmen. Wer konnte schon sagen, was in den Köpfen dieser deutschen Mönche vorging. Unschlüssig nahm Aleander den Becher auf und schnupperte an dessen Inhalt. Er überlegte noch, ob er das Gebräu trinken oder stumm weiter leiden sollte, als ihn eine ehrerbietige Stimme vom anderen Ende der Halle einer Entscheidung erhob.

»Euer Exzellenz ...?«

Aleander setzte den Becher ab und trat würdevoll, mit überheblicher Miene, hinter der Tafel hervor. Sein kräftiger Körper steckte in einer makellosen violetten Robe, deren Ränder mit weißem Hermelin verbrämt waren; die runde

Kappe auf seinem Haupt war wie die langen Handschuhe aus glänzendem rotem Samt gearbeitet. Am Ringfinger der rechten Hand glitzerte ein schwerer, in Gold gefaßter Rubin.

Verglichen mit dem Ornat des päpstlichen Gesandten, wirkten die beiden Klosterbrüder am Eingang des Refektoriums zerzaust und schäbig. Als Aleanders Blick auf die schmutzigen Sandalen fiel, die der jüngere der beiden Männer an den nackten Füßen trug, spürte er plötzlich ein schmerzhaftes Brennen in der Brust. Einen bangen Moment lang ertappte er sich bei dem völlig unsinnigen Gedanken, daß er sich angesichts der Bescheidenheit der Mönche seiner eigenen tadellosen Aufmachung schämte. Doch zu seiner Erleichterung währte dieser Anflug von Rührseligkeit nicht lange. Schließlich war es nicht an ihm, sich zu rechtfertigen. Vor ihm stand auch kein Prophet des alten Bundes, kein Prediger aus der Wüste, wie Johannes der Täufer es gewesen war. Der Mann, dessen Blicke sich in scheinbarer Demut auf die Rückwand richteten, war der aufrührerische Mönch, um dessentwillen er und der Kardinal die lange, unbequeme Reise in diese kalte, verregnete deutsche Stadt hatten unternehmen müssen.

»Mein Name ist Girolamo Aleander«, sagte er, nachdem er den Mönch eine Zeitlang schweigend gemustert hatte. »Ich vertrete Seine Eminenz, Kardinal Cajetan, der Euch erst morgen abend in der bischöflichen Residenz empfangen kann.«

Von Staupitz neigte höflich den Kopf. »Es ist mir eine Ehre, Euch endlich kennenzulernen, Exzellenz. Euer Ruhm ist Euch nach Augsburg vorausgeeilt. Wie ich erfahren habe, leitet Ihr nun die ehrwürdige Bibliothek des Heiligen Vaters?«

Aleander bestätigte die Äußerung des Generalvikars mit einigen dürren Worten. Es überraschte ihn, daß der Augustiner über die Angelegenheiten in Rom so gut unterrichtet war, doch er hütete sich davor, den offiziellen Charakter ihrer Zusammenkunft durch einen Austausch von unnötigen Schmeicheleien herabzuwürdigen.

»Seine Eminenz bat mich, den Mönch Doktor Martinus Luther auf die morgige Anhörung vorzubereiten«, erklärte er daher unverbindlich. Mit einer steifen Geste forderte er Martin und von Staupitz auf, sich nebeneinander auf eine der harten Bänke zu setzen. Er selbst wählte einen hohen, mit Schnitzereien versehenen Lehnstuhl.

Nach einer Weile des Schweigens konnte Martin nicht mehr an sich halten. Der päpstliche Gesandte kam ihm so selbstsicher und erhaben vor, daß er sich ihm gegenüber jung und einfältig fühlte, obschon der Altersunterschied zwischen ihnen nicht groß sein konnte. »Es war nie meine Absicht, etwas gegen die Ehre und Würde unseres Heiligen Vaters zu sagen«, rief er ungestüm aus. »Ich wollte gewiß keine Streitigkeiten heraufbeschwören!«

Aleander lächelte undurchsichtig. »Natürlich nicht, guter Bruder. Ihr seid ja, wie es mir scheint, ein vernünftiger Mann. Da dem so ist und wir alle hier sind, um Mißverständnisse aus der Welt zu schaffen, genügt es, ein paar schlichte Regeln des Protokolls zu beherzigen. Danach seid Ihr frei und könnt nach … nach …« Er sprach nicht weiter; zerstreut runzelte er die Stirn.

»… Wittenberg, Euer Exzellenz«, sagte von Staupitz betont sachlich. »Bruder Martinus ist einer der brillantesten Gelehrten des Reiches und unterrichtet an der Universität zu Wittenberg!«

Aleander schnappte gereizt nach Luft, was seinen Schläfen eine neuerliche Schmerzwelle bescherte. Unter normalen Umständen funktionierte sein Gedächtnis mit der Präzision eines Zahnrades. Daher haßte er es, von Fremden oder Untergebenen korrigiert zu werden. Seine Abneigung dagegen war während der Jahre, die er nun schon im Vatikan lebte, so stark geworden, daß sowohl Kardinal Cajetan als auch der Heilige Vater sich ein Vergnügen daraus machten, so oft wie möglich auf dieser Schwäche herumzureiten. Aber wenn die höchsten Männer der Christenheit nicht eine Spur von Demut an den Tag legten, warum sollte er es dann tun? Ein wenig säuerlich erklärte er: »Na schön, meine Herren! In einigen Tagen dürft Ihr nach *Wittenberg* zurückkehren. Nun aber zurück zum Protokoll! Wenn Ihr dem Kardinal gegenübertretet, werdet Ihr Euch auf den Boden werfen, Bruder Martinus, mit dem Gesicht zur Erde. Mein Herr wird Euch auffordern, aufzustehen. Darauf kniet Ihr Euch in einiger Entfernung von seinem Stuhl nieder und bleibt während der gesamten Anhörung in dieser Stellung. Habt Ihr mich verstanden?«

Martin errötete. Mit kaum verhohlenem Trotz funkelte er den Boten des Kardinals an. Als die Blicke der beiden Männer sich kreuzten, zuckte Martin zusammen, als hätte ihn ein Blitz getroffen. Im selben Moment spürte er, daß auch Aleanders Selbstsicherheit ins Wanken geraten war. Martin konnte nicht erklären, was genau er in den Augen des Mannes gesehen hatte, aber ein unbestimmtes Gefühl verriet ihm, daß der Römer mehr mit ihm und seinen Sehnsüchten und Zweifeln gemeinsam hatte, als er zugeben mochte.

Martin stand auf. Er beobachtete, wie sich Aleanders Hände um die ausladenden Lehnen seines Stuhles legten. »Sollte die Kirche auch nur an einem einzigen Punkt Anstoß nehmen, werde ich mich ihr sofort unterwerfen«, sagte er. »Aber ich bin sicher, daß der Kardinal und Papst Leo keinen Tadel an mir finden werden, wenn ich ihnen meine Position erst erklärt habe!«

Aleanders Adamsapfel begann hektisch auf und ab zu hüpfen. Sichtlich erregt blickte er zu von Staupitz hinüber, der teilnahmslos den Kopf gesenkt hielt.

»Ihr habt mich mißverstanden, Bruder Martinus«, sagte er schließlich in einem Ton, der keinen Widerspruch gelten ließ. »Es wird keine Diskussion stattfinden. Keine Debatte. Oder habt Ihr geglaubt, Seine Eminenz würde an der Seite eines kleinen Bettelmönchs über die Bibel streiten?« Er lachte humorlos auf. »Nein, mein Freund. Ihr habt nur ein einziges Wort zu sagen, und dieses Wort lautet: *Revoco.* Ich widerrufe. Damit ist die Sache erledigt.«

»Ich kam nach Augsburg, um den Papst auf die Mißbräuche aufmerksam zu machen, die sich gegen die Gläubigen richten. Ihr werdet verstehen, daß meine Kritik an den Ablaßhändlern …«

Aleander sprang so hastig auf, daß sein Stuhl umkippte und mit einem harten Geräusch auf den Steinboden schlug. Seine Mundwinkel zitterten, als er die Ellenbogen auf die Tischkante stützte und sich mit dem Oberkörper wie ein Reptil auf Martin zu bewegte. »Hütet Eure Zunge, wenn Ihr Wert auf sie legt!« flüsterte er. »Es ist immer noch Sache des Papstes zu entscheiden, was den Christenmenschen nützt und was ihnen schadet.«

Inzwischen hatte sich auch von Staupitz von der Bank erhoben. Martins Temperament war ihm hinreichend bekannt, daher ahnte er, daß sich bereits eine scharfe Entgegnung auf der Zunge seines Schützlings formte. Eine harte Widerrede aber durfte er auf keinen Fall zulassen. Auch wenn er den römischen Gesandten nicht recht einzuordnen wußte, war doch größere Vorsicht geboten. So bedeutete er Martin mit einem strengen Zwinkern, daß das Gespräch beendet war.

Martin verstand den alten Mann indes auch ohne Worte. Mit einem leisen Seufzer der Resignation verbeugte er sich vor dem päpstlichen Legaten und trat den Rückzug an. Daß Aleanders tiefschwarze Augen keinerlei Anzeichen eines Triumphes widerspiegelten, wunderte ihn nicht. Der Vertraute des Kardinals hatte genau das gesagt, was sein Herr ihm aufgetragen hatte. Er hatte die Rolle gespielt, die man ihm zugewiesen hatte, aber wie es wirklich in seinem Herzen aussah, stand auf einem anderen Blatt geschrieben.

»Bruder Martinus«, hörte er die Stimme des Römers rufen, kaum daß er die Tür zum Korridor erreicht hatte. Mißtrauisch drehte er sich auf dem Absatz um. »Ja, Exzellenz …?«

»Wenn Ihr gestattet, werde ich ein Bad und ein warmes Essen für Euch richten lassen.« Aleander umklammerte den Becher mit dem inzwischen nur noch lauwarmen Himbeerblättersud. »Nach der langen Reise müßt Ihr ja völlig ausgehungert sein.«

»Mein Sohn, ich weiß, dein Bestreben ist es, ein treuer Diener unseres Herrn Jesu Christi und seiner Kirche zu sein!«

Kardinal Cajetan schaute mit einem nachsichtigen Lächeln auf den Mönch herab, der, etwa fünf Schritte von ihm entfernt, mit ausgebreiteten Armen auf dem kalten Steinfußboden des bischöflichen Empfangsraumes lag. Gleichzeitig fragte er sich, was Aleander an diesem Mönch wohl so bemerkenswert gefunden haben mochte. Gewiß, der Mann wirkte glücklich, und das war in diesen Zeiten selten. Seine Augen strahlten wie die eines Menschen, der nach langen Kämpfen seine Seele geöffnet hatte und quälende Dämonen losgeworden war. Aber gab es nicht unzählige Personen, Geistliche wie Laien, die mit denselben Problemen zu kämpfen hatten? Der gute Aleander, davon war Cajetan überzeugt, gehörte zu ihnen. Er hatte darauf verzichtet, bei dem Verhör anwesend zu sein, und sich mit dem Superior der Augustiner in eines der Nebengemächer zurückgezogen. Cajetan lehnte sich genüßlich zurück. »Du darfst dich erheben, mein Sohn!« sagte er. »Komm näher zu mir!«

Martin hob den Kopf. Er hatte beschlossen, Aleanders Anordnungen bezüglich des Protokolls zu beherzigen. Schwerfällig rutschte er über die Fliesen auf den thronartigen, mit schimmerndem blauem Samt ausgeschlagenen Sessel zu. In einigem Abstand zu dem Kardinal verharrte er abwartend. Die Wärme eines dreibeinigen Kupferbeckens, in dessen Innerem rotglühende Kohlen lagen, schlug ihm entgegen und erhitzte seine Wangen.

»Also, was hast du vorzubringen?«

Martin öffnete den Mund, um etwas zu sagen, mußte aber plötzlich feststellen, daß er keinen Ton herausbrachte. Die Gedanken wirbelten wie Schneeflocken durch seinen Kopf, sie ließen sich weder einfangen noch in Worte kleiden. Bebend vor Enttäuschung neigte er den Kopf.

»Keine Bange, mein Sohn«, sagte Cajetan in väterlichem Ton. »Du darfst frei sprechen, und niemand wird dich unterbrechen. Aleander hat dafür gesorgt, daß die Wachhabenden auf den Gängen der Residenz bleiben, während wir uns hier in der Halle aufhalten!«

»Habe ich ... gefehlt?«

Ein Hauch von Besorgnis glitt über das milde lächelnde Gesicht des Kardinals. Er hatte nicht damit gerechnet, daß der Mönch ihn in der Art eines vertrauten Beichtkindes ansprach. Nach einer kurzen Pause antwortete er mit Nachdruck: »Jawohl, du hast gefehlt.«

»Inwiefern? Ach, Euer Eminenz, ich flehe Euch an ... Sagt mir doch, wo meine Irrtümer liegen, damit ich sie in Zukunft vermeiden kann.«

»Du verbreitest neue Lehren ... und das ... das kann Rom einfach nicht zulassen!«

Martin schüttelte den Kopf. »Neue Lehren?« fragte er gedehnt. »Das wären Lehren, die nicht in der Heiligen Schrift zu finden sind. Alles, was ich jedoch sagte und niederschrieb ...«

»Du weißt genau, was ich meine, mein Sohn. Du greifst den Ablaßhandel an, dabei konstatiert das Dekret Unigenitum von Papst Clemens VI. in eindeutiger Klarheit: ›Die Verdienste Christi sind ein Schatz des Ablasses.‹«

»Erworben«, flüsterte Martin, ohne den Kardinal dabei anzusehen. »Tut mir leid, aber wenn Ihr das Dekret aufmerksam studiert, werdet Ihr feststellen, daß dort steht: ›Durch seine Verdienste hat Christus den Schatz des Ablasses *erworben*.‹«

Cajetan zog sich an den Lehnen seines Sessels in die Höhe. Zum ersten Mal fiel Martin auf, wie groß der Kirchenfürst war. Erstaunt blickte er ihn an. Seine Gestalt strahlte so viel Würde aus, daß Martin für einen Moment das Wort im Halse steckenblieb. Als er bemerkte, daß er den Kardinal gegen die Regeln des Protokolls anstarrte, senkte er ehrerbietig den Blick.

»Ich bin nicht gekommen, um mit dir zu debattieren, Bruder Martinus«, sagte Cajetan. In seine Stimme kroch ein Unterton, den er bislang mit Bedacht unterdrückt hatte, der nun jedoch in seiner vollen Härte an Martins Ohr drang. »Wahrscheinlich hat Girolamo Aleander dir bereits gesagt, was du zu tun hast?«

»Bei allem Respekt, Euer Eminenz, aber die Ehre des Papsttums wird nicht dadurch behauptet, indem man die päpstliche Autorität mit Gewalt durchsetzt, sondern indem man ihre Glaubwürdigkeit erhält. An den Universitäten des Reichs bemühen sich fromme Männer in fortwährenden Studien, der Welt die klaren Aussagen der Heiligen Schrift näherzubringen …«

»Der Papst ist derjenige, der das Wort Gottes deutet«, fauchte Cajetan. Wütend blickte er zu der Pforte hinüber, hinter der er Aleander vermutete, denn er hegte plötzlich den Verdacht, daß dieser mit dem Starrsinn des Mönches wohl gerechnet, ihn, seinen Herrn, aber aus bestimmten Gründen nicht vorgewarnt hatte. Ein Faktum schien indessen zweifelsfrei festzustehen: Dieser Luther aus Wittenberg war alles andere als ein eifernder Dummkopf.

»Der Heilige Vater mag das Wort Gottes deuten«, hörte der Kardinal Martins Stimme wie durch einen Nebel schallen, »aber er steht nicht darüber. Das beanspruchte nicht einmal der Apostel Petrus, dem der Herr immerhin die Schlüssel des Himmelreiches anvertraut hatte.«

»Das interessiert mich nicht!« Cajetan wurde nun ernstlich zornig. Vor der Tür waren die Geräusche und Stimmen der Wachhabenden zu hören: klirrende Kettenhemden, schwere Stulpenstiefel, die über die Holzdielen polterten. »Ich frage nur eines: Martinus Luther, *revocas errores?* Widerrufst du deine Irrtümer?«

Martin lag weiterhin auf den Knien. Die Kälte des Steins spürte er schon lange nicht mehr, dafür taten ihm jedoch plötzlich die Handgelenke weh, als hätte er während der ganzen Zeit ein schweres Buch in Händen gehalten. Verwundert betrachtete er den hochgewachsenen Würdenträger, der wie eine Statue vor ihm stand, erstarrt in der Pose des Triumphators. Sein Arm war ihm entgegengestreckt, als zögere er nur, ihn vom Boden aufzuheben und in die Arme der Kirche, die er repräsentierte, zurückzuführen. Einen Herzschlag lang hörte Martin keinen Laut, außer dem wilden Pochen seines eigenen Herzens. Schließlich sagte er: »Der Verkauf von Ablaßbriefen wird in der Bibel nicht erwähnt. Wenn die einfachen Menschen in der Lage wären, die Schriften in ihrer eigenen Sprache zu lesen, würden sie merken, wie weit hergeholt die Interpretationen der Kirche sind!«

Der Kardinal erbleichte. Mit ungläubigem Entsetzen blickte er auf den widerspenstigen Klosterbruder zu seinen Füßen herab. Zugleich schäumte er vor Zorn. Dieser Luther war nicht mehr als ein Wurm im Angesicht der päpstlichen Macht, ein lästiges Tier, das sich in seiner vorgeblichen Gelehrsamkeit suhlte wie die Ratte im Kornspeicher. Dabei hatte er nicht einmal begriffen, wer die Regeln aufstellte, nach welchen es ihm, dem Volk von Augsburg, Wittenberg und Rom, ja dem gesamten Erdkreis erlaubt war zu existieren.

»Die Heilige Schrift«, erklärte er schließlich, »ist doch viel zu komplex, als daß der durchschnittliche Priester sie verstehen könnte – ganz zu schweigen vom einfachen Mann auf der Gasse. Ablässe aber ... sind ein bewährtes Verfahren und geben vielen Menschen Zuversicht und Trost.«

»Es geht hier nicht um Trost!«

Cajetan lachte höhnisch auf. »Ach nein? Meinst du, das Unbehagen eines Ordensbruders sei wichtiger als das Überleben der Christenheit?«

»Gewiß nicht, Herr! Ich selbst bin nicht wichtig, der Papst ist nicht wichtig. Was zählt, ist allein die Wahrheit ...«

»Die Wahrheit?« schnitt Cajetan ihm das Wort in einem letzten, verzweifelten Versuch ab, die Oberhand zu bewahren. »Von welcher Wahrheit sprichst du? Die ungläubigen Türken ziehen ihre Heere an unserer Ostgrenze zusammen. Nach Konstantinopel wollen sie nun auch noch den Rest des Abendlandes unter das Banner ihres Propheten zwingen. Mit dem Kaiser geht es zu Ende. Zwei potentielle Nachfolger gieren nach seinem Thron. Der Franzose aus dem Haus Valois wird vom Papst unterstützt, Maximilians spanischer Enkel vom schnöden Mammon. Die gesamte christliche Welt bricht auseinander und mit ihr ein Gefüge, in dem wir seit Jahrhunderten gelebt haben. Solange die Kirche diese Welt regierte, gab es Regeln und Ordnungen, die niemanden im luftleeren Raum beließen. Jedermann wußte, wo sein Platz innerhalb dieser Ordnung war. Der Bauer ebenso wie der höchste Fürst.« Kardinal Cajetan ließ sich wieder in den Sessel fallen. Zusammengesunken zwischen den prallen Kissen und Rollen, wirkte er überhaupt nicht mehr beeindruckend, sondern nur noch wie ein hagerer, älterer Mann, der sich vor dem Zahn der Zeit fürchtete.

»Das ist die Wahrheit«, murmelte er abwesend vor sich hin. »Und gerade wo wir Einigkeit am meisten brauchen, kommt ein Bettelmönch aus der sächsischen Einöde und schafft Verwirrung!«

»Mein Ziel ist nicht, mich mit dem Papst zu überwerfen oder die herrschende Ordnung in Frage zu stellen. Ihr habt recht, wenn Ihr sagt, daß die Kirche von Christus selbst auf einen Felsen gebaut wurde. *Super hanc petram aedificabo ecclesiam meam.* Aber gerade weil ich die Kirche liebe, möchte ich sie mit mehr als bloß leichtfertigem Mummenschanz verteidigen. Man darf das Evangelium nicht verleugnen um eines Menschen Wort.«

Cajetan hatte nun endgültig genug gehört. Müde klatschte er in die Hände, bis sich eine Tür im hinteren Teil des bischöflichen Saales öffnete. Auf das verabredete Zeichen erschienen Aleander und von Staupitz, die eine besorgte Miene zur Schau trugen.

»Ich bin fertig mit dem Mönch«, brüllte Cajetan. »Schafft ihn mir aus den Augen!« Er maß seinen Vertrauten mit einem so giftigen Blick, daß Aleander erschrocken die Schultern zuckte. Luther hat die Autorität des Papstes in Frage gestellt, schoß es ihm durch den Kopf. Ja, es konnte gar nicht anders sein. Der Mönch aus Wittenberg hatte nicht widerrufen, ein einziges Wort und ein paar versöhnliche Floskeln hätten wohl auch nicht so viel Zeit in Anspruch genommen. Obwohl er den Ärger des Kardinals über so viel Unverfrorenheit nachvollziehen konnte, kam Aleander doch nicht umhin, dem Mönch aus Wittenberg ein gewisses Maß an

Achtung zu zollen. Seine Einstellung zu ihm änderte dies jedoch in keiner Weise.

»Der Mönch ist ein Ketzer«, sagte er nach einer beklemmenden Weile des Schweigens. »Mein Gefühl hat mich noch selten getrogen, Euer Eminenz.« Mit verkniffenem Gesichtsausdruck ging er um das glimmende Kupferbecken und postierte sich neben den Sessel seines geistigen Mentors. »Die uns erteilten Weisungen waren mehr als eindeutig – entweder er widerruft ...«

Der Kardinal fuhr plötzlich auf, wie von der Tarantel gestochen. »Maßt Euch nicht auch noch an, mir einen Vortrag zu halten, Girolamo!« herrschte er den Legaten an. Schroff stieß er ihn beiseite und hastete mit wehender Robe der Tür entgegen. »Davon habe ich in der letzten Stunde weiß Gott mehr gehört, als mir lieb war.«

Martin, von Staupitz und Aleander blickten ihm mit starren Mienen nach.

Noch am selben Abend suchte Johannes von Staupitz Martin in dessen Quartier auf, um mit ihm gemeinsam über mögliche Folgen seiner Unterredung in der bischöflichen Residenz zu beraten.

Zu Martins grenzenlosem Staunen kam dabei nicht ein einziges Wort des Vorwurfs über die Lippen des älteren Mannes. Mit stummen Blicken beobachtete er, wie Martin seine wenigen Habseligkeiten zusammensuchte und in einem Bündel aus grauem Sackleinen verschnürte. »Also?« brach er nach einer Weile das Schweigen. »Was hast du mir zu sagen?«

Martin seufzte. Es lohnte nicht, vor dem Vikar den Gekränkten zu spielen, aber gerade deswegen mochte er sich nun eines ironischen Kommentars nicht enthalten. »Das kommt ganz darauf an, was Ihr hören wollt, Ehrwürdigkeit«, sagte er. »Ich war höflich, ich war sogar ehrerbietig ... Na schön, mein Temperament ist mit mir durchgegangen, aber wenigstens habe ich mich bemüht, nicht anmaßend zu sein. Auch wenn es mich geärgert hat, wie der Kardinal über bestimmte Lehrsätze hinweggegangen ist, als wären sie nicht einmal das Pergament wert, auf dem sie geschrieben stehen.« Er hielt kurz inne, um zu dem Fensterschlitz hinaufzublicken, hinter dem die Flamme eines Talglichts züngelte. »Wißt Ihr, Ehrwürdigkeit, der Kardinal und dieser Aleander beharren hartnäckig auf dem *ius divinum*, dem göttlichen Recht. Dabei regiert der Papst höchstens nach dem *ius humanum*, und dieses geht nicht auf Christi Anordnungen zurück. Nein, das menschliche Recht kann jederzeit abgeändert werden!«

Von Staupitz kniff gequält die Augen zusammen. Dann schritt er auf Martin zu und drückte ihn gegen das kalte Mauerwerk. »Mein Gott, das ist doch jetzt ohne jeden Belang«, rief er aufgewühlt. »Du hast den Kardinal vor den Kopf gestoßen, und sein Günstling, dieser Aleander, brennt geradezu darauf, eine Scharte auszuwetzen. Wenn du dich weigerst, deine Lehren zu widerrufen, werden sie dich noch heute nacht der Inquisition übergeben.«

Martin holte tief Luft. Daß die Anhörung für ihn alles andere als gut verlaufen war, lag auf der Hand. Bis zuletzt hatte er gehofft, Cajetan, der immerhin als großer Gelehrter galt, würde einlenken und sich von der Dringlichkeit seines Anliegens überzeugen lassen. Nun aber mußte er sich endgültig eingestehen, daß die Römer kein Interesse daran hatten, eine Einigung auf theologischer Grundlage herbeizuführen. Weigerte er sich zu widerrufen, unterschrieb er demnach sein eigenes Todesurteil.

»Du wirst den Kardinal nicht noch einmal aufsuchen,« sagte der Generalvikar, eine Antwort vorwegnehmend. Als

Martin den Kopf schüttelte, atmete er ein paarmal tief durch und befahl ihm, sich mit gesenktem Haupt vor ihn hinzuknien. Anschließend entband er ihn mittels einiger lateinischer Formeln sämtlicher Gelübde, die Martin als Mitbruder des Augustinerordens einst auf sich genommen hatte.

Als Martin sich wenig später wieder erhob, brannten ihm heiße Tränen der Verzweiflung in den Augen. Eine Tür seines Lebens war sang- und klanglos ins Schloß gefallen. Der Gedanke daran peinigte ihn. Doch entgegen jenes deutlichen Verlustes von Geborgenheit, das sein Leben als Mönch ihm geschenkt hatte, spürte er tief in seinem Innern Frieden und Dankbarkeit. Von Staupitz, davon war er überzeugt, hatte die richtige Entscheidung getroffen. Keinen Augenblick länger durfte der Generalvikar sein Ordensoberer bleiben, denn als solchem befahl ihm das Kirchenrecht, einen der Ketzerei Verdächtigen der Obrigkeit auszuliefern, sobald er vom Papst oder dessen Gesandten dazu aufgefordert wurde. Andererseits war nun auch Martin nicht länger dem strengen Gebot des Gehorsams verpflichtet. Es stand ihm frei zu predigen und zu lehren – solange man seiner nicht habhaft wurde.

»Und nun mach schnell«, sagte der ältere Mönch leise. Demonstrativ öffnete er die knarrende Tür, die von den Gästequartieren in das nur sparsam beleuchtete Treppenhaus führte. »Du mußt aus Augsburg verschwunden sein, ehe die Knechte des Bischofs dich festnehmen können. Wenn ich Girolamo Aleanders Blick richtig gedeutet habe, so dürften sich inzwischen einige seiner Schergen auf dem Weg hierher befinden!«

Mit einer heftigen Geste schob er seinen ehemaligen Schützling zur Seite und löschte die kleine Flamme der Lampe zwischen Daumen und Zeigefinger.

Vor einem der Nebengebäude wartete bereits ein Stallknecht auf Martin. Der Mann führte ein gesatteltes Pferd bei sich, dessen Zaumzeug er ihm ohne jeden Kommentar in die Hand drückte, um im nächsten Moment um eine Hausecke zu verschwinden.

Ein scharfer Ostwind war aufgezogen und drang unerbittlich durch den groben Wollstoff des Mantels, den der Generalvikar Martin um die Schultern gelegt hatte. In dieser Nacht sollte besser kein Mann, der wie ein Mönch gekleidet war, in den Gassen der Stadt aufgegriffen werden. Schon das Pferd allein war ein Wagnis, aber Martin brauchte es, um schneller voranzukommen.

Man hatte ihm eingeschärft, daß er sich nach Coburg durchschlagen mußte, wo einige seiner Vertrauten ihm weiteres Geleit nach Leipzig und Wittenberg geben konnten. Möglicherweise hatte Aleander aber bereits den Befehl gegeben, die Wege, die zu den Stadttoren führten, abzusperren und auch die Türme besonders scharf zu bewachen.

Martin sprach ein kurzes Gebet, ehe er sich auf den Weg machte. Er mußte dem Pfad folgen, der zum Rindermarkt führte. Dort, so hatte von Staupitz ihm gesagt, würde ihn ein Priester erwarten, der ihm einen Schleichweg aus Augsburg zeigen wollte.

Als er einen letzten, wehmütigen Blick zu dem frei stehenden Turm des trutzigen Bauwerks emporschickte, entdeckte Martin ein verschwommenes Gesicht hinter einem der gotischen Fensterbögen. Von Staupitz, dachte er ermutigt. Er hob leicht die Hand, um seinem geistlichen Vater zum Abschied zuzuwinken.

Dann hastete Martin den dicht bewachsenen Pfad entlang, was in der Dunkelheit gar nicht so einfach war. Mehrere Male scheute das Pferd auf dem morastigen Grund, bäumte sich vor Hindernissen auf, die es lediglich in seiner Phantasie gab. Rauschende Blätter wurden zu knisternden Flammen, knorrige Baumwurzeln zu grimmigen Dämonen. Als Martin endlich die Biegung erreicht hatte, hinter der er das Tor vermutete, war er trotz der beißenden Kälte in Schweiß gebadet. Zielstrebig stapfte er vorwärts, bis er bemerkte, daß nur wenige Schritte vor ihm ein greller Lichtschein die blauschwarze Decke des Nachthimmels durchbrach. Starr vor Schreck, zog er das Zaumzeug an und spähte vorsichtig durch das nasse, vom Herbst verfärbte Laub der Bäume und Hecken.

Das Licht rührte von zahlreichen Pechfackeln her, die sich flackernd vorwärts bewegten. Es mochten zehn, wenn nicht gar zwanzig Männer sein, die in geschlossener Formation auf das Kloster zuhielten. Ihre Stulpenstiefel durchpflügten den schlammigen Boden. Bewaffnet mit Schwertern und Lanzen, konnten sie nur aus einem einzigen Grund zu dieser Stunde unterwegs sein: Sie hatten den Befehl erhalten, einen Ketzer aus dem Kloster zu holen und diesen, wenn nötig, mit Gewalt, in das Verlies des Fronhofs zu schaffen.

Blind vor Angst, tappte Martin einige Schritte zurück. Er mußte den Weg auf der Stelle verlassen. Tat er es nicht, lief er den Männern geradewegs in die Arme. Im letzten Moment gelang es ihm, sein Pferd hinter eine dichte Dornenhecke zu treiben und sich selber auf den Boden zu werfen, als der Pfad auch schon von den schweren Schritten der Stadtwachen erschüttert wurde. Grobe Stimmen und das Geklapper einer hölzernen Lade, die wohl zu einem Karren gehörte, schallten durch das Unterholz. Martin schloß die Augen und hielt den Atem an; seine Finger gruben sich in die eiskalte Erde, bis die Nägel splitterten. Inbrünstig sandte er ein Stoßgebet zum Himmel, daß sein Pferd ruhig bleiben und ihn nicht durch Schnauben oder Scharren verraten möge. Glücklicherweise rechneten die Bewaffneten nicht damit, den Mönch, den sie im Auftrag des Bischofs festnehmen sollten, im Dickicht aufzufinden. Bis auf einen jungen Burschen, der einen Brustpanzer mit spitz zugeschliffenen Nieten angelegt hatte, leuchtete keiner der Bewaffneten die Seitenwege zum Haupthaus ab. Einen lähmenden Moment lang fiel der Schein seiner Pechfackel auf den Stamm des Baumes, hinter dem Martin in Deckung gegangen war. Nun ist es aus, dachte Martin. Ich bin verloren. Die Anspannung schnürte ihm die Kehle zu, so daß er das Atmen vergaß. Im Geiste sah er sich schon gebunden auf dem Karren der Waffenknechte liegen, die ihn mit höhnischem Gebrüll umkreisten …

Doch zu seiner Überraschung zog der bedrohliche Feuerschein weiter; er wurde schwächer und schwächer, bis schließlich nichts mehr von ihm zu sehen war. Die Schergen hatten ihn also nicht entdeckt. Er war gerettet, wenngleich auch noch lange nicht in Sicherheit. In Windeseile zwang er sich auf die Füße und tastete in der Dunkelheit nach den Zügeln.

Wie groß mochte wohl sein Vorsprung sein? Die Bewaffneten waren gewiß nicht dazu bevollmächtigt, in die klösterliche Klausur einzudringen und einen Aufruhr anzuzetteln. Ihn, den Gesuchten, vermutete man wahrscheinlich ohnehin in den Pilgerquartieren, die über eine steile Außentreppe hinter den Stallungen zu erreichen waren. Aber es würde nicht lange dauern, bis die Männer seine Flucht bemerken und die Stadt nach ihm durchsuchen würden.

Ohne Umschweife trieb Martin sein Pferd wieder auf den breiteren Weg hinauf, wo er sich in den Sattel schwang. Er mußte es riskieren. Wenige Minuten später waren Pferd und Reiter in der Dunkelheit verschwunden.

Zwölftes Kapitel

Wittenberg, im November 1518

Der Raum, in dem Kurfürst Friedrich von Sachsen seine berühmte Sammlung von Heiligenreliquien aufbewahrte, war eine großzügig geschnittene Kammer im Westflügel des Wittenberger Schlosses. Kaum einer der Höflinge verirrte sich jemals in diesen Trakt des Gebäudes, wirkte er doch schon allein wegen der Dunkelheit, die in den fensterlosen Korridoren herrschte, unheimlich und abweisend. Zudem patrouillierten zwei Wachsoldaten Tag und Nacht vor der gewaltigen Flügeltür und ließen außer dem Fürsten nur dessen engste Vertraute hinein oder hinaus.

Georg Spalatin war schon oft im Allerheiligsten seines Herrn gewesen, denn der Fürst liebte es, vertrauliche Unterredungen an diesem Ort zu führen anstatt im Jagdzimmer oder gar in der großen Halle. Doch nie zuvor hatte ihm der modrige Geruch, der von den hohen Wänden mit seinen Kassetten, Fächern, Schreinen und Kästchen drang, ein so heftiges Gefühl von Übelkeit beschert wie an diesem Winterabend. Nicht einmal ein Fenster durfte geöffnet werden, denn Kurfürst Friedrich behauptete steif und fest, daß die Zugluft den kostbaren Reliquien schadete. Abgesehen davon waren die Temperaturen inzwischen empfindlich gefallen; der anhaltende Regen der vergangenen Wochen hatte sich in Frost und Eis verwandelt.

Unschlüssig bewegte sich der Sekretär durch den vom Boden bis zur Decke mit wertvollen Hölzern getäfelten Raum, vorbei an monumentalen Schränken, die nicht nur die Geheimnisse der Christenheit bargen, sondern auch mit kunstvollen Malereien und Schnörkeln des Hofmalers Cranach verziert waren. In dem dämmrigen Licht, das lediglich von einem schwachen Kaminfeuer und einigen Wachskerzen herrührte, glitzerten die mit Gold überzogenen und mit prächtigen Edelsteinen besetzten Gehäuse, in deren Inneren sich Knochen, Haare und Stoffreste befanden, in geradezu magischer Weise. Spalatin fröstelte. Er wußte wohl, daß das Herz seines Herrn für den höhlenartigen Raum mitsamt seinen Kostbarkeiten schlug, teilen konnte er dessen Vorliebe jedoch nicht.

Wenige Augenblicke später entdeckte er den Kurfürsten in einem schattigen Winkel der Kammer. Er lehnte hinter einem Tisch, dessen Platte aus milchigem weißem Alabaster bestand, und betrachtete mit trübsinniger Miene die Figuren eines Schachbrettes. Spalatin wunderte sich, denn er hatte seinen Herrn nie zuvor Schach spielen gesehen. Kurfürst Friedrichs Leidenschaft galt neben der Jagd vor allem der Kunst und der Religion, die er mit nicht nachlassender Begeisterung förderte. Als der Sekretär langsam näher trat, bemerkte er, daß sein Fürst die zierlichen Figuren aus Elfenbein in eine für das Spiel völlig untypische Schlachtordnung versetzt hatte.

Spalatin blickte den bärtigen Mann an, der inmitten all der kostbaren Schreine und Kassetten seltsam verloren wirkte. Er nahm seinen Hut vom Kopf und schlug den Umhang zurück. Einen Moment lang war er versucht, sich heimlich davonzuschleichen, um die Mußestunde des Fürsten nicht zu stören. Dann aber erinnerte er sich an den Brief in seinem Wams, der wenige Stunden zuvor in der höfischen Kanzlei eingetroffen war. Bedauerlicherweise duldete die Angelegenheit keinerlei Aufschub, darauf hatte selbst der Kurierreiter, ein aufgeblasener Kerl, der im Dienste des Magdeburger Bischofs stand, hingewiesen. Spalatin war nichts anderes übriggeblieben, als dem Mann einen Schlafplatz in der Gesindestube sowie einen Beutel Dukaten zu überlassen.

»Habt Ihr ein Schreiben für mich, Spalatin?« ertönte da auch schon die rauchige Stimme des Kurfürsten. Friedrich hob fragend den Kopf. »Schlechte Nachrichten?«

Mit einer resignierenden Handbewegung überreichte Spalatin seinem Herrn das Pergament des Boten. Es war feucht, zerknittert und schmutzig. Unter anderen Umständen hätte Spalatin den Brief von einem Kopisten abschreiben lassen, ehe er ihn in Friedrichs Hände weitergab. Doch in diesem Fall verbot die Brisanz der Depesche jede Verzögerung.

»Durchlaucht, was, um alles in der Welt, soll ich nur antworten?« fragte Spalatin, nachdem der Fürst das Blatt auseinandergefaltet und seinen Inhalt am Kaminfeuer überflogen hatte. »Der Kardinal fordert Euch auf, Doktor Martin Luther festzunehmen und unter Bewachung nach Rom zu bringen. Oder aber ihn aus Sachsen zu verbannen!«

Der Kurfürst ließ das Schreiben sinken. Mit der Stiefelspitze schob er ein umgefallenes Holzscheit zurück in die Glut und sah anschließend dabei zu, wie es von den Flammen erfaßt wurde. Eine Weile sagte niemand ein Wort. Spalatin, der viel zu nervös war, um seine Hände stillzuhalten, nahm einen Zinnbecher mit geschwungenem Henkel vom Sims des Kamins. Während er das warme Gefäß begutachtete, überlegte er fieberhaft, wie lange er den Boten wohl würde hinhalten können. Erzbischof Albrecht wartete ungeduldig darauf, daß der sächsische Kurfürst den Ketzer auslieferte, der es gewagt hatte, ihm ins Handwerk zu pfuschen. Er würde gewiß keine Ruhe geben, bevor ein größeres Feuer loderte als das in Friedrich von Sachsens Kamin.

»Habt Ihr seine Schriften gelesen?« Die Stimme des Fürsten riß Spalatin brüsk aus seinen Gedanken.

»Luthers Pamphlete? Ja, ich denke, ich kenne sie alle!«

»Er ist ein scharfsinniger kleiner Mönch, dieser Doktor Luther, nicht wahr? Ein Mann mit unkonventionellen Gedanken.« Der Kurfürst starrte stirnrunzelnd vor sich hin. »Ihr habt doch mit ihm gemeinsam die juristische Fakultät besucht, Spalatin – meint Ihr, er ließe sich … überzeugen?«

Spalatin stellte den Zinnbecher wieder an seinen Platz auf dem Kaminbord zurück. Wenn einer wußte, was im Kopf seines Herrn vorging, so war er es. Seit Monaten hielt er den Fürsten nun schon über die Predigten und Schriften des Mönchs auf dem laufenden, ohne daß Friedrich auch nur eine Gemütsregung zu entlocken gewesen war. Nun aber stand er unerwartet vor einer Entscheidung, mit der er nicht gerechnet haben konnte. Ergriff er für den Mönch Partei, der immerhin zu den bekanntesten Gelehrten seiner Universität zählte, so schadete er damit seiner Stellung unter den Reichsfürsten. Lieferte er ihn hingegen aus, so hatte er nicht nur die Humanisten mit ihrem Anspruch auf freie Forschung und Lehre gegen sich, sondern auch das einfache Volk.

»Ich verstehe den ganzen Wirbel nicht«, brummte Friedrich nach einigem Zaudern. »Luther hat doch nur einen Diskurs geführt – und zwar auf höchst beredte Weise ...« Er lief zu einem der verschnörkelten Schränke aus Ahornholz, öffnete eine Kassette und entnahm ihr einen in öligen Seidenstoff gehüllten Gegenstand. Spalatin erkannte sofort, daß es sich dabei um den unteren Teil eines Kieferknochens handelte. »Der Mann redet über Themen, die höchst interessant sind. Besonders für mich, der ich mein halbes Leben damit zugebracht habe, viel Geld für mein Seelenheil auszugeben. Und genau das erwarte ich auch von einem guten Gelehrten! Belehrung und Aufrichtigkeit!«

»Und was sollen wir dem Kardinal Cajetan mitteilen?« fragte Spalatin. Das plötzliche Interesse seines Herrn an dem eigensinnigen Mönch gab ihm zu denken. Aus halbgeschlossenen Lidern schaute er den Fürsten an. »Seit einigen Tagen befindet sich Doktor Luther wieder in Wittenberg. Es heißt, man habe ihn bereits in Augsburg, unmittelbar nach seinem Gespräch mit den römischen Gesandten, festnehmen wollen. Aber wie durch ein Wunder gelang es ihm, in

Verkleidung durch eine unbewachte Mauerpforte zu schlüpfen und so die Stadt zu verlassen.«

Der Kurfürst brach in polterndes Gelächter aus. »Ein Wunder?« jauchzte er. »Fehlte gerade noch, daß man ihn in einem Korb die Stadtmauer hinunterließ wie einst den heiligen Paulus. In diesem Fall, mein guter Spalatin, gebührte ihm gewiß der Ehrenplatz meiner Reliquiensammlung!«

»Aber, Durchlaucht ...«

»Schon gut, Spalatin!« Friedrich machte eine besänftigende Geste. Er legte den verhüllten Kieferknochen wieder in die Kassette zurück und schloß die Schranktür. Verwundert stellte er fest, daß er den Anblick seiner liebsten und kostbarsten Stücke nicht länger ertragen konnte. Einen Augenblick dachte er nach, dann sagte er: »Zu einem, der stärker ist als man selbst, kann man auf zwei verschiedene Arten *nein* sagen, guter Freund. Die erste ist, gar nichts zu äußern und fröhlich weiterzumachen, als hätte man nichts gehört. Dabei macht man sich die Zeit und die Trägheit zu Verbündeten ...«

»Und die zweite Art?«

In den Augen des schwerfälligen Fürsten blitzte es belustigt auf. Mit einem freundlichen Wink gebot er Spalatin, den Zinnbecher vom Kaminvorsprung zu nehmen und ihn herüber an den Tisch zu bringen. Der Sekretär gehorchte. Kurz darauf holte der Fürst einen Krug mit Wein aus einer Lade und füllte den gewärmten Becher bis zum Rand.

»Zweitens kann man auch auf eine so ausgesucht liebenswürdige Weise *nein* sagen, daß man dem anderen die Sinne raubt. Darauf, mein lieber Sekretarius, beruht die hohe Kunst der Diplomatie. Nur wenn beide Strategien fehlschlagen, gibt man nach ...«

»Oder man kämpft«, ergänzte Spalatin mit ernster Miene.

»Sehr richtig, mein Freund! Doch wenn man sich für den

Kampf entscheidet, muß man vorher sicherstellen, daß man ihn gewinnt!« Kurfürst Friedrich stellte den irdenen Weinkrug so heftig auf die Tischplatte, daß sein Inhalt über den Rand schwappte; eine Spur roter Tropfen sprenkelte den Alabaster. Sie sahen aus wie Blut in frisch gefallenem Schnee.

»Unser Mönch darf Rom nicht in die Hände fallen«, verkündete Friedrich voller Überzeugung. »Sie würden ihn töten, und uns, die wir ihn haben lehren lassen, würden sie dem Gespött des ganzen Reiches preisgeben. Für wen, zum Teufel, halten sich dieser Kardinal und sein jämmerlicher Stiefellecker, daß sie sich erdreisten, *meine* Universität eines solch brillanten Geistes berauben zu wollen?«

Spalatins Hände verkrampften sich um die Krempe seines eleganten Federhuts. Seine Besorgnis war nicht gewichen, dennoch fühlte er Erleichterung darüber, daß der Fürst sich endlich dazu aufgerafft hatte, seine Lethargie zu überwinden und Stellung zu beziehen. Und was die Machtprobe zwischen dem Heiligen Stuhl und Kursachsen betraf, so war das letzte Wort noch nicht gesprochen. Kurfürst Friedrich war ein weiser Herrscher, der in der Gunst des Kaisers stand. Vielleicht fanden sie gemeinsam doch noch einen Ausweg für den streitbaren Klosterbruder.

»Ich werde mir erlauben, noch heute einen Schutzbrief für Doktor Luther auszustellen, Euer Durchlaucht«, schlug er dienstbeflissen vor. »Einer meiner Schreiber kann ihn später zum Kloster hinübertragen.«

Friedrich lächelte seinen Sekretär an. »Nur keine Eile, mein Bester«, sagte er mit einem mitleidigen Schulterzucken. »Der Mönch kann warten. Zunächst solltet Ihr von meinem Wein kosten! Der Landgraf von Hessen war so freundlich, mir einen fürwahr sinnigen Tropfen aus seinen Kellern zukommen zu lassen!«

Als Spalatin sich einige Zeit später auf den Weg zum Schwarzen Kloster machte, um mit Martin über das Angebot des Kurfürsten zu sprechen, begannen unvermittelt die Glocken der Schloßkirche zu läuten.

Ihr Klang dröhnte dumpf, beinahe schwermütig über den Schloßplatz. Verwirrt blieb der Sekretär stehen und blickte zur Kuppel des nahen Turms hinauf. Zwei Raben umkreisten ihn, ihr Gekrächze klang aufdringlich, beinahe anklagend. Spalatin sog scharf die kalte Luft ein. Er konnte sich das sonderbare Sturmgeläut zu dieser Stunde einfach nicht erklären. Als er auf die Gasse hinausspähte, bemerkte er indessen, daß es nicht nur ihm so ging. Rund um den Kirchplatz und in den Straßen nahe des Stadttores ließen die Handwerker und Krämer von ihrem Tagwerk ab und scharten sich flüsternd zusammen.

Ehe Spalatin sich bei einem der Torwächter nach dem Grund für den Aufruhr erkundigen konnte, preschte plötzlich eine Handvoll Reiter in wilder Hast an ihm vorüber. Rücksichtslos drängten sie die Wachhabenden zur Seite und verschwanden jenseits des Torbogens, der auf den rechteckigen Innenhof führte. Das Schnauben der heiß gerittenen Pferde vermengte sich mit dem schweren Keuchen der erschöpften Männer.

Spalatin schluckte gereizt. Er hatte schlecht geschlafen und sich zum Frühstück lediglich einen Kanten Roggenbrot mit Käse sowie ein Schälchen Gerstenbrei gegönnt. Und nun tauchte auch noch eine Rotte ungestümer Flegel auf, die nach Ärger roch … Mißmutig hob er die Faust, um seinem Ärger Luft zu machen, als er jählings innehielt. Die Fremden waren in voluminöse Pelzumhänge gehüllt, ihre bärtigen Gesichter glänzten vor Kälte wie Wachs. Dennoch kam ihm zumindest einer der Ritter bekannt vor. Soweit er sich erinnerte, stand der Mann im Dienste des Kaisers und galt als enger Freund seines Herrn. Für Maximilian, der sich zeit seines Lebens gern mit Rittern, Bogenschützen und Waffenknechten umgeben hatte, war dieser Umgang nichts Ungewöhnliches, dennoch fragte sich Spalatin, was dessen Vertraute ausgerechnet mitten im Winter nach Sachsen führen mochte.

Kurz entschlossen machte er auf dem Absatz kehrt und lief den schmalen Weg entlang der Mauer zurück, bis er zur Freitreppe gelangte. Aus einiger Entfernung beobachtete er, wie vier Knechte aus dem hölzernen Vorbau des Wirtschaftsgebäudes eilten, um den Rittern beim Absteigen behilflich zu sein. Ihr Anführer, ein mittelgroßer Kerl mit breiten Schultern, warf den Burschen nicht etwa eine Münze zu, sondern drohte ihnen Prügel an, falls sie sein Pferd nicht gut versorgten. Dann erklomm er, gefolgt von den beiden anderen Männern, die Steintreppe.

»Einen Moment, Ihr Herren«, rief Spalatin, so beherrscht er konnte. Die eingebildeten Rüpel waren ihm höchst zuwider. Er verspürte nicht die geringste Neigung, sich mit ihnen herumzuschlagen, doch wenn sie darauf bestanden, mit dem Kurfürsten zu reden, so war es seine Aufgabe, sie ordnungsgemäß anzumelden. Ohne zu zögern, hastete er den drei Rittern hinterher, die auf der Stelle stehenblieben und sich nach ihm umwandten.

Mit geöffneten Lippen starrte ihr Anführer Spalatin an. Mund und Kinn des Mannes wurden von einem gestutzten schwarzen Bart eingerahmt, in dem winzige Eiskristalle glitzerten. »Was wollt Ihr?« fragte er mit mühsam unterdrücktem Zorn. Seine Begleiter verschränkten abwartend die Arme vor der Brust. In ihren Pelzgewändern sahen sie aus wie unbeholfene Bären, die aus dem Winterschlaf gerissen worden waren.

»Ich bin Georg Spalatin, Sekretär der höfischen Kanzlei

und Berater Seiner Durchlaucht des Kurfürsten von Sachsen. Und ich möchte auf der Stelle wissen, ob Ihr den Befehl gegeben habt, die Glocken der Schloßkirche zu läuten.«

Der Ritter lachte freudlos auf. Seine boshaften kleinen Augen musterten Spalatin mit gefährlicher Herablassung. Gewiß hatte er schon von dem geheimen Ratgeber des Fürsten gehört, aber gerade der Umstand, daß dieser augenscheinlich noch nicht wußte, was geschehen war, schien ihm diebisches Vergnügen zu bereiten. »Laßt uns gefälligst vorbei«, sagte er. »Meine Männer und ich kommen aus Wels, vom Hof des Kaisers. Wir haben eine Depesche für Seine Durchlaucht, den Kurfürsten von Sachsen!«

Spalatin erschrak bis in die Knochen. Schon wieder eine neue Nachricht, dachte er. Doch diesmal nicht vom Bischof, sondern von Kaiser Maximilian persönlich. Wenn der Kaiser nun auch noch beschlossen hat, Druck auf Friedrich auszuüben, sind meinem Herrn die Hände gebunden. Dann muß er Martin Luther der Inquisition ausliefern.

»Also ... überbringt Ihr Grüße unseres gnädigen Kaisers«, stammelte er, ohne sich an den spöttischen Blicken der Umstehenden zu stören. Es dauerte ein paar Momente, bis er begriff, daß er auf der falschen Fährte war.

Der Ritter hob seine buschigen Augenbrauen, während die Burschen hinter ihm plötzlich betreten zu Boden schauten. »Grüße aus dem Jenseits, Sekretarius«, flüsterte der Mann ihm ins Ohr. »Kaiser Maximilian ist tot!«

Der Brief des kaiserlichen Reichsritters enthüllte Spalatin und seinem Herrn die bittere Wahrheit. Kaiser Maximilian, den man hinter vorgehaltener Hand gern den »letzten Ritter« genannt hatte, war zwei Wochen nach dem Fest der Heiligen Drei Könige in seinem Winterpalast zu Wels gestorben. Noch auf dem Totenbett hatte man dem Kaiser den

Ring vom Finger gewunden, um ihn seinem Enkel Karl nach Spanien zu senden.

»Vor der Bestattung verfügte er, daß man ihm den Körper geißeln, den Kopf kahl scheren und die Zähne aus dem Mund brechen solle«, las Kurfürst Friedrich mit unheilverkündender Stimme aus der Depesche vor. »Zu Lebzeiten war er ein großer Herrscher, doch es war sein Wunsch, als Büßer, im Gewand eines Franziskanermönchs, vor seinen Schöpfer zu treten. Friede seiner unsterblichen Seele!« Mit einem tiefen Seufzer reichte er Spalatin den Brief und bekreuzigte sich. Sein teilnahmsloses Gesicht strafte die kummervolle Äußerung jedoch Lügen.

»Der letzte Reichstag hat den Kaiser zermürbt«, mutmaßte Spalatin. »Der Papst verlangte von ihm die Ausrüstung eines regelrechten Kreuzzugs gegen die Türken. Als er Augsburg verließ, um sich nach Innsbruck zu begeben, weigerte sich die Stadt, ihm und seinem Gefolge die Tore zu öffnen, weil er der Bürgerschaft noch eine hohe Geldsumme schuldete. 24 000 Gulden waren es, wenn ich mich recht entsinne. Damals muß das Fieber bereits in ihm gewütet haben.«

Friedrich rieb sich fröstelnd die Hände. Vor dem Fenster der Jagdkammer, in der sich die Männer aufhielten, wirbelten Schneeflocken auf und nieder. Die Ziegel der Türme und die Zinnen ringsum waren bereits unter einer dicken Schneehaube verschwunden.

Und nun steht uns eine Kaiserwahl bevor, dachte der Fürst. Eine Wahl, bei der die sächsische Stimme von großer Bedeutung sein wird.

Während sich die Fürsten des Heiligen Römischen Reiches Deutscher Nation auf die Begräbnisfeierlichkeiten zu Ehren des verstorbenen Kaisers vorbereiteten, kehrte Girolamo Aleander nach Rom zurück.

Zum ersten Mal in seinem Leben fühlte er sich ermattet, kraftlos und desillusioniert. Nach den gescheiterten Gesprächen im Bischofspalast zu Augsburg war er an der Seite Cajetans nach Linz weitergereist, wo sein Mentor die Abfassung und den Druck neuer Ablaßdekrete in Auftrag gegeben hatte. Durch diese neuen Erlasse wurde die traditionelle, von Luther bekämpfte Ablaßanschauung päpstlich sanktioniert. Der Kampf gegen sie war also von nun an auch aus kirchenrechtlicher Sicht ein Kampf gegen die Kirche. Dem Kardinal war es sogar gelungen, sich mit dem kranken Kaiser zu beraten, und der alte Mann hatte ihm zugehört, obwohl sein Geist schon vernebelt gewesen sein mußte. Eine kurze Weile hatte es so ausgesehen, als könne Cajetan ein kaiserliches Mandat gegen die Irrlehren des Martin Luther erwirken. Doch dann war Maximilian plötzlich verstorben. Sein Tod hatte Aleanders Hoffnungen auf eine Stärkung der päpstlichen Position im Reich mit einem Schlag zunichte gemacht. Maximilian war ein frommer Monarch gewesen, der sich um die Einheit der Kirche besorgt gezeigt hatte, doch dies war nicht der einzige Grund, weshalb Aleander seinen Tod beklagte. Ebenso wie er selbst war auch der Verstorbene davon überzeugt gewesen, daß eine grundlegende Reform des Reiches notwendig und unabdingbar war. Während der vergangenen dreißig Jahre hatten neue Kräfte den Anspruch erhoben mitzubestimmen. Fürsten wie der Sachse zu Wittenberg. Bischöfe wie Albrecht von Mainz. Hinzu kam, daß sich immer mehr Edelleute bei reichen Kaufleuten wie den Häusern Fugger und Welser verschuldeten. Verarmte Ritter schreckten nicht länger davor zurück, ihre dreisten Forderungen auf den Landstraßen mit Waffengewalt durchzusetzen. Ein geradezu empörendes Durcheinander, dem kaum einer Herr zu werden vermochte. Kaiser Maximilian hatte sich einem Reichsrat lange entziehen können, und diese

Haltung respektierte Aleander aus ganzem Herzen. Er war davon überzeugt, daß nur die höchste Obrigkeit von Gott berufen war, Reformen in Gang zu setzen; dem Pöbel aber schuldete sie gewiß keine Rechenschaft.

Nun bewarben sich zwei Männer um die Nachfolge des Kaisers, die Aleander nicht recht einzuschätzen wußte. Franz I. aus dem französischen Königshaus der Valois gab unverblümt zu verstehen, daß es ihm allein um die Interessen seines eigenen Landes ging. Hinter seiner Bewerbung verbarg sich demnach die Furcht vor einer habsburgischen Einkreisung. König Karl von Spanien, Maximilians Enkel, war indessen ein Jüngling von gerade einmal neunzehn Jahren. Aus verschiedenen Gesprächen mit Kardinal Cajetan wußte Aleander, daß der Papst den Habsburger ablehnte, weil dieser nicht nur österreichischer Erbfolger war, sondern auch noch Anspruch auf die spanischen Kolonien, einschließlich der überseeischen, auf Burgund und Neapel-Sizilien erhob. Im Falle eines Wahlsieges würde der junge Mann somit Herr über ein Reich sein, das mächtiger war, als selbst der Papst es sich vorstellen konnte.

Als Aleander nach seiner Rückkehr die privaten Räume des Papstes aufsuchte, wurde er von dessen kauzigem Zeremonienmeister in ein Gemach geführt, das von Weltkugeln und Landkarten geradezu überquoll. Die Wände waren übersät von Meisterwerken der Kartographie, und auf schrägen Tableaus lagen riesige Bögen aus feinem Kalbsleder. Aleander blickte sich ehrfürchtig um. Einige der Zeichnungen spiegelten das alte Ptolemäische Weltbild wider, während auf anderen bereits einige der neuen Territorien jenseits des Ozeans zu sehen waren, welche der Genueser Kolumbus in spanischen Diensten entdeckt haben wollte.

Papst Leo war überraschend gut gelaunt, als Aleander sich vor ihm niederkniete und den funkelnden Stein an seinem

Finger mit den Lippen berührte. Cajetan weilte bereits bei ihm. Der Kardinal sah bleich und übernächtigt aus; entgegen seiner sonstigen Sorge um seinen Körper wirkten die Haare unter der Haube wirr und ungepflegt. Seine Haut war fast grau, und die scharf geschnittene Nase stach zwischen den Augen hervor wie ein geschliffener Fleischerhaken.

Aleander erhob sich, ohne Cajetan auf dessen Befinden anzusprechen. Auf einem der kunstvoll gedrechselten Kartenhalter erkannte er einen zerknitterten Holzschnitt, den sich die beiden Männer offenbar kurz vor seinem Eintreffen angesehen hatten, Papst Leo mit wahrnehmbarer Heiterkeit, der Kardinal mißmutig vor sich hin murmelnd.

»Schaut Euch den Schnitt nur an, Aleander«, rief Leo und grinste verschmitzt wie ein Gassenjunge. »Euer deutscher Freund hat ein neues Spottbild in Umlauf gebracht ... wo ich wie Auswurf vor seiner Nase hänge!«

Aleanders Kehle entwich ein keuchender Laut. Während der vergangenen Tage hatte die bevorstehende Kaiserwahl seine Gedanken beherrscht, darüber waren die Probleme mit dem Wittenberger Mönch fast in den Hintergrund gerückt.

»Er hat einen derben Sinn für Humor, Eure Heiligkeit«, sagte Cajetan. Gebannt verfolgte er, wie der Papst eine weitere Karikatur zur Hand nahm. Dabei kniff der ein Auge zu, als begutachte er ein künstlerisches Meisterwerk von hohem Wert. Die Zeichnung, das mußte selbst Aleander zugeben, war in der Tat vorzüglich gelungen. Sie zeigte einen Esel, der mit scheelem Blick Harfe spielte. Papst Leo hielt sie Cajetan hin.

»Dies ist bislang mein Lieblingsbild! Er nennt Euch einen Harfe spielenden Esel, Cajetan. Erinnert mich irgendwie an Erasmus von Rotterdam.«

Der Kardinal verzog das Gesicht, als litte er unter Zahnschmerzen. Er ahnte, was der Papst mit seiner Anspielung auf den Niederländer sagen wollte. Erasmus war ein bekannter und überaus geachteter Gelehrter, der sich mit seiner Begabung für die lateinische und griechische Sprache und dem beißenden Spott seiner Feder allerdings nicht nur Freunde gemacht hatte. Alle Sünde kommt von der menschlichen Dummheit, lehrten die Kirchenväter. Erasmus hingegen verkündigte, die Dummheit sei ein Segen für die Menschen, nur sie mache das Leben erträglicher. Ein harmloser Humanist und Zyniker, befand Cajetan. Nie wäre es Erasmus in den Sinn gekommen, sich auf einen Machtkampf mit der heiligen Kirche einzulassen. Und noch ein weiterer Unterschied zu Luther fiel ihm ein: »Erasmus schrieb auf Latein, Eure Heiligkeit. Luther hingegen schreibt auf deutsch!«

Aleander nickte eifrig. »Das ist auch seine gefährlichste Waffe«, erklärte er aufgebracht. »Der Mönch ist ein derber, ungestümer Mann. Einer von der Art, die Hand anlegt und sich somit das Vertrauen der Armen erwirbt. Aber seine Predigten sollen von großer Weisheit und Kenntnis der heiligen Schriften zeugen. In Deutschland gibt es nämlich Priester, die sich einen Dreck um ihre Sprengel scheren. Nicht einmal ihren eigenen Namen können sie lesen. Die Bediensteten, die den Abtritt Eurer Heiligkeit reinigen, sind gebildeter als diese Einfaltspinsel. Doktor Luther ist da ... anders. Ein begabter Gelehrter, der die Ängste und Nöte des Volkes kennt. Seine Umgangsformen mögen denen eines ungeschlachten Bauerntölpels gleichen, aber gerade weil er die Sprache des einfachen Mannes spricht, fliegen ihm die Herzen der Menschen zu.«

»Das hört sich beinahe so an, als hegtet Ihr insgeheim Bewunderung für ihn«, sagte der Papst spröde. Er legte die Karikatur zurück auf den Kartenständer. Der sanfte Unterton, der in seiner Stimme schwang, war indessen kaum dazu angetan, Aleanders gespannte Nerven zu beruhigen. »Ich bewundere Mut und Scharfsinn, Eure Heiligkeit«, erklärte er nach einer Weile. »Ketzerei ist mir jedoch zutiefst zuwider!«

Das Lächeln des Papstes gefror. »Ihr überschätzt Luthers Bedeutung, mein Freund. Er ist nicht der erste, der verheerende Mißbräuche innerhalb der Kirche entdeckt zu haben glaubt, und er wird auch nicht der letzte sein.«

Aleander setzte zu einer Entgegnung an, aber nun gebot ihm der Kardinal, der bisher still zugehört hatte, mit einer energischen Handbewegung zu schweigen. »Ich muß zugeben, daß ich einige von Doktor Luthers Bedenken teile, Eure Heiligkeit«, sagte Cajetan niedergeschlagen. »Gewiß. Doch ein Eingeständnis dieser Art würde der Kirche empfindlichen Schaden zufügen. Was wir brauchen, ist Glaubwürdigkeit ...«

»Ich nehme an, euer deutsches Mönchlein wäre nicht an einem Kardinalshut interessiert?«

»Wie ich den Mann kennengelernt habe, würde er ihn in die Elbe werfen und einen Hagel Steine hinterherschicken, um ihn nur rasch genug zu versenken!«

»Dann müssen wir uns etwas anderes überlegen ...«

Aleander hatte seinem Mentor kaum zugehört. Gedankenverloren starrte er auf eine monumentale Karte, welche mit zugeschliffenen Dolchen an die Rückwand des Raumes geheftet worden war. Die Linien und Umrisse der Länder und Meere, die von geschickter Hand auf ihr verzeichnet worden waren, verschwammen vor seinen Augen; allein das Herz der Karte leuchtete ihm in grellen Rottönen entgegen. Beinahe glaubte er, dieses gewaltige Herz im Raum schlagen zu hören. Der Kartograph hatte sieben Hügel entworfen, welche den Mittelpunkt der Welt darstellen sollten. Auf jedem der Hügel schwebte eine winzige Krone aus Blattgold.

»Wir müssen Druck auf Kurfürst Friedrich ausüben, Eure Heiligkeit«, sagte Aleander unvermittelt. Seine Stimme klang scharf und schneidend. »Glaubt mir: Friedrich ist unser Schlüssel zu Luther.«

Der Papst schüttelte mit leiser Mißbilligung den Kopf. Aleanders Stimmungsschwankung gefiel ihm nicht. Besorgt stellte er fest, daß Cajetans Vertrauter sich verändert hatte, seit er aus Deutschland zurückgekehrt war. Aus seinem kühlen Eifer für die Sache der Kurie war blanke Besessenheit geworden. Doch wenn man es genau betrachtete, so waren die Einfälle des jungen Mannes in der Regel recht brauchbar. Man mußte nur verstehen, sie auf die eigenen Ziele und Umstände abzustimmen. Daher antwortete Leo: »Ihr solltet mich nicht länger mit dem Geschwätz um Martin Luther langweilen. Was wir brauchen, ist ein zuverlässiger Kaiser, der bereit ist, sich für das Papsttum einzusetzen. Danach wird sich alles übrige finden.«

»Soll das etwa heißen, daß Ihr die Kandidatur des Habsburgers nicht unterstützen werdet?« rief Cajetan. Seine Augen weiteten sich in ungläubigem Staunen. »Aber ... was habt Ihr nur gegen Karl? Er ist ein frommer Mann ...«

»Unfug! Der Habsburger ist ein Knabe, der es sich in den Kopf gesetzt hat, mit der Welt zu spielen!« Zielstrebig durchquerte Papst Leo den Raum und riß mit einer einzigen Bewegung seiner Hand die große Wandkarte herunter. »Ein Reich, das sich vom Atlantik bis zum Schwarzen Meer erstreckt, ist gewiß nicht im Interesse Roms.«

»Eine geteilte Kirche aber auch nicht, Heiligkeit!« Aleander, der das Gefühl hatte, seinem Mentor zu Hilfe kommen zu müssen, schlug beschwörend die Hände zusammen, was Leos jäh aufflackernde Wut nur noch vergrößerte. »Die Wahl des Kaisers könnte ein Jahr in Anspruch nehmen, und das Reich steht am Rande eines Aufruhrs ...«

»Genug davon«, fauchte der Papst. »Ich brauche Friedrichs Unterstützung ... Er muß gegen Karl und für den

Franzosen stimmen. Und ich bin es überdrüssig, daß Ihr und der Kardinal nie erfaßt, was wirklich von Belang ist.« Er gab sich einen Augenblick Zeit, um seiner plötzlichen Erregung Herr zu werden. Anschließend verkündete er entschlossen: »Der sächsische Kurfürst ist ein großer Sammler, nicht wahr? Ich denke, es ist an der Zeit, ihm einen kleinen Beweis meiner Gunst zu schicken. Etwas ... Einzigartiges! Ein Stück aus den Schatzkammern des päpstlichen Palastes, das den frömmelnden Narren für alle Ewigkeit an unseren Stuhl binden wird!«

»Wie Ihr wünscht, Heiligkeit.« Cajetan beugte schwankend ein Knie vor dem Pontifex. »Ich werde meine Bediensteten sogleich anweisen ...«

»Bemüht Euch nicht«, antwortete Leo kühl. Seine gute Laune war inzwischen restlos verflogen. Mit gerunzelter Stirn funkelte er Cajetan an. »Euer Versagen in Augsburg schmeckt mir noch gar zu bitter auf der Zunge. Nein, ich werde den ehrenwerten Karl von Miltitz an Eurer Statt als Nuntius an den sächsischen Hof senden.«

Ich beneide ihn nicht, dachte Aleander müde. Er neigte den Kopf und beeilte sich, den zutiefst gekränkten Kardinal zur Tür zu begleiten.

Karl von Miltitz war ein Mann, der sich auf dem Boden der hohen Diplomatie seit Jahren mit formvollendeter Eleganz bewegte. Neben einem tadellosen Ruf besaß er auch das Vertrauen des Papstes, was seinen Missionen für gewöhnlich Erfolg bescherte. Zudem war er mit den Verhältnissen im Hause des Kurfürsten bestens vertraut, denn seine Stellung als sächsischer Kammerherr erlaubte es ihm, sich frei und ungezwungen zwischen Friedrichs Edelleuten zu bewegen und deren Stimmung zu erforschen.

Die Instruktionen, welche die Kurie von Miltitz mit auf

den Weg nach Kursachsen gegeben hatte, waren überaus vorsichtig und unverbindlich gehalten, dennoch wußte der Kammerherr genau, was der Heilige Vater von ihm erwartete. Er sollte die Gesinnung des Kurfürsten auskundschaften, sich aber ansonsten tunlichst zurückhalten. Weder Papst Leo noch Kardinal Cajetan dachten an einen Ausgleich mit Ketzern und all denen, die ihnen Schutz gewährten. Dies wußte auch Karl von Miltitz, als er dem Kurfürsten im großen Saal des Wittenberger Schlosses gegenüberstand.

Ungeniert ließ der päpstliche Bote seine Blicke über die verräucherten, dunklen Deckenbalken wandern, maß die halb fertigen Fresken an den Wänden und die Teppiche auf den blank gescheuerten Dielen mit einem gezierten Lächeln und wandte sich zuletzt dem Fürsten zu. Leutselig entbot er Friedrich die Grüße des Papstes und beeilte sich zu versichern, daß es für ihn eine große Ehre bedeute, von ihm, dem frommen Landesherrn, persönlich empfangen zu werden.

Der Fürst nahm das Kompliment mit einem gnädigen Nicken entgegen. Sein prunkvoller, mit hellem Ziegenleder bespannter Sessel stand zwischen den weit geöffneten Flügeltüren des Rundturmes, von wo aus er einen hervorragenden Überblick über das Geschehen im Saal hatte. Nachdenklich winkelte er die Beine an und drehte mit zwei Fingern die Spitzen seines Schnurrbartes. Wie gewöhnlich verbargen sich die Gedanken und Launen des Mannes hinter einer Maske aus Melancholie, Höflichkeit und vorsichtiger Zurückhaltung.

Was hat dieser von Miltitz wirklich vor? fragte sich Spalatin, der, nur wenige Schritte von seinem Herrn entfernt, in einer Fensternische stand. Er musterte den zierlichen Kammerherrn mit abschätzigen Blicken. Glaubten er und seine Auftraggeber etwa, daß sich Friedrich durch ein aufgesetztes, weibisches Grinsen ködern ließ?

»Ich habe ein Geschenk von Seiner Heiligkeit mitgebracht«, säuselte von Miltitz. »Er bat mich, Eurer Durchlaucht zu bestellen, daß er die höchste Wertschätzung für Sachsens Herrscher empfindet.« Von Miltitz schnippte mit dem Finger, woraufhin sein Diener, ein von häßlichen Brandnarben entstellter Mann in schwarzer Lederkluft, vortrat und ihm eine mit rotem Samt überzogene Kassette reichte. Höflich hielt der Gesandte Friedrich das Kästchen hin und klappte den Deckel auf.

Bewunderndes Gemurmel lief durch die Reihen der Höflinge und ihrer Damen, als sie den glitzernden Gegenstand erkannten, der unter dem zierlichen Kissen zum Vorschein kam. Es war ein wahres Wunder der Schmiedekunst: die goldene Rose der heiligen Stadt Rom.

Friedrich betrachtete das Kleinod voller Entzücken; der Glanz in seinen Augen und das leichte Beben seiner Fingerspitzen verrieten die wachsende Erregung in seiner Brust. Mit einem leisen Stöhnen nahm er von Miltitz das Samtkästchen aus der Hand, wobei er sich von seinem Stuhl erhob und feierlich in die staunende Runde blickte. Einige der Höflinge klatschten Beifall. Spalatin trat ebenfalls aus der Nische hervor. Sorgenvoll schüttelte er den Kopf. Nein, dachte er. Friedrich darf das Geschenk nicht annehmen, sosehr es ihn auch verzaubern mag. Merkt er denn überhaupt nicht, daß es dreißig Silberlinge sind, die der Papst ihm durch von Miltitz in die Hände legt?

»Seiner Heiligkeit ist viel daran gelegen, die Stürme zu beschwichtigen, die während der letzten Monate über Euer armes Fürstentum brausten, Durchlaucht«, sagte der päpstliche Bote mit einem einnehmenden Lächeln. Er machte drei Schritte zurück, damit sein eigener Schatten den Glanz der goldenen Rose nicht verdüstern konnte. Insgeheim aber freute er sich. Sein Plan schien aufzugehen; Friedrich war vom Anblick des Kleinods so gefangen, daß er nur zerstreut mit den Schultern zuckte.

»Weiterhin habe ich mir erlaubt, den Dominikaner Tetzel, der Eure braven Untertanen verwirrte, zu einer Disputation nach Altenburg zu laden«, fuhr von Miltitz fort. »Allerdings glaube ich nicht, daß er erscheinen wird. Der Mann ist am Ende …«

»Aber Doktor Luther ist noch lange nicht am Ende, Euer Gnaden«, warf Spalatin ein. »Ihr wißt so gut wie ich, daß …« Erschrocken biß er sich auf die Unterlippe. Der Kurfürst hatte ihm vor der Audienz befohlen, sich nicht einzumischen, doch was sollte er tun? Die honigsüßen Worte des Kammerherrn waren gefährlicher als Beschwerden oder Drohungen; sie stiegen zu Kopf wie schwerer Wein und vergifteten Herzen wie Arsenik. Dies bewiesen die entrüsteten Mienen der Kämmerer und Edeldamen zu Genüge. Offenkundig hatte von Miltitz bereits etliche Edelleute auf seine Seite gezogen. Kurz entschlossen warf der Sekretär die Schultern zurück und drängte sich erhobenen Hauptes durch die Gruppen von Hofleuten, Bediensteten und Musikanten, die ihm leise tuschelnd Platz machten.

»Habe ich Euer Mißfallen erregt, Herr Spalatin?« fragte von Miltitz mit einem unschuldigen Lächeln. Einem unsichtbaren Befehl folgend, tauchte sein schwarz gekleideter Diener wieder hinter ihm auf. Der vierschrötige Mann verschränkte die stählernen Arme und maß Spalatin mit einem durchdringenden Blick, der nichts Gutes verhieß. Im gnadenlosen Schein der brennenden Kandelaber sah er wie ein Racheengel aus.

»Ich weiß, warum Euch der Heilige Vater nach Wittenberg geschickt hat, Euer Gnaden«, zischte Spalatin wütend. »Er ist doch nach wie vor darauf aus, Doktor Luther als angeblichen Ketzer in seine Gewalt zu bekommen, oder?«

»*Sekretarius* ...« Kurfürst Friedrich stapfte zu den beiden Männern und packte Spalatin grob am Ärmel. »Was soll dieser Auftritt bedeuten?« fuhr er seinen Vertrauten verärgert an. Spalatin wollte etwas entgegnen, doch der versteinerte Gesichtsausdruck des Fürsten ließ ihn seinen Protest rasch vergessen.

»Ich kann mich nicht daran erinnern, Euch das Wort erteilt zu haben. Nein, keine Widerrede, Spalatin. Der ehrenwerte Kammerherr hat uns ein vorzügliches Geschenk überbracht. Sorgt dafür, daß er sechshundert Dukaten als Zeichen unserer Dankbarkeit erhält!«

»Aber Durchlaucht, die Rose ist gewiß nicht so viel wert ...«

»Ich erwarte Euch nach dem Nachtmahl in meinen privaten Gemächern, Spalatin«, befahl der Kurfürst streng. Dabei hüpfte das schwere Medaillon, das er über seinem Wams aus gefüttertem flämischem Seidendamast trug, bei jedem Atemzug auf und nieder. Ohne weiteren Kommentar machte Friedrich kehrt und zog sich in den Rundturm zurück. Zwei seiner Bediensteten schlossen eilfertig die Eichentüren hinter ihrem Herrn. Mit einem dumpfen Laut fielen die beiden Flügel ins Schloß. Auf Spalatin wirkte das überstürzte Ende der Ratsstunde wie eine schlecht gespielte Komödie. Ein Schauspiel mit Gauklern, die an unsichtbaren Fäden zappelten. Karl von Miltitz war indessen sichtlich zufrieden. Er schien sich seiner Sache gewiß zu sein. Mit einem triumphierenden Lächeln winkte er seinem Diener, ihm zu folgen.

»Es tut mir leid, daß ich Euch angeschrien habe, Spalatin«, sagte Friedrich, als der Sekretär sich ein paar Stunden später in seiner Kammer mit den Reliquien eingefunden hatte. Inzwischen war es Nacht geworden. Die Geräusche auf den

Fluren und in den tiefer gelegenen Stuben und Gemächern waren längst verklungen, nur in einigen wenigen Fenstern des Südflügels spiegelte sich noch fahles Kerzenlicht in den dünnen Scheiben.

»Aber Durchlaucht, ich bitte Euch ... Es war meine Schuld, niemals hätte ich mich im Ton vergreifen dürfen. Schon gar nicht in Gegenwart eines päpstlichen Gesandten!«

Der Kurfürst schürzte abwägend die Lippen. »Von Miltitz wurde nicht als offizieller Nuntius an meinen Hof geschickt«, sagte er. »Er kam als Spion!«

»Ich wußte es.« Spalatin konnte seine Erleichterung kaum verbergen. Nach Friedrichs Worten hatte er sich unnötige Sorgen gemacht. Der Kurfürst war nicht auf die schönen Worte des Kammerherrn hereingefallen, sondern hatte erkannt, daß von Miltitz sich am Hof einschleichen wollte, um Wege zu finden, wie der Papst seine Dekrete doch noch durchsetzen konnte. Mit einemmal hielt er inne. »Warum soll von Miltitz dann so viel Geld aus unserer Kasse bekommen?« wollte er wissen.

»Macht Euch keine Gedanken, mein Freund. Der Kammerherr soll sich ruhig eine Nacht lang in dem Gefühl sonnen, uns mit seiner großzügigen Gabe überrumpelt zu haben. Morgen früh werdet Ihr ihm mitteilen, daß ich nicht die Absicht habe, Doktor Luther auszuliefern!« Friedrich zwängte sich zwischen zwei wuchtigen spanischen Kommoden vorbei. Dahinter stand auf einer Konsole die Kassette mit der Rose des Papstes. Er öffnete sie und fuhr versonnen mit dem Zeigefinger über das kühle Edelmetall. Sein Atem rasselte dabei, als verlange ihm die Berührung besondere Kräfte ab.

»Wenn dies erledigt ist, nehmt dieses Geschenk und schafft es mir aus den Augen – zusammen mit all den anderen Reliquien«, sagte der Fürst mit dünner Stimme. »Ich wünsche, daß sie an einem Ort aufbewahrt werden, wo ich sie niemals wieder sehen kann.«

Spalatin glaubte seinen Ohren nicht zu trauen. Seit er in Friedrichs Diensten stand, war die Sammlung sein ganzer Stolz gewesen. Viele Jahre hatte er damit zugebracht, sie sorgsam zu hegen, zu pflegen und zu mehren. Und nun will er sich von ihr trennen, dachte der Sekretär entgeistert. Entgegen seiner sonst so kühlen, berechnenden Art widerstand er dem Impuls, ans Fenster zu treten und in die klare Winternacht hinauszustarren, denn er befürchtete, daß sich Gewitterwolken am Himmel zeigen würden, sobald er Hand an die Reliquien legte. Als sein Blick jedoch auf die reglose Gestalt des Kurfürsten fiel, schwanden die Bedenken. Im Schein der Lampe sah der schwerfällige Mann plötzlich so sorglos und unbeschwert aus, wie Spalatin ihn noch selten zuvor erlebt hatte. Von seinem Gesicht glitt jegliche Spur von Lethargie und Teilnahmslosigkeit ab wie Öl von einem glatten Stein. Vergnügt schritt er durch den Raum, nahm eine Lampe vom Haken und sagte: »Doktor Luther predigt, man solle der Heiligen Schrift mehr Vertrauen schenken als den Worten derer, die sie dem Volk vorenthalten. Nun gut, ich habe dies beherzigt und die Briefe des Apostels Paulus gelesen. Wißt Ihr, was ich dort gefunden habe?«

Spalatin schüttelte verwirrt den Kopf.

»Als ich ein Kind war, redete ich wie ein Kind und verstand wie ein Kind und dachte wie ein Kind; da ich aber ein Mann ward, tat ich ab, was kindisch war …« Er machte eine kleine Pause, dann fügte er hinzu: »Ich finde, diese düstere Kammer könnte ein wenig Licht gut vertragen, meint Ihr nicht auch?«

»Gewiß, Euer Durchlaucht, aber wenn ich Euch einen Rat geben darf: Macht bitte keine neue Betstube für den Mönch und seine Anhänger aus ihr.«

Friedrich lachte so herzlich, daß ihm die Tränen in die Augen schossen. Sein Gelächter drang bis hinaus auf den Flur, wo die beiden Wächter erschrocken von ihrem Würfelspiel aufblickten.

Der Heiterkeitsausbruch des Fürsten währte indessen lediglich ein paar Momente. Unvermittelt wurde er wieder ernst und schaute seinen Sekretär zweifelnd an. »Ein wenig bestürzt es mich schon, daß die dachten, sie könnten mich so leicht bestechen«, sagte er. »Nun gut, es bleibt abzuwarten, wer aus diesem Machtkampf als Sieger hervorgehen wird. Der Heilige Vater, Doktor Luther, Sachsen oder – der neue Kaiser ...«

»Ich werde in den nächsten Tagen zur Universität gehen und mich mit Professor Karlstadt und den anderen Magistern beraten«, versprach Spalatin. Er versuchte, ein ermutigendes Lächeln aufzusetzen, was ihm jedoch gänzlich mißlang. Widerstrebend gestand er sich ein, daß seine Stärken nicht darin lagen, zur Melancholie neigenden Herren Trost zu spenden. Dessenungeachtet war er sich im klaren darüber, daß Friedrich seine eigene Position als Landesfürst in Gefahr brachte. Im Interesse seines Fürsten mußte er Bruder Martinus weiterhin im Auge behalten, um herauszufinden, was der Mönch als nächstes zu tun beabsichtigte.

Dreizehntes Kapitel

Martin saß an seinem Schreibtisch in der Nebenkammer des Hörsaales und schrieb im Licht einer einzigen Kerze. Um ihn herum herrschte absolute Stille, die nur gelegentlich durch die Schläge einer Glocke zerrissen wurde. Auf seinem Tisch und den Stehpulten lagen Dutzende von Briefen aus allen Teilen des Reiches. Studenten hatten ihm geschrieben, humanistische Gelehrte bestürmten ihn mit Fragen und Kommentaren, die einer Antwort bedurften.

Einen Augenblick lang hielt er inne und lauschte mit angespannter Miene, ehe er erleichtert ausatmete. Er blickte auf die engbeschriebenen Bogen Papier und die zerbrochenen Gänsefedern. Seit den frühen Abendstunden saß er nun schon hier wie festgenagelt, und wann immer er aufstehen und das Licht löschen wollte, geisterten ihm neue Gedanken durch den Kopf, die er für so wichtig hielt, daß er sie unbedingt niederschreiben mußte. Unwillkürlich mußte er an das Verhör des Kardinals denken und an dessen Begleiter, den Italiener ... Wie hatte der sich genannt? Girolamo Aleander. Martin stieß einen Seufzer aus. Es kam ihm wie ein Wunder vor, daß er der Gefahr in Augsburg entronnen war. Buchstäblich im letzten Augenblick hatte er sich in Sicherheit bringen können. Die Erfahrung in Cajetans Palast hatte ihn indessen nicht davon abgehalten, auch in den folgenden Wochen durch Schriften und hitzige Diskussionen seine Ansichten über das Verständnis des christlichen Glaubens und Lebens kundzutun. Wochenlang hatte er sich in Leipzig aufgehalten und auf der dort gelegenen Pleißenburg mit den angesehensten Gelehrten des Reiches gesprochen. Hart und scharf waren die Worte gewesen, die ihm die Opponenten, allen voran der Ingolstädter Theologe Johann Meier von Eck, entgegengeschleudert hatten. Dieser Ingolstädter warf Martin vor, sich der für ketzerisch erklärten Lehre des einst in Konstanz verbrannten Böhmen Hus verschrieben zu haben. Zuletzt waren die Gespräche auf der Burg abgebrochen worden. Keine der streitenden Parteien war auch nur ein Zoll von ihrem Standpunkt abgewichen.

Alle diese Vorwürfe müssen doch einen Sinn haben, dachte Martin und schlug in einem Anflug von Unbeherrschtheit mit der geballten Faust auf den Tisch. Dafür zu sorgen, daß die Wahrheit gesehen und erkannt wird, ist schwierig. Genau wie die Einsamkeit, welche die Wahrheit mit sich bringt, schwer zu ertragen ist. Gott hat mich aus einer geistigen Gefangenschaft geführt, gewiß möchte er nicht, daß ich nun schweige, sondern freimütig bekenne, was ich meinen Brüdern und Schwestern zu sagen habe.

Tief in Gedanken versunken, bemerkte Martin kaum, daß er immer wieder die gleichen Wörter auf die vergilbten Blätter kritzelte: *Gefangenschaft* und *Freiheit.* Die Kirche befindet sich in Gefangenschaft, so wie die Kinder Israels einst in Babylon Gefangene gewesen waren. Das Volk aber sehnt sich nach Freiheit.

Martin hob nur kurz den Kopf, als die Tür zum Auditorium aufgestoßen wurde und zwei Männer den Raum betraten. Es waren Spalatin und Bruder Ulrich, die sich mit vielsagenden Blicken in der sparsam eingerichteten Schreibstube umsahen.

»Hier steckst du also?« Bruder Ulrich blickte auf Martin herab wie ein Vater, der seinen Sprößling soeben beim Honigklauen erwischt hatte. »Du wirst seit Stunden im Kloster erwartet. Der Prior schickte mich, nach dir zu suchen. Vor dem Haus begegnete ich dem Herrn Sekretarius.«

»Was schreibt Ihr da, Bruder Martinus?« Spalatin spähte ihm über die Schulter und mühte sich ab, die ersten Zeilen der Niederschrift zu entziffern. *»Ein Christenmensch ist ein freier Herr über alle Dinge und niemandem untertan …«* Er schnalzte irritiert mit der Zunge. »Was, zum Teufel, soll das bedeuten? Ich hoffe für Euch, daß Ihr diesen Unsinn nicht von der Kanzel unserer Schloßkirche verkündigt. Dem Kurfürsten würde das gewiß nicht gefallen, nicht, nachdem er um Euretwillen den päpstlichen Boten vor die Tür gesetzt hat!«

Voller Zorn zerbrach Martin auch noch die letzte Gänsefeder. Er sprang von seinem Schemel auf und bedeutete dem Sekretär mit einer Kopfbewegung, auch noch den zweiten Abschnitt seiner Schrift zu lesen.

Seufzend zog sich Spalatin die fast heruntergebrannte Kerze näher heran und überflog das Papier. »*Ein Christenmensch ist ein dienstbarer Knecht aller Dinge und jedermann untertan.*«

Bruder Ulrich stutzte. Martin kann es nicht lassen, dachte er. Immer wieder muß er Verwirrung stiften. Aber wer soll aus diesen Widersprüchen schlau werden? Er, Ulrich, war in Flandern aufgewachsen, einem Land, das durch seinen Handel und das Geschick der Tuch- und Seidenweber reich geworden war. In den selbstbewußten flämischen Städten regte sich der Wunsch, frei und ungebunden von jeglicher Obrigkeit zu leben. Im Reich dagegen besaß selbst die kleinste Grafschaft einen Herrn, der Fron- und Waffendienste forderte und dem die Bauern hohe Abgaben entrichten mußten. Als Ulrich das vor Schweiß und Anstrengung glänzende Gesicht seines Mitbruders betrachtete, fragte er sich unwillkürlich, was wohl geschehen mochte, wenn die Armen des Volkes, die Leibeigenen und Vogelfreien, aus Martins Schriften ein Recht auf gewaltsamen Widerstand ableiteten.

»Hast du schon gehört, daß Kurfürst Friedrich vom Papst die goldene Rose als Zeichen seiner Wertschätzung erhielt?« fragte er schließlich.

Martin blickte überrascht auf. Einen Moment lang überlegte er, dann spielte plötzlich ein vergnügtes Lächeln um seine Lippen. Rasch nahm er den angespitzten Teil der entzweigebrochenen Feder zur Hand und skizzierte mit einigen ungelenken Strichen das Bild einer Rose mit weit geöffneten Blütenblättern. Die Königin der Blumen, dachte er, als er die kleine Zeichnung begutachtete. Sie blüht entweder rot wie das Blut des Herrn oder weiß wie die Unschuld der Heiligen Jungfrau. Aber man muß dennoch vor ihr auf der Hut sein, denn sie besitzt spitze Dornen! »Wenn ich kein einfacher Bettelmönch wäre, würde ich die Rose in meinem Wappen führen«, sagte er.

Spalatin, dem die Leidenschaft in Martins Worten keineswegs entgangen war, legte nachdenklich die Hände zusammen. Mönch hin oder her, er zweifelte nicht mehr daran, daß der Mann sich eines Tages auch diesen Wunsch erfüllen würde.

Der Winter war hart für Mensch und Vieh gewesen. Zahlreiche Schneefälle hatten dazu geführt, daß auf den Dörfern Notschlachtungen vorgenommen werden mußten. Die Bauern mühten sich ab, mit dem wenigen Korn, das sie vor dem Frost hatten einbringen können, ihre Familien durchzufüttern. Als sich die Frühlingssonne endlich erbarmte, ihre Strahlen über die Wiesen, Felder und Städte zu senden, begrüßte man sie wie einen lange vermißten Freund. Allerorts herrschte Aufbruchstimmung. Häuser und Stallungen, denen der lang anhaltende Frost zugesetzt hatte, wurden repariert, Gärten und Weidegründe neu umzäunt. In den Städten trocknete allmählich der Morast, der Straßen und Gassen wochenlang unpassierbar gemacht hatte.

Während der Frühling im Land Einzug hielt und die Temperaturen langsam anstiegen, warteten die Ratsherren und Edelleute des Reiches voller Spannung auf Neuigkeiten bezüglich der Kaiserwahl. Sieben Kurfürsten, vier weltliche und drei von geistlichem Stand, waren berechtigt, ihre Stimme abzugeben. Vielerorts munkelte man von unglaublichen Geldmengen, die in Form von Ehrengeschenken, Pfandbriefen, Pensionen und harter Münze auf einfachen Karren oder Flußschiffen in die Städte am Rhein, nach Böhmen und

Brandenburg geschleust werden sollten, um den hohen Herren ihre Entscheidung über die Zukunft des Reiches leichter zu machen.

Im Juni schien sich im Wettstreit um die Kaiserwürde endlich eine Entscheidung abzuzeichnen. Die Fürsten sammelten ihr Gefolge um sich und begaben sich auf die lange Reise nach Frankfurt am Main. Denn dort sollte nach altem Brauch die Wahl vollzogen werden.

Papst Leo X. befand sich inmitten einer Jagdgesellschaft.

Die Jagd war in vollem Gange. Hörner heulten auf, und die Hunde der Edelleute und kirchlichen Würdenträger, die der Heilige Vater zu dieser Zerstreuung geladen hatte, jagten in wilder Ausgelassenheit die verschlungenen Wege entlang. Es war ein warmer, sonniger Tag. Weit und breit war keine einzige Wolke am Horizont zu sehen. In Trägheit erstarrte Sonnenstrahlen senkten sich durch das dichte grüne Blätterdach des Waldes.

Leo führte die Reiterschar auf einem heißblütigen Hengst an. Sein Blick richtete sich wie gebannt auf zwei fette Keiler, die vor der Spitze seiner Lanze aus dem Dickicht gesprungen waren und nun querfeldein durch den Wald hetzten. Der Papst lachte triumphierend auf, sein kräftiger Körper beugte sich, zum Stoß bereit, so weit nach vorne, daß es aussah, als schwebte er über den Rücken seines Tieres hinweg.

Abseits ertönte ein wildes Kläffen. Als Leo kurz über die Schulter blickte, sah er, daß einige der Windhunde, die dem Prinzen Doria gehörten, eine neue Fährte aufgenommen hatten. Laut anschlagend umzingelten sie den knorrigen Stamm eines riesigen Baumes, an den sich dichtes Unterholz anschloß. Im nächsten Augenblick preschte ein kapitaler Hirsch an der Meute vorbei und verschwand zwischen zwei Felsen. Ehe die Treiber mit ihren Trommeln und Pfeifen die

Meute einholen konnten, setzten die Hunde des Prinzen dem Hirsch auch schon nach.

Der Papst konzentrierte sich wieder auf seine eigene Jagd. Mit einem Aufschrei gab er seinem Hengst die Sporen, ließ ihn über umgestürzte Bäume, Wasserläufe und dorniges Unterholz springen.

Wiederum erscholl der Ton des Jagdhorns. Dreimal heulte es auf und verstummte dann. Verwundert runzelte Leo die Stirn. Er lenkte sein Pferd an die Seite des Weges und zog die Zügel stramm. Was, bei allen Heiligen, war nur in die Treiber gefahren, daß sie es wagten, ihn aufzuhalten? Er hatte nicht befohlen, das verabredete Signal zur Beendigung der Treibjagd zu geben, sondern befohlen, es bis zur Dämmerung hinauszuzögern. Zwei der Reiter schlossen mit verblüfften Mienen auf. Einer der Männer deutete auf eine kleinere Gruppe von Reitern, die Leos Jagdgesellschaft entgegenkam. Soweit der Papst ausmachen konnte, trugen die Ankömmlinge keine Jagdkleider, sondern Waffenröcke mit ausgestanzten Lederkrägen sowie flatternde Fahnen in den Händen. Leos Augen zogen sich zu engen Schlitzen zusammen. Aus dem Dickicht tauchte die schlanke Gestalt des Prinzen Doria auf, der einer der ältesten und angesehensten Familien Genuas entstammte und seit einigen Tagen mitsamt seinem stattlichen Gefolge die Gastfreundschaft des Papstes genoß.

»Was ist geschehen, Heiligkeit?« rief der hochgewachsene Mann, als er sah, wie sich die Gefolgsleute des Papstes um ihren Herrn scharten und argwöhnisch die Lanzen erhoben. Die Stimme des Prinzen klang abgehackt, das kostbare Wams aus moosgrünem, mit Silberfäden durchwirktem Brokat war an der Schulter eingerissen. Von seinen Treibern und Hunden war weit und breit nichts zu sehen. Vermutlich verfolgten sie noch immer die Spur des Damwilds.

Der Papst antwortete nicht sofort. Auch er war mißtrauisch geworden; seit geraumer Zeit wagte er sich nicht mehr ohne bewaffnete Leibwächter vor die Tür seiner Gemächer, geschweige denn in den Wald. Die Zahl der Patrizier, die es ihm übelnahmen, daß er im Streit um die Kaiserwürde die Kandidatur des jungen Königs von Frankreich verteidigte, hatte in den vergangenen Monaten erheblich zugenommen. Leo knirschte unruhig mit den Zähnen. Seine Züge entspannten sich erst, als er den Anführer der Berittenen erkannte.

»Das ist Girolamo Aleander«, teilte er dem Prinzen Doria, der inzwischen seine Meute ausgemacht hatte, mit einer abfälligen Geste mit. »Keine Ahnung, was der Kerl hier zu suchen hat. Für gewöhnlich bläst er um diese Zeit den Staub von den Büchern der päpstlichen Bibliothek!«

Einige der Jäger kicherten amüsiert. Während der Papst Aleanders Ankunft auf der Lichtung voller Ungeduld verfolgte, begannen sie ausgelassen zu flüsterten, dabei ließen sie Lederschläuche und Hörner mit Wein kreisen.

Aleander erschien auf der Lichtung. Entgegen seiner Angewohnheit, sich in der Öffentlichkeit nur mit langen Roben zu zeigen, trug er einen leichten Mantel aus gebleichter Schafwolle und an den Füßen klobige Reitstiefel, die er sich wahrscheinlich bei einem seiner Bediensteten ausgeborgt hatte.

»Was, beim heiligen Rochus, kann denn so wichtig sein, daß Ihr unsere kleine Jagdgesellschaft stören müßt, Aleander?« zischte Leo den völlig erschöpften Reiter an. Er schüttelte ungnädig den Kopf, während es im Dickicht ringsum verräterisch raschelte. Das Wildschwein? Am liebsten hätte er seine Lanze zwischen das Strauchwerk gestoßen, doch Aleanders Schnaufen und Stöhnen vertrieb selbst noch die im Unterholz hockenden Brutvögel. Der Mann vergällt uns allen die Freude an der Jagd, dachte er, während er sich Aleanders staubige Stiefel betrachtete. Es wird Zeit, daß ich ihn mir vom Halse schaffe.

»Nun sprecht schon«, drängte auch Prinz Doria, den die Angelegenheit eigentlich gar nichts anging. Unter anderen Umständen hätte Leo ihm dies auch zu verstehen gegeben, hier und jetzt schien er eher dankbar für die Hilfe des Prinzen zu sein.

»Ich wollte, daß Ihr es noch vor Eurer Rückkehr in den Palast erfahrt«, sagte Aleander, die tadelnden Worte des Papstes und seiner Jagdfreunde ignorierend. »Karl von Spanien wurde in Frankfurt zum Kaiser gewählt!«

Betretenes Schweigen machte sich breit. Papst Leo wurde bleich wie ein Laken, schockiert löste er seinen Blick von Aleanders Schuhwerk und starrte ihm ins Gesicht. Es hätte nicht viel gefehlt, und seine Lanze wäre ihm aus der Hand geglitten.

»Wie fiel die Wahl aus?« erkundigte er sich mit gefährlich heiserer Stimme. Es war ihm anzusehen, daß er vor Wut kochte und nur mühevoll einen seiner gefürchteten Wutausbrüche unterdrückte.

Aleander ließ sich vom Mienenspiel des Papstes nicht aus der Ruhe bringen. Er hatte geahnt, daß sich die Einmischung des Heiligen Vaters diesmal ins Gegenteil wenden würde. Ohne jede Gefühlsregung teilte er Leo mit, daß die Wahl einstimmig ausgefallen war. Nicht nur die Bischöfe von Mainz, Trier und Köln, sondern auch die Fürsten von Brandenburg, Böhmen, Sachsen und der Pfalzgraf bei Rhein hatten sich für den Enkel des verstorbenen Kaisers Maximilian ausgesprochen.

»Was ist mit Kurfürst Friedrich? Wollt Ihr etwa sagen, daß auch er für Karl gestimmt hat?«

Aleander neigte bejahend den Kopf. Als er wieder aufblickte, färbte ein feiner roter Hauch seine grauen Wangen. »Kaiser Karl hatte die Fugger auf seiner Seite«, sagte er schließlich nicht ohne Triumph. »Es heißt, die schwäbischen Pfeffersäcke hätten ihm mehr als 543 000 Rheinische Goldgulden vorgeschossen. Für den Rest sorgten die Welser und drei italienische Kaufleute, welche alles dafür tun würden, um die Medici zu demütigen! Euer kleines Geschenk an den Sachsen war also völlig umsonst!«

Aleander sah den Hengst des Papstes auf sich zukommen, doch noch spürte er die Gefahr nicht, in der er schwebte. »Kurfürst Friedrich war nicht einen Moment lang auf Eurer Seite!« fügte er hinzu.

»Ich bewundere Euer gutes Gedächtnis für Zahlen«, knurrte der Papst. Plötzlich hob er die Lanze empor und richtete ihre Spitze spielerisch gegen Aleanders Brust. Mit einem einzigen Streich riß er ihm die bronzene Spange vom Mantel, dann zog er die Waffe ausholend zurück; es sah aus, als würde er den unliebsamen Boten durchbohren wollen. Aleander stockte der Atem vor Entsetzen. Verängstigt und dem beißenden Spott der Jäger ausgesetzt, verharrte er auf seinem Pferd. Eine Ewigkeit schien zu vergehen, bevor Leo unvermittelt von ihm abließ und den Rückzug antrat.

»Ich kann Euch versichern, daß auch ein Medici das Rechnen nicht verlernt hat, Aleander!« rief er ihm über die Schulter nach. »Ich weiß, wie ich mit meinen Feinden abzurechnen habe, merkt Euch das!«

Unter lärmendem Getöse jagte der Papst durch das kleine Waldstück, an dessen Ende sich in südöstlicher Richtung ein sanft abfallender, bewaldeter Hang anschloß, der sich bis in die Ebene des Flusses hinein erstreckte. Prinz Doria und seine Männer sahen ihm einen Augenblick lang mit geöffneten Mündern hinterher, dann pfiffen die Jäger ihre Tiere herbei und setzten dem Reiter mitsamt der wilden Meute nach.

Aleander rutschte zitternd auf dem Sattel hin und her. Der jüngst ausgestandene Schrecken steckte ihm noch in allen Gliedern, und er tadelte sich selbst, weil er es sich nicht hatte verkneifen können, den Papst zu provozieren. Obwohl er wußte, daß Leos Wut zumeist ebenso rasch verrauchte, wie sie aufkam, nahm er sich fest vor, in den kommenden Tagen und Wochen auf der Hut zu sein und dem Papst nicht zu widersprechen. Im Gegenteil, mochte Aleander nicht gänzlich in Ungnade fallen, so blieb ihm nichts anderes übrig, als rasch zu handeln, um seinen schwindenden Einfluß auf den Papst wieder zu vergrößern.

Ich muß Luther aus dem Weg räumen, dachte er, während sein Herr jenseits des Hügels einen Eber vor sich her trieb. Das Geschrei der Jagdgesellschaft, die schrillen Waldhörner sowie das Gebell der Hunde waren inzwischen nur noch in der Ferne zu hören, dennoch fühlte sich Aleander durch diese Geräusche und den Wind, der durch die Wipfel der Bäume fuhr, geradezu in einen Rausch versetzt. Ungeschickt zerrte er seinen Rappen den schmalen Pfad entlang, der in Serpentinen hinab zum Ufer des Tiber führte.

Diese törichten Prasser und Müßiggänger sind schuld daran, daß Kirche und Reich im argen liegen, überlegte er. Ohne ihre Unfähigkeit, den Menschen wahre Hirten zu sein, wäre der dreiste Mönch aus Wittenberg niemals auf die Idee gekommen, sich gegen Rom zu stellen. Angeblich war er selbst einmal als Pilger in der Stadt gewesen.

An einer Weggabelung blieb Aleander stehen. Nachdenklich ließ er seine Blicke über die Ebene schweifen. Falls es ihm gelänge, den deutschen Mönch doch noch zum Widerruf zu zwingen, würde der Papst sich seinen Vorschlägen für eine Reform der Kirche gewiß nicht länger verschließen. Er mußte es versuchen. Zunächst würde er Leo bitten, Martin Luthers Bücher und Schriften prüfen und verbrennen zu lassen. Mit etwas Glück ließ sich der Papst hernach überreden, auch eine Bulle zu unterzeichnen, die dem Ketzer den Kirchenbann androhte.

Von der höchsten Stelle des Hügelkamms verfolgte Aleander, wie Leos Jagdgesellschaft sich in schwindelerregendem Tempo dem äußeren Mauerring Roms näherte. Der Zug sah aus wie eine Schlange, die sich mit gierigen, züngelnden Bewegungen durch die Auen wand. Kurz nachdem der Turmwächter die Männer erspäht hatte, begann in der Nähe der Kirche von San Pietro in Montorio eine Glocke zu läuten. Wenige Minuten später waren Leo und seine Gefolgsleute jenseits des Tores verschwunden. Zurück blieb ein erlegter Eber, der mit leeren Augen in den azurblauen Himmel starrte. Drei Knechte schnürten ihn an den Läufen mit Stricken zusammen, hängten ihn an eine Stange und schleppten ihn davon.

Die Treibjagd war zu Ende.

Einige Monate nach der Krönung Kaiser Karls in Aachen reiste Aleander mit päpstlichen Depeschen im Gepäck nach Mainz, um sich dort mit Erzbischof Albrecht zu beraten. Er hoffte inständig, daß Albrecht, der aufgrund des Ablaßstreits empfindliche Einbußen hinnehmen mußte, ihn in seinem Vorhaben unterstützen würde. Doch schon bald nach seiner Ankunft in der Stadt mußte er feststellen, daß der Bischof ihm überaus zurückhaltend begegnete und gar nicht daran dachte, Aleanders Position vor dem Mainzer Domkapitel zu verteidigen.

»Wenn der Heilige Vater Euch autorisiert hat, um gegen den Ketzer vorzugehen, werde ich Euch nicht daran hindern«, erklärte Bischof Albrecht mit kühler Zurückhaltung. »Aber glaubt nur nicht, daß Ihr die Macht habt, Ideen zu verbrennen!« Die beiden Männer standen vornübergebeugt an einem der Bogenfenster des bischöflichen Palastes und blickten auf den Domplatz hinunter. Es war bereits fast dunkel, doch der helle Mondschein badete den Umriß des mächtigen Doms in einen silbrigen Glanz, der fast so strahlend wirkte wie die zahlreichen brennenden Fackeln der Mönche, die sich in einer stummen Prozession auf den Treppenstufen niedergelassen hatten.

In dieser kalten Stadt ist alles anders, dachte Aleander fröstelnd. Düsterer und unwirklicher. Selbst der Mond erscheint mir fremd und gespenstisch, als sei er gar nicht derselbe, den ich von meinem Fenster im Papstpalast sehen kann. Mit gerunzelter Stirn beobachtete er, wie eine Anzahl von Dominikanern aus der Tür des hohen Sandsteinhauses trat, in dem sich für gewöhnlich die Kapitelherren des Mainzer Doms versammelten. Ihnen auf dem Fuß folgten mehrere Knechte mit geflickten Wämsern und knallbunten Kniebundhosen. Sie schleppten Brennholz in Kiepen auf dem Rücken mit sich, das sie wenige Schritte vor den Stufen des Doms niederlegten und sorgfältig aufschichteten. Andere Männer steckten Reisig in die Hohlräume oder beschmierten die Scheite mit Pech. Immer mehr Menschen strömten auf den Platz, um der Errichtung des Scheiterhaufens zuzusehen. Im Schein der Pechfackeln wirkten die Gesichter der Männer und Frauen blutleer und ernst. Eine feindselige Stimmung breitete sich aus.

»Das Volk hält nicht viel von Schauspielen dieser Art«, bestätigte Bischof Albrecht Aleanders eigene Befürchtung. »Vor ein paar Jahren haben die Dominikaner versucht, die Schriften des Johannes Reuchlin zu verbrennen.« Er streckte die mit Edelsteinen geschmückte Hand aus und zeigte auf den immer größer werdenden Scheiterhaufen. »Dort unten, genau an derselben Stelle sind sie aufgezogen. Und was ist geschehen?«

»Sagt Ihr es mir!«

Bischof Albrecht zog die Hand zurück und schnippte herablassend mit den Fingern. »Nichts ist geschehen. Der Humanist hatte einflußreiche Fürsprecher, welche die Dominikaner in ihre Schranken wiesen. Es stellte sich heraus, daß ihr Prior, ein gewisser Hoogstraten, zugleich als Ankläger und Richter fungierte. Kommt Euch das nicht bekannt vor?«

»Nein«, fauchte Aleander. »Ihr zieht es augenscheinlich vor, Äpfel mit Birnen zu vergleichen, Bischof! Denn soviel ich weiß, sind Reuchlins Bücher nur deshalb nicht in Flammen aufgegangen, weil er sich an den Heiligen Stuhl gewandt und der damalige Erzbischof in letzter Minute die Prozession der Dominikaner aufgehalten hat. Heute geht es um etwas anderes. Der Papst hat eine Bulle gegen Luthers Irrtümer erlassen und mich bevollmächtigt, seinen Willen zu vollstrecken. Daran werdet Ihr mich gewiß nicht hindern wollen. Oder doch?«

Bischof Albrecht atmete geräuschvoll ein. Seine fetten Wangen bebten vor Empörung, als er sich vom Fensterbogen abwandte. Mit schriller Stimme befahl er seinem Diener, endlich das Nachtmahl aufzutragen. Das Gerede von Äpfeln und Birnen hatte ihn hungrig gemacht. Ein paar gebratene Schinkenkeulen in heißer Butter würden ihm zweifellos helfen, seinen Ärger über den wichtigtuerischen Besucher hinunterzuschlucken. Eiferer dieser Sorte ließ man am besten gewähren, sollten sie sich doch mit den Launen des Volkes herumschlagen. Der Römer würde schon sehen, was er davon hatte, schlafende Hunde zu wecken.

Aleander verzichtete darauf, Albrecht an dessen Tafel Gesellschaft zu leisten. Er tat es schweren Herzens und nur, weil er die Gegenwart des gelangweilten Bischofs nicht länger ertragen konnte. Seit Tagesanbruch hatte er nichts mehr gegessen, ein Versäumnis, an das ihn sein Magen nun mit einem wütenden Knurren erinnerte. Aber der päpstliche Legat gab dieser menschlichen Schwäche nicht nach. In dieser Stunde galt es, an wichtigere Dinge zu denken als an Wein und Braten.

Eilig durchschritt er die Halle, vorbei an einem blondgelockten jungen Mädchen mit nachlässig geschnürtem Mieder, das eine silberne Platte mit Speisen in den Händen hielt und ihn eingeschüchtert anstarrte.

Über eine breite Treppe gelangte er schließlich auf den Hof, einen schmalen, mit Stroh bedeckten Streifen, der mit Wagenrädern, Kornsäcken und Ochsenhäuten geradezu vollgestopft war. Ein paar geharnischte Wachsoldaten lungerten schläfrig um ein kleines Feuer herum und unterhielten sich.

»Seid ihr die Bogenschützen, die mir der Bischof zugesagt hat?« erkundigte sich Aleander streng.

Die Männer bestätigten es mit einem unwilligen Nicken. »Der Scharfrichter wartet an der Südseite des Domes«, erklärte ein bulliger Kerl und wies mit dem Kinn auf die nahen Türme. Aleander folgte seinen Blicken. Plötzlich verspürte er unbändige Angst. Doch er wußte auch, daß er nicht mehr zurückweichen konnte. Jenseits des Innenhofes erklang wüstes Geschrei. Aufgebrachte Stimmen beschimpften die Mönche auf dem Domplatz mit obszönen Worten. Die Soldaten des Bischofs blickten einander grinsend an. Einer von ihnen imitierte einen Mönch, indem er sich einen leeren Sack unter das Wams steckte und zum Vergnügen seiner Kameraden mit andächtiger Miene über das Pflaster hüpfte. Es war nicht recht festzustellen, ob sich die Waffenknechte im Einvernehmen mit den Aufwieglern befanden oder sich lediglich über deren derbe Schmähungen amüsierten. Schließlich schulterten sie ihre Köcher und Bogen.

»Folgt mir«, befahl Aleander verstimmt. Hier hatte niemand vor ihm Angst; das beunruhigte ihn. Furchtlose und noch dazu wütende Menschen waren unberechenbar. Seine Schultern strafften sich, als er zum Tor hinüberlief, mit eigener Hand den Bolzen zurückschlug und auf den Platz hinaustrat. Der Anblick, der ihn dort draußen erwartete, verschlug ihm beinahe die Sprache. Hunderte von Bürgern hatten sich vor ihrem Dom eingefunden. Junge Burschen und Greise, vornehm gekleidete Herren sowie Frauen mit Schleiern und bestickten Hauben. Voller Zorn warfen sie die Arme in die Luft oder drohten mit Fäusten, Knüppeln und Stöcken.

Aleander begriff sofort, worauf sich die Wut des Volkes richtete. Die Dominikaner hatten einige in Leder gebundene Bücher und ein gutes Dutzend Rollen aus Pergament auf das Feuerholz gelegt. Genau so, wie er es angeordnet hatte.

Einen Atemzug lang schloß Aleander die Augen, um ein Gebet zum Himmel zu schicken. Nun ist es soweit, dachte er. Er lief zum Scheiterhaufen hinüber, wo sich inzwischen auch der Mainzer Scharfrichter, ein muskulöser Mann mit nackten Oberarmen und schwarz verhülltem Antlitz, eingefunden hatte. Die Bogenschützen folgten ihm gemessenen Schrittes.

»Haltet euch zurück«, rief er den Mönchen zu. »Ihr greift erst ein, wenn ich es euch befehle.« Ihr Anführer nickte erleichtert. Hastig drückte er Aleander seine Fackel in die Hand, dann machte er seinen Mitbrüdern ein Zeichen, sich auf die Stufen des Doms zurückzuziehen.

Aleander sah ihnen mit leiser Verachtung hinterher. Dann hob er den Arm und wartete eine Weile, aber sein Warten erwies sich als sinnlos, denn das Volk dachte gar nicht daran, sich zu beruhigen. Deshalb rief er, so laut er nur konnte: »Auf Geheiß unseres Heiligen Vaters, Papst Leos X., sollen die Schriften des gottlosen und pflichtvergessenen Martin Luther, Augustinermönch zu Wittenberg, aus dem Gedächtnis der Menschheit ausgelöscht werden!«

Rasendes Geschrei antwortete ihm. »Martin Luther spricht die Wahrheit«, erklang eine Stimme zu seiner Linken. »Er hat nichts Unrechtes getan!« Ein Weib, das einen Binsenkorb über dem Arm trug, verlangte mit drohenden Gebärden, daß der Bischof sich ihnen zeigte. Eine gute Idee, dachte Aleander spöttisch, doch schon im nächsten Augenblick weiteten sich seine Augen vor Entsetzen. Fassungslos sah er mit an, wie sich die Menschen am Rand der Absperrung zur Erde beugten und Steine aufhoben. Er wich zurück, versuchte, sich hinter dem Holzstoß in Sicherheit zu bringen, aber es war bereits zu spät. Ehe er auch nur die Hand zum Schutz vor sein Gesicht heben konnte, zerschnitt ein wahrer Hagel von Steinen und Eiern die kühle Abendluft. Ein Mönch, der drei Schritte hinter ihm stand, heulte vor Schmerz laut auf.

Aleander taumelte, als ihn zwei Steine gleichzeitig im Gesicht trafen. Er spürte, wie seine Lippen aufplatzten und ein Blutstrahl ihm von der Stirn in die Augen schoß.

»Sollen wir die Menge zerstreuen?« hörte er den Anführer der Bogenschützen panisch rufen. Die Männer waren vorgetreten und hatten die Sehnen gespannt, um auf ihre Nachbarn und Verwandten zu schießen. Aleander krächzte etwas Unverständliches. Er packte den Soldaten beim Handgelenk und schob ihn zur Seite.

Wieder hagelten Wurfgeschosse auf die Männer herab. Unter den Mönchen setzte wilde Panik ein. In blinder Furcht warfen sie ihre Fackeln weit von sich und stürzten mit wehenden Kutten auf die Mauer zu, hinter der sich die rettenden Höfe des Domherrn befanden.

»Bringt Euch in Sicherheit, Herr«, rief der Bogenschütze Aleander zu, doch der päpstliche Gesandte hörte ihn nicht. Reglos starrte er in den Schein seiner Fackel. Sein Gewand war zerrissen und mit Blut besudelt, als befände er sich mitten auf einem Schlachtfeld. Ich muß es tun, dachte er. Jetzt oder niemals. Geschwächt gab er dem Scharfrichter, der umherfliegende Steine mit einem dicken Holzscheit abwehrte, ein Zeichen, den Scheiterhaufen in Brand zu stecken.

»Ihr seid wohl wahnsinnig«, erwiderte der maskierte Mann wütend. Seine kräftigen Arme und Schultern waren mit Blutergüssen übersät. »Reicht es Euch noch nicht, im Angesicht des Domes gesteinigt zu werden? Findet einen anderen Narren für Eure Arbeit!«

Begeisterter Jubel brandete auf, als der Henker Aleander stehenließ und sich mit eiligen Schritten vom Platz entfernte. Obwohl es Unglück brachte, sich einem Scharfrichter zu nähern, lief ihm eine Gruppe von Handwerksgesellen hinterher.

»Nun, du Schwein von einem Pfaffen«, rief ein zerlumpter Mann voller Hohn, »wo ist denn nun deine Macht? Wir scheißen auf dich und deinen Lügenpapst!«

»Es lebe Doktor Luther!« brüllten die Umstehenden. »Es lebe die Wahrheit!« Gleich einem Chorgesang dröhnte der Ruf über den Platz; er drang in die verwinkelten Gassen rund um den Platz und selbst in die Gemächer des Erzbischofs, bis auch der letzte Mainzer ihn vernommen hatte.

Aleanders Hände verkrampften sich um das Holz der brennenden Fackel. Obwohl ihm das Blut noch immer von den Schläfen herunterlief, machte er keine Anstalten, vor den Fäusten und Schmähungen seiner Peiniger zurückzuweichen. Erst als die Menge sich öffnete, wandte er sich wieder seinem Ziel zu. In seinem Innern regte sich nicht die geringste Empfindung, er fühlte weder Schmerz noch Angst, nicht einmal Demütigung. Lediglich ein Anflug von Einsamkeit überkam ihn, denn er sah sich selbst wieder als kleinen Jungen durch das lärmende Treiben des römischen Marktviertels streifen. Mutterseelenallein und brutal von der Hand seines Vaters gerissen.

Rechts und links von ihm landeten Steine, Dachziegel und andere Wurfgeschosse auf dem holprigen Pflaster. Er verlangsamte seinen Schritt, wurde selber jedoch nicht mehr getroffen. Aus den Augenwinkeln bemerkte er, daß die Bogenschützen ihm in einiger Entfernung folgten.

Mit unbewegter Miene entzündete Aleander das Reisig und beobachtete, wie das dürre Gestrüpp augenblicklich Feuer fing. Er lächelte. Wie hypnotisiert betrachtete er die größer werdenden Flammen, die sich anschickten, Martin Luthers Schriften zu verschlingen. Durch das Prasseln und Knirschen hörte Aleander, wie auf dem Platz nun offener Tumult ausbrach. Männer und Frauen überwanden die Absperrungen der bischöflichen und städtischen Soldaten und rannten brüllend über den Platz, ohne daß die zurückgebliebenen Dominikaner sie aufhalten konnten. Ein kräftiger Arm zerrte Aleander fort von dem lichterloh brennenden Holzstoß. Er strauchelte und stürzte zu Boden. Heftige Schläge und Stöße gegen die Rippen ließen ihn vor Schmerz aufschreien. Doch urplötzlich ließen seine Angreifer von ihm ab. Aus geschwollenen Lidern sah der päpstliche Legat zu, wie sie zum Stapel liefen und anfingen, mit Umhängen und leeren Säcken auf das Feuer einzuschlagen, um es zu ersticken. Aber dafür war es längst zu spät. Die dünnen Pergamentbögen waren bereits ein Raub der Flammen. Unter den hektischen Hieben der Menge zerfielen sie zu Asche.

»Ich hatte Euch gewarnt!« zischte der Hauptmann der Bogenschützen verärgert. Auch er blutete aus einer kleinen Schramme über der linken Augenbraue. Mit Hilfe eines mutigen Mönchs half er Aleander beim Aufstehen. »Selbst der Bischof war gegen diese verrückte Verbrennung, aber Ihr wolltet ja nicht hören …«

Stöhnend tastete Aleander seinen Unterarm ab; er fühlte sich schlaff und taub an. Die Schmerzwoge, die durch seinen Unterleib jagte, war indessen so gewaltig, daß ihm die Tränen in die Augen traten. Als er unvermittelt nach oben schaute, sah er, wie über seinem Kopf ein glühender Funkenregen durch die Finsternis tobte. Durch den Aufwind des Feuers wurde ein einzelnes Blatt emporgetragen. Es wirbelte herum, verharrte dann aber unbewegt im Luftstrom. Soweit Aleander erkennen konnte, war es ein Holzschnitt, welcher das kantige Gesicht eines Mannes mit hohen Wangenknochen darstellte.

»Mein Gott, das ist Doktor Luther«, erklang eine hohe Mädchenstimme unmittelbar neben ihm und dem Bogenschützen. »Seht nur, sein Bildnis brennt nicht!« Das Kind hob die Arme und drehte sich tänzerisch im Kreis. »Das Feuer des Papstes kann es nicht zerstören.«

Die Umstehenden schraken zusammen, selbst die Männer, die auf die Flammen einschlugen wie auf den Schwanz des Teufels, hielten verstört inne und starrten auf das Blatt Papier, das umherschwebte und sich dem Brand entzogen hatte.

»Der Mann ist ... ein Heiliger«, flüsterte der alte Dominikaner, der den verwundeten Aleander stützte. Mit einem verklärten Gesichtsausdruck deutete er auf die Giebel und Kamine der alten Fachwerkhäuser, die den Domplatz umgaben. »So sieht es jedenfalls das Volk. Ihr könnt ihm nichts anhaben.«

Die Männer brachten Aleander zum Palast hinüber und legten ihn auf ein Bett in einer kleinen Kammer im oberen Stockwerk, die der Bischof seinem unwillkommenen Gast als Schlafplatz zur Verfügung gestellt hatte. Der päpstliche Legat sprach kein Wort mehr. Mit weit aufgerissenen Augen starrte er auf die groben Balken, die den Raum in zwei Hälften teilten. Beide waren mit kunstvollen Schnitzereien, Blüten, Weintrauben und grinsenden Gesichtern versehen. In einer gewölbten Fensternische kniete eine Dienstmagd vor dem geöffneten Türchen eines gemauerten Ofens und stopfte Zunder in dessen Öffnung, um ein Feuer zu entfachen. Eine halbe Ewigkeit verging, ehe ein Mann gegen die Tür klopfte. Es war der Leibarzt des Bischofs. Der Hausherr hatte ihn rufen lassen, damit er Aleanders Wunden reinigte und verband. Ohne ein Wort der Klage ließ Aleander die Behandlung über sich ergehen. Er wurde den Verdacht nicht los, daß Albrecht den Medicus nur höchst widerwillig und erst nach langem Zögern zu ihm geschickt hatte. Sosehr er sich auch das Hirn zermarterte, er konnte sich die Feindseligkeit des Bischofs nicht erklären. Daß der Pöbel sich auf die Seite des Ketzers stellte, war eine Sache, Albrechts abweisende Haltung jedoch eine andere. Plötzlich kam ihm ein Einfall. Nachdem der Arzt seine Blessuren mit einer übelriechenden Kräutersalbe bestrichen und seinen Arm geschient hatte, forderte er die Dienstmagd vor dem Ofen auf, die blutigen Kleidungsstücke zu verbrennen und ihm frische Sachen herauszulegen.

»Ihr dürft nicht aufstehen, Exzellenz«, erklärte der Medicus kopfschüttelnd. »Euer Gelenk könnte sonst steif bleiben. Der Bischof meint …«

»Albrecht hat keinen Finger gerührt, um mir beizustehen. Auf seine Meinung kann ich gut und gerne verzichten!«

Der Arzt seufzte, während er seine Dosen und Fläschchen mit Kräutern und Salben einsammelte und scheinbar ohne jede Ordnung in einen hölzernen Kasten auf dem Fußboden warf. Ein flüchtiger Blick aus dem Fenster überzeugte ihn davon, daß sich die lärmende Menge inzwischen zerstreut hatte. Er atmete erleichtert auf. Obwohl er mit dem verletzten päpstlichen Legaten Mitleid hatte, wollte er doch unter keinen Umständen im Palast die Nacht verbringen. »Seine Ehrwürden hat momentan andere Sorgen als die Bekämpfung irgendwelcher Druckschriften«, sagte er zum Abschied. »Albrecht hat sich mit Herzog Ulrich von Württemberg überworfen und steht im Begriff, einen Feldzug gegen ihn zu führen …«

»Sagt Eurem Herrn, daß er meine Anwesenheit in seinem Haus nicht mehr lange ertragen muß«, fiel Aleander dem Arzt barsch ins Wort. Ein Schwindelgefühl drohte ihn zu übermannen, während er sich mit einer Hand am Bettpfosten in die Höhe zog. Dennoch ließ er nicht von seinem Vorhaben ab. Unbeholfen tastete er nach seiner Gürteltasche, in der er wichtige Dokumente aufbewahrte. Zum Glück war alles noch vollständig vorhanden. »Ich verlasse Mainz im Morgengrauen!« keuchte er leise.

»Aber wo wollt Ihr denn hin? Nach Rom?«

Aleander entließ den Mann, ohne ihm eine Antwort zu geben. Die dampfende Schüssel Hühnersuppe, welche die ältliche Magd ihm eine Weile später servierte, nahm er jedoch voller Dankbarkeit entgegen. Mit Heißhunger fiel er über die Mahlzeit her. Die kräftige Brühe trieb wenigstens ein wenig Wärme in seinen fröstelnden Körper zurück. Während er löffelte, dachte er darüber nach, wohin er sich nun noch wenden konnte. Nach Rom kann ich nicht zurückkehren, überlegte er. Papst Leo wird vor Wut rasen, wenn ich ihm meine Niederlage eingestehe. Als der Morgen graute und die Magd wieder durch die Kammer schlurfte, um das Geschirr abzutragen, wußte Aleander plötzlich, was er zu tun hatte. Der Kurfürst von Sachsen und Erzbischof Albrecht hatten es abgelehnt, ihm zu helfen. Aber dies spielte keine Rolle mehr. Die beiden Fürsten, so befand er, waren ohnehin unbedeutend und zu tief in eigene Interessen verstrickt. Kleine Fische in einem See voller Wasserschlangen. Nein, um an Luther heranzukommen, bedurfte es einer Raffinesse, über die der schwerfällige Albrecht niemals verfügen würde.

Aleander nahm sich vor, in Deutschland zu bleiben und den jungen Kaiser Karl V. von Habsburg so bald wie möglich um eine Unterredung zu bitten.

»Bring mir Papier und Feder«, befahl er der Dienerin. Seine Schmerzen waren mit einem Schlag vergessen. »Ich muß sofort einen Brief aufsetzen!«

Während auf dem Domplatz von Mainz die Flammen des Scheiterhaufens erloschen und der Wind die Asche der verbrannten Bücher über das Pflaster trug, wurde in Wittenberg ein neues Feuer geschürt.

Zum Schutz vor der Kälte dick vermummt, standen die Menschen vor dem Elstertor beisammen, das in nördlicher Richtung aus der Stadt führte, und sahen voller Staunen zu, wie Dutzende von Studenten unter Anleitung des ehrenwerten Professors Karlstadt wuchtige Klafter trockenen Brennholzes aufschichteten. Einige der Zuschauer steckten ungläubig die Köpfe zusammen, denn sie konnten sich noch gut daran erinnern, daß es insbesondere Karlstadt gewesen war, der die Lehren des Doktor Luther einst verurteilt und sich gegen sie ausgesprochen hatte. Nun aber lief der Gelehrte mit vor Eifer geröteten Wangen zwischen der alten Kreuzkapelle und dem Stadttor hin und her, um seinen Studenten Anweisungen zu erteilen.

Von der Brustwehr der Mauer aus schauten einige Torwächter auf das Treiben der Männer hinab. Sie sahen keine Veranlassung einzugreifen und ließen sie gewähren. Ja, die Zerstreuung schien ganz nach ihrem Herzen zu sein. Lediglich der Umstand, daß die Studenten ihre Klafter genau an der Stelle aufschichteten, an der für gewöhnlich die Habseligkeiten von Pestkranken verbrannt wurden, verwirrte die einfachen Männer. Er gab der Szenerie einen bitteren Nachgeschmack. Für gewöhnlich hielt man sich fern von jenem

Ort, an dem, mochte man den Berichten der Augenzeugen glauben, bereits der Teufel selbst aufgetaucht war, um verlorene Seelen zu sich zu holen. Andererseits waren die Herren von der Universität bestens vertraut mit den Wissenschaften und wußten gewiß, wie man sich gegen die Schliche des Bösen wappnen konnte.

Martin stand mit Bruder Ulrich ein wenig abseits des Tores. Sein Herz schlug vor Aufregung bis zum Hals, als er in den Lederbeutel griff, den er an einem Gurt über der Schulter trug, und das kühle Metall der Bleikapsel unter den Fingerspitzen fühlte. Nun also war es soweit. Er war an einem Scheideweg seines Lebens angelangt. In den vergangenen Monaten hatte Martin unzählige Briefe geschrieben und beantwortet. Er hatte sich den Angriffen einflußreicher Magister und Würdenträger gestellt und wurde nicht müde, ihnen anhand der Heiligen Schrift seinen Standpunkt zu verdeutlichen. Dennoch hatte der Papst ihm den Kirchenbann angedroht. Nun, da er die Bulle erhalten hatte, spürte er ein sonderbares Gefühl von Freiheit in seinem Herzen. Die Fronten mochten sich verhärtet haben, aber wenigstens wußte Martin, was ihn von nun an erwartete. Obwohl er nach wie vor das Gewand der Augustiner trug, fühlte er sich doch in keinster Weise mehr zu Gehorsam gegenüber dem Papst und dessen Autoritäten verpflichtet. Für ihre Weigerung, sich mit den Mißbräuchen innerhalb der Kirche auseinanderzusetzen, fand Martin nur eine einzige Erklärung: Weder Leo X. noch seine Kardinäle und geistlichen Würdenträger waren von Gott berufen, ihr Amt auszuüben. Sie hatten ihre Glaubwürdigkeit verloren, und genau dies wollten er, Karlstadt und Melanchthon den Bürgern von Wittenberg vor Augen führen.

»Wir haben alles vorbereitet, Bruder Martinus«, holte die Stimme eines Studenten Martin aus seinen Überlegungen. Er stieß scharf die Luft aus. Das Knistern des Feuers jagte ihm eine Gänsehaut über Arme und Beine. Dennoch machte er Anstalten, dem jungen Mann den Pfad entlang zu folgen.

»Tu es nicht«, rief Bruder Ulrich. Mit einer verzweifelten Geste griff er nach Martins Ärmel, um den Freund aufzuhalten. »Ich verstehe ja, daß du wütend und gekränkt bist. Sie haben deine Schriften zerrissen und dir Redeverbot auferlegt. Aber was nutzt es dir, wenn du mit gleicher Münze heimzahlst?« Er hielt einen Moment lang inne, um sich zu sammeln, während die Studenten das Feuer am Lodern hielten. »Du hast mir doch von diesem Mann in Augsburg erzählt, nicht wahr? Dem Begleiter des Kardinals!«

»Girolamo Aleander ...«, murmelte Martin. Er zuckte unschlüssig die Achseln, weil er nicht verstand, worauf Ulrich hinauswollte. Inzwischen waren auch Karlstadt und Melanchthon auf die Diskussion der beiden Ordensbrüder aufmerksam geworden. Sie gesellten sich zu Martin.

»Der Prior berichtete mir gestern nach der Versammlung im Kapitelsaal, daß dieser Aleander beim Kaiser vorstellig geworden sei«, erklärte Ulrich. »Allem Anschein nach versucht er von Karl ein Edikt zu erwirken, das es ihm ermöglicht, dich auch ohne Kurfürst Friedrichs Zustimmung verhaften zu lassen. Vergiß nicht ...«

»Ach was«, schnitt Professor Karlstadt dem Mönch das Wort ab. »Ihr vergeßt wohl, daß die lächerliche Bulle des Antichrists in Leipzig und Erfurt von den Kirchentüren heruntergerissen wurde. In Magdeburg wurde sie gar durch die Gosse geschleift und an den Pranger gehängt. Nun muß auch Doktor Luther zeigen, was die Drohungen des Papstes wert sind – nämlich gar nichts!«

Bruder Ulrich verdrehte gequält die Augen. War außer ihm denn hier überhaupt noch jemand bei Verstand? Offenkundig hatte Karlstadt vergessen, was er selber jahrelang im Hörsaal der Universität gelehrt hatte.

»Dem kirchlichen Bann folgt die Bestrafung durch die weltliche Obrigkeit«, erklärte er aufgebracht. »Sei es die Hinrichtung als Ketzer auf dem Scheiterhaufen, sei es die Reichsacht. Ich beschwöre dich, Martinus, bring nach dem Papst nicht auch noch den Kaiser gegen dich auf!«

Martin wandte sich betroffen ab. Die Argumente seines Mitbruders klangen so überlegt und vernünftig, daß er ins Zweifeln geriet. Doch hatte er nicht stets versucht, seine Lehren mit Vernunft darzulegen? Und was hatte es ihm eingebracht?

Ein wenig schroffer als beabsichtigt, riß er sich von Ulrich los und ging mit Karlstadt und Philipp Melanchthon zu dem brennenden Holzstapel hinüber. Der junge Magister lächelte ihn aufmunternd an; die heitere Miene täuschte allerdings nicht darüber hinweg, daß er ebenso nervös war wie Martin selbst. Auf seiner Stirn glitzerten kleine Schweißperlen, die aber auch von der Hitze des Feuers herrühren mochten. Nach einer kleinen Pause trat Melanchthon vor, räusperte sich und erklärte: »Im Namen der Fakultät erheben wir offen Einspruch gegen die ungerechten Angriffe auf Doktor Martin Luther. Wenn Rom uns dazu aufruft, anstößige Schriften zu verbrennen, werde ich damit beginnen … die päpstlichen Dekretalen dem Feuer zu übergeben.«

Unter beifälligen Pfiffen bückte sich Melanchthon und zog ein Hirschfell von einem Kasten mit Büchern, der unmittelbar neben dem Scheiterhaufen abgestellt worden war. Er nahm ein gebundenes Buch heraus, blätterte es mit einer unbeholfenen Geste durch und hielt es anschließend über die Flammen. Beißender Qualm zog ihm in die Augen. Hustend taumelte er einen Schritt zurück, dann schleuderte er das Buch ins Feuer.

Nun war Martin an der Reihe. Alle Augen richteten sich auf ihn, als er sich neben den nach Atem ringenden Magister stellte. In der Hand hielt er eine Pergamentrolle mit einem blutroten Siegel, dem deutlichen Insignium der päpstlichen Macht. Ein abschätziges Lächeln glitt über sein Gesicht, als er das Blatt auseinanderrollte und die einleitenden Sätze zitierte. Sie entstammten dem vierundsiebzigsten Psalm.

»*Exsurge, Domine!* Mache dich auf Herr, richte deine Sache. Sei eingedenk der Schmähungen, die vor den Toren täglich ergehen …« Schwer atmend ließ Martin seine Blicke über die gespannten Gesichter der Umstehenden wandern. Auf den Mauergängen waren weitere Zaungäste aufgetaucht. Martin glaubte Spalatin unter ihnen auszumachen, doch mit Gewißheit ließ sich dies nicht sagen. Außer dem Knistern der Flammen und dem Stöhnen des Brennholzes war vor der alten Kapelle kein Laut mehr zu hören. Selbst der Wind schien sich ein tiefes Schweigen auferlegt zu haben.

»Der Papst verlangt, daß ich alles widerrufe, was ich zur Verteidigung unseres Glaubens gesagt habe. Ich halte mich jedoch an die Heilige Schrift. Nur vor Gott allein muß ich mich verantworten – so wie wir alle, einschließlich des Papstes in Rom, der mich verfolgt.« Er hielt das Schriftstück hoch, damit auch die hinteren Reihen es sehen konnten. »Rom bezeichnet dieses Blatt als Bannandrohungsbulle. Ein Edikt von der Hand des Papstes höchstpersönlich. Mir aber fällt ein weitaus treffenderer Begriff dafür ein: päpstlicher Bockmist …«

»Werft es ins Feuer«, riefen die Studenten wie mit einer Stimme. Johlend klatschten sie in die Hände. Martin nickte ihnen zu; mit ernster Miene gebot er den jungen Männern Schweigen. Dann drehte er sich jäh zur Seite und schleuderte das Pergament in die Flammen, die sogleich gierig danach griffen und es einhüllten. Innerhalb weniger Augenblicke löste sich das rote Siegel auf; das rote Wachs troff zischend über die verkohlten Scheite.

Die Menge war begeistert. Nur mit Mühe ließen sich die jungen Männer von Melanchthon und seinem Knecht bändigen. Karlstadt sah keinen Grund, zur Ruhe zu mahnen.

Bruder Ulrich hatte indessen genug gesehen. Angewidert rümpfte er die Nase und schlug den Weg zum Kloster ein. Die Schritte des Mönches waren so eilig, daß ihm seine grobe Kutte um die Fußknöchel flatterte, als sei er auf der Flucht. Martin, der dies bemerkte, fühlte einen Hauch von schlechtem Gewissen in sich aufsteigen; er war sich wohl bewußt, daß er seinen Freund gekränkt hatte. Also nahm er sich fest vor, gleich nach dem Chorgebet mit ihm zu reden und ihn um Verzeihung zu bitten. An der Sache selbst änderte sich hingegen nichts. Mit bedrückter Miene wandte er sich wieder dem Scheiterhaufen zu.

»Speist das Feuer«, schrie Karlstadt. Seine Stimme überschlug sich vor Tatendrang. »Speist das Feuer mit dem kanonischen Recht! Speist das Feuer mit jeder einzelnen Lüge, die jemals in Rom geschrieben wurde und die wir glauben mußten, ohne nach der reinen Wahrheit forschen zu dürfen!«

Mit einer heftigen Bewegung schlug der Gelehrte seinen gefütterten Umhang zurück und machte sich über die Holzkiste her. Er entnahm ihr Buch um Buch, Schrift um Schrift. Unter spöttischen Rufen und Pfiffen flog ein Werk nach dem anderen in die Flammen. Karlstadts Augen glänzten fiebrig, dennoch ließ er sich nicht dazu bewegen, vom Feuer zurückzutreten.

Während die Rufe und das Klatschen endlich leiser wurden, trat Martin den Rückweg in die Stadt an. Jenseits des Grabens, der die Stadtmauer mit dem Elstertor verband, bog er in die schattige Gasse der Gürtelmacher ein, um den Weg zum Kloster abzukürzen. Plötzlich, als er kaum zehn Schritte weit gekommen war, stellte sich ihm ein Mann breitbeinig in den Weg. Es war Spalatin. Der kurfürstliche Sekretär trug einen bodenlangen Mantel aus violettem Samt. An der Brust prangte unübersehbar das Wappen der Wettiner. Seine glatt rasierten Wangen glühten vor Zorn.

»Ihr habt soeben ein Kapitalverbrechen begangen, Doktor Luther«, fuhr der Sekretär Martin an. »Hoffentlich seid Ihr Euch dessen bewußt!«

Martin runzelte gereizt die Stirn. Nach dem Streit mit Bruder Ulrich und dem aufwühlenden Moment am Feuer waren Spalatins Vorwürfe das letzte, was er ertragen konnte. »Was habe ich denn anderes getan als der päpstliche Gesandte zu Mainz?« wollte er wissen.

»Ach, wißt Ihr das wirklich nicht? Nuntius Aleander führte nur eine Anordnung des Papstes aus. Ihr hingegen handelt stets in eigenem Interesse!«

Martin wurde bleich. Abgesehen davon, daß er die Vorhaltungen des Sekretärs für ungerecht hielt, war er überrascht über dessen Eröffnung. »Aleander, sagt Ihr? *Er* hat meine Schriften verbrannt?«

Spalatin nickte. Als geschultem Berater eines Fürsten entging ihm nicht, daß Martins Selbstsicherheit einen empfindlichen Dämpfer erhalten hatte. »Und im Gegensatz zu Euch wurde er dabei fast getötet«, fügte er hinzu. »Glaubt mir, Luther, der Mann empfindet nur noch Haß und Abscheu für Euch und Eure Anhänger. Während wir hier miteinander streiten, ist er in Köln, mitten im Gefolge Seiner Majestät des Kaisers!« Er stieß einen tiefen Seufzer aus. »Es hat mich eine Menge Überredungskunst gekostet, bis unser Kurfürst sich zu einer Reise nach Köln entschließen konnte«, fügte er leise hinzu.

»Ihr … geht zum Kaiser?« Martin konnte es nicht fassen. Verstört blickte er zum Himmel empor, der im fahlen Zwielicht so zerklüftet aussah wie die Scherben eines Tonkrugs.

Widerwillig schlich sich ein Lächeln auf Spalatins bleiches Gesicht. Er steckte seine steif gefrorenen Finger zwischen die Falten des Gewandes und sagte mit feinem Spott: »Vielleicht nehmen wir ihm ja eine Eurer Schriften mit. Was meint Ihr, Doktor Luther: Könnte der Kaiser an Eurem jüngsten Pamphlet *Von der Freiheit eines Christenmenschen* Gefallen finden?«

Vierzehntes Kapitel

Köln, Januar 1521

Kurfürst Friedrich hatte keine Ahnung, warum der Kaiser ihn ausgerechnet in der Kathedrale von Köln treffen wollte. Da er ihn jedoch nicht verärgern wollte, blieb ihm nichts anderes übrig, als sich gemeinsam mit seinen engsten Ratgebern einen Weg durch die Menschenmenge zu bahnen, die sich durch die Mittel- und die Seitengänge des Doms schob.

Wahrscheinlich leiten ihn ganz praktische Erwägungen, überlegte Friedrich, während Spalatin keine zehn Schritte vor ihm die verdutzten Pilger auseinandertrieb. Kaiser Karl reiste von einem Ort zum anderen. Er war der deutschen Sprache kaum mächtig, aber immerhin hegte er großes Interesse an seinem Kaiserreich. Vor allem die heiligen Stätten seines Volkes wollte er kennenlernen. Je länger Friedrich darüber nachdachte, desto besser konnte er den jungen Monarchen verstehen.

Der Dom selbst war – obgleich an fast jedem seiner Flügel mit Gerüsten versehen – ein beeindruckendes Bauwerk, das nicht nur Friedrich und seinen Begleitern bewundernde Rufe entlockte. Das Mittelschiff, das sein Licht aus einer Vielzahl bunter Glasfenster empfing, war so mächtig, daß man leicht ein sächsisches Dorf unter seinem Dach hätte unterbringen können. Über hundert Pfeiler stützten sein Gewölbe. Hunderte von Wachskerzen brannten über den Opferstöcken der zahlreichen Kapellen. Kunstvolle Figuren aus Stein blickten auf die Gläubigen herab, die vor den kleineren Seitenaltären knieten oder weitere Kerzen anzündeten, um der Jungfrau Maria, welcher dieser Dom gemeinsam mit dem heiligen Petrus geweiht war, ihre Sorgen und Nöte vorzutragen.

Friedrich näherte sich der kaiserlichen Hofgesellschaft, welche, von neugierigen Blicken weiträumig abgeschirmt, leise plaudernd im Hochchor beisammen stand und sich von einem Kaplan die verschiedenen Kunstwerke erklären ließ. Einige der Edelleute waren sehr auffällig gekleidet. Sie trugen blaue, grasgrüne und rosafarbene Tuniken, Beinlinge aus Kalbsleder sowie Mäntel mit üppiger Pelzverbrämung. Der Kurfürst mußte lächeln, als sein Blick auf die knabenhafte Gestalt eines jungen Mannes fiel, der ein wenig abseits auf einer reich verzierten Bank kniete und mit ernster Miene den herrlichen Dreikönigsschrein begutachtete. Es war Karl V. von Habsburg.

Der Enkel des verstorbenen Kaisers Maximilian trug ein schwarzes Wams aus flämischem Tuch, das am Ausschnitt mit glänzenden Perlen bestickt war. Seine glatten, kupferfarbenen Haare, die ihm fast bis auf die Schultern reichten, waren ordentlich gebürstet, doch unter dem riesigen kastilischen Filzhut, der fast die Hälfte seines Gesichts überschattete, sah der Kaiser fast noch wie ein Knabe aus.

Friedrich gab Spalatin ein Zeichen zurückzubleiben und lehnte sich selbst abwartend gegen eine Säule, um den Kaiser nicht bei dessen Meditation zu stören. Seine Ankunft im Dom war jedoch nicht unbemerkt geblieben. Ehe er es verhindern konnte, sprang ein Edelmann mit Kinnbart auf Karl zu und machte ihn mit übertriebenen Gesten und einigen spanischen Worten auf den Ankömmling aufmerksam. Friedrich beobachtete, wie der Kaiser nickte. Ein einnehmendes Lächeln umspielte die vollen Lippen des jungen Habsburgers, als er sich zu den Säulen umwandte.

»Mein guter Oheim«, flüsterte er, um die Heiligkeit des Ortes nicht zu stören, »ich freue mich, Euch hier zu sehen!«

Friedrich verneigte sich voller Ehrerbietung. Der Kaiser schien nicht nur fromm zu sein, sondern auch ein umgängliches Wesen zu besitzen; ein Charaktermerkmal, das nicht jeden seiner Vorfahren ausgezeichnet hatte. Er war von mittelgroßer Statur und kräftiger, als es zunächst den Anschein erweckt hatte. Seine Gesten waren von anmutiger Zurückhaltung geprägt, aber das bartlose, schmale Kinn, die scharfen Augen und die hohe Stirn verrieten Friedrich auch, daß Karl über eine gehörige Portion Entschlußkraft und Durchsetzungsvermögen verfügte. Ein deutlicher Unterschied zu Maximilian blieb Friedrich indessen nicht verborgen. Anders als der letzte Kaiser, der sich gern in der Pose eines heldenhaften Ritters gezeigt hatte, war Karls Auftreten das des abwägenden, auf geistige Stärke bauenden Politikers.

Ob mir dies helfen wird, bleibt abzuwarten, dachte Friedrich, während Karl ihn immer noch lächelnd einlud, auf einem der hohen Chorstühle Platz zu nehmen.

»Mein Kaiser«, begann Friedrich nach einem Moment des Schweigens, »möge Gott, der Herr, Euch segnen und behüten. Ich fühle mich geehrt, daß Ihr Eure Andacht unterbrochen habt, um mir die Freude einer Begegnung zu gewähren …«

Kaiser Karl hob erstaunt die Augenbraue. »Aber lieber Oheim, das Wohl Eures Fürstentums liegt mir ebensosehr am Herzen wie alle übrigen Reichsteile!«

»Ich bin nicht gekommen, weil meine Untertanen mir Kummer bereiten, sondern weil ich mit Eurer Majestät über … Martin Luther sprechen möchte.«

Friedrich stieß erleichtert die Luft aus. Er bemerkte nicht, wie eine schattenhaften Gestalt zwischen den Säulen hervortrat und die beiden Männer einige Augenblicke lang mit durchdringenden Blicken fixierte, ehe sie mit großen Schritten auf das Chorgestühl zuhielt. Es war Aleander.

»Gut, daß Ihr kommt«, rief Karl dem päpstlichen Gesandten mit verhaltener Stimme zu. »Unser Freund, Friedrich von Sachsen, hat endlich den Weg zu uns gefunden, um sein Gewissen wegen des Ketzers zu erleichtern.« Friedrich starrte verunsichert von Karl zu dem hochgewachsenen Italiener, der ihn abschätzend musterte. Eine plötzliche Panikattacke drohte ihm die Kehle zuzuschnüren. Womit er am wenigsten gerechnet hatte, war, daß sich ein päpstlicher Legat in seine private Unterhaltung mit dem Kaiser einmischte. Andererseits konnte er Karl unmöglich bitten, den Mann fortzuschicken. Mit sichtlichem Verdruß erwiderte er Aleanders stillen Gruß.

»Wie gütig von Euch, den weiten Weg von Rom hierher auf Euch zu nehmen, um uns in dieser unbedeutenden Angelegenheit Rat zu erteilen«, erklärte der Kurfürst mit aufgesetzter Höflichkeit.

»Ketzerei ist keinesfalls eine unbedeutende Angelegenheit, Euer Durchlaucht!«

Friedrich neigte seinen Kopf in die Richtung des jungen Kaisers und bat in beschwörendem Tonfall: »Euer Majestät, wenn Ihr mir nur für einen Augenblick Euer Ohr leihen würdet ...«

»Wenn es sich um Martin Luther handelt, muß ich Euch bitten, lauter zu sprechen, Fürst«, unterbrach ihn Aleander unhöflich. Seine Gesichtszüge verhärteten sich, so daß sie im schwachen Kerzenschein ebenso steinern wirkten wie die der Standbilder in seinem Rücken. »Wie Ihr eben bereits sagtet, habe ich eine weite Reise gemacht, um Euch zu helfen!«

»Es handelt sich aber um Sachsen, mein Herr. In dieser

Angelegenheit bitte ich um eine private Audienz bei unserem Kaiser!«

Karl legte den Kopf auf die Seite. Einen Moment lang wirkte er argwöhnisch, er schien angestrengt zu überlegen, ob Friedrich tatsächlich die Wahrheit sprach. Schließlich beschied er Aleander mit einer Kopfbewegung, sich einstweilen zurückzuziehen. Unter tiefen Verbeugungen kam der päpstliche Gesandte der kaiserlichen Aufforderung nach und ging zu der Gruppe von Edelleuten hinüber, die nahe der Schatzkammer auf ihren Herrn warteten. Friedrich konnte seine Erleichterung kaum verbergen.

»Kommt, Oheim«, sagte der Kaiser, »laßt uns ein wenig durch dieses herrliche Bauwerk schlendern.« Wortlos hakte er den älteren Fürsten unter und zog ihn vom Chorgestühl fort. Er lächelte nicht mehr. Einige Herzschläge lang herrschte Schweigen zwischen den beiden Männern. Keiner von beiden wußte den anderen einzuschätzen, und dies stiftete Verwirrung.

»Übergebt Luther an Rom!« Die Stimme des Kaisers dröhnte plötzlich scharf und schneidend durch die Vierung. »Liefert den Mann aus!«

Friedrich zuckte zusammen. Er sah Spalatin, der mit zusammengelegten Händen vor einer Heiligenfigur stand, jedoch aufmerksam zu ihnen herüberschaute. Seine Miene spiegelte tiefe Besorgnis wider. »Das ... das kann ich nicht tun, Euer Majestät«, entgegnete der Kurfürst, indem er seinen ganzen Mut zusammennahm. »Doktor Luther ist mein Untertan und ein Gelehrter von bedeutendem Ruf. Damit ist es meine Pflicht, dafür zu sorgen, daß er eine gerechte Behandlung erfährt.«

Karl zog verärgert die buschigen Augenbrauen zusammen. »Aleander hat mir versichert, daß die Inquisition Luther eine ordnungsgemäße Anhörung gewähren wird.«

»Während er im Kerker sitzt? Euer Majestät, die römische Inquisition gewährt keine Anhörungen. Sie fällt Todesurteile. Ganz Deutschland betet, daß Ihr sein Verteidiger sein werdet!«

»Das ist unmöglich«, erklärte Karl mit fester Stimme. »Der Ketzer gehört vor Gericht. Und zwar vor ein kirchliches Gericht. Aleander war so gewissenhaft, mir die Sachlage zu erklären. Einer, der vom Papst, von Kardinälen und Prälaten verurteilt wurde, darf höchstens im Gefängnis verhört werden. Die Laien, einschließlich der Kaiser, sind nicht in der Lage, den Fall eines Gebannten wiederaufzunehmen! Es ist besser, Ihr kümmert euch nicht mehr um diesen Luther. Um so schneller wird die Welt ihn vergessen haben!«

Friedrich blieb stehen. Bekümmert hob er die Hand. »Euer seliger Großvater, der mein Freund war, hat uns sein Wort gegeben, daß kein deutscher Untertan ohne Anhörung in seinem *eigenen* Land verurteilt wird. Fragt die Fürsten des Reiches, die Eure Wahl einstimmig unterstützt haben. Sie werden es Euch bestätigen.«

Friedrichs Berufung auf die Reichsfürsten war kühn, doch sie verfehlte ihre Wirkung nicht. Der junge Kaiser öffnete den Mund, um zu einer Erwiderung anzusetzen, aber irgend etwas in Friedrichs Augen ließ ihn jäh verstummen. Das beklemmende Gefühl, von dem alten Mann belehrt zu werden und darüber hinaus Zoll um Zoll an Boden zu verlieren, gefiel ihm nicht. Zorn und Scham färbten seine Wangen rot.

»Also gut, Fürst Friedrich«, erwiderte er mit gesenkter Stimme. »Wenn Ihr unbedingt wollt, werden wir ihn eben in Deutschland anhören. In zwei Monaten soll er vor mir und den Edlen des Reiches in Worms erscheinen.«

»Aber das ist immer noch ein langer Weg von Wittenberg, Majestät. Und wenn Ihr Euren Nuntius Aleander befragt, so wird er Euch gewiß erklären, daß Papst Leo ein Kopfgeld auf Luther ausgesetzt hat. Angeblich sind seine Mörder überall ... ohne Achtung meiner bescheidenen Herrschaft!« Der Kurfürst schürzte die Lippen. »Und Eurer hohen!«

Aus einer der Kapellen drang Gesang ins Mittelschiff hinaus. Die Töne klangen betörend und weihevoll. Der Kaiser lauschte mit sichtlichem Entzücken. Plötzlich entspannten sich seine Gesichtszüge. »Einverstanden, Fürst«, sagte er. »Ich gewähre Martin Luther freies Geleit zum Wormser Reichstag. Dort wird er eine gerechte Anhörung bekommen. Ein Reichsherold wird ihn in Wittenberg abholen und bis an den Rhein begleiten. Darauf habt Ihr mein Wort.«

Schwerfällig, aber beruhigt, beugte Friedrich sein Knie vor dem Kaiser und küßte ihm die Hand. Der Habsburger ist ein zäher Verhandlungspartner, dachte er. Möglich, daß er in mir nun nicht länger den guten Oheim sieht, aber wenigstens ist es mir gelungen, ihn dorthin zu steuern, wo ich ihn haben wollte. Gegen altes deutsches Recht kann selbst dieser Aleander keinen Einspruch erheben.

Ursprünglich war geplant gewesen, den ersten Reichstag des jungen Kaisers in Nürnberg abzuhalten, aber eine Seuche, die in der Stadt wütete, hatte dies verhindert. Worms am Rhein erschien sowohl den Vertretern der Reichsfürsten als auch den Abgesandten der freien Städte schon wegen seiner günstigen Lage als trefflicher Ersatz.

Martin war voller Zweifel, als Spalatins Bote ihm die offizielle Ladung des Kaisers überbrachte. Er war mittlerweile siebenunddreißig Jahre alt und fühlte sich körperlich und geistig erschöpft. Nach einigem Zögern entschied er jedoch, sich auf das Wagnis einer Reise an den Rhein einzulassen. »Wenn der Kaiser mich ruft, um mich zu töten«, erklärte er dem kurfürstlichen Sekretär, »kann ich es nicht ändern. Aber ich werde das Wort Christi nicht verlassen!«

Beinahe endlos erschien der Zug der Bürger, die seinem Wagen das Geleit bis vor die Wittenberger Stadtmauern gaben oder ihm von den Zinnen ein Lebewohl zuwinkten. Unter ihnen befanden sich auch Professor Karlstadt, Hanna, die Reisighändlerin, und deren kleine Tochter Grete.

»Wird Bruder Martinus zurückkehren?« fragte das Mädchen immer wieder. Sie war den Tränen nahe. Ihre Mutter strich ihr unbeholfen über den Kopf und nickte, auch wenn sie selber alles andere als hoffnungsvoll in die Zukunft blickte. Der Kaiser hatte sein Wort gegeben, daß Doktor Luther nichts geschehen würde, solange er sich auf der Reise nach Worms befand. Aber konnte man dem Kaiser wirklich trauen? Der Mönch wäre nicht der erste gewesen, den man trotz des Versprechens eines freien Geleits gefangengenommen und hingerichtet hätte.

Karlstadt schien Hannas Zweifel zu teilen, denn sie bemerkte, daß er unter seinem dünnen Mantel trotz der Kälte des Morgens schwitzte.

Ein feiner Sprühregen fiel gleichmäßig über die endlosen Felder und Wiesen entlang der Elbe. Aufmerksam beobachteten die Turmwächter den stolzen weißen Hengst des Herolds, der Luthers Reisewagen begleitete. Der stämmige Mann in Amtstracht, ein gewisser Kaspar Sturm, war gerüstet wie ein Ritter und trug ein Banner, auf dem das Bildnis eines goldenen Adlers zu sehen war, das Symbol der kaiserlichen Macht.

Bruder Ulrich lenkte den stabilen, mit drei Pferden bespannten Wagen, ein Geschenk der Wittenberger Ratsherren. Der Mönch hatte sich trotz scharfer Diskussionen mit dem Prior des Klosters nicht davon abbringen lassen, Martin nach Worms zu begleiten, ein Umstand, für den Martin ihm insgeheim sehr dankbar war.

Ihr Weg führte die Gruppe über Erfurt, Gotha und Eisenach. In fast allen Städten, Dörfern und Marktflecken, wo sie unterwegs Rast einlegten, läuteten die Kirchenglocken. In Scharen strömten die Menschen herbei, um sich den sonderbaren Mönch anzusehen, der sich gegen den Papst aufgelehnt hatte und nun unterwegs war, um sich vor dem Kaiser des Heiligen Römischen Reiches Deutscher Nation zu verantworten. Viele von ihnen konnten kaum glauben, daß dieser unscheinbare Mönch, dessen braune Kutte an einigen Stellen aufgescheuert und von Flecken gezeichnet war, den Mut aufgebracht haben sollte, die Ausbeutung und Unterdrückung der Kirchenfürsten anzuprangern. Martin, der möglichst wenig Aufsehen erregen wollte, konnte sich der begeisterten Zurufe und Aufforderungen, zu predigen, kaum entziehen. Aber auch kritische Stimmen ertönten. »Närrischer Mönch, wie kannst du nur so dumm sein«, tadelte ihn eines Abends ein Bauer, während Bruder Ulrich vor einem Dorfgasthaus die Pferde zügelte. »Wieso sollten wir dir vertrauen? Unser Weiler gehört seit Menschengedenken zum Grundbesitz eines Klosters. Mönche wie du pressen uns den Zehnten aus den Knochen, während sie selbst immer fetter werden!«

Martin schwieg betroffen. Unwillkürlich traf ihn der Gedanke, daß er wirklich nicht viel dafür getan hatte, das harte Los der Unterdrückten zu lindern. Aber war es nicht geradezu Sünde, sich gegen die Obrigkeit aufzulehnen? Er wollte dem Bauer erklären, was die Heilige Schrift dazu zu sagen hatte, daß Barmherzigkeit und Frieden für die Seele niemals durch das Anhäufen von Gütern zu finden seien. Doch der Mann zuckte nur verständnislos die Schultern und verschwand in der Dunkelheit.

Sie setzten die Reise fort. Wenn Martin und Ulrich nicht in Kirchen und Pfarrhöfen einkehrten, um sich aufzuwärmen und mit den Bewohnern der Häuser zu diskutieren, wählten sie abgeschiedene Herbergen und vertieften sich in die zahlreichen Briefe und Depeschen, die man Martin vor seiner Abreise zugestellt hatte. Dabei erfuhren sie, daß nicht nur die Humanisten des Reiches mehr oder weniger geschlossen hinter Martin und seiner Lehre standen. Geachtete Edelleute wie die Ritter Ulrich von Hutten und Franz von Sickingen gaben dem umstrittenen Theologen zu verstehen, daß sie ihm in ihren Burgen Zuflucht boten, falls die Lage nach dem Reichstag allzu gefährlich werden würde. Ulrich von Hutten, der nach seiner Flucht aus einer Klosterschule und einem anschließendem Besuch der Stadt Rom offen Partei gegen das Papsttum genommen hatte, kündigte an, daß er ebenfalls nach Worms reiten würde, um auf eigene Kosten erstellte Flugschriften zu verteilen und somit Martin auf dem Reichstag beizustehen.

Die Straßen und Plätze von Worms waren so voller Menschen, Pferde und Vieh, daß es aussah, als gäbe es kein freies Fleckchen mehr.

Zu Tausenden schoben und drängten sie sich in den Straßen, die nahe der Stadtmauer lagen. Auf den kleineren Plätzen hatten Krämer Stände aus Schragentischen und Bretterbuden aufgeschlagen, um Ketten, Tücher und Broschen, Schmalzgebäck und fette Würste zu verkaufen. Spielleute und Gaukler sprangen umher und unterhielten die wartende Menge mit Taschenspielertricks. Aus den Schenken ertönte die lärmende Musik von Sackpfeifen und Flöten. Hufschmiede und Kettenmacher hatten vor ihren Werkstätten glühende Kohlenbecken aufgestellt; in aller Öffentlichkeit beschlugen sie die Pferde der Edelleute und Knappen, die zum Reichstag in die Stadt gekommen waren, oder führten ihnen Schwerter, Brustpanzer und Helme vor.

Auch im Dombezirk kämpften sich Ströme von Schaulustigen über Treppen und Wandelgänge, welche die gewaltige romanische Kathedrale mit dem Palast des Bischofs verbanden. Die ganze Stadt schien auf den Beinen zu sein; niemand war zu Hause geblieben.

In dem unbeschreiblichen Getümmel kamen Martins Wagen sowie die bewaffneten Reiter, die ihn begleiteten, nur im Schrittempo vorwärts. Immer wieder scherten die Pferde aus, um Hindernissen auszuweichen, die sich vor ihren Hufen auftaten. Dutzende jubelnder Menschen liefen neben dem Wagen des lange erwarteten Mönchs her und warfen Blumen und Heiligenbilder durch die kleinen, vergitterten Fenster. Eine Frau streckte die Hand aus, um Martins Mantel zu berühren. Martin, dem die Hochrufe des Volkes peinlich waren, errötete. Mit einem derartigen Empfang hatte er nicht gerechnet. Vor allem nicht, nachdem Spalatin, der sich mit dem Kurfürsten bereits seit einigen Tagen in Worms aufhielt, ihm einen Boten entgegengeschickt hatte, der ihn zur raschen Umkehr nach Sachsen auffordern sollte. Der Sekretär hielt den Aufruhr des Volkes für ein schlechtes Zeichen und war der Ansicht, daß die Stimmung, welche zwischen Euphorie und Gereiztheit schwankte, sich jederzeit in gewalttätigen Auseinandersetzungen entladen konnte. Dem Kaiser und den Vertretern der kirchlichen Gewalt genügte dabei gewiß nur ein Funke, um Martin als Schuldigen und Volksaufwiegler zu brandmarken.

Martin war nach den Worten des Kuriers wütend aufgebraust und hatte ihn mit der Mitteilung auf den Weg geschickt: »Sagt Spalatin, wenn auch zu Worms so viele Teufel wären wie Ziegel auf den Dächern, so wollte ich dennoch hinein!«

Auf verschlungenen Umwegen brachte der Herold Martin und Ulrich nun zur bischöflichen Pfalz, einem stattlichen Gebäude inmitten eines ummauerten Hofes, dessen südlicher

Teil sich an den Dombezirk anschloß. Trotz seiner Müdigkeit spähte Martin neugierig aus dem Fenster, um die Umgebung wenigstens mit einigen Blicken abzutasten. Der Anblick des mächtigen romanischen Domes wirkte auf ihn einfach überwältigend. Er erkannte vier schlanke Türme und zwei Kuppeln, die so hoch in den Himmel ragten, daß die schweren grauen Wolken, die über die Stadt zogen, beinahe an ihnen zu kratzen schienen.

Auf der anderen Seite des Domplatzes wurde die Straße unvermittelt schmaler, bis sie vor einer Mauer mit Graben und Wachtürmen endete. Entlang des Grabens, in dem Frösche quakten und grünliches Brackwasser Blasen aufwarf, reihte sich eine Anzahl verschachtelter, zweistöckiger Häuser mit hölzernen Galerien aneinander, die vermutlich von Bediensteten des Bischofs bewohnt wurden.

Vor dem Portal der Pfalz, die mit einer kunstvollen Einfassung aus rotem Sandstein versehen war, standen einige Leute zusammen, um Martin in Empfang zu nehmen. Unter ihnen befanden sich zwei Ratsherren der Stadt Worms und der Prior eines nahen Klosters, der Martin mit betrübter Miene mitteilte, daß es ihm aufgrund zahlreicher Widerstände seiner Mönche nicht möglich sei, dem Ordensbruder aus dem fernen Sachsen unter seinem Dach ein Quartier anzubieten.

Martin lächelte den Prior abgekämpft an. Obwohl ihm die verschwitzte Kutte unangenehm am Leib klebte und der Gedanke an eine Erfrischung in der Stille und Beschaulichkeit eines Klosters ihm wie ein verlockendes Labsal vorkam, war er doch froh, daß er während seines Aufenthalts in Worms nicht unter der Kontrolle eines Ordens stehen mußte. Kaspar Sturm war so umsichtig gewesen, ihm in einer Herberge nahe dem Johanniterhof zwei Kammern zu mieten, in denen er während der nächsten Tage genug Ruhe finden würde, um sich mit aller Kraft auf sein Verhör vorzubereiten.

Wenig später ließ man ihn, von Bruder Ulrich begleitet, durch das geöffnete Tor in den von dichten Weinreben bewachsenen Innenhof der Pfalz eintreten. Aus einem Winkel hörte er das Plätschern eines steinernen Stufenbrunnens, wie sie sonst nur auf größeren Plätzen zu finden waren. Obwohl Martins Zunge vor Durst an seinem Gaumen hing, zögerte er, auf den Brunnen zuzulaufen, weil er nicht sämtliche Blicke der Hofleute auf sich ziehen wollte. Vorsichtig sah er sich um. Die vielen bewaffneten Wachsoldaten machten ihn nervös. Wie zufällig verfolgten sie jede seiner Bewegungen. Martin fragte sich, ob man sie angewiesen hatte, ihn und seine Begleiter keinen Moment aus den Augen zu lassen. Die Antwort folgte bald darauf.

»Schau einmal nach oben«, flüsterte Ulrich ihm mit heiserer Stimme zu. Mit den Augen deutete er auf eines der Fenster im oberen Stockwerk des länglichen Hauses, unter dem sich ein kleiner, von Säulen getragener Balkon befand. »Der Geistliche, der so finster auf uns herunterblickt ... Ist das nicht der Vertraute des Kardinals Cajetan?«

Martin verharrte. Verstohlen folgte er Ulrichs scheuer Geste, bis auch er die hochgewachsene Gestalt des päpstlichen Legaten entdeckt hatte. Beide Arme ausgestreckt auf die Brüstung gestützt, stand Aleander auf dem Balkon und starrte auf ihn herab. Der Gesandte wirkte erschöpft und kränklich. Obgleich er nur wenige Jahre älter war als Martin, sah er aus wie ein Mann, der den Zenit seines Lebens schon überschritten hatte. Auf seinem dunklen Gesicht, das nicht die Spur einer Regung zeigte, waren die Spuren schlecht verheilter Wunden zu sehen; eine häßliche Narbe zog sich vom rechten Mundwinkel bis zum Kinn. Die fließende rote Seide seiner Robe und der Stola, die er über den Schultern trug, bot indessen einen bemerkenswerten Kontrast zu dem farblosen Stein des Mauerrings.

Einen Atemzug lang trafen sich die Blicke der beiden Männer. Martin überlegte, ob es angebracht war, die Hand zu einem Gruß zu erheben, aber Aleander sah nicht so aus, als ob er eine Geste dieser Art erwartete. Also verzichtete er darauf. Im nächsten Moment wurde Martin auch schon von einem bärtigen Bewaffneten abgelenkt, der, in einen weiten Umhang gehüllt, aus einer Seitenpforte der Pfalz trat und mit eiligen Schritten auf ihn und Ulrich zukam. Der Bärtige schien im Bischofspalast über einigen Einfluß zu verfügen, denn auf seinen Wink ergriffen die beiden jungen Wächter, die das Tor zum Hof im Auge behielten, ihre geschliffenen Spieße und folgten ihm ohne Umschweife. Martin drehte sich irritiert um. Als sein Blick noch einmal kurz zum Balkon hinaufwanderte, stellte er fest, daß Aleander verschwunden war.

»Doktor Luther?« Der Wachoffizier des Bischofs starrte zuerst Bruder Ulrich, dann Martin mit unverhohlenem Argwohn an. Martin nickte höflich. Nach dem begeisterten Jubelgeschrei der Menschen bei den Stadtmauern und auf dem Marktplatz empfand er die strenge Miene des Bischöflichen und die Gleichgültigkeit seiner Waffenknechte beinahe als wohltuend. Zumindest führte ihr Verhalten Martin die rauhe Wirklichkeit vor Augen.

»Ich bin Bruder Martinus, Doktor der Heiligen Schrift und Augustiner«, erklärte Martin nach einer kleinen Weile zögernd.

»Gewiß wurdet Ihr darüber unterrichtet, daß die Amtsgewalt des kaiserlichen Herolds vor den Toren dieser Pfalz endet. Von nun an werden meine Männer und ich für Eure Bequemlichkeit sorgen!«

»Nein!« schrie Bruder Ulrich aufgebracht auf.

»Wer will für uns sorgen?« Martin straffte die Schultern und drang mit aufgerichtetem Zeigefinger auf den Bewaffneten ein, der sogleich einen Schritt zurück wich. »Ihr oder der päpstliche Gesandte, den ich eben auf dem Balkon gesehen habe? Mein Geleitbrief, Herr, stammt von der Hand Seiner Majestät des Kaisers und nicht von der des Bischofs oder seines römischen Gastes.« Er rang nach Atem. »Es wäre besser, wenn Ihr Euch danach richtet!«

Der Wachoffizier machte ein düsteres Gesicht. Abwägend beobachtete er die glitzernden Schneiden der Hellebarden, mit denen seine Untergebenen den beiden Mönchen den Weg zum Portal versperrten. Offensichtlich waren die Anweisungen, die Aleander oder der Bischof ausgegeben hatten, nicht eindeutig genug, um Martin und Ulrich gegen deren Willen festzuhalten. Schließlich gab der Mann sich geschlagen. »Also gut, dann geht in Eure Herberge und bereitet Euch auf den morgigen Tag vor«, befahl er in wichtigtuerischem Ton. »Eure erste Anhörung vor den Fürsten des Reichs wurde auf den späten Nachmittag festgesetzt.«

»Wir sind nur hier, weil wir einen sächsischen Ordensbruder suchen«, sagte Bruder Ulrich mit wachsender Unruhe. »Johann von Staupitz … Habt Ihr ihn vielleicht gesehen?«

Der Bärtige schüttelte den Kopf. Offensichtlich sah er es als Zumutung an, dem Begleiter des ketzerischen Mönchs auch noch mit Auskünften dienlich zu sein. Er befahl seinen Männern, augenblicklich ihre Posten am Tor wieder einzunehmen, und trat selbst den Rückzug zum Palast an.

Generalvikar von Staupitz erwartete Martin in dessen Herberge, einem bescheidenen Gasthaus mit Binsendach, geschwärztem Fachwerk und winzigen Fensteröffnungen, die zu Ulrichs Erleichterung mit festen Läden und schmiedeeisernem Gitterwerk geschützt waren. Ein Gewirr von Stiegen zog sich durch das Gebäude.

Martins Zimmer war größer als jede Mönchszelle, die er jemals zuvor bewohnt hatte. Es nahm fast die gesamte Breite des oberen Geschosses ein. Wie im ganzen Haus waren auch hier die Wände kahl und ohne jeden Schmuck, dafür aber trocken und ordentlich geweißelt. In einer Nische stand ein großzügiges, mit Schnitzereien versehenes Kastenbett, aus dem ihm der angenehme Duft von frischem Stroh und getrockneten Heublumen entgegenschlug. Der Fußboden bestand aus blanken Holzdielen, zwischen denen im Schein der Öllampe noch winzige Spuren von Scheuersand glitzerten. Ein Tisch aus wuchtigen Eichenbrettern, zwei Stühle mit gepolsterten Lehnen und eine Truhe mit Schloß, auf der ein Stapel grober Wolldecken lag, komplettierten die Einrichtung.

Als Martin und Ulrich sich umblickten, sahen sie von Staupitz. Der Generalvikar trug eine volle Tonschüssel mit Wasser und mehrere frische Leintücher zu dem Tisch hinüber. Danach ergriff er ein Barbiermesser und zog es mehrere Male über ein abgewetztes Stück Leder.

»Auf meinem Weg habe ich gebetet, daß Ihr hier sein würdet, Ehrwürdigkeit«, rief Martin freudestrahlend aus. Er ließ seinen Reisekasten zu Boden fallen und stürmte auf den älteren Mann zu, der sich seiner stürmischen Begrüßung mit gespielter Verzweiflung erwehrte.

»Setz dich auf diesen Schemel, mein Sohn«, sagte der Generalvikar, nachdem er sein Messer scharf gewetzt und mit einem prüfenden Blick in den Lichtkegel der Lampe gehalten hatte. »Ich dachte mir, daß du in der Eile nicht die Zeit finden würdest, einen Bader oder Barbier aufzusuchen.« Seelenruhig seifte er Martins Gesicht ein und führte anschließend das scharfe Rasiermesser an Kinn und Wange.

»Wie kommt es, daß Ihr immer wißt, was ich am nötigsten habe, auch wenn ich es Euch nicht sage?« Martin neigte den

Kopf, um seinem alten Mentor die Arbeit zu erleichtern. Sein Schädel fühlte sich dumpf und schwer an, dennoch freute er sich über die Anwesenheit seines alten Lehrers. War er in den letzten Stunden entmutigt und niedergeschlagen gewesen, so schöpfte er nun wieder ein wenig Hoffnung. Müde, aber zufrieden schloß er die Augen und überließ sich der sorgfältigen Pflege des Vikars. Die kratzenden Geräusche, die dessen Messer auf seiner Haut hinterließ, lullten ihn ein wie das monotone Schnurren einer Hauskatze.

»Ich dachte, Ihr hättet mich längst aufgegeben, Ehrwürdigkeit«, sagte er leise. »Während ich durch die Straßen von Worms fuhr und auch später, im Hof des Bischofs, fürchtete ich mich ... Wißt Ihr, ich mußte immer wieder an die Schande denken, die mein Tod meinen Eltern bereiten würde. Sie haben meinetwegen schon genug gelitten.«

»Halt doch still, Martinus!«

Ein jungenhaftes Lächeln schlich sich auf Martins eingeseifte Wangen. »Warum eigentlich? Ein kleiner Ausrutscher, und Ihr erspart dem Kaiser ein Gerichtsverfahren. Allein der päpstliche Gesandte wäre enttäuscht. Vermutlich hat er ganz andere Pläne, was meine Zukunft betrifft.«

»Man hat mir bereits berichtet, daß Aleander in Worms ist«, brummte von Staupitz, während er das Messer von Martins Hals zurückzog. »Im Palast des Bischofs erzählt man sich, daß er es war, der den Kaiser von deiner angeblichen Ketzerei überzeugt hat. Er wird auch morgen versuchen, dir zu schaden. Darüber solltest du keine Scherze treiben!«

»Ich scherze doch nur, weil ich solche Angst habe. Nicht vor Aleander, ja nicht einmal vor der Rache des Kaisers. Am meisten fürchte ich mich davor, eines Morgens aufzuwachen und festzustellen, daß alles, was ich erkannt zu haben glaubte, nur ein Betrug des Teufels und ich sein willfähriges Werkzeug war.«

Von Staupitz wechselte einen Blick mit Bruder Ulrich, der schweigend in einem Winkel der Stube saß und sich eine Schüssel mit gesalzenem Bratfisch und eingelegten Essiggurken schmecken ließ. Dann fuhr er mit gleichmäßigen Bewegungen fort, Martins Tonsur zu rasieren, als hätte er sein Lebtag nichts anderes getan. »Manchmal ist der Zweifel ein größeres Zeichen für Aufrichtigkeit als der Wunsch, recht zu behalten«, sagte er sanft. »Deine Kritik an denen, die Mißstände dulden, ist zweifellos gerechtfertigt. Aber die Kirche wird trotz all ihrer Sünden weiterbestehen. Was ist ein Kind ohne seine Familie? Wie soll es den Menschen ergehen, hilflos und verängstigt auf sich gestellt? In all den Jahren, die ich nun schon dem Orden diene, habe ich eine Welt kennengelernt, die das Böse mehr haßt, als sie das Gute liebt ... Ich flehe dich an, Martinus, hör nicht mehr auf deine Zweifel. Du hast sie in bitteren Kämpfen überwunden. Von nun an mußt du auf das Gute sehen!«

Martin zuckte vor Schreck zusammen, als das Messer einen Ton zu scharf über seine Kopfhaut fuhr. Das ist alles, was ich je gewollt habe, dachte er. Die Menschen von bedrückenden Vorstellungen zu befreien. Sie davon zu erlösen, wie die Schnecken im Dreck zu krauchen und dafür auch noch dankbar zu sein.

Hastig griff er nach der faltigen Hand des alten Mönchs und drückte sie. »Damals im Klostergarten zu Erfurt – als Ihr mich losgeschickt habt, um die Welt zu verändern –, habt Ihr da wirklich geglaubt, daß ich dies tun könnte, ohne einen Preis dafür zu zahlen?«

»Ich hatte mir nicht vorgestellt, daß du die Welt spaltest oder eine neue Kirche gründest«, sagte von Staupitz leise. Er atmete tief durch und beeilte sich, seine Arbeit zu beenden. Inzwischen war es dunkel geworden. Vor den tiefer gelegenen Fenstern unterhielten sich ein paar Leute, deren brennende Laternen gespenstische Schattenbilder an die weißen Stubenwände warfen. Aus einem Gänsestall, der sich im Garten des Gasthauses oder eines Nebengebäudes befinden mußte, erklang aufgebrachtes Geschnatter.

»Du bist fertig, Martinus! So erscheinst du vor dem Kaiser wenigstens nicht wie ein dahergelaufener Strauchdieb.«

Mit einer raschen Handbewegung nahm der Generalvikar den alten Umhang von Martins Schultern und reichte ihm ein Tuch, mit dem er sein Gesicht von den Resten der Seife reinigen konnte.

Der große Saal der bischöflichen Pfalz, der für die offiziellen Ratsversammlungen und Anhörungen des Reichstags vorgesehen war, leuchtete im Licht zahlreicher Wandfackeln und Wachskerzen. Kleine, schnabelförmige Tonlampen, deren Flammen von duftenden Ölen gespeist wurden, verbreiteten einen künstlich anmutenden Schimmer, welcher den breiten, mit rotem Samt ausgeschlagenen Lehnstuhl des Kaisers besonders hervorhob, der ein wenig erhöht über den Sesseln der Fürsten und kirchlichen Würdenträger stand.

In aller Eile stiegen Pagen und Bedienstete auf sperrige Leitern und befestigten flämische Wandteppiche an den kahlen Mauern. Andere schleppten silberne Platten mit Obst und Weinkelche herbei. Doch selbst diese bescheidenen Versuche, die kärgliche Halle für den Besuch des Kaisers herzurichten, vermochten nicht, die Düsternis zu vertreiben, die wie eine Traube fahler Sturmwolken über den dunklen Holzdielen und dem rußigen Deckengebälk oberhalb der Galerie lag. Während die Reichsfürsten ihre Plätze einnahmen, knisterte die Luft vor Spannung.

Martin fand kaum ein Durchkommen, als er sich in Begleitung von Herold Sturm, Bruder Ulrich und einem kaiserlichen Reichsmarschall durch das Gedränge kämpfte. Auf den Gängen des Palastes drückten sich buchstäblich Hunderte von Menschen herum. Die meisten von ihnen hatten vor dem Ratssaal nichts verloren, ließen sich aber auch nicht in ihrem Müßiggang stören. Es waren vornehmlich Edelleute, die keinen Platz im Saal gefunden hatten, und neugierige Damen in seidenen Roben, die auf den Beginn der Lustbarkeiten und Bankette warteten. Für sie bedeutete der Reichstag eine willkommene Abwechslung vom täglichen Einerlei, zumal man mit der Verurteilung eines berüchtigten Ketzers rechnen durfte. Zu ihnen gesellten sich Diener des Bischofs, Beamte der kaiserlichen Kanzlei sowie Schreiber, die mit Gänsefedern hinter den Ohren und dringenden Botschaften in den Händen die Treppen hinauf- oder hinunterhetzten.

Eingeschüchtert setzte Martin seinen Weg fort. Sein Herz begann vor Aufregung wie wild zu schlagen, als er an einem Spalier grimmig dreinblickender Wachsoldaten vorbeikam, die aufgrund ihrer sonnenverbrannten Haut und der dunklen Augen unschwer als Spanier zu erkennen waren. Obgleich der Kaiser ein gebürtiger Niederländer war, liebte er es, sich mit spanischen Rittern und Wachsoldaten zu umgeben. Während er seinen deutschen Untertanen und deren Landesherren mit äußerster Vorsicht begegnete, schenkte er den Spaniern fast uneingeschränktes Vertrauen.

Unter einer derben Schimpfkanonade schoben die Männer die Menge auseinander. Eine Frau stieß einen spitzen Schrei aus, als sie die Hellebarde eines Soldaten am Ellenbogen streifte. Ihr Begleiter, ein blonder Jüngling, protestierte und fuhr wütend mit der Hand an seinen Hüftgürtel, von dem ein Dolch mit kostbarem Elfenbeingriff herabhing.

Martin selbst wurde von seinen Begleitern getrennt und in einen zugigen Vorraum gestoßen, in dem sich außer einem hölzernen Betstuhl und drei Schemeln kein Mobiliar befand.

Das kleine Fenster besaß ein schmiedeeisernes Gitter, das die Form von Schlangenleibern aufwies.

»Ihr wartet hier, Doktor Luther«, befand Herold Sturm, nachdem er sich mit den Wächtern verständigt und den Raum einer flüchtiger Besichtigung unterzogen hatte. Unverzüglich nahmen zwei Spanier Aufstellung vor der halb geöffneten Tür. Martin trat zurück. Sein Magen krampfte sich schmerzhaft zusammen, und er ärgerte sich, weil er Bruder Ulrichs gutgemeintes Angebot, ihm etwas Brot mit auf den Weg zu geben, ausgeschlagen hatte.

Vom nahen Dom drangen dumpfe Glockenschläge an sein Ohr. Vier Schläge zählte Martin. Er ließ sich auf einem der Schemel nieder und versuchte ein letztes Mal, im Geiste die Fragen und Antworten durchzugehen, auf die er sich in der vergangenen, schlaflosen Nacht gemeinsam mit seinen Freunden vorbereitet hatte. Der Kaiser, soviel wußte er, war ihm nicht gewogen. Er hatte der Anhörung nur widerwillig zugestimmt, weil die Fürsten, allen voran Friedrich von Sachsen, ihm das Versprechen dazu abgerungen hatten. Für Karl zählte allein der Wunsch, die Sache Roms bis zum Äußersten zu verteidigen, während die Reichsfürsten daran interessiert waren, ihre eigene Machtstellung nicht preisgeben zu müssen. Vordergründig engagierten sie sich wohl für den Schutz eines Bürgers, doch was mochte geschehen, wenn sie mit dem Kaiser eine Übereinkunft gefunden hatten?

Als die Domglocke zum sechsten Mal ertönte, wurde Martin von Reichsherold Sturm und den bewaffneten Spaniern aus seinen Gedanken aufgeschreckt.

»Es ist soweit, Doktor«, verkündete Sturm in jenem förmlichen Tonfall, den er sich anscheinend für Gelegenheiten von offiziellem Charakter angeeignet hatte. »Kommt mit mir!« Er bedeutete Martin mit einer Geste, seine zerknitterte

Kutte in Ordnung zu bringen und ihm in den benachbarten Saal zu folgen. Dort bildete sich plötzlich ein so großer Auflauf, daß die Spanier mit Hellebarden Platz schaffen mußten. Ihre wütenden Schreie hallten von den hohen Wänden wider, worauf die Menge verärgert zurückwich. Noch einmal ermahnte Sturm Martin, nur zu sprechen, wenn der Kaiser oder einer seiner Würdenträger das Wort an ihn richtete. »Möge Gott Euch gnädig sein«, murmelte er und nahm den Hut ab.

Zahlreiche Augenpaare richteten sich dann auf Martin, der langsam durch die bewachte Flügeltür schritt. Man hatte ihn angewiesen, die Halle in leicht gebeugter Haltung zu betreten und keinem der Fürsten und Bischöfe näher als acht Schritte zu kommen, was sich allerdings als unmöglich erwies. Der Raum war viel zu voll. Während Martin sich schleppend vorwärts bewegte, wurden Füße und Schleppen zurückgezogen. Pagen sprangen wie von Wespen gestochen hin und her und räumten im Wege liegende Bücher und Weinkrüge zur Seite. Schlagartig verebbten die Gespräche der Anwesenden und machten einer schweigenden Neugier Platz.

Als Martin es endlich wagte, aus den Augenwinkeln seine Umgebung zu erforschen, stellte er fest, daß zu beiden Seiten des Mittelgangs vornehm gekleidete Herren auf mit Hermelin- und Zobelpelzen ausgeschlagenen Stühlen saßen. An ihren Röcken funkelten Gold und Edelsteine, und überall sah er Seide, Spangen aus Silber und Ringe mit Smaragden und Perlen aufblitzen.

Etwa zwanzig Schritte vor dem Thron des Kaisers forderten die Wachsoldaten Martin auf stehenzubleiben. Gehorsam warf er sich auf die Knie, wobei sein Blick einen ausladenden Eichentisch streifte, auf dem eine Anzahl aufgeschlagener Bücher lagen. Ein Stich der Verzweiflung durchzuckte seine Brust, als er seine eigenen Werke erkannte. Er hob den Kopf und schaute verunsichert zu dem jungen Kaiser Karl empor, der sich mit einem geistlichen Würdenträger unterhielt, als hätte er Martin noch gar nicht bemerkt.

Es war Aleander.

Martin vernahm das aufgeregte Getuschel von der Galerie, wo Bürger mit ihren Frauen, Mönche und auswärtige Besucher standen, und wagte nicht, sich zu rühren. Er hoffte aber inständig, daß Bruder Ulrich und der Generalvikar in seiner Nähe waren.

Eine halbe Ewigkeit geschah gar nichts. Kaiser Karl ließ Martin in demütiger Haltung vor seinem Amtsstuhl ausharren, ohne ihn auch nur eines Blickes zu würdigen Ohne Eile diktierte er seinem Schreiber, einem rothaarigen Jüngling mit Sommersprossen, der kaum älter war als er selber, einen Brief. Aleander beobachtete Martin währenddessen mit selbstgefälliger Miene. Schließlich jedoch, als die Menge bereits unruhig wurde, hob der Kaiser gelassen die Hand und gab zwei jungen Herolden, die mit ihren silbernen Röcken und den dunklen Locken beinahe wie Zwillinge aussahen, ein Zeichen. Die jungen Männer traten auf die Stufen des Podestes und kündigten der Menge durch zwei schrille Fanfarenstöße den Beginn der Verhandlung an. Augenblicklich trat in der Halle Ruhe ein. Alle Augen waren auf das Gefolge des Kaisers und den päpstlichen Legaten gerichtet.

Hinter dem Tisch erhob sich alsdann ein hagerer Mann in einer weißen Kutte, dessen bleiche Fingerknöchel unentwegt über die aufgeschlagenen Seiten strichen. Mit zusammengekniffenen Augen musterte er Martin von der Tonsur bis hinab zu den abgelaufenen Sandalen. Dann stellte er sich den versammelten Fürsten als Ankläger vor und sagte: »Martinus Luther, mein Name lautet von der Eck. Kaiser und Reich haben Euch hierher befohlen, damit Ihr vor ihnen bekennt, ob Ihr der Verfasser dieser Bücher und Schriften seid!«

Ein aufgeregtes Raunen zog durch die versammelte Menge. Auf der Galerie knarrte das Holz der Balustrade unter dem Gewicht der Zuschauer, die sich nach vorn beugten. Der Ankläger in seiner Kutte eilte um den Tisch herum und wühlte, scheinbar orientierungslos, in dem Berg aus Papier herum. Aleander ließ die Szene mit verschränkten Armen an sich vorübergehen. Der Trierer Offizial ist ein Narr, befand er verächtlich. Er läßt Luther viel zuviel Zeit, sich treffende Antworten zurechtzulegen.

»*Die fünfundneunzig Thesen. Ein Sermon über Ablaß und Gnade* ... Sagt schon, stammt dieses Pamphlet von eurer Hand, Bruder Martinus, oder nicht?« Die Stimme des bischöflichen Beamten erklang nun schon eine Nuance härter. »Vielleicht darf ich Eurem Gedächtnis nachhelfen, indem ich auch die anderen Titel zitiere?«

Martin hob hilflos die Schultern; der Spott des Anklägers verletzte ihn wie ein brennender Pfeil.

»*Von der babylonischen Gefangenschaft der Kirche, Von der Freiheit eines Christenmenschen, An den christlichen Adel deutscher Nation* ... Seid Ihr der Verfasser?«

»Die Bücher sind alle von mir.«

»Diese Bücher«, von der Eck deutete auf den Tisch, »enthalten üble Ketzereien gegen unsere Kirche. Allein schon die Titel sind skandalös.«

»Aber ... Herr ...«

Plötzlich wandte sich der Ankläger um und richtete seinen Zeigefinger drohend, als wäre er eine Lanze, auf Martins Brust.

Aleander hob in fieberhafter Erregung die Augenbrauen und gestattete sich nun ein zufriedenes Lächeln. Als er sich rasch umblickte, stellte er fest, daß einige der Herren, die in unmittelbarer Nähe zum Kaiser saßen, ebenfalls Zustimmung signalisierten. Nur aus den Reihen der Kurfürsten war kein Laut zu hören. Kurfürst Friedrich, der am linken Rand des Aufgebots saß, wandte sogar den Kopf ab; seine Hände schoben sich auf der Suche nach Wärme unter den voluminösen Pelz seines Mantels.

»Widerruft Ihr, was Ihr geschrieben habt?« rief von der Eck und hielt seinen Zeigefinger auf Martin gerichtet.

Martin begann am ganzen Körper zu zittern. Er schlug die Augen nieder, damit er den bischöflichen Ankläger nicht mehr ansehen mußte, aber der Anblick des düster vor sich hin starrenden Kaisers und Aleanders kaltes Grinsen wirkten nicht minder niederschmetternd. Als er spürte, daß er seine Antwort nicht länger hinauszögern durfte, sagte er: »Ich war stets bemüht ...«

»Sprecht gefälligst lauter, damit Euer Kaiser Euch verstehen kann!«

»Also gut, Herr. Würdet Ihr mir Bedenkzeit gewähren?«

Von der Eck, der sich soeben über einen in Leder gebundenen Kodex beugte, verharrte und starrte ihn ungläubig an. Offenkundig hielt er Martins Bitte nicht nur für eine weitere Verzögerungstaktik, sondern auch für eine bare Unverschämtheit. »Ihr hattet doch wohl genug Zeit«, rief er mit schneidender Stimme. »Seit vier Jahren haltet Ihr uns zum Narren. Da hättet Ihr wohl auf eine Antwort vorbereitet sein können!« Gereizt raffte der Ankläger seine Kutte und trat vor die Stufen des kaiserlichen Podiums. Ein wenig unsicher war er schon geworden, denn plötzlich mühte er sich, aus Aleanders eisigen Blicken Zustimmung oder Ablehnung des Antrags herauszulesen. Doch er wurde enttäuscht, der päpstliche Gesandte dachte überhaupt nicht daran, unterstützend einzugreifen. Ratlos kehrte von der Eck an seinen Platz hinter dem Büchertisch zurück.

»Ich würde gern die rechte Antwort auf Eure Frage geben, ohne das Gotteswort zu verletzen und mein Seelenheil zu gefährden«, fuhr Martin fort und bedachte von der Eck mit einem schwachen Lächeln.

Der Ankläger schlug eines von Martins Büchern mit einer zornigen Handbewegung zu. »Man sollte doch annehmen, daß jeder von uns zu jeder Zeit aufrichtig und ohne Furcht Zeugnis ablegen könnte, Doktor Luther. In Eurem Falle erst recht, denn Ihr seid doch ein so bedeutender und erfahrener Lehrer der Theologie!«

Unter den spanischen Gefolgsleuten des Kaisers brach verhaltenes Gelächter aus, in das auch einige der Fürsten einstimmten. Martin schaute unsicher zur Galerie hinauf. Er entdeckte von Staupitz neben Ulrich. Beide Männer hatten die Köpfe gesenkt, als wären sie im Gebet versunken.

»Genug jetzt!« dröhnte plötzlich die Stimme des Kaisers wie ein Donnerschlag durch die Halle. Es wurde still. Manch einer der Höflinge oder Ritter, die den schmächtigen Jüngling noch wenige Augenblicke zuvor belächelt hatten, schraken, von der unerwarteten Heftigkeit ihres Herrn überrascht, zusammen und blickten betroffen auf ihre Schuhspitzen. Karl erhob sich von seinem hohen Stuhl. Gereizt befahl er seinen spanischen Schreiber und auch Aleander zu sich. Der päpstliche Legat verzog herablassend das Gesicht, doch er beeilte sich, der kaiserlichen Aufforderung nachzukommen. Die beiden Männer unterhielten sich eine Weile, dann trat Aleander vor, hieß die Menge mit einer gebieterischen Bewegung zu schweigen und sagte in lateinischer Sprache: »Euer Kaiser, Bruder Martinus, ist ein verantwortungsvoller Herrscher und darüber hinaus so gnädig, wie es sich für einen treuen Diener Roms geziemt. Wir gewähren Euch einen Tag Zeit. Nutzt ihn gut, denn morgen werdet Ihr um eine Antwort nicht mehr herumkommen!«

Karl V., der Aleanders Worten stehend gelauscht hatte, nahm wieder Platz. Er hatte nicht alles verstanden, dennoch bekräftigte er die Worte des Legaten mit einem würdevollen Nicken, das jede weitere Erklärung gegenstandslos machte. Sein Schreiber sprang eilig die wenigen Stufen hinunter, um von der Eck sein Protokoll zu überreichen.

Damit war der erste Teil des Verhörs beendet, Martin konnte gehen. Ehe er wußte, wie ihm geschah, tauchten der Reichsmarschall und zwei seiner Wachsoldaten neben ihm auf. Unter strenger Bewachung wurde er aus dem Saal geführt.

Fünfzehntes Kapitel

Martin erwachte im Morgengrauen, schlotternd vor Kälte. Da er die halbe Nacht im Gebet auf dem Fußboden seiner Kammer zugebracht hatte, taten ihm Knie und Handgelenke weh, aber der Schmerz in seinem Kopf war zum Glück abgeklungen. Mühsam stand er auf, vertrat sich die Füße und bewegte die Arme, um sich ein wenig zu wärmen. Wenngleich von Staupitz für Kerzen, Zunder und Reibsteine gesorgt hatte, verzichtete Martin darauf, ein Feuer zu machen. Er wollte Bruder Ulrich, der sich hinter dem Vorhang auf einer Strohschütte hin und her wälzte, nicht vorzeitig aufwecken.

Leise öffnete er die Tür und spähte in die Dunkelheit hinaus. Auf dem Gang vor der Kammer knarrten die Dielenbretter, obwohl niemand zu sehen war. Sämtliche Stuben des Johanniterhofs waren überfüllt. Nicht nur in den Stallungen schliefen Männer, die ihre Pferde draußen angebunden hatten, sondern auch im Backhaus und im Schankraum.

Wer wohl die weiteren Verhöre leiten mochte? fragte

Martin sich, während er die Tür wieder schloß und in die Kammer zurückkehrte. Der Ankläger aus Trier, sein Bischof oder Aleander persönlich? Merkwürdigerweise verspürte er vor dem päpstlichen Legaten keine Furcht, obwohl der Römer derjenige war, der am hartnäckigsten seinen Tod verlangte. Warum er ihn so haßte, blieb Martin ein Rätsel. Aleander war ein zynischer, aber intelligenter Mann, dem Korruption und Mißbrauch von Sakramenten zutiefst zuwider waren. Seit jenem Abend in Augsburg, als er ihn auf das Gespräch mit Kardinal Cajetan vorbereitet hatte, mußte dem Legaten jedoch klargeworden sein, daß Martin dafür kämpfte, seinen, Aleanders, Traum von einer gereinigten Kirche zu verwirklichen.

Fröstelnd drehte er sich um, lief zum Waschtisch und benetzte Handgelenke und Schläfen mit dem eiskalten Wasser, das man in einer Tonschüssel für ihn bereitgestellt hatte. Unwillkürlich stellten sich seine Nackenhaare auf, und ein beklemmendes Gefühl beschlich ihn.

»Ich spüre deinen fauligen Atem in meinem Nacken, Satan«, flüsterte er. »Du magst glücklich sein, Menschen zu Feinden zu machen, die im Grunde ihres Herzens dasselbe suchen. Du willst mich stumm sehen? Zitternd wie ein Tier, das man zur Schlachtbank führt?« Niemals, dachte er.

Das Gedränge, das Martin bei seinem zweiten Besuch im Bischofspalast erwartete, war noch größer als am Tag zuvor. Wiederum mußte er an Scharen neugieriger Männer und Frauen vorbeilaufen, wiederum ließ man ihn warten. Erst als es dunkel und die Luft in dem kargen Warteraum stickig geworden war, erschienen Herold Sturm und die Wachhabenden, um ihn in die Halle zu geleiten.

Beim Eintreten fiel Martin sogleich eine Veränderung auf. Auf den hohen, geschnitzten Stühlen hatten dieselben Edelleute wie gestern Platz genommen, aber die roten und weißen Gewänder der päpstlichen Legaten fehlten. Vermutlich blieben sie dem zweiten Verhör fern, weil sie mit der kaiserlichen Entscheidung, seine Anhörung zu verschieben, nicht einverstanden waren. Martin, der mit dieser Wendung sehr zufrieden war, wollte schon mit einer gewissen Erleichterung aufatmen, als er unvermittelt Aleander hinter einem Vorhang auftauchen sah. Wie ein Gespenst rauschte der päpstliche Legat an ihm und den Waffenknechten vorbei, um sich geradewegs zum Kaiser zu begeben. Dabei lächelte er ihn wissend an, als spürte er genau, daß er Martins Hoffnung, allein mit dem Kaiser sprechen zu können, mit einem Schlag zunichte gemacht hatte.

Die Wachen eskortierten Martin durch den schmalen Mittelgang, wobei er dieses Mal keinen Büchern oder ausgestreckten Beinen ausweichen mußte, sondern einem Rudel großer Jagdhunde, die von Bediensteten des Kaisers unter Mühen an ihren Leinen zurückgehalten wurden. Ein Edelmann scherzte mit seinem Nachbarn darüber und erkundigte sich mit kaum gedämpfter Stimme, ob Mönchsfleisch wohl gut verdaulich sei. Damit hatte er das Gelächter der Anwesenden auf seiner Seite.

»Ruhe im Saal«, ließ sich die Stimme des bleichen bischöflichen Beamten aus Trier vernehmen. »Seine Majestät ist bereit, die Anhörung fortzusetzen!« Martin, der nach dem vorgeschriebenen Zeremoniell gebückt vor das Podest des Kaisers getreten war, hob den Kopf. Daß von der Eck auch den Hauptteil des Verhörs leitete, war nach Aleanders triumphalem Erscheinen keine große Überraschung mehr für ihn.

»Martinus Luther, seid Ihr der Verfasser der Schriften, die ich Euch gestern vorlegte?«

»Das bin ich.«

»Widerruft Ihr, was Ihr geschrieben habt?«

Martin rang sich ein schmerzliches Lächeln ab. »Ich kann mich nicht von all meinen Werken lossagen, weil meine Schriften nicht alle gleich sind«, sagte er so gefaßt, wie es ihm die Situation erlaubte. »Da sind zunächst jene, in denen ich den christlichen Glauben und das Leben als Christ auf so einfache Weise abgehandelt habe, daß selbst meine Gegner ihren Nutzen eingeräumt haben. Diese Schriften zu widerrufen wäre undenkbar, denn es hieße, sich von allseits akzeptierten christlichen Wahrheiten loszusagen, die seit Jahrhunderten öffentlich gepredigt werden!«

Aleander verzog das Gesicht zu einer Grimasse. Überrascht stellte er fest, daß Martin Luther der einzige Mann war, dem es immer wieder gelang, ihm Gemütsregungen zu entlocken. Dies gefiel ihm nicht. »Er ist nicht hier, um Reden zu halten«, rief er von der Eck empört zu. »Sondern allein, um zu antworten! Sorgt dafür, daß er es in lateinischer Sprache tut!« Der Ankläger verneigte sich mit ausgebreiteten Armen. Obwohl Martin nahe genug vor dem Sessel des Legaten stand, um jedes seiner Worte zu verstehen, fühlte sich von der Eck als Ankläger bemüßigt, ihm die Aufforderung des päpstlichen Gesandten auseinanderzusetzen. Dabei konnte er es allerdings nicht verhindern, daß er errötete. Aleander hatte ihn offen der Lächerlichkeit preisgegeben. Schon steckten die Fürsten um Friedrich von Sachsen die Köpfe zusammen, um miteinander zu tuscheln. Die Edelleute in den hinteren Bankreihen tauschten verwirrte Blicke aus; der Kaiser aber schwieg.

»Der zweite Teil meiner Schriften ist gegen die üble Lehre und verderbte Lebensweise der Päpste – in der Vergangenheit so wie in der Gegenwart – gerichtet«, erklärte Martin nach einigen Momenten des Zögerns in ausgezeichnetem Latein.

Kaiser Karl zuckte zusammen; er wurde von einer Blässe

erfaßt, die an ein Grabtuch aus Linnen erinnerte. Seine Augen verengten sich zu dünnen Linien, die wie Tintenstriche aussahen. Aleander selbst blieb gefaßt, denn im Gegensatz zu dem jungen Monarchen wußte er genau, worauf der Ketzer hinauswollte. Angriff galt als die beste Verteidigung, selbst in einem Wortstreit, den keiner gewinnen konnte.

»Wollt Ihr uns erklären, worauf sich Eure Abneigung gegen die Männer begründet, die den Stuhl Petri verwalten?« fragte der Legat in so mildem Ton, daß der Kaiser erstaunt den Kopf hob. Was hatte der Gesandte im Sinn? Ein älterer Priester, der direkt hinter seinem Sessel stand, reichte ihm ein Exemplar der Heiligen Schrift, das in kunstvoll bearbeitetes Leder gebunden war. Scheinbar abwesend, begann er nun darin zu blättern. »Antwortet!«

Martin zögerte nicht. »Durch die Erlasse des Papstes und die Doktrinen der Kurie wurde das Gewissen der Gläubigen schrecklich gequält und geschunden, Euer Exzellenz! Widerrufe ich meine Schriften, so stärke ich nur diese Tyrannei und öffne der großen Gottlosigkeit nicht allein die Fenster, sondern auch Tür und Tor.«

»Was redet dieser törichte Mönch da?« fuhr Kaiser Karl auf, der nicht jedes lateinische Wort verstanden hatte. Unter dem schweren Ornat aus steifem Damast, das ihm sein Amt aufnötigte, schien er zu beben. Seine Gesichtsmuskeln zuckten, als müßte ihm jeden Moment der Kragen platzen. Während er sich Martins Ausführung von einem seiner Schreiber ins Ohr übersetzen ließ, lehnte sich Aleander genüßlich auf seinem Platz zurück. »Keine Sorge, Majestät«, flüsterte er. »Es ist unwichtig, was Luther daherschnattert. Er steckt seinen plumpen Kopf gerade selbst in die Schlinge des Henkers.«

»Der dritte Teil meiner Schriften richtet sich gegen einige Individuen und Personen, die für die römische Tyrannei eintreten und mein Bestreben, den Glauben an Christus zu stärken, zu Fall bringen wollen«, fuhr Martin mit heiserer Stimme fort. Dabei ließ er weder Aleander noch den überflüssig gewordenen Ankläger aus den Augen. »Ich bin, das gebe ich zu, schroff gewesen. Doch ich bin auch nur ein Mensch und als solcher fehlbar. Sobald man mich anhand der Heiligen Schrift eines Fehltritts überführt, bin ich bereit, zu widerrufen und meine Bücher ins Feuer zu werfen!«

»Ebenso, wie Ihr zu Wittenberg die Schriften des Papstes ins Feuer geworfen habt?« rief jemand von der Galerie. Empörte Zwischenrufe und Pfiffe aus den Reihen der Spanier, aber auch vereinzelter Beifall erklangen. Aleander sprang zornig auf, mit geballten Fäusten näherte er sich Martin. Ihm war nicht entgangen, daß dessen Anspielung auf diejenigen, die sich für die Sache des Papsttums aufrieben, auf seine Person gemünzt war. Luther hielt offensichtlich ihn für einen Mann, der gegen das Evangelium kämpfte. Diese Unterstellung war so ungeheuerlich, daß selbst Aleander die Fassung verlor. Vor Wut schossen ihm Tränen in die Augen. »Ihr ... wurdet befragt ... und antwortet mit weiteren Schmähungen«, stammelte der Legat haßerfüllt. »Ihr, Martin Luther, werdet nicht in Zweifel ziehen, worüber die römische Kirche lange vor Eurer Geburt geurteilt hat; was längst in Brauchtum, Sitten und Ritus übergegangen ist. Den Glauben, den Christus, der vollkommene Stifter des höchsten Gesetzes, geweiht hat, den Glauben, den die Märtyrer mit ihrem Blut bezahlt haben. Ihr erhofft vergeblich einen Disput über Dinge, die Ihr ausdrücklich zu glauben verpflichtet seid!«

Martin neigte den Kopf. Offenkundig war er zu weit gegangen. Aus den Augenwinkeln sah er, wie Aleander mit eiligen Schritten an seinen Platz zurückkehrte. Nach einer bedrückenden Pause forderte er Martin auf: »Gebt jetzt Eure

Antwort, auf die wir alle – Kaiser und Kirche – warten. Wollt Ihr widerrufen oder nicht?«

Im Saal kehrte Grabesstille ein. In gespannter Erwartung beugten die Versammelten sich vor. Würde der Mönch den Widerruf leisten? Und was würde der finstere Römer tun, falls er sich weigerte? Jedermann wußte um das Schicksal des Böhmen Jan Hus, dem ein Kaiser freies Geleit zum Konzil in Konstanz gewährt hatte und der dennoch sein Leben in den Flammen eines Scheiterhaufens verlor.

Martin selbst war einer Ohnmacht nahe. Hundert Gedanken zugleich wirbelten durch seinen Kopf. Er wußte genau, daß seine Antwort über Leben und Tod entschied. Was also sollte er tun? Von Jugend an hatte er über ein gesundes Selbstbewußtsein verfügt, aber wie wichtig war ihm sein eigenes Leben noch? Und seine Lehren? Vielleicht war die Zeit einfach noch nicht reif genug, möglich, daß das Volk noch zu befangen war, um zu verstehen, was ihn bewegte. Doch wenn dem so war, warum hatte Gott ihm dann erst den Reichtum seines heiligen Wortes erschlossen? Warum hatte er zugelassen, daß ein verkrüppeltes Mädchen durch seine Predigt wieder Hoffnung verspürte? Daß ein Fürst den Handel mit Reliquien aufgab und sich statt dessen für einen armen Mönch verwendete?

Nach erdrückenden Momenten des Schweigens hob Martin den Kopf, blickte in die Flamme einer Tonlampe und erklärte mit dünner Stimme: »Solange ich nicht durch die Heilige Schrift und klare Vernunftgründe widerlegt werde – und nicht etwa durch den Papst oder Konzilien, die sich schon oft widersprochen haben –, ist mein Gewissen nur an Gottes Wort gebunden. Gegen mein Gewissen zu handeln ist weder gut noch ratsam.« Jenseits der züngelnden Flamme erschienen das von tiefen Falten gezeichnete Gesicht Kurfürst Friedrichs, das wächsern wirkende Profil des jungen Kaisers und zuletzt die in Entrüstung erstarrte Miene Aleanders.

»Daher kann und will ich nicht widerrufen. Hier stehe ich; ich kann nicht anders. Gott helfe mir!«

Der Kaiser blieb zunächst sonderbar ruhig, woraus die meisten Anwesenden schlossen, daß er Martins abschließende Erklärung nicht verstanden hatte. Sein spanischer Dolmetscher hob scheu die Arme und blickte sich um. Niemand hatte ihn aufgefordert, seinem Herrn Luthers Worte zu übersetzen, und aus eigenem Antrieb wagte er es nicht. Im Saal hingegen brach nun offener Tumult aus. Die Spanier sprangen von ihren Stühlen auf und schüttelten erzürnt die Fäuste. Ihnen gegenüber stand das Gefolge der weltlichen Reichsfürsten, das sich ebenfalls erhob, um sich schützend vor dem Lehnstuhl des Kaisers aufzubauen. Verängstigt durch den allgemeinen Aufruhr, wich Karl zurück. Er zischte seinen Vertrauten zu, den Rat für beendet zu erklären. Den Mönch ließ er von seinem Marschall durch das Getümmel abführen.

»Wohin bringt man mich?« fragte Martin, während er an den streitenden Parteien vorbeigezerrt wurde. Sein Herz hämmerte wie wild gegen die Rippen, und er hatte Mühe zu atmen. Ein spanischer Ritter, dessen kahl geschorener Schädel von einem Geflecht aus Narben entstellt war, versetzte ihm einen heftigen Stoß. »Ad fuego«, zischte er ihm zu. »Ins Feuer!«

Am folgenden Tag gab Kaiser Karl den Befehl, unverzüglich die Stände zusammenzurufen. Er wollte mit den Fürsten und den wichtigsten Vertretern der Reichsstädte sprechen. In der Abgeschiedenheit seiner privaten Gemächer, die von der Halle des Palasts aus über eine schmale Wendeltreppe zu erreichen war, versammelten sich wenig später Kurfürst Friedrich, der Landgraf von Hessen und einige Ratsherren um einen runden Tisch. Über den Köpfen der Männer schaukelte ein gigantischer bronzener Leuchter, der die Form eines Wagenrads aufwies. Die Wände waren mit aufwendigen Gobelins verhängt, und auf den Dielenbrettern lagen weiche Teppiche aus Schafwolle, in denen die Stiefel der Männer bis zu den Knöcheln versanken. Das Feuer im Kamin knisterte geräuschvoll und sorgte mit zahllosen Wachskerzen für Licht und wohlige Wärme.

Aleander, der es durchgesetzt hatte, an den vertraulichen Gesprächen teilzunehmen, fand keinen Platz am Tisch; keiner der Fürsten und Vertreter der Reichsstädte machte Anstalten, für den päpstlichen Legaten zusammenzurücken. Folglich blieb ihm nichts anderes übrig, als sich auf einer der wurmstichigen Truhenbänke niederzulassen, die in den Nischen unterhalb der hohen Bogenfenster standen. Der Sitz war hart und besaß nicht einmal eine Lehne. Obwohl Aleander die schadenfrohen Mienen der Ratsherren mit stoischer Verachtung zur Kenntnis nahm, fühlte er sich eher erleichtert, daß er nicht unmittelbar unter den Anhängern des Sachsen sitzen mußte.

Die Versammlung tagte ohnehin unter erschwerten Bedingungen. Seit Martin Luther aus dem Palast und zurück in seine Herberge geführt worden war, rotteten sich vor den Toren der bischöflichen Pfalz aufgebrachte Menschenmassen zusammen, die Steine über den Hof und gegen die Fenster warfen. Lautstark verlangte die Menge, Luther von allen Vorwürfen freizusprechen. Nicht einmal die Hellebarden und Schwerter der kaiserlichen Garde vermochten die wütenden Männer und Frauen zu zerstreuen. Im Gegenteil, ihre Anzahl wuchs von Stunde zu Stunde.

Aleanders hagerer Körper bebte wie von Fieber geschüttelt. Das wütende Geschrei des aufgebrachten Pöbels ließ düstere Erinnerungen in ihm wach werden. Aber als er den jungen Kaiser mit einem Seitenblick streifte, erkannte er, daß

Karl noch verunsicherter aussah als seine Fürsten. Der junge Mann war vor dem Kamin in die Hocke gegangen und strich über das kurze Fell zweier Jagdhunde, die ihren Herrn schläfrig anblinzelten.

Plötzlich prasselte ein Hagel von Steinen draußen gegen die Wände. Einer der Ratsherren schrie erschrocken auf. Unmittelbar neben Aleander ging eine Scheibe zu Bruch, er konnte sich gerade noch rechtzeitig auf die Seite werfen, da regneten auch schon Hunderte von Splittern und Scherben auf seinen Kastensitz hernieder. Aleander hob schützend die Hände. Ohne zu zögern, raffte er seine Robe und begab sich in die Mitte des Raumes, wo ein in Papier gehüllter Stein aufgeschlagen war.

»Was ist das?« fragte der Kaiser mit erstickter Stimme. »Bei Gott, ich lasse die Aufrührer vierteilen und ihre Köpfe zur Abschreckung auf Pfählen vors Stadttor pflanzen ...«

Aleander gab keine Antwort. Er beugte sich nieder, hob den Stein auf und wickelte das Papier ab. Zum Vorschein kam eine mit ungelenken Federstrichen gefertigte Zeichnung. »Sieht aus wie der Schuh eines Bauern«, murmelte er nachdenklich.

»Da haben wir es«, rief einer der Ratsherren, ein feister Mann, dessen hervorquellende Augen an einen Karpfen erinnerten. »Das ist das Zeichen des Bundschuhs. Erinnert ihr euch nicht mehr an den Aufstand vor sieben Jahren? Damals rotteten sich Bauern und Städter unter der Führung des *Armen Konrad* zusammen, um ihren Herren ans Leder zu gehen.«

Aleander legte die Zeichnung auf den Tisch und schob sie mit einer insistierenden Bewegung Kurfürst Friedrich zu. »Demnach scheint der Pöbel seine Forderungen mit denen Eures Wittenberger Schützlings zu verbinden, Euer Durchlaucht«, bemerkte er betont sanft. »›Nichts denn Gottes Gerechtigkeit!‹ Lautete so nicht der Wahlspruch, den sich die Bauernheere auf ihre Fahnen geschrieben hatten?«

»Was, zum Donnerwetter, soll das bedeuten?« Der Kaiser ließ von seinen winselnden Jagdhunden ab, die sich, verschreckt durch die Steinwürfe, in einen dunklen Winkel des Gemachs zurückzogen, und musterte Friedrich von Sachsen mit einem drohenden Blick.

»Der Aufstand wurde von Herzog Ulrich von Württemberg niedergeschlagen«, stammelte Friedrich. »Sämtliche Anführer ließ man hinrichten. Herr, glaubt mir: Dies hat nichts mit Luther und seinen Lehren zu tun!«

Aleander schüttelte den Kopf. »Das sagt Ihr, Durchlaucht. Tatsache ist, daß das Symbol des Bauernaufstands an jedem zweiten Türpfosten prangt. Sogar am Dom will mein Diener eines gesehen haben.«

»Genug davon!« Karl gürtete sein Schwert ab und legte es demonstrativ in die Mitte des Tisches. Anschließend nahm er seinen Platz unter den Fürsten ein. Ohne Aufforderung sprang ein Page herbei und füllte den Pokal des Kaisers bis zum Rand mit Wein.

»Als Nachkomme der deutschen Kaiser und der spanischen Könige bin ich entschlossen, alles dafür zu tun, daß mein Reich gestärkt wird«, erklärte der junge Herrscher feierlich. »Dieses Bestreben schließt auch den Schutz der Kirche ein. Martin Luther wird mich gewiß nicht zum Ketzer machen!«

Aleander nickte beflissen. »Dieser Mönch aus Wittenberg hat sich selbst verdammt, Euer Majestät. Er muß zum Schweigen gebracht werden, bevor er ganz Deutschland ansteckt ... Oh, ich weiß, was Seine Durchlaucht, der Kurfürst, uns nun gleich vorhalten wird. Ihm wurde freies Geleit zugesichert. Trotzdem ...«

»Der Mönch ist kein Mensch wie Ihr und ich«, zischte

Karl. Sein jugendliches Gesicht spiegelte sich in der blank polierten Schneide seines Schwertes. Aleander fand, daß der Kaiser nicht einmal während seiner Krönung ehrfurchtgebietender ausgesehen hatte als in diesem Moment. »Er ist ein Dämon – in Ordenstracht, um uns besser täuschen zu können!«

Kurfürst Friedrich fuhr sich resigniert über den Bart. Er war in arge Bedrängnis geraten und wünschte, Spalatin wäre an seiner Seite, um ihm einen Rat zu geben. Stumm hörte er mit an, wie der Kaiser nun verschiedene Vorschläge der Stände entgegennahm. Glücklicherweise waren die meisten von ihnen so töricht, daß sie von Karl sogleich verworfen wurden. Was der Habsburger nun am allerwenigsten gebrauchen konnte, war ein offener Aufstand in einer Stadt, die nicht für seine Sicherheit einstehen konnte. Der Palast des Bischofs besaß zwar eine Mauer, war jedoch alles andere als eine Festung. Schließlich bemerkte er, daß sich die Blicke des Kaisers und seiner Vertrauten auf ihn richteten.

»Martin Luther ist Euer Untertan, Fürst. Was meint Ihr?«

Friedrich räusperte sich, um Zeit zu gewinnen. Zum ersten Mal seit Beginn seiner Herrschaft drohte die Bürde seines Amtes ihn zu Boden zu ziehen. Er wußte, daß er seine Worte mit Bedacht wählen mußte, um den heißblütigen Karl nicht von neuem gegen sich aufzubringen. So sagte er: »Luther ist zu kühn für mich, Majestät. Ich kann nichts anderes tun, als mich der Entscheidung meines Herrn in Demut zu unterwerfen.«

Der Kaiser machte ein zufriedenes Gesicht. Er stand auf, ergriff sein Schwert und verkündete: »Aleander, Ihr werdet das Mandat entwerfen, der Trierer Offizial soll es dem Mönch später zustellen. Sein freies Geleit währt von heute an noch drei Wochen, doch nur unter der Bedingung, daß er auf dem Weg in sein Kloster weder predigt noch durch sonstige Reden das Volk erregt. Weiterhin erkläre ich Martin Luther für geächtet.«

»Schreiber«, rief Aleander laut. Aus seinen Augen sprühten Funken vor Erregung. »Na los, worauf wartest du! Notiere jedes Wort!«

»›Wir nehmen dich aus allen Rechten und setzen dich ins Unrecht; wir erklären deine Hauswirtin zu einer Witwe und deren Kinder zu Waisen, deine Lehen dem Herrn, von dem sie zu Lehen rühren, dein Erb und Eigen deinen Kindern, deinen Leib und dein Fleisch den Tieren in den Wäldern, den Vögeln in den Lüften und den Fischen in den Wassern; wir erlauben auch jedem, dich auf allen Straßen zu töten, und wo ein jeglicher Mann Friede und Geleit hat, sollst du keines haben.‹«

Dies war die offizielle Reichsacht.

»Ich fände es beruhigender, wenn der Mönch seine Heimat nicht lebend erreichte«, raunte der Ratsherr mit den Fischaugen seinem Nachbarn verständnislos zu. »Ich meine, der Kerl hat doch gar keine Frau und auch keine Kinder ...«

Der Angesprochene war von der Eck. Der Ankläger verdrehte die Augen. Die Reichsacht war eine uralte Formel, die nach einer fest umrissenen Ordnung ausgesprochen werden mußte. Doch der Gedanke des fischäugigen Ratsherrn, Luther vor der Zeit aus dem Weg zu räumen, begann ihn zu beschäftigen. Als er wenig später mit Aleander darüber sprach, wich der päpstliche Legat empört zurück. »Ihr werdet einen Fluch auf Euer Haupt ziehen, wenn Ihr das freie Geleit des Ketzers mißachtet. Von einem Mord will ich nichts wissen!«

»Dann habt Ihr also vor, den Ketzer Luther entkommen zu lassen?«, wandte von der Eck ein. »Bedenkt, es ist die letzte Gelegenheit, um zu handeln. Wer weiß, ob das Edikt des Kaisers rechtmäßig ist?«

»Was soll das bedeuten?«

»Nun, ich kenne mich in Rechtsangelegenheiten aus, Herr. Seine Majestät hat absichtlich mit der Verabschiedung der Acht gewartet, bis der Reichstag beendet und viele Fürsten nicht mehr anwesend waren.«

Aleander runzelte die Stirn. Was der Mann sagte, klang plausibel. Warum sollten sich die Stände an einen Beschluß gebunden fühlen, der ohne ihre Zustimmung zustande gekommen war? Wenn er nicht wollte, daß seine Pläne wiederum scheiterten, mußte er unverzüglich handeln.

»Luther könnte doch einen Unfall erleiden«, flüsterte von der Eck in verschwörerischem Ton. »Es ist gefährlich, mit dem Reisewagen übers Land zu fahren. Sobald das Problem aus der Welt geschafft ist, erteilt Ihr den Betreffenden höchstpersönlich die Absolution.« Er lächelte. »Oder Eure Schergen beschaffen sich einfach einen Ablaß!«

Aleander durchzuckte ein brennendes Verlangen, dem heimtückischen Ankläger seine Faust ins Gesicht zu rammen. Dessen intrigantes Gehabe war widerlich, konnte den römischen Interessen jedoch unter Umständen von Nutzen sein. Einen Augenblick lang wandte der Legat sich ab, um nachzudenken, dann ließ er von der Eck stehen und eilte mit wehendem Gewand die Treppen des Palastes hinunter, um einen Boten zu Kaspar Sturm, dem kaiserlichen Herold, zu senden.

Sechzehntes Kapitel

Martins Abreise aus Worms gestaltete sich übereilt. Kurz nachdem die offiziellen Verhandlungen für beendet erklärt worden waren, klopften eines Abends zwei Beamte der kaiserlichen Kanzlei an die Tür des Johanniterhofs. Höflich, aber bestimmt teilten die Männer Martin mit, daß er in Ungnade gefallen sei und unverzüglich nach Wittenberg zurückkehren müsse.

»Ihr habt drei Wochen Zeit, um zu verschwinden«, erklärte ihm einer der Beamten mit gleichgültiger Miene. »Danach ist Euer Leben im Reich keinen müden Heller mehr wert!«

Martin blieb kaum Zeit, um sich von all den Menschen zu verabschieden, die während seines Aufenthalts bei ihm vorstellig geworden waren, um ihm Mut zuzusprechen oder mit ihm über theologische Themen zu diskutieren. Es gelang ihm gerade noch, eine Depesche an Spalatin zu schicken. Am folgenden Tag reiste er, in Begleitung Bruder Ulrichs und eines Wagenlenkers, aus Worms ab.

Das erste Etappenziel hieß Oppenheim, eine kleine Stadt am Rhein, die Martin ausgewählt hatte, weil er ungern die Gastfreundschaft des Mainzer Bischofs in Anspruch nehmen wollte. Die Menschen, die seinen Wagen am Stadttor in Empfang nahmen, waren freundlich und zuvorkommend. Rasch wurden die Pferde versorgt und die Männer zu einer sauberen Herberge geführt, wo sie sich bei einem warmen Feuer und reichlich Bier ausruhen konnten. Am folgenden Morgen stieß überraschend Reichsherold Sturm zu ihnen, der Martin aus einem nicht näher bestimmten Grund zur Eile antrieb.

Bruder Ulrich beobachtete den kaiserlichen Beamten mit wachsender Besorgnis. Sturm war ein wortkarger Mann, der nur für die Erfüllung seiner Pflicht zu leben schien. Während der Reise nach Worms hatte er nicht mehr als das Nötigste gesprochen. Nun aber stellte Ulrich voller Argwohn fest, daß der Herold geradezu hartnäckig das Gespräch mit seinem einstigen Schutzbefohlenen suchte. Immer wieder kam es vor, daß Martin den bequemen Wagen verließ, um gemeinsam mit Sturm vorauszureiten und die Gegend auszukundschaften.

Nachdem ihre Reisegruppe einige Tage später Eisenach erreicht hatte, sprach Bruder Ulrich Martin auf die fortgesetzten Heimlichkeiten an. »Hüte dich vor dem Herold, Martin«, beschwor er seinen Freund eindringlich. »Mit dem Mann stimmt etwas nicht.«

Martin tat erstaunt. »Wie meinst du das?«

»Aber das liegt doch auf der Hand«, seufzte Ulrich. Sein Gesicht war bleich vor Übelkeit und Erschöpfung. Das Geholper des Wagens, der keinem Schlagloch auswich, machte ihm zu schaffen, doch noch andere Dinge quälten ihn. Seit die Stadt hinter ihnen lag und der Wald dichter und finsterer wurde, glaubte der Mönch zu wissen, daß etwas geschehen würde. Martin schwebte in Gefahr. In Lebensgefahr. Warum bei allen Heiligen tat er so, als befänden sie sich nur auf einer Pilgerreise?

Inzwischen war es dunkel geworden. Die Lampe, die an einem Pfosten des hin und her schwankenden Wagens befestigt war, ließ den schmalen Waldweg nur erahnen. Martin summte ein Lied, doch obgleich er sehr musikalisch war, traf er kaum einen Ton. Er brach ab und fing von vorne an. Also doch, dachte Bruder Ulrich beinahe erleichtert. Endlich spürt er, daß wir ... Er kam nicht dazu, seinen Gedanken zu beschließen, denn was nun folgte, traf sowohl ihn als auch den Wagenlenker völlig unvorbereitet.

Durch das Gebüsch erklangen die Geräusche herannahender Pferde. Eine Anzahl von Reitern in Rüstungen preschte durch das Unterholz. Sie waren bis an die Zähne bewaffnet und begannen den Wagen zu umkreisen. Ihre Fackeln tauchten die zu Masken erstarrten Gesichter der Reisenden in gespenstisches Licht. Fahle Schatten tanzten zwischen den verkrüppelten Ästen der Bäume umher.

Bruder Ulrich schrie auf und bekreuzigte sich. Ein Hinterhalt, schoß es ihm durch den Kopf. Der Reichsherold hatte sich also nicht ohne Grund wenige Stunden vor Sonnenuntergang aus dem Staub gemacht. Er hatte sie ihren Feinden ausgeliefert. Fassungslos mußte Ulrich zusehen, wie maskierte Gestalten mit Armbrüsten den Kutscher roh vom Bock rissen und zu Boden stießen. Die beiden Pferde im Gespann bäumten sich auf.

»Welcher von den Betbrüdern ist Martin Luther?« brüllte einer der Reiter mit heiserer Stimme den Kutscher an. Der vollkommen verängstigte Mann wand sich wie ein Aal, doch alles, was seiner Kehle entwich, war ein haltloses Schluchzen.

Bruder Ulrich zögerte nicht lange. Ohne nachzudenken, sprang er vom Wagen, griff einem der Reiter in die Zügel und schrie: »Wir sind Diener Gottes, ihr Halunken! Wenn ihr nicht auf der Stelle verschwindet, werdet ihr in der Hölle brennen, das verspreche ich euch!«

Ulrichs Drohung verhallte ungehört. Der Bewaffnete musterte ihn nur einen flüchtigen Augenblick lang, als versuche er, sich seine Gesichtszüge einzuprägen, dann herrschte er ihn an. »So seid Ihr also Luther?«

»Nein!« Martin verließ den Wagen und stellte sich neben seinen Ordensbruder. »Laßt den Mann in Frieden. *Ich* bin Martin Luther!«

Die maskierten Männer stießen einen Triumphschrei aus; sie ergriffen Martin und warfen ihm einen Sack über den Kopf. Ulrich ließ die Zügel des Pferdes fallen und drang mit den Fäusten auf einen der Wegelagerer ein, doch dieser hatte für seine unbeholfenen Bemühungen lediglich Spott und Hohngelächter übrig. Innerhalb weniger Augenblicke wurde Ulrich überwältigt und sah sich gegen den Stamm eines Baumes gedrängt. Die Männer zogen Martin unsanft auf ein

Pferd, fesselten ihn und ritten davon. Nur wenig später waren sie im Wald verschwunden.

Die Reiter sprengten in gestrecktem Galopp einen verschlungenen Pfad entlang, der zu einer Burg führte. Im Schein der Pechfackeln, welche die Männer seit dem Überfall mit sich trugen, zeichnete sich die Silhouette des trutzigen Gebäudes düster gegen den Nachthimmel ab. Martin hörte, wie die Pferde über die Balken einer heruntergelassenen Zugbrücke trabten. Burghof und Palas lagen in völliger Stille da. Doch während seine Entführer auf die Stallungen zuhielten, kam ein kalter Wind auf. Zwischen den Bergen zuckte ein greller Blitzstrahl.

Noch immer trug Martin den Sack über dem Kopf. Allmählich begann die Luft darunter knapp zu werden. Er versuchte sich verständlich zu machen, worauf zwei der Männer, die während des scharfen Ritts kein einziges Mal das Wort an ihn gerichtet hatten, miteinander zu flüstern begannen. Plötzlich spürte er, wie sich die Klinge eines Messers zwischen seine Handfesseln schob und diese mit einer geübten Bewegung zerschnitt. Er wurde vom Pferd geholt und eine Wendeltreppe hinaufbugsiert. Mehrere Male stieß er mit dem Ellenbogen gegen den rauhen Felsstein. Es tat höllisch weh, als seine Haut aufplatzte, aber er verkniff sich den Aufschrei, der bereits auf seiner Zunge lag. Statt dessen konzentrierte er sich auf die Stufen, die sich nach oben wanden. Anscheinend führten ihn die Männer einen Turm hinauf.

Schließlich endeten die Stufen; Martin wurde durch eine Tür in einen Raum gestoßen. Eine grobe Hand riß ihm den Sack vom Kopf und schob ihn zwischen zwei hölzernen Stützbalken vorbei. Er hörte noch, wie hinter seinem Rücken die schwere Eichentür ins Schloß fiel und die Stiefel der

Männer über den Holzboden zur Treppe polterten. Dann war er allein.

Martin war viel zu erschöpft, um über seine Situation nachzusinnen. Nach dem anstrengenden Ritt durch die Berge fühlte er sich wie gerädert, jeder einzelne Knochen im Leib tat ihm weh. Mit letzter Kraft schleppte er sich zu einem der beiden Fenster und mußte feststellen, daß sie vergittert waren und lediglich einen winzigen Ausschnitt des einsamen Burghofs einfingen. Seine Hände umklammerten die eisernen Stäbe, hinter denen ein riesiger Vollmond auftauchte, und rüttelten an ihnen.

Ich habe überlebt, dachte er mutlos. Doch zu welchem Preis? Vielleicht würde ich lieber auf glühenden Kohlen schmoren, als in lebenslanger Gefangenschaft allmählich zu verrotten.

Im Morgengrauen erklangen auf dem Korridor vor seiner Kammer Schritte. Martin saß auf dem Bett, einem einfachen Lager aus vier gekürzten Baumstämmen, deren Zwischenräume mit Pech ausgegossen waren, und lauschte mit klopfendem Herzen. Einen Augenblick lang verharrten die Schritte, und Martin überkam das Gefühl, es würde jemand an der Türe horchen. Doch dann entfernten sich die Geräusche wieder.

Es dauerte mehrere Stunden, wie viele, vermochte er nicht zu sagen, bis sich in seiner Umgebung wieder etwas regte. Vor der Tür wurde ein Bolzen zurückgeschlagen, und ein kleiner, stämmiger Mann mit Halbglatze und dichtem Vollbart betrat den Raum. »Ich hoffe, Ihr konntet Euch ein wenig ausruhen, Doktor Luther«, sagte er, während seine Augen aufmerksam durch die karge Stube wanderten. »Verzeiht, daß man Euch in der Vogtei untergebracht hat. Aber auf der Burg arbeiten mehrere Knechte und Mägde aus der

Stadt, und wir wollten sichergehen, daß Eure Ankunft unbeobachtet bleibt.«

Martin stand auf und streckte die lahmen Glieder. »Aber ... wo bin ich?« wollte er wissen. »Und wer seid Ihr?«

Von draußen klopfte jemand gegen die Tür. Ein junger Bursche mit widerwärtigen Geschwüren im Gesicht streckte den Kopf in die Kammer, wurde aber durch eine strenge Gebärde seines Herrn sogleich in die Flucht geschlagen.

»Da seht Ihr es«, knurrte der Fremde ungehalten. »Die Burgbewohner beginnen schon neugierig zu werden. Bald werden sie sich das Maul über Euch zerreißen. Es wird nicht leicht werden ...«

»Ihr habt meine Frage nicht beantwortet!«

Der Mann lächelte nachsichtig. »Mein Name ist Hans von Berlepsch. Ich bin Vogt und erster Hauptmann der Wartburg!«

Martin stieß scharf die Luft aus. Aber natürlich, ging es ihm durch den Kopf. Von den Wäldern um den Rennsteig stieg der Weg fortwährend an. Zuletzt war er so steil, daß die Pferde es schwer hatten, einen festen Tritt zu finden. Also befand er sich auf der alten Felsenburg über Eisenach.

»Seine Durchlaucht, der Kurfürst von Sachsen, ist sehr um Eure Sicherheit besorgt«, erklärte der Vogt. Seine Augen funkelten, als wäre er es persönlich gewesen, der den Häschern des Papstes ein Schnippchen geschlagen hatte. »Die nächsten Monate werdet Ihr hier oben, in dieser Stube verbringen müssen.«

»Was genau soll das heißen?«

Unvermittelt schwand das Lächeln aus dem gutmütigen Gesicht des Vogts. Mit ernster Miene streckte er die Hand aus und deutete auf Martins zerknitterte Mönchskutte. »Das heißt, daß Ihr andere Gewänder tragen müßt. Ihr laßt Euch die Haare und einen Bart wachsen, bis Euch nicht mal mehr Eure Mutter erkennen würde.«

»Was ist aus meinen Gefährten geworden?« fragte Martin mit zaghaftem Kopfschütteln.

»Dem Mönch und Eurem Kutscher? Keine Ahnung! Wahrscheinlich sind sie längst weitergereist und verkünden der Welt nun, daß Martin Luther von Gesetzlosen in die Wälder verschleppt wurde.«

Martin furchte die Stirn. Die ganze Sache gefiel ihm immer weniger, aber er durfte sich den Anordnungen des Kurfürsten nicht widersetzen. Friedrich hatte gewiß viel riskiert, um seinen verwegenen Rettungsplan in die Tat umzusetzen.

»Ich lasse zwei Knappen zu Eurer persönlichen Bedienung in den Turm kommen«, sagte der kleine Burgvogt in geschäftsmäßigem Ton, während er sich zur Tür bewegte. »Überlegt gut, wie die Leute Euch nennen sollen. Niemand darf wissen, wer Ihr in Wahrheit seid!«

»Jörg«, verkündete Martin, ohne lange überlegen zu müssen. »Wenn ich denn unbedingt einen neuen Namen tragen muß, so nennt mich Junker Jörg, nach Georg, dem Stadtheiligen von Eisenach.«

Hans von Berlepsch bedachte Martin mit einem erstaunten Blick. »Warum ausgerechnet Georg?«

Martin kehrte zu seiner Bettstatt zurück und ließ sich auf die Strohmatratze nieder. »Ganz einfach, Vogt«, seufzte er. »Es gibt Momente im Leben eines Menschen, in denen sich selbst ein Mönch wie ein Drachentöter fühlen kann!«

Einige Tage später durfte Martin die stickige Turmstube zum ersten Mal verlassen, um seine neue Umgebung zu erkunden. Der Burghauptmann legte großen Wert darauf, daß sein unfreiwilliger Gast bei den Knappen und Bediensteten keinen Verdacht erweckte und sich daher so ungezwungen wie möglich bewegte.

Froh, endlich wieder frische Luft in den Lungen zu

spüren, verließ Martin den Turm über die steinerne Treppe, die er bei seiner Ankunft mit verhülltem Kopf erklommen hatte. Als er auf den Burghof trat, blendete ihn das Sonnenlicht jedoch so stark, daß er sich sogleich unter ein mit Schindeln bedecktes Vordach flüchten mußte. Von dort aus ließ er seine Blicke über die Mauern und Zinnen wandern.

Die Gebäude der stattlichen Burganlage gruppierten sich um zwei Höfe. Der einzige Zugang war die im Norden liegende Zugbrücke, über die Martin selbst geritten war. An die Fachwerkbauten des ersten Burghofs schloß sich ein stattliches Ritterhaus an, in dem sich auch die Waffenkammer sowie Lagerräume für Pökelfleisch, eingelegtes Gemüse, etliche Scheffel Korn und Öl sowie eine Waage befanden. Ein imposanter Gebäudekomplex grenzte den ersten Hof vom zweiten ab. Dort erhob sich der Südturm, ein trutziger Klotz, von dessen Plattform aus man das ganze Tal überblicken konnte. Gleich hinter dem ausgedehnten Palas gab es ein Badehaus und eine Burgschmiede, aus der den halben Tag lang Hammerschläge dröhnten.

Unter den mißtrauischen Blicken der Knechte und Wachhabenden streifte Martin über die Höfe und erkundete Kammern, Stallungen und Treppenschächte. Seine Kutte hatte er auf Befehl des Vogtes verbrannt, statt dessen trug er nun ein Leinenhemd, einen Jagdrock aus grober Wolle und Beinlinge, die so ungewohnt eng waren, daß sie ihm die Luft abschnürten, sobald er sich setzte.

Obwohl Hans von Berlepsch sich im Laufe der Zeit alle Mühe gab, ihn mit dem Alltag auf einer Burg vertraut zu machen, kam Martin sich bald nutzlos und überflüssig vor. Er hatte keine Ahnung von den Waffengängen der Ritter, die sich an klaren Tagen im Hof im Schwertkampf erprobten. Die Armbrüste, Piken und Kanonen der Männer jagten ihm einen Schauer über den Rücken. Jagdausflügen in die abgelegenen Täler konnte er nichts abgewinnen, und den hübschen Mägden, die unter Anweisung der Gemahlin des Vogts in der Burgküche Stockfisch zubereiteten, Gänse rupften oder Wolle kämmten, stand er ständig im Weg, so daß sie ihn zeternd und spottend verscheuchten.

Schließlich zog er sich in seine Kammer über dem westlichen Wehrgang zurück, um sich ganz und gar seinen düsteren Gedanken auszuliefern. Der Hauptmann hatte ihm einen Tisch, ausgestattet mit Tintenfaß, Schreibzeug, Pergament und Stundenglas, hinaufschaffen lassen, aber Martin starrte die Gegenstände nur an; er fühlte sich unfähig, sie auch nur in die Hand zu nehmen. Ihm fehlte der Schwung, die Kraft, die ihn früher angetrieben hatte. Je länger er einsam auf seinem Bett lag und die Wasserflecken betrachtete, die sich durch das Flechtwerk der Decke fraßen, desto tiefer wurde seine Depression.

Zur selben Zeit ergingen sich im Hörsaal der Wittenberger Universität Magister und Studenten in hitzigen Auseinandersetzungen über das ungeklärte Schicksal ihres verehrten Professors.

Andreas Karlstadt schritt unruhig durch den Saal, während er sich bemühte, die Aufmerksamkeit der jungen Scholaren auf das Thema seiner Ansprache zu lenken. Die Nachricht vom Überfall auf Luthers Reisewagen hatte sich wie ein Lauffeuer verbreitet; die Gerüchteküche brodelte, ihr Feuer fand beständig neue Nahrung. Einige mutmaßten, der Doktor sei auf Betreiben des Papstes und seines Abgesandten Aleander ermordet worden, und tatsächlich hatten Jäger einen bis zur Unkenntlichkeit verstümmelten Leichnam in einem alten Silberbergwerk gefunden.

»Mag sein, daß Papst und Kaiser Luther getötet haben«, rief Karlstadt leidenschaftlich aus. »Aber was wir in Gang gesetzt haben, können sie nicht mehr aufhalten. Der heilige Krieg ist nicht mehr aufzuhalten, und die Reinheit des Glaubens wird siegen!«

Einige der Studenten bekundeten lautstark Beifall. »Der heilige Krieg ist nicht länger aufzuhalten!« echote es durch den Saal.

Mit besorgter Miene verharrte Philipp Melanchthon, der soeben den Saal hatte betreten wollen, an der Tür. Karlstadts Eifer war nichts Neues mehr für ihn, doch nie zuvor hatte seine Stimme so unbändig und entschlossen geklungen. Offensichtlich war sein Kollege bereit, seine neuen Einsichten sogar mit Waffengewalt durchzusetzen. Diese Haltung verstörte Melanchthon zutiefst, denn die Zahl derer, die sich in Wittenberg auf Karlstadts Seite ziehen ließen, stieg von Tag zu Tag. Noch beschränkten sich die Anhänger des Gelehrten darauf, an den Straßenecken und in Schenken Reden zu schwingen, aber Melanchthon beschlich das Gefühl, daß sie es dabei nicht mehr lange belassen würden.

»Jeder Mensch, der sich für den Gebieter eines anderen hält – ob er nun Prinz, Papst oder Priester sein mag –, muß bereuen oder niedergemacht werden«, hörte er Karlstadt mit donnernder Stimme rufen. »Ihr nennt mich Professor Karlstadt? Jetzt nicht mehr. Von diesem Tag an bin ich Nachbar Andreas. Und ihr alle solltet gleichfalls darauf vorbereitet sein, euch zu demütigen.«

Erschöpft hielt Karlstadt inne, um wieder zu Atem zu kommen. Plötzlich entdeckte er unter seinen Zuhörern einen Studenten, der ein Kruzifix um den Hals trug. Rasch stürzte er auf den jungen Mann zu und streckte fordernd die Hand aus. Dem eingeschüchterten Studenten blieb nichts anderes übrig, als sich die Kette über den Kopf zu ziehen und sie dem Professor auszuhändigen.

»Du sollst dir keine Götzenbilder machen. Lernt es, Dünkel dieser Art zu verachten!« Mit sichtlichem Abscheu warf der Professor dem verlegenen Jüngling die Kette wieder zu und wandte sich an seine Studenten. »Steht zu den Gerechten, oder werdet mit den Unterdrückten zurechtgestutzt. Es gibt keinen anderen Weg.«

Nach der Vorlesung paßte Melanchthon seinen Kollegen ab. Während die Studenten an den beiden Männern vorüberströmten, schob er ihn auf die Treppe und herrschte ihn an: »Martin hätte niemals einen Studenten dafür beschämt, daß er ein Kruzifix um den Hals trägt, *Nachbar Andreas*!«

Karlstadt wich erschrocken zurück. Er hatte noch nie erlebt, daß der stets fügsame junge Magister so aufgebracht war. »Ich kenne Martin Luther«, keuchte er, »schließlich habe *ich* ihn entdeckt und gefördert.«

»Du träumst, wie eh und je. Martin sprach von Reform. Was du predigst, führt zur Rebellion und Aufruhr. Im Süden sollen sich Menschen zusammenschließen, um gegen ihre Herren zu Felde zu ziehen.«

»Um so besser«, sagte Karlstadt mit einem grimmigen Lächeln. »Wenn du nicht die Nerven hast, das zu beenden, was er begonnen hat, hältst du dich wohl besser aus unseren Angelegenheiten, Philipp. Sonst könnte es sein, daß auch du eines Tages zurechtgestutzt werden mußt!«

Die Einsamkeit machte Martin von Tag zu Tag mehr zu schaffen. Seit es wieder kälter geworden war, rebellierte sein Magen gegen das fette Pökelfleisch, das man ihm in die Turmkammer brachte. Gemeinsame Mahlzeiten mit anderen Burgbewohnern blieben ihm verwehrt, denn der Burgvogt mußte in seiner Eigenschaft als Verwalter oft fremde Gäste beherbergen.

Von den Auseinandersetzungen, die in Wittenberg um seine Lehren geführt wurden, erfuhr er von einem unerwarteten

Besucher, der eines Tages, kurz nach der Andacht, seinen Kopf in die Stube steckte.

»Spalatin?« rief Martin in ungläubigem Staunen aus. »Großer Gott, was macht Ihr hier?«

Der Sekretär trat einen Schritt auf ihn zu und musterte ihn von Kopf bis Fuß, als sähe er ihn heute zum ersten Mal. Offensichtlich erfüllte die Verkleidung, die Martin angelegt hatte, ihren Zweck. Der struppige Bart, das nachgewachsene Haar, durch das sich Silberfäden zogen, und die ritterliche Kleidung aus gegerbtem Leder erinnerten eher an einen behäbigen Waffenknecht als an den Mönch von einst.

Eine Weile stand Spalatin reglos da, dann deutete er auf den nachlässig gestopften Strohsack und die halb abgebrannte Wachskerze und sagte: »Verzeiht die rauhe Behandlung, Doktor. Aber Seiner Durchlaucht, Kurfürst Friedrich, war zu Ohren gekommen, daß Ihr einem Anschlag zum Opfer fallen solltet. Da hieß es unverzüglich handeln, bevor jemand anders es tut. Wie fühlt Ihr Euch?«

»Was fragt Ihr noch?« murmelte Martin. »Ich bin zur Untätigkeit verdammt und werde immer fetter und träger. Diese Kammer, die ich eher als Fuchsbau bezeichnen möchte, ist ein Gefängnis, das ich lieber heute als morgen verlassen würde. Sagt mir bitte offen und ehrlich, wie lange ich noch auf der Burg bleiben muß!«

Spalatin zupfte sich nachdenklich am Kinn. Es war nicht das erste Mal, daß er den Mönch unter Hausarrest stellen mußte, und wie die Dinge lagen, würde es auch nicht das letzte Mal sein. Da Martin ihm keinen Platz angeboten hatte, blieb er mit dem Rücken zur Tür stehen und schaute aus dem Fenster auf das Stück weißgrauen Himmel, der hinter dem Hauptgebäude zu sehen war.

»Kaiser Karl hat *Acht und Bann* über Euch gesprochen und außerdem ein Kopfgeld ausgesetzt«, bemerkte er schließlich.

»Wenn Ihr zu dieser Tür hinausgeht, seid Ihr Freiwild. Jeder Bettler kann Euch erschlagen, ohne bestraft zu werden!«

Martin hob verzweifelt die Schultern. Sein Verstand sagte ihm, daß Spalatin recht hatte, aber es fiel ihm unsagbar schwer, sich dies auch einzugestehen. Plötzlich kam ihm eine Idee. »Könntet Ihr mir ein Wörterbuch besorgen. Für Griechisch, Latein und Deutsch?«

»Was habt Ihr …«

»Und eine Ausgabe der *vulgata*!«

Spalatin seufzte. Ihm schwante, wozu Martin die Bücher haben wollte. »Dies ist nicht der richtige Zeitpunkt, um die Bibel zu übersetzen, Doktor«, sagte er mit düsterer Miene. »Ihr würdet nur Aufmerksamkeit auf Euch lenken, und außerdem könnte der Kaiser dies als neue Provokation gegen ihn und den Papst auslegen. Versteht doch: Er wird uns alle wegen Hochverrats brennen lassen!«

Empört fuhr Martin auf. Er eilte zu seinem Tisch hinüber und kehrte mit einigen Bögen engbeschriebenen Pergaments zu Spalatin zurück. »Seit wann ist es ein Verbrechen, ein Neues Testament in deutscher Sprache zu haben?« fauchte er. »In Worten, die einfache Menschen dieses Landes verstehen können?«

»Genau das ist es ja, was Rom am meisten fürchtet.«

»Dafür müßt Ihr den Urheber zur Verantwortung ziehen« sagte Martin. Er drückte dem Sekretär die ersten Seiten seiner Arbeit in die Hand. »Mein Entschluß steht fest: Ich werde die Bibel übersetzen!«

Für einen Augenblick kämpften in Spalatins Eingeweiden Angst, Empörung und Bewunderung miteinander. Doch zum Schluß erklärte er sich bereit, für die von Martin benötigten Dinge zu sorgen, und stürmte ebenso rasch aus der Kammer, wie er aufgetaucht war.

Während Martin in der Einsamkeit seines Turmes Bücher wälzte und über alten Texten brütete, begann sich im Land offener Aufruhr zu regen.

Selbsternannte Propheten zogen predigend von Dorf zu Dorf. Sie ließen seine Schriften zu Tausenden drucken und verbreiten. Aber die Lehre, die auf ihren Fahnen prangte, verhieß Gewalt und Zerstörung. Allerorts drangen Haufen von bewaffneten Fanatikern in Kirchen und Klöster ein, um ihre radikalen Ideen durchzusetzen. Ohne auf Gegenwehr zu stoßen, stürmten sie Gutshäuser und Kapellen und verbrannten Bilder, Statuen und Gerätschaften. Pfarrhöfe wurden bei Nacht überfallen und geplündert, Mönche ausgepeitscht und davongejagt. Selbst Nonnen ließen sich überreden, ihren Gelübden abzuschwören, und verließen in Scharen die Klöster und Stifte. Unter den Anführern des Aufstands befand sich auch der Magister Karlstadt. Im Rausch der Macht befehligte er eine Gruppe Männer, die mit brutaler Gewalt alles zerstörten, was sie am alten Glauben falsch befanden.

Spalatin mußte nach seiner Rückkehr aus Eisenach feststellen, daß auch Wittenberg nicht von den Übergriffen der Eiferer verschont wurde. Von den Türmen blickten die Stadtwachen mit ratloser Miene auf das Geschehen hinab. Niemand hatte ihnen Befehle erteilt, weshalb sie auch nicht eingriffen, als sich ihre Nachbarn zu grölenden Haufen zusammenrotteten und skandierend durch die Gassen zogen.

Während Spalatin in aller Eile die Stufen der Schloßtreppe erklomm, um sich mit seinem Herrn zu beraten, sah er, wie aufgestachelte Bauern und Bürger mit Pechfackeln sich an der Kirchentür zu schaffen machten. Gefahr lag in der Luft.

Der Sekretär fand Friedrich an seinem Lieblingsplatz, vor dem hohen Fenster des Jagdzimmers. Dort stand er, starr wie eine Säule aus Salz, und drückte seine Stirn gegen das dünne Glas.

»Mein Fürst, sollen wir Soldaten schicken?« rief Spalatin außer Atem. Sein Brustkorb hob und senkte sich, als er von unten die Rufe der Rebellen heraufschallen hörte. »Großer Gott, die Aufrührer ziehen zur Kirche, und dort wird soeben die Messe gelesen! Wenn dies kein Blutbad gibt ...«

Friedrich wirkte bleich und kränklich. Sein massiger Körper steckte in einem bescheidenen, gürtellosen Gewand aus dunklem Tuch, das so zerknittert aussah, als hätte er seit Tagen in ihm geschlafen. Langsam schüttelte er den Kopf und sagte, ohne sich umzudrehen: »Wir würden nur noch mehr Gewalt provozieren, mein Freund. Wenn Wittenberg zu keinem Religionsfrieden kommen kann, wird das einen schlechten Eindruck auf den Rest der Welt machen.«

Spalatin stellte sich neben den Fürsten und spähte aus dem Fenster. Fassungslos mußte er mit ansehen, wie drei vierschrötige Männer mit Stöcken gegen die Mauern und Tore der Kirche schlugen. Steine wurden geworfen, und auf dem Marktplatz schwangen ein paar halbwüchsige Burschen Äxte und Knüppel. Unter lautem Triumphgeschrei hieben sie hölzernen Heiligenfiguren Ohren und Nasen ab. Ein paar Schritte abseits, wo für gewöhnlich der Pranger stand, wurde ein Scheiterhaufen aufgeschichtet.

»Karlstadt, dieser verdammte Narr! Er ist zum besessenen Barbaren geworden. Man muß ihn zur Vernunft bringen, ehe ...« Spalatin verschluckte den Rest seines Satzes. Der Atem stockte ihm, als er sah, wie zwei Männer einen Mönch an Stricken aus der Kirche zogen. Die Kutte des Mannes hatte am Saum Feuer gefangen, und er blutete aus einer Schramme am Kopf. Es war Martin Luthers alter Gefährte. Bruder Ulrich.

Siebzehntes Kapitel

Wartburg bei Eisenach, Februar 1522

Der Name des Knappen, der Martin jeden Mittag und jeden Abend das Essen in die Kammer brachte, lautete Matthias. Die Burgleute nannten ihn Matthes und verspotteten ihn, wann immer sich eine Gelegenheit dazu bot. Der junge Bursche galt unter den Burginsassen als Tolpatsch, der über die eigenen Füße stolperte und dem man jede Weisung dreimal erklären mußte, bis sie zu seinem seichten Verstand durchdrang. Aber Matthes war weder gewalttätig noch ein Trunkenbold. Wenngleich seine Arglosigkeit ihn auch oft zur Zielscheibe derber Späße seiner Kameraden machte, pflegte er Schlägereien und Fehden tunlichst aus dem Weg zu gehen. Statt sich mit dem Burgvogt auseinanderzusetzen, gewöhnte er es sich an, sooft wie möglich bei Martin vorbeizuschauen, dessen Arbeit ihn gleichermaßen faszinierte wie befremdete. Dabei war der sonderbare Junker, der sein Zimmer nur selten verließ und tagaus, tagein über dicken Büchern hockte, häufig ebenso übellaunig und gereizt wie die Torwächter. Aber immerhin wurde Matthes von dem Mann, der sich Junker Jörg nannte, niemals geschlagen oder angeschrien. Manchmal, wenn ihm danach war, lud er Matthes sogar ein, auf seiner Bank Platz zu nehmen und seinen Erzählungen aus dem Neuen Testament zu lauschen. Dabei gelang es dem Junker, die farbenprächtige Welt, in der Jesus Christus gelebt hatte, so lebendig zu schildern, daß Matthes zuweilen ganz schwindelig vor Spannung wurde.

Inzwischen hatte es angefangen zu schneien. Der Winter, der nach dem Jahreswechsel mit milden Temperaturen aufgewartet hatte, kehrte mit klirrender Kälte zurück. Am Turmfenster bildeten sich Kristalle und Eiszapfen, die Martin jeden Morgen nach dem Aufstehen mit seinem Dolch abschlug und in einem Kessel über einem kleinen Ofen in der Nische des Alkovens zu frischem, klarem Wasser schmolz.

Als Matthes eines Abends mit einem Tablett die Dachkammer betrat, schlug ihm zu seiner Überraschung ein eisiger Wind entgegen. Der Knappe hielt erstaunt inne. Frierend bemerkte er, daß das Fenster weit offen stand; die Schweinsblase, die er erst wenige Tage zuvor zum Schutz vor der Kälte über den Rahmen gespannt hatte, war zerrissen. Schneeflocken wirbelten in die Stube hinein und bedeckten die glänzenden Bodenplatten mit einer feinen, pulvrigen Schicht.

»Mein Gott, Herr ...«, stieß der Junge erschrocken aus. Im hinteren Teil der Kammer lag ein Stuhl umgestürzt vor einer Truhe. Das Bettzeug war zerfetzt, und auf dem weißen Kalk der Wand verteilten sich wüste Tintenflecke. Es hatte den Anschein, als hätte hier ein Kampf stattgefunden. Doch die Phantasie des Knappen reichte nicht aus, um sich vorzustellen, wie Eindringlinge ohne Schlüssel oder geeignetes Werkzeug zum Turm heraufgestiegen sein konnten, um den Junker anzugreifen. Andererseits mußte es doch einen Grund für dieses Durcheinander geben.

Matthes überlegte angestrengt, ob er den Burghauptmann zu Hilfe rufen sollte, als sein Blick plötzlich auf eine zusammengekauerte Gestalt fiel. Es war der Junker Jörg. Er saß reglos in einer Ecke auf dem Fußboden und schrieb. Im Schein der Kerze glänzten seine Pupillen, als hätte er Fieber. Seine rechte Hand, die das Schreibgerät führte, glitt in gleichmäßigen Schleifen über einen großen Bogen Pergament. Die Finger waren gerötet von der Kälte und darüber hinaus mit zahlreichen Tintenflecken übersät.

»Junker ...?«

Martin beugte sich kurz vor und winkelte die Beine an, damit sein Pergament nicht verrutschte. Obwohl er die Anwesenheit des Knappen wahrzunehmen schien, hob er nicht den Kopf, um ihn anzuschauen. »Keine Angst«, sagte er mit rauher Stimme. »Mir ist nichts geschehen. Ich kämpfe nur jede Nacht gegen den Teufel, diesen Bastard. Gegen Mitternacht, nachdem die letzten Schritte auf dem Wehrgang verklungen waren, erschien er mir.« Er streckte die Hand aus und fügte hinzu: »Dort drüben, an der Wand. Ich habe mein Tintenfaß nach dem Mistkerl geworfen!«

Mit zitternden Händen stellte Matthes sein Tablett auf dem Tisch ab, schloß das Fenster und trat schließlich näher an Martin heran. Mißtrauisch kaute der Knappe auf seiner Unterlippe. Geschichten über Geister oder den Leibhaftigen hörte er gern, zumindest an manchen langweiligen Abenden, wenn seine Kameraden am Feuer zusammensaßen und Bier tranken. Doch was der geheimnisvolle Junker da erzählte, klang schauriger als jede Gruselgeschichte. Matthes hatte keinen Grund, an dessen Worten zu zweifeln, denn immerhin prangte als deutlicher Beweis seiner Behauptung ein großer Tintenfleck an der Ostwand der Turmstube. Die Scherben des Fäßchens lagen verstreut um Martin herum, der nun aufhörte zu schreiben und zum Fenster hinüberstarrte. Das dichter werdende Schneetreiben schien ihn zu verwirren. »Ich brauche frisches Obst, Matthes«, sagte er.

Der Knappe zuckte seufzend die Achseln. »Ein Faß mit Winteräpfeln ist noch übrig. Wenn Ihr damit zufrieden seid, werde ich den Vorratsmeister bitten, Euch ein paar davon zu überlassen. Darf ich fragen, wie es mit Eurer Arbeit vorangeht?«

Matthes holte das Tablett und stellte es neben Martin auf den Fußboden. Ein Stück gepökelter Wildschweinschinken, einige Scheiben dunkles Brot und ein Krug Ziegenmilch standen da. Martin legte seine gespitzte Feder beiseite und langte dankbar zu. Erst als er den ersten Bissen Brot am Gaumen spürte, erkannte er, wie hungrig er war. Nach einer

Weile erklärte er dem Knappen: »Die Arbeit ist schwierig ... Worte sind wie Kinder. Je mehr Aufmerksamkeit man ihnen widmet, desto mehr verlangen sie. Sie umklammern denjenigen, der sich bemüht, ihrem Dasein einen Sinn zu geben.«

Matthes verschränkte die Arme und schürzte die Lippen zu einem verlegenen Lächeln. »Ich dachte, das träfe nur auf Frauen zu«, sagte er.

»Nehmen wir einmal diesen Vers. *Es ist der Wille des Vaters, daß nichts und niemand verloren ist.*« Martin ergriff die lateinische Bibel, die zu seiner Linken lag, und schob sie Matthes unter die Nase. »In unserer Sprache bedeutet das Wort *Wille* gleichsam Stärke. Willensstärke ... jemandem deinen Willen aufzwingen.«

»Das ist mir noch nie gelungen«, meinte Matthes einfältig. Er verstand nicht, worauf Martin hinauswollte. Unruhig blickte er sich um und horchte, ob auf der knarrenden Stiege Schritte zu hören waren. Eigentlich hätte er sich längst im Rittersaal melden müssen, wo die Knappen wegen des schlechten Wetters Hellebarden und Rüstungen mit Schweinefett polierten. Er riskierte eine Tracht Prügel, wenn er nicht zurückkehrte.

»Im griechischen Original«, fuhr Martin ungerührt fort, »bedeutet ein einziges kleines Wörtchen aus drei Buchstaben Leidenschaft, Feuer. Es steht sogar für die inneren Organe.« Er hob den Zeigefinger beinahe drohend. »Verstehst du nicht, welche Feinheiten eine Sprache besitzt? Dasselbe Wort kann bedeuten, geliebt zu werden oder Verlangen zu verspüren – sogar fleischliches Verlangen ...«

Matthes erhob sich mit einem Fluch, dem sein Herr in seinem Eifer zum Glück keine Beachtung schenkte. »Trinkt Eure Milch, solange sie warm ist!«

»Du hörst mir ja gar nicht zu«, beklagte sich Martin konsterniert. Er war fest entschlossen, seine Begeisterung mit einem anderen Menschen zu teilen, selbst wenn es sich dabei um einen einfältigen Knappen handelte. »Nimm das verflixte Zeug weg, ich habe genug davon!«

»Ich finde es doch interessant, was Ihr tut, Herr«, sagte Matthes plötzlich kleinlaut. »Nur, welchen Nutzen hat ein Wort, das so viele Bedeutungen hat? Der Burgvogt und sein Waffenmeister verlangen von uns, daß wir auf ihre Fragen klare Antworten geben. Tun wir's nicht, bekommen wir eins aufs Maul.«

Martin hob die Augenbraue. »Es ist nicht das Wort allein, das von Bedeutung ist, sondern was es über Gott aussagt! Willst du nicht wissen, was die Schrift über unseren Herrn zu berichten hat?«

»Trinkt doch Eure Milch!« wiederholte der Knappe drängend.

Mit einem ärgerlichen Seufzen klappte Martin das schwere Buch zu und tastete nach dem Tonbecher. Er trank so unbeherrscht, daß er beinahe die Hälfte der Milch verschüttete. Dann wischte er sich den Mund mit einem Zipfel seines Ärmels ab und erklärte: »Gott ist von Mitgefühl für uns erfüllt. Er sehnt sich danach, daß keines seiner Kinder verlorengeht. Ja, seine Liebe ist so stark, daß er in Flammen steht, seine Eingeweide, seine Lenden verzehren ihn – von innen.«

»Habt Ihr das Herrn Spalatin mitgeteilt?« wollte Matthes wissen.

»Noch nicht. Warum?«

»Na ja, ich habe den edlen Herrn Sekretarius vorhin über den Hof reiten sehen. Wahrscheinlich möchte er Euch wieder einen Besuch abstatten ...« Der Knappe wandte sich abschätzend um. »Vielleicht sollte ich Eure Kammer in Ordnung bringen, bevor Ihr dem Herrn Spalatin von Eurem Kampf mit dem Teufel und den griechischen Wörtern erzählt.«

Die beiden Männer starrten einander ein paar Augenblicke lang an. Dann fing Matthes plötzlich zu kichern an. Martin wollte ihn zur Ordnung rufen, aber das Gelächter des Knappen wirkte seltsam ansteckend. Schließlich stimmte er mit ein, wahre Lachsalven schüttelten seinen Körper. Er hatte sich kaum beruhigt, als die Tür aufgestoßen wurde und Spalatin in den Raum trat. Sein eleganter, gefütterter Reisemantel war naß, und unter dem Arm trug er ein Bündel, das er in ein Kaninchenfell gehüllt hatte. Der Knappe verstummte auf der Stelle. Eingeschüchtert bückte er sich, um die Überreste von Martins Essen aufzusammeln.

»Verschwinde, Junge«, zischte Spalatin. »Du kannst diesen Schweinestall aufräumen, sobald wir die Burg verlassen haben.« Matthes nickte hilflos. Dann nahm er das Tablett und lief aus der Kammer.

»Ihr wart zu streng mit dem Burschen«, sagte Martin, nachdem die Stiefeltritte des Knappen auf der knarrenden Stiege verklungen waren. Mit schmerzverzerrtem Gesicht plagte er sich auf die Füße. Sein Nacken tat ihm weh, Hände und Füße fühlten sich an, als hätte man sie taub geschlagen.

»Und Ihr seid viel zu oft alleine hier oben.« Mit einer heftigen Bewegung öffnete Spalatin den nassen Mantel und warf ihn über einen Schemel. Das verschnürte Bündel legte er auf den Schreibtisch, auf dem sich zahlreiche beschriebene Papierbögen stapelten. »Und hier haben wir wohl die Frucht Eurer Mühen«, sagte er leise und hob die erste Seite ins Licht der Kerze. »*Am Anfang war das Wort. Und das Wort war bei Gott und Gott war das Wort. Dasselbe war im Anfang bei Gott.* Aha, ich staune! Ihr habt den Prolog des Evangeliums nach Johannes übersetzt. Eine vortreffliche Wortwahl, das muß man Euch lassen.«

Martin errötete ob des unerwarteten Lobes. Er nahm Spalatin das Blatt aus der Hand und legte es behutsam auf den

Stapel zurück. »Selbstverständlich bin ich zu oft allein«, bemerkte er. »Wie kann ich für unser Volk schreiben, wenn ich hier oben bei den Vögeln hause, anstatt unter Menschen zu sein, die mich brauchen und die ich brauche.« Er seufzte. »Die Sprache der deutschen Bibel sollte klingen, als spräche eine Mutter mit ihren Kindern oder die Kinder mit ihren Freunden auf der Gasse. Ich muß mit Krämern und Handwerkern reden, mit Scholaren und Mägden und ihnen aufs Maul schauen, um zu erfahren, wie die Menschen im Reich sich wirklich ausdrücken.«

Spalatin begann sich anscheinend zu entspannen. Mit einem matten Lächeln nahm er das Bündel, das er auf Martins Tisch niedergelegt hatte, und löste vorsichtig die Schnüre. Ehe Martin sich auf seinem Schemel niederlassen konnte, landeten ein paar hohe Lederstiefel, ein Überrock mit Pelzbesatz sowie eine schwarze Ohrenkappe aus weichem Filz vor ihm auf der Tischplatte.

»Ihr habt mich überzeugt«, erklärte Spalatin nach einigem Zögern. »Martin Luther darf diese Kammer nicht verlassen, doch es ist wohl an der Zeit, daß Junker Jörg sich ein wenig in der Umgebung umsieht.«

Nicht weit von Grimma lag ein Nonnenkloster mit dem Weihenamen Marienthron. Seit Jahrhunderten lebten hier Zisterzienserinnen nach der Regel des heiligen Benedikt. Ihr Kloster war wohlhabend, es verfügte über umfangreiche Besitzungen in der Nähe der Städte Torgau und Nimbschen, deren Verwaltung einem Propst unterstand. Die Nonnen waren weithin dafür bekannt, daß sie eine hervorragende Wirtschaft betrieben und sich streng an die Bestimmungen ihrer Äbtissin hielten. Ihre Kornspeicher und Lagerräume waren dank der Zinseinnahmen und Fronarbeiten unfreier Bauern reich gefüllt; sie besaßen zudem eine eigene Seifensiederei und eine Weberei. Von früh bis spät kämmten Laienschwestern und Mägde die Wolle der Schafe, die auf den Wiesen des Klosters grasten, und verarbeiteten sie zu feinem Tuch für liturgische Textilien, während die Nonnen selbst ihrer eigentlichen Aufgabe nachkamen: dem Seelengebet im Chorraum.

Der Konvent war eine abgeschiedene Welt für sich, eine Oase der Ruhe und der Einkehr, die den Bedürfnissen ihrer Bewohnerinnen nach geistlichem Frieden Rechnung trug. So und nicht anders wünschte Äbtissin Renate, eine energische sächsische Edeldame von etwa sechzig Jahren, ihr Kloster. Von den Wirren der Zeit war in dem heiligen Gemäuer bislang noch wenig zu spüren gewesen, und doch jagten die aufregenden Nachrichten, welche Marienthron in immer kürzeren Abständen erreichten, sowohl der Äbtissin als auch ihren engsten Vertrauten große Angst ein. Einem Gerücht zufolge sollten bereits zwei Pfarrkirchen in der Nähe von Grimma und mehrere Opferkreuze an der Weggabelung nach Torgau niedergebrannt oder geplündert worden sein.

»O Herr, befreie uns von dem Übel«, flüsterte Renate, als sie eines Abends vor dem Gebet zur neunten Stunde die Häupter ihrer Schwestern in der Klosterkirche abzählte. Sie war voller Sorge, denn die Kellermeisterin hatte ihr kurz vor der Non zugetragen, daß einige ihrer Schützlinge offensichtlich den ketzerischen Lehren des Doktor Luther verfallen waren. Die Verwalterin der Vorratslager, ein zänkisches Weib von beachtlichem Leibesumfang, dem die Nonnen für gewöhnlich gern aus dem Weg gingen, war im Webhaus auf eine verdächtige Druckschrift aus Wittenberg gestoßen und hatte sogleich bei der Äbtssin Alarm geschlagen. Renate war außer sich gewesen. Die Schriften des auf dem Reichstag gebannten Mönchs geisterten zwar schon seit mehr als zwei Jahren durch die Lande, aber bisher war ihre strenge

Anweisung beherzigt worden, im Kloster keine Bücher und Schriften zu lesen, die nicht durch den Bischof abgesegnet waren. Doch neuerdings glaubte die alte Frau zu spüren, daß im Konvent gefährliche Heimlichkeiten um sich gegriffen hatten; einige Personen schienen ihr Verbot zu umgehen. Die Äbtissin mußte der Sache unverzüglich auf den Grund gehen, und zwar diskret, um keine Unruhe heraufzubeschwören. Die Schuldigen, so schwor sie bei allem, was ihr heilig war, würden sich vor dem Gericht des Propstes zu verantworten haben.

Voller Argwohn musterte Äbtissin Renate die Schar der still betenden Frauen im Westteil der Kirche. Ein paar Nachzüglerinnen traten gemessenen Schrittes aus der Pforte, welche die Empore des Gotteshauses mit der Klausur verband. Die meisten von ihnen pflegten Kranke und Alte. Sie kamen daher meistens später und blieben stets im Nonnenchor, der vom übrigen Kirchenschiff durch ein kunstvoll geschmiedetes Gitter von eisernen Rosen und Lilien abgetrennt war. Zwischen dem Gitterwerk gab es auch eine kleine Tür, vielmehr eine Klappe, die während der Eucharistie von außen geöffnet werden konnte, um den Schwestern die geweihte Hostie zu reichen.

Während die ersten Töne des lateinischen Gesangs durch das von Kerzenlicht kaum erleuchtete Kirchenschiff drangen, fiel der Blick der Äbtissin auf eine junge Ordensfrau, die mit abwesendem Gesichtsausdruck im Gestühl saß und eher mechanisch als hingebungsvoll die Lippen bewegte. Die Schwester wirkt seltsam verstört, dachte die Alte unvermittelt. Auf das Gebet scheint sie sich jedenfalls nicht zu konzentrieren. Die Äbtissin kniff forschend die Augen zusammen, um sich die Nonne näher zu betrachten. Es handelte sich um Schwester Katharina, die Tochter des Ritters von Bora, dessen Familie ein heruntergekommenes Gut südlich von Leipzig besaß. Bereits seit ihrem fünften Lebensjahr lebte Katharina im Kloster. Nach dem frühen Tod der Mutter hatte ihr verarmter Vater sie zur Erziehung nach Brehna gegeben, später war sie dann nach Grimma geschickt worden, wo sie auch ihre Novizenzeit absolviert und die ewigen Gelübde abgelegt hatte. Die Äbtissin schätzte sie auf etwa zweiundzwanzig Jahre. Obgleich das steife weiße Gebinde und der schwarze Schleier das Gesicht der jungen Rittertochter fast vollständig verbargen, ließ sich erahnen, daß sie über eine feine, blasse Haut, regelmäßige Züge und ein natürliches Maß an Anmut verfügte. Ihre hohen Wangenknochen deuteten auf rauhe slawische Urahnen hin, die feucht schimmernden, etwas schräg stehenden Augen verrieten indessen Klugheit und Wachsamkeit.

Während die Äbtissin die Nonne betrachtete, fragte sie sich, warum Katharina von Bora in all den Jahren, die sie nun schon unter ihrer Obhut lebte, niemals ein Amt innerhalb der Klostergemeinschaft angestrebt hatte. An Fleiß und Intelligenz schien es ihr nicht zu mangeln. Auch über fehlenden Gehorsam konnte sich niemand beklagen. Im Gegensatz zu anderen Frauen, die zuweilen nörgelten oder Parteien bildeten, verhielt sich Katharina stets ruhig und unauffällig. Sie war schwer zu beeinflussen, zeigte selbst aber auch kein Interesse, anderen Mitschwestern ihre Meinung aufzuzwingen. Doch entgegen all diesen Vorzügen scheute sich die Äbtissin davor, ihrer Mitschwester das Zeugnis einer idealen Ordensfrau auszustellen. Das Klosterleben schien für sie eine Abfolge alltäglicher Tätigkeiten und Gebote zu sein, denen man sich unterordnete, weil man keinen Sinn darin sah, sich gegen sie aufzulehnen. Seit einigen Wochen konnte man bei Katharina jedoch Veränderungen beobachten. Sie war häufig unkonzentriert und müde. Oftmals verharrte sie vor einer Tätigkeit im stillen Gebet, als müsse sie erst ihr

Gewissen befragen, ob sie überhaupt etwas tun sollte. Je länger die Äbtissin ihre Gedanken schweifen ließ, desto schärfere Konturen nahm ihr Bild von der eigenwilligen Nonne an. Irgend etwas hat Katharina zu verbergen, überlegte die Alte. Sie macht ein Gesicht, als ginge sie das Gebet gar nichts an. Gnade ihr Gott, wenn sie die ketzerischen Schriften in mein Kloster gebracht hat.

Nach dem Gottesdienst wurde die Äbtissin von ihrer Stellvertreterin auf die bevorstehenden Verhandlungen im Generalkapitel von Citeaux angesprochen, eine unangenehme Pflicht, denn sie mußte sämtliche Marienthron betreffenden Eingaben an das Kapitel überprüfen und dem zuständigen Abt vorlegen, der sie dann zu gegebener Zeit in Frankreich zur Sprache bringen konnte. Die Äbtissin winkte bald ermüdet ab, im Augenblick gingen ihr zu viele andere Dinge durch den Kopf. Sie mußte mit Schwester Katharina sprechen und den Ursprung der Ketzerei aufdecken, ehe sie von Ereignissen überrascht wurden, die sich nicht mehr steuern ließen. Rasch verließ die alte Frau ihren reich geschnitzten Stuhl, der sich unmittelbar unterhalb des Chores befand, und eilte über die Stufen des Altarraums und durch einen Bogengang. »Auf ein Wort, meine Tochter«, rief sie atemlos, als sie die Gestalt der Katharina von Bora auf der Treppe vor dem Refektorium erkannte.

»Was wünscht Ihr, ehrwürdige Mutter?« Die junge Nonne neigte lächelnd den Kopf, eine Geste, die eigentlich Demut hätte ausdrücken sollen. Nichtsdestotrotz glaubte die Äbtissin, in der Stimme der Jüngeren einen spöttischen Unterton wahrzunehmen.

Renate holte tief Luft. »Ich habe Euch gerufen, weil ich mir Sorgen um Eure geistige Gesundheit mache, Schwester Katharina«, sagte sie eher streng als besorgt. »Wann wart Ihr das letzte Mal bei der Beichte?«

»Pater Stefan war erst gestern abend hier, ehrwürdige Mutter«, antwortete Katharina ausweichend. Sie lächelte nicht. Ihre Augen musterten die Äbtissin kühl. »Ihr selbst habt ihm doch die Erlaubnis erteilt, in die Klausur zu kommen, weil Schwester Hildegard erkrankt ist. Wißt Ihr nicht mehr?«

Katharina ist schlau, überlegte die Äbtissin erbost, schlau und hinterlistig, indem sie mir eine Antwort gibt, aber nicht sagt, was ich hören wollte.

Die Alte führte die Nonne in eine Nische, in der die Mägde des Klosters eine Anzahl Ölkrüge abgestellt hatten. Mehr denn je war sie davon überzeugt, auf der richtigen Spur zu sein. »Ihr wart unaufmerksam in der Kirche, meine Tochter. Doch, streitet es nicht ab. Ich habe Euch und die anderen beobachtet!«

Katharina von Bora zog die Augenbrauen zusammen. Sie sah erstaunt aus, doch wenn Äbtissin Renate insgeheim gehofft hatte, die jüngere Ordensschwester könnte vor Aufregung die Fassung verlieren, wurde sie enttäuscht. Katharina machte nicht einmal den Versuch, sich zu verteidigen, sondern sagte mit fester Stimme: »Verzeiht mir, ehrwürdige Mutter, aber wenn Ihr mich so genau beobachtet habt, wart Ihr gewiß nicht in der Lage, dem Chorgebet die Aufmerksamkeit zu schenken, die es abverlangt. Dies täte mir von Herzen leid!«

Schwester Renate rang empört nach Luft. Katharina hatte sie mit ihren eigenen Waffen geschlagen. Was, um alles in der Welt, ging hier vor? Wie konnte das Mädchen es nur wagen, so mit ihr zu reden?

»Wißt Ihr etwa von dem Pamphlet, das heute morgen im Kloster aufgetaucht ist, meine Tochter?« rief sie mit bebender Stimme. »Antwortet! Habt Ihr die Schriften dieses Mannes gelesen?«

Katharina von Bora erbleichte. Unter den frostigen Blicken

ihrer Ordensoberen schmolz die Sicherheit, die sie noch wenige Augenblicke zuvor kühn zur Schau getragen hatte, wie Schnee in der Wintersonne. Plötzlich bekam sie Angst, beinahe Todesangst. Ja, sie hatte sich mit Doktor Martin Luthers Lehren beschäftigt, obwohl sie wußte, daß man sie dafür bestrafen konnte. Seit Monaten lasen sie und einige andere Schwestern insgeheim seine Schriften, die im Wagen eines Krämers, der das Kloster regelmäßig mit Fisch belieferte, durch die Pforte geschmuggelt wurden.

Für Katharina, die niemals elterliche Zuneigung empfangen hatte, gab es keine andere Familie als die Gemeinschaft ihres Ordens. Und doch eröffneten die Schriften, die sie des Nachts heimlich bei Kerzenschein studierte, ihr eine völlig neue Welt. Sie hatte erfahren, daß Gott keinen erzwungenen Dienst verlangte. Für Frauen gab es mehr als nur die formelhaften Gebete in der Klosterkirche. Was geschieht mit uns, fragte sie sich, wenn die Werke der Frömmigkeit, nach denen wir hier streben, uns überhaupt nicht in den Himmel bringen, weil wir die Grundlagen des Glaubens nicht kennen?

»Ihr habt mir also nichts zu sagen?« Die bohrende Stimme der Äbtissin riß Katharina aus ihren Gedanken. Die alte Frau bedachte sie mit einem kummervollen Blick. »Dann geht jetzt ins Refektorium, und kümmert Euch um die Ausbesserung der Altardecken für das Osterfest.«

Katharina von Bora neigte stumm den Kopf und wandte sich ab. Als sie durch den Kreuzgang lief, spürte sie, wie ihr der Schweiß aus allen Poren trat. Unter ihrem weiten Habit raschelte ein Stück Papier. Sie konnte von Glück reden, daß die Äbtissin es in ihrer Aufregung nicht wahrgenommen hatte.

Ich muß fort von hier, dachte Katharina angstvoll und beschleunigte ihre Schritte. Aber konnte sie eine Flucht überhaupt in Erwägung ziehen? Im benachbarten Herzogtum Sachsen war eine entlaufene Nonne auf dem Schafott gelandet. Und selbst wenn es ihr gelänge, unbemerkt aus Nimbschen zu fliehen, wohin sollte sie als völlig mittellose Klosterfrau gehen? Plötzlich kam ihr ein Einfall. Möglicherweise gab es ja doch jemanden im Konvent, der ihr bei dieser schweren Entscheidung beistehen konnte. Ich werde Schwester Lene um Rat fragen, dachte sie erleichtert. Schwester Lene war Siechenmeisterin in Marienthron und im väterlichen Zweig mit ihr verwandt. Wenn jemand im Kloster sie anhören würde, ohne sie zu verraten, so war sie es.

Auf seinen Erkundungszügen durch das Umland von Eisenach erlebte Martin schreckliche Dinge. Er kam durch Dörfer, deren Häuser und Gehöfte nahezu abgebrannt waren. Verkohlte Balken, die wie zersplitterte Knochen aussahen, starrten ihm anklagend entgegen. Hinter den Fenstern lauerten nur noch Leere und Dunkelheit. Martin konnte es nicht fassen. Wohl hatte er in den vergangenen Wochen hin und wieder Rauchsäulen am Horizont aufsteigen sehen, aber weder der Burghauptmann noch Matthes hatten ihm auf seine Fragen eine zufriedenstellende Antwort gegeben.

Vor einer Schmiede ließ er sich langsam aus dem Sattel gleiten. Er band sein Pferd an einen Pfeiler und folgte den regelmäßigen Hammerschlägen. In der trostlosen Stille, die über dem geplünderten Weiler lag, waren sie das einzige Geräusch, das er vernahm.

Bis auf ein paar kleinere Schäden war das Haus heil geblieben. Es besaß einen mit Lehm verputzten Anbau, dessen Vorderseite mit grob gehauenen Balken verschalt war. Ein winziger Hof, in dem tiefe Wasserlachen standen, führte zu einer Werkstatt, in der ein Kohlenfeuer loderte. Dort stand ein breitschultriger Mann vor einem Amboß. Wie von

Sinnen schmetterte er seinen Hammer auf ein glühendes Stück Hufeisen. »Was wollt Ihr?« herrschte er Martin an, ohne den Kopf zu heben.

»Seid Ihr allein zurückgeblieben?« Martin blickte sich verstohlen auf dem kleinen Hof um. Ihm war bewußt, daß er in seiner Aufmachung als Junker Mißtrauen erregte. Allerdings trug er außer einem kleinen Dolch, der unauffällig in dem breiten Gürtel steckte, keine Waffen bei sich. Plötzlich sah er, wie der Schmied den Hammer auf den Boden warf. Er stemmte die nackten, rußbedeckten Arme in die Hüften und schob angriffslustig das Kinn vor. Martin wich erschrocken zurück. Im nächsten Augenblick entdeckte er den Galgen, der das Dach der Werkstatt überragte. Wenige Schritte von der Schmiede entfernt baumelten zwei Leichen an Stricken im Wind. Ihre bärtigen Gesichter waren dunkel verfärbt, die Augen aufgerissen und leer.

»Sie kamen von Süden her«, erklärte der Schmied. Er wischte sich mit der Hand den Schweiß von der Stirn, dann hob er den Hammer wieder auf und setzte seine Arbeit an den Hufeisen fort. »Sie behaupteten, die Bauern plündern die Klöster ...«

»Aber ... wer?« Martin war wie vor den Kopf geschlagen.

Der Schmied hielt kurz inne und zuckte die Achseln. »Was weiß ich? Sie wollten, daß wir dasselbe tun. Sagten, das sei die Freiheit, von der dieser Martin Luther gefaselt hat!« Wütende Schläge ließen den Amboß erbeben. Tausend winzige Funken stoben auf. »Ihr Anführer, so ein dürrer Kerl in einem zerlumpten Rock mit Filzkapuze, schrie, daß jeder Christ das Recht hätte, sich mit Gewalt das zu nehmen, was er bräuchte. Als wir uns weigerten, ihm zu gehorchen, fielen seine Männer über das Dorf her.«

Aber das ist doch Wahnsinn, ging es Martin durch den Kopf, ein unverzeihlicher Bruch des Landfriedens. »Ich habe nie … Ich meine, Luther hat niemals Gewalt gepredigt«, stammelte er. »Wer dies behauptet, ist ein verlogener Teufel.«

»Ach ja?«

»Wenn Luther von einem Kampf spricht, so meint er einen geistigen Kampf, der in den Herzen der Menschen ausgefochten werden muß«, erwiderte Martin leidenschaftlich. »Versteht Ihr denn nicht? Es geht ihm darum, die Sünde abzulegen und sich der Gnade Christi zu überlassen.«

»Tja, Euer Luther hat jedenfalls das Weite gesucht, doch seine verdammten Ideen haben die gesamte Welt in Brand gesetzt. Jedenfalls die Welt, die ich kenne, und die endet hinter dem Galgenhügel. Bald wird nicht nur unser Dorf in Flammen stehen, sondern ganz Deutschland.«

Martin holte tief Luft. Seine Hand wanderte hinab zu der Tasche, die er sich um die Hüften geschnallt hatte. In ihr lag das fertige Manuskript seiner Übersetzung des Neuen Testaments. Der Schmied hat recht, dachte er resigniert. Ich habe das Weite gesucht. Wenn ich in Wittenberg gewesen wäre, anstatt mich auf der Wartburg zu verstecken, hätte ich möglicherweise verhindern können, daß man mein Wort derart falsch auslegt. Aber war es denn meine Entscheidung gewesen?

Er griff in seinen Beutel und zog ein eingeschlagenes Tuch heraus, das ein paar Münzen enthielt. Da er nicht glaubte, daß der Schmied es von ihm annehmen würde, legte er das Bündel auf die Mauer neben dem Gatter. Wer auch immer es dort fand, er würde es gewiß dringender brauchen als er. Während Martin sich wieder in den Sattel schwang, dachte er noch einmal über die Worte des Schmieds, aber auch über Spalatins Warnung nach. Er war fast vierzig Jahre alt, und die Entbehrungen der vergangenen Monate hatten seiner Gesundheit arg zugesetzt. Die Fieberanfälle, die ihn fast jeden

Morgen heimsuchten, verbrannten seinen Leib inwendig. Zudem war er vogelfrei, jedermann, der ihn erkannte, durfte ihn mit kaiserlicher Billigung töten. Dennoch konnte er nicht länger davonlaufen; sein Entschluß stand fest. Er durfte nicht mehr auf die Wartburg zurückkehren. Der einzige Ort, an dem er nun noch etwas ausrichten konnte, war Wittenberg.

Als Martins Pferd zwei Tage später über den Stadtgraben und durch das weit geöffnete Tor nach Wittenberg trabte, blies der rauhe Wind ihm einen unangenehmen Brandgeruch entgegen. Irgendwo in der Nähe schien ein Feuer zu wüten, aber keine Brandglocke war zu hören. Die beiden Torwächter, welche die hölzerne Brücke im Auge behielten, winkten ihn unwirsch weiter, ohne auf seine Fragen zu antworten. Sie erkannten ihn nicht, da er noch immer den ledernen Jagdrock und die langen Stiefel trug, mit denen er die Wartburg wenige Tage zuvor verlassen hatte.

Als er sich den Mauern der Schloßkirche näherte, an deren Tür er fünf Jahre zuvor seine Thesen angeschlagen hatte, gefror ihm das Blut in den Adern. Das Kirchenportal stand in Flammen. Dichter weißer Rauch waberte über den Platz. Überall lagen Trümmer herum, verkohlte Holzstücke, Splitter und bunte Glasscherben säumten seinen Weg. Die Stadt war in Aufruhr, genau so, wie er es befürchtet hatte. Von überallher strömten Männer und Frauen, mit Stöcken und Knüppeln bewaffnet, in Richtung Schloßplatz. Ihr wildes Geschrei ließ selbst die kalte Winterluft erzittern.

In unmittelbarer Nähe der mächtigen Westfassade schleuderten bewaffnete Männer Brandfackeln durch die zerbrochenen Fenster und gegen die steinernen Schwertträger, die auf Sockeln rechts und links über dem Portal der Kirche thronten. Sie schrien begeistert auf, wenn sich aus dem Innern des Gotteshauses ein wütendes Zischen regte. Vom Schloßhof eilte eine Schar von Soldaten mit Schwertern und Hellebarden herbei, die sich jedoch von der wütenden Menge fernhielt. Ihre Aufgabe schien es lediglich zu sein, den Aufrührern den Zutritt zum Hof des Fürsten zu verwehren, alles andere ging sie nichts an. Die beiden Knechte des Bürgermeisters schleppten Wasser in Holzeimern über den Kirchplatz, aber sie wurden nicht durchgelassen. Ehe sie das brennende Portal erreichten, rissen zerlumpte Gestalten ihnen die Eimer aus der Hand und gossen das Wasser unter Hohngelächter in den Sand.

Martin blickte zu den Rundbögen und Treppen der Schloßanlage hinüber, doch dort rührte sich nichts. Der Kurfürst, so hatte er unterwegs erfahren, war krank, und seine Berater schienen fest entschlossen, die Exzesse zu ignorieren. Doch wo, zum Teufel, steckte Spalatin?

»Tod den Papsttreuen«, brüllte ein Mann neben ihm. »Tod der römischen Kirche!« Er schüttelte die Faust gegen das gewaltige Bauwerk, dessen Turm bereits in dichte Rauchschwaden gehüllt war. Als der Mann Martins verständnislosen Blick auf sich spürte, kniff er fragend ein Auge zu und runzelte die Stirn, aber Martin wandte sich ab. Er war völlig ausgelaugt und hatte nicht die Absicht, sich auf ein Gespräch mit mordlüsternen Fanatikern einzulassen. Mit versteinerter Miene zog er sein Pferd hinter sich her und erkämpfte sich einen Weg durch die aufgebrachte Menge. Seine Beunruhigung wuchs, als ihm vor den Höfen des Malers Cranach Scharen von vornehm gekleideten Fremden, ältere Männer und verschleierte Jungfrauen, entgegenkamen, die mit tänzelnden Bewegungen und leuchtenden Augen fromme Choräle anstimmten. Einige der Umstehenden gingen vor den Vorüberziehenden auf die Knie, streckten flehend die Arme aus und riefen voller Verzückung: »Da sind die Tuchhändler! Platz für die Zwickauer

Propheten!« Martin drückte sich mit seinem Pferd gegen eine Hauswand. Eine ähnliche Szene hatte er schon einmal erlebt, vor vielen Jahren, als er nach Rom gepilgert war. Damals hatten der verstorbene Papst Julius und seine Bewaffneten die Menge ohne Chorgesang, dafür aber zu Pferde eingeschüchtert. Sie hatten die Marktstände auf der Piazza umgeworfen und rücksichtslos alles niedergetrampelt, was ihnen in den Weg geraten war. Die Empfindungen, welche dieser gespenstische Zug nun in Martin auslöste, waren indes nicht minder beklemmend als die Erlebnisse seiner Jugend. Von den sogenannten Zwickauer Tuchmachern hatte ihm Spalatin noch auf der Burg berichtet. Sie rühmten sich, besondere Erscheinungen wahrzunehmen, und verkündeten das nahe Ende der Welt.

Martin hastete mit seinem Pferd im Schlepptau weiter; der beißende Rauch des Feuers vor der Kirche schien ihn wie ein Dämon zu verfolgen. Unvermittelt traf ihn die Erkenntnis, daß er den Teufel auf der Wartburg nicht hatte vertreiben können. Der düstere Widersacher mochte sich für eine Weile zurückgezogen haben, um neue Kraft zu schöpfen. Nun aber war er wieder da, bereit, seinen tödlichen Kampf gegen Martin von neuem aufzunehmen. Martin traten Tränen der Verzweiflung in die Augen. Er mußte zur Universität, um Melanchthon zu Hilfe zu rufen, und falls er dort niemanden antraf, weiter zum Kloster. Der Spuk mußte auf der Stelle beendet werden.

An der Ecke zum Rathausplatz wurde er jedoch erneut aufgehalten. Eine Frau, die den Zug der Zwickauer von ihrem Balkon im oberen Geschoß eines stattlichen Fachwerkhauses verfolgt hatte, schrie laut auf und warf die Hände in die Luft. Dann rief sie: »Seht nur, sie bringen die gefangenen Mönche!«

Martin wandte sich um und sah, wie sechs Ordensbrüder,

mit Stricken aneinandergebunden, hinter einem Pferdekarren hergeschleift wurden. Der erbärmliche Anblick der Männer entsetzte ihn so sehr, daß er beinahe das Atmen vergaß. Jeder einzelne von ihnen war ihm bekannt. Ganz vorne lief Bruder Severinus, ein siebzigjähriger Franziskanerpater, der erst wenige Jahre zuvor nach Wittenberg versetzt worden war, um dort seinen Lebensabend zu verbringen. Er war kaum fähig, die Füße zu heben; seine abgetretenen Sandalen schleiften durch den Morast. Ihm folgte der Subprior seines Konvents, ein ernster Mann, der sich abmühte, nicht über zerschlagene Krüge oder Unrat zu stolpern. Drei Brüder, die an ihren schwarzen Kutten unschwer als Augustiner zu erkennen waren, waren Martin bisher nur vom Sehen bekannt. Sie waren jünger und kräftiger als die übrigen, jedoch völlig verängstigt. Den Abschluß bildete – Bruder Ulrich.

Martin öffnete den Mund, doch kein Schrei drang über seine Lippen. Das konnte nicht wahr sein! Hatte denn die ganze Welt den Verstand verloren? Er ließ die Zügel seines Rappen fallen und drängte einen Korbflechter zur Seite, dessen Kiepe ihm die Sicht zu versperren drohte. Mein Gott, dachte er, von Grauen erfüllt, was haben diese Wahnsinnigen mit Ulrich vor?

Der Karren kam unmittelbar neben dem gemauerten Fundament des Prangers zu stehen. Ein Mann sprang ab und schnitt die Handfesseln der gefangenen Mönche durch, während sich ein paar seiner Kumpane mit drohenden Gesten auf die kleine Gruppe zubewegten. Im nächsten Augenblick wurden die sechs Männer auch schon zu Boden gerissen. Der Anführer der Rebellen trug ein langes Gewand, dessen Saum über den Boden schleifte. Eine Kapuze, die aussah wie die eines Scharfrichters, verbarg seine Gesichtszüge. Er nahm eine brennende Fackel und führte sie langsam und drohend an den Kopf von Bruder Ulrich heran.

»Ihr seid schon einmal aus der Kirche verjagt worden, Ulrich«, rief er dem am Boden liegenden Mann mit unheimlicher, heiserer Stimme zu. »Damals haben wir Euch verboten, wiederzukehren und die Messe zu lesen, aber Ihr wolltet ja nicht hören.«

Ulrich hob den Kopf. Sein Gesicht war grau vom Staub des Platzes, aus der geschwollenen Nase tropfte Blut auf das zerrissene Skapulier. Als sein Blick den des Rebellen traf, verzog er angewidert den Mund und spuckte in den Sand.

»Zieht diese römischen Kleider aus, Ulrich, sonst brennen wir sie Euch und Euren Brüdern vom Leib!«

Der verletzte Mönch sackte erschöpft zusammen. Er steckte die Finger der rechten Hand in den Kragen seiner Kutte, als wolle er der Aufforderung seines Peinigers nachkommen. Doch plötzlich, völlig unerwartet, bäumte sich der Mönch auf. Mit einem Schrei sprang er auf die Füße, stieß dem verblüfften Mann mit der Fackel seine Faust in den Magen und riß ihm mit einer raschen Handbewegung die Kapuze vom Kopf. Die Fackel flog in hohem Bogen in eine Pfütze, wo sie mit wütendem Zischen erlosch.

»Karlstadt«, rief Bruder Ulrich mit Todesverachtung aus, während er von zwei kräftigen Männern überwältigt und auf die Knie gezwungen wurde. »Wußte ich's doch! Warum verbergt Ihr denn Euer Gesicht, Nachbar Andreas?«

»Unverschämter Pfaffe«, höhnte einer der Burschen am Karren. »Dem Kerl wird das Lachen bald vergehen!« Die Umstehenden nickten verlegen.

»Glaubt Ihr vielleicht, Gott erkennt Euch nicht unter der Kapuze? Seid versichert, der Herr selbst verhüllt sein Antlitz vor Euren Schandtaten!«

»Schweig, du päpstlicher Speichellecker!« Karlstadt richtete sich zu seiner vollen Größe auf; unheilverkündend breitete er die Arme aus, als wollte er der Menge seinen Segen erteilen. Was unter der Filzkapuze zum Vorschein kam, schien indessen nicht wenige der Männer und Frauen auf dem Platz zu irritieren. Karlstadts Äußeres hatte sich sehr verändert, seit er mit den Zwickauer Propheten durch die Lande zog. Er wirkte krank und verwirrt. Sein knochiger Schädel war kahl geschoren, die Wangen eingefallen und blutleer.

»Reicht mir eine Fackel!« verlangte Karlstadt mit fester Stimme. Der Zorn des Mannes war einer beängstigenden Entschlossenheit gewichen. Einer seiner Anhänger drückte ihm einen mit Lumpen umwickelten und in Öl getränkten Holzstab in die Hand. Langsam näherten sich die züngelnden Flammen dem Saum von Bruder Ulrichs schmutziger Kutte. Der Mönch hob abwehrend den Arm. Blankes Entsetzen lag in seinem Blick.

»Nein … Das dürft Ihr nicht!«

Martins Schrei ließ die Männer jäh zusammenfahren. Er nutzte ihre Verwirrung, um sich durch die Reihen der Gaffer zu drängen und auf Karlstadt zuzulaufen. Im letzten Augenblick gelang es ihm, dem verblüfften Magister die Brandfackel zu entwinden und sie über die Köpfe der Menge hinwegzuschleudern.

Erschrockenes Gemurmel brandete auf. Karlstadt stierte seinen Angreifer haßerfüllt an. Seine Hochstimmung war wie weggeblasen. Mit einem unartikulierten Aufschrei taumelte der ehemalige Magister zurück, doch schon im nächsten Moment spürte Martin, wie zwei kräftige Arme sich von hinten um seinen Brustkorb legten und ihn brüsk in die Höhe stemmten. Der Angriff war so unerwartet gekommen, daß er nicht einmal mehr die Hände heben konnte, um sich zu schützen. Sein Gesicht lief feuerrot an, vor seinen Augen zerstoben tausend Funken. Doch dann gelang es ihm, Karlstadts Gehilfen beide Ellenbogen in die Seite zu rammen.

Der Mann schnappte nach Luft, der Griff um Martins Brust lockerte sich. Ohne zu zögern, wandte Martin sich um und gab seinem Angreifer einen so heftigen Stoß in den Unterleib, daß er zu Boden stürzte.

»Ihr erbärmlichen Feiglinge«, rief Martin und ging in Kampfstellung, wie er es Hans von Berlepschs Ritter oft hatte tun sehen. »Und ihr nennt euch Christenmenschen?« Aus den Augenwinkeln bemerkte er, wie zwei weitere Männer sich an ihn heranschlichen. In der Faust des einen blitzte der kalte Stahl eines Jagdmessers auf. Brüllend wie ein Bär warf er sich auf Martin, der jedoch geschickt auswich und dem Burschen einen Hieb in den Magen versetzte, der ihn taumeln ließ. So war die Zeit in der Burgvogtei doch noch zu etwas gut, schoß es ihm mit bitterer Freude durch den Kopf.

»Großer Gott«, hörte er plötzlich eine Stimme aus der Gruppe der Mönche. »Das ist ... Bruder Martinus ... Doktor Luther!«

Karlstadt zuckte zusammen, als hätte ihn ein Stein am Kopf getroffen. Der Klang dieses Namens traf ihn bis ins Mark. Ungläubig starrte er den fremden Ritter an, der sich trotz seiner eher ungelenken Gesten mannhaft zu verteidigen wußte. »Luther ...«, zischte er. »Luther ist am Leben!«

Die Nachricht rauschte wie eine Meereswoge über den Platz. Martin straffte die Schultern und hob den Blick, damit alle ihn sehen konnten. Gott sei Dank, sie haben mich wiedererkannt, dachte er voller Erleichterung. Keine Ahnung, wie lange ich noch durchgehalten hätte. Mit klopfendem Herzen sah er, wie sich Bruder Ulrich auf die Füße plagte und ihm schwankend, aber lächelnd entgegenlief. Die Burschen, die ihn angefallen hatten, machten, daß sie davonkamen.

»Bruder Martinus«, rief der Mönch mit zitternder Stimme. »Ich kann's kaum glauben ...«

Martin klopfte ihm aufmunternd auf den Rücken. »Glaub es, mein Freund. Und nun laß uns dieses Höllenspektakel beenden!« Er ließ Ulrich stehen und packte einen Handwerksgesellen am Kragen, der sich soeben mit seinen Freunden aus dem Staube machen wollte. »Hiergeblieben, Kerl! Hol deine Kameraden, und löscht das Feuer an der Schloßkirche!«

Der Bursche sah ihn mit großen Augen an, rannte aber sogleich dienstbeflissen davon.

»Ihr da!« rief Martin. »Was steht ihr da herum und starrt Löcher in den Schlamm. Na los, wir brauchen Eimer und Schaufeln! Lauft!!«

Erschüttert sah Karlstadt zu, wie sich die Menge, die eben noch auf seiner Seite gestanden hatte, zerstreute, um der Aufforderung Luthers nachzukommen. »Wenn ein Glied faul ist, Martin Luther, so muß man es abschneiden und ins Feuer werfen, wie es der heilige Johannes selbst gefordert hat. Das weißt du so gut wie ich!«

»Geh mir aus den Augen, Karlstadt!« stieß Martin leise hervor. Einst hatte der Magister ihn bekämpft, weil er Fragen des Kirchenrechts aufgeworfen hatte, an denen man angeblich nicht rühren durfte. Dann hatte er unerwartet eingelenkt und sich von Martins Überlegungen begeistern lassen. Und nun verfolgte er mit blindem Eifer alle, die nicht schneller laufen wollten, als ihre Kraft es ihnen erlaubte. »Hörst du nicht?« rief er verächtlich. »Du sollst verschwinden.«

Hinter Karlstadt bildeten einige Leute eine straffe Eimerkette, die vom Marktbrunnen bis hin zum Feuer reichte. Bruder Ulrich und der Subprior, der sich erstaunlich rasch erholt hatte, befehligten sie und trieben sie mit lautstarken Befehlen an.

»Verstehst du denn immer noch nicht, Martin?« Karlstadt, der ehemalige Magister, verlegte sich aufs Flehen. »Das alles geschieht um deinetwillen. Ich habe dich unterstützt. Ich habe genauso weitergemacht, wie du es getan hättest. Laß die Flammen lodern! Sie werden alles vernichten, was der reinen Lehre widerspricht.«

»Dieses Chaos ist gewiß nicht mein Werk!« erwiderte Martin.

»Es ist das Werk des Volkes!« fauchte Karlstadt, der seine Erregung kaum noch zügeln konnte. Er wandte sich der Menge zu, aber keiner der Männer und Frauen mochte ihm in die Augen schauen. Sie behandelten ihn, als wäre er Luft. Gedemütigt streifte er sich die Kapuze über den kahlgeschorenen Kopf. Dann verließ er den Platz, ohne sich noch einmal umzusehen.

Achtzehntes Kapitel

Rom, 1523

Auf den Gängen des päpstlichen Palastes wurden bereits die Lichter angezündet, als Girolamo Aleander sich endlich überwand, dem Toten die letzte Ehre zu erweisen.

Mit fahrigen Bewegungen schob er den schweren Vorhang beiseite, der den Körper des Verstorbenen vor allzu neugierigen Blicken abschirmte, und schritt langsam, fast wie in einem Traum, über die eisigen Steinplatten. Es fiel ihm schwer, sich zu konzentrieren. Der monotone Gesang der Dominikanermönche, die in einem Winkel der Marmorkapelle saßen und beteten, jagte ihm einen Schauer über den Rücken. Er haßte Mönche. Stumm trat er an den länglichen, mit schwarzem Samt überzogenen Tisch, auf dem der massige Körper des Mannes lag, der ihm zu Lebzeiten so oft Angst gemacht hatte. Er bekreuzigte sich flüchtig, dann ließ er seine Blicke über den marmornen Aufbau wandern.

Papst Leo war tot, daran gab es nun keinen Zweifel mehr. Wie es dem Brauch entsprach, hatte man den Leichnam keine fünf Schritte vor den Stufen zum Altar der Marmorkapelle aufgebahrt. Weite purpurne Gewänder aus Brokat und Seide hüllten ihn fast völlig ein. An der Kopf- und Fußseite standen mächtige goldene Kandelaber, doch die winzigen Wachsstummel, die in ihnen steckten, verbreiteten beinahe mehr Dunkelheit als Licht. Das Gesicht des Papstes wirkte unter der riesigen Mitra weder beeindruckend noch furchterregend. Im Gegenteil, Aleander kamen seine Züge sonderbar spitz und kantig vor, die Haut schimmerte wie Pergament. Wahrscheinlich hatten die Ärzte den heiligen Vater so lange zur Ader gelassen, bis kein Blutstropfen mehr in ihm war. Aleander betrachtete die gefalteten Hände des Papstes und stellte fest, daß sie rissig und blau waren. Kein einziger Edelstein schmückte die dürren Finger. Obgleich es ihn nicht wirklich kümmerte, runzelte Aleander die Stirn. Hatte man etwa gewagt, den Toten zu berauben?

Auf einem Schemel neben dem Toten saß Kardinal Cajetan. Seine von tiefen Falten umgebenen Augen waren geschlossen, aber seine Lippen bewegten sich. Aleander fragte sich unwillkürlich, ob sein alter Mentor den Verlust des Papstes aufrichtigen Herzens bedauerte oder ob er Gott insgeheim dankte, daß er ihn und damit ganz Rom ein für allemal von Leos Launen befreit hatte. Seine Gedanken kehrten zu der Unterredung zurück, die er vor Jahren, kurz nach der Papstwahl, mit dem alten Mann geführt hatte. Welch große Hoffnungen hatten beide doch mit Leos Pontifikat verbunden. Sowohl Aleander als auch Cajetan waren davon überzeugt gewesen, daß Leo X. der geeignete Mann war, um Korruption und Lasterhaftigkeit im Vatikan mit Stumpf und Stil auszurotten. Doch letzten Endes waren sie und mit ihnen unzählige Menschen bitter enttäuscht worden. Leo war zwar ein scharfsinniger Politiker gewesen – mit geradezu heiligem Eifer hatte er sich in die Auseinandersetzung um die Wahl des deutschen Kaisers gestürzt –, doch für nötige Reformen innerhalb der Kirche war er bestenfalls halbherzig eingetreten. Dasselbe galt für seinen Kampf gegen die Ketzerei im Reich. Dafür hatte der Papst ausschweifende Feste gefeiert, Jagdausflüge unternommen und Berge von Schulden hinterlassen. Seit dem Tag, da er die Augen geschlossen hatte, pochten beinahe täglich Gläubiger gegen die Tore des Palastes, um fällige Gelder einzutreiben.

Ungeduldig sah Aleander zu, wie Bischöfe, Kardinäle und andere Würdenträger in prunkvollen Gewändern an der Bahre vorbeischritten und sich verbeugten. Als ein einfacher Mönche neben ihm auftauchte, hielt er ihn grob am Ärmel fest. »Um Gottes willen, Bruder, könnt Ihr nicht wenigstens für ein paar zusätzliche Kerzen sorgen?« raunte er dem Mönch zu. »In dieser Finsternis wird sich noch jemand den Hals brechen!«

»Wir haben schon fast alle Kerzen aus den Gängen hierher in die Kapelle schaffen lassen, Exzellenz!« Der Mönch zuckte mit den Achseln. Dann ergänzte er mit gesenkter Stimme: »Die meisten stammen von einer anderen Beisetzung. Wir haben einfach ... kein Geld mehr!«

Aleander nickte grimmig. Er ließ den Mönch wieder an seinen Platz zurückkehren und wandte sich dem Kardinal zu, der noch immer auf dem niedrigen Schemel verharrte. Als der alte Mann seinen einstigen Günstling erkannte, huschte ein müdes Lächeln über die faltigen Wangen. »Bankrott«, kicherte er mit hoher Stimme. »Habt Ihr es gewußt, Girolamo? Achthunderttausend Dukaten Schulden ... Der Bau der Peterskirche stockt, die Baumeister und Steinmetzen haben die Arbeit niedergelegt.« Er hustete gequält. »Soll ich Euch etwas verraten?«

»Ihr solltet Euch nicht überanstrengen!«

Cajetan machte eine abwehrende Handbewegung. »Wenn Leo weitergelebt hätte, hätte er noch den Vatikan verkauft und uns alle auf die Gasse hinausgejagt ...«

Arm in Arm verließen die beiden Männer die düstere Kapelle, um den Mönchsgesängen, dem toten Papst und den Erinnerungen an vergeudete Jahre zu entfliehen. Sie wanderten ziellos durch die Gänge und Räume, bis sie sich plötzlich im großen Festsaal wiederfanden. Vor einer mit rosafarbener Seide bespannten Wand blieb Cajetan stehen. Sein Blick fiel auf das Porträt des verstorbenen Papstes. Es stammte von der Hand des Künstlers Raffael und war erst kurze Zeit vor Leos Tod vollendet worden.

»Wollt Ihr es haben?« fragte der Kardinal mit einem ironischen Wimpernschlag. Aleander stieß scharf die Luft aus, blieb jedoch stumm. Er konnte sich kaum vorstellen, seine privaten Gemächer mit einem Bild des Toten zu schmücken. Ob Leos Nachfolger ihm erlauben würde, weiterhin im Vatikan zu bleiben, war ohnehin noch ungewiß. Daß man ihn nach seinem Mißerfolg auf dem Reichstag nach Rom zurückgeholt hatte, mochte ein Zeichen sein, doch wofür, wußte Aleander nicht zu sagen.

»Ich dachte mir schon, daß es Euren exquisiten Geschmack nicht ganz trifft, mein Freund«, erklärte der Kardinal spötttisch. »Keiner will diesen Raffael haben ... Welch Ironie des Schicksals! Ein Mann setzt die Zukunft der Kirche aufs Spiel – riskiert, daß sie gespalten wird –, nur weil er will, daß der König von Frankreich statt des Königs von Spanien den kaiserlichen Thron besteigt.« Er wandte sich von dem mürrischen Antlitz des in Öl gebannten Papstes ab und trat einen Schritt zurück. »Aber an dem Tag, bevor er stirbt, schlägt er ebendiesen Franzosen und feiert bis spät in die Nacht; fängt sich eine Erkältung ein, die zu einem wütenden Fieber führt, und ...« Cajetan beendete den Satz nicht.

Aleander betrachtete weiterhin das Gemälde. Eigentlich ist es gar nicht so übel, fand er. Man könnte sich damit arrangieren. Im Vatikan war es seit jeher darauf angekommen, mit den richtigen Leuten zusammenzuarbeiten. »Ihr habt ihn nicht gemocht, oder?« fragte er den alten Kardinal nach einer Weile.

»Leo X. hätte die Welt verändern können. Er hätte die Kirche reformieren können – statt dessen hat er nur einige Bolzen vor die Tore der Macht schlagen lassen. Er war ein geistiger Zwerg, als wir einen Riesen gebraucht hätten.« Er hielt einen Augenblick lang inne, dann fügte er leise hinzu: »Einen Mann wie Luther!«

Aleander stöhnte auf; seine Augen funkelten vor Zorn. Der deutsche Mönch war geflohen, vielleicht war er längst tot und unter einem Galgen verscharrt. Als er den Mund öffnete, um dem Kardinal seine Vermutung mitzuteilen, gebot Cajetan ihm Einhalt. Auf seinem Gesicht breitete sich ein sanftes Lächeln aus.

»Aber als *Freund* habe ich Leos Gesellschaft geschätzt. Er brachte mich zum Lachen – gewöhnlich zum falschen Zeitpunkt. Dies war eine Angewohnheit, die ich zum Verrücktwerden fand. Dennoch werde ich ihn vermissen.«

Er streckte die Hand aus. Als Aleander sie zögerlich ergriff, merkte er, daß er den großen Siegelring des Papstes trug.

»Denkt daran, Aleander. Gott braucht unsere Protektion nicht!« Der alte Mann drehte sich um und setzte seinen Weg durch den Gang fort, bis seine hagere Gestalt von der Dunkelheit verschlungen wurde.

Katharina von Bora hatte ihre Flucht mit Hilfe der Siechenmeisterin bis ins kleinste Detail geplant. Nun konnte sie nur noch beten, daß sie und die anderen nicht entdeckt wurden.

Kurz nach Karfreitag stellten sich bei mehreren Schwestern heftige Magenbeschwerden ein, die sogleich dem gelieferten Fisch zugeschrieben wurden. Nach und nach begaben sich die Betroffenen ins Spital, das aufgrund der Sorge vor Ansteckung nicht im Haupthaus, sondern auf der anderen Seite des Klosterhofes nahe der Außenmauern lag. Die ganze Sache war ein Wagnis, aber die Beteiligten waren sich einig, daß ein Leben hinter den Mauern des Konvents für sie nicht länger zu ertragen war.

Während die Äbtissin Renate und die meisten Nonnen in der Klosterkirche an den liturgischen Feiern zur Osternacht teilnahmen, rumpelte ein Planwagen mit zwei Pferden die langgezogene Mauer entlang. Auf der Ladefläche des Wagens standen neun riesige Fässer, in denen für gewöhnlich Heringe aus Torgau befördert wurden. Der Mann auf dem Bock blickte sich verstohlen über die Schulter. Im Unterholz kreischte ein Nachtvogel auf, und aus der Ferne drang geisterhafter Gesang an sein Ohr. Mürrisch trieb er sein Gespann über den schmalen Weg, bis endlich der Turm der Klosterkirche vor ihm aufragte. Seine Augen suchten die Dunkelheit nach dem verabredeten Signal ab. Tatsächlich entdeckte er hinter einem winzigen Mauerfenster ein flackerndes Licht. Der Mann atmete tief durch. Dann schwenkte er seinerseits die Laterne, die am Pfosten seines Wagens befestigt war. Nun mußte er nur noch warten.

Eine ganze quälende Weile lang geschah gar nichts. Der Fuhrmann wurde unruhig. Er hatte seine Instruktionen und einen großzügigen Lohn im voraus erhalten, doch sein Leben wollte er nicht aufs Spiel setzen. Ein plötzliches Gefühl von Angst stieg in ihm auf. Was geschah, wenn jemand ihn und die Nonnen verraten hatte? Auf Nonnenraub stand der Tod. Auf seinem Weg hatte er eine Vielzahl blutüberströmter Leichen am Wegesrand liegen gesehen: Bauern aus den

Weilern rund um Grimma, die sich gegen ihre Herren erhoben hatten. Vor zwei Tagen erst war es zu einem entsetzlichen Blutgericht gekommen. Er durfte gar nicht daran denken, was die Richter mit *ihm* anstellten, falls …

Unmittelbar hinter der Ladefläche wurde eine knarrende Pforte aufgestoßen. Eine Schar dunkel gekleideter Gestalten huschte lautlos am Wagen vorbei, während ihre Silhouetten im Mondlicht riesige Schatten an die Mauern warfen. Es sah beinahe aus, als schwebten sie über den sandigen Boden.

»Na endlich, es wurde höchste Zeit«, brummte der Fuhrknecht und sprang vom Wagen ab. Erleichtert half er den Frauen beim Aufsteigen. »In die Fässer, schnell«, befahl er leise. »Wir dürfen keinen Verdacht erregen. Sobald mein Wagen über die Hügelkette fährt, seid ihr auf der Flucht. Man wird euch anklagen!«

»Das wissen wir, Mann«, antwortete eine der Frauen. »Kümmert Euch darum, daß meine Kinder in Sicherheit gebracht werden. Fahrt sie nach Torgau, zum Ratsherren Leonhard Koppe. Der wird ihnen weiteres Geleit bis Wittenberg geben. Für alles übrige wird unser Herrgott schon sorgen!« Die Frau wandte sich ab und trat unter den Türsturz zurück. Offensichtlich hatte sie sich dafür entschieden, im Kloster zurückzubleiben.

Katharina, die bereits auf der Ladefläche stand, hob die Hand zu einem flüchtigen Abschiedsgruß. »Und du willst es dir nicht noch einmal überlegen, Tante?« rief sie der Frau zu.

Die Nonne schüttelte den Kopf. »Nicht, solange meine Helferinnen noch in der Lehre sind. Ich bin Siechenmeisterin, die einzige, die sich mit Heilkräutern auskennt. Wenn die Zeit gekommen ist, werde ich mein Gewissen befragen. Vielleicht sehen wir uns dann wieder, mein Kind!«

»Beeilt Euch, Schwester«, zischte der Fuhrknecht Katharina ungehalten an. »Wir müssen verschwunden sein, ehe die Nonnen ihre Gebete beendet haben!«

Katharina lächelte ihn milde an. Mit einer bedächtigen Bewegung nahm sie Gebinde und Schleier ab, warf der Siechenmeisterin einen letzten Blick zu und zwängte sich schließlich in das nach Fisch stinkende Faß.

Martin machte sich große Sorgen, als er von den zunehmenden Unruhen erfuhr. Wieder einmal mußten seine Worte für Taten herhalten, an deren Ausführung er nicht im Traum gedacht hätte. In seiner Phantasie sah er das Reich schon in Strömen von Blut schwimmen. Er nahm Anteil an der Not der Bauern, denn er wußte, daß inzwischen ganze Dörfer verhungerten, weil ihre Grundherren sie bis zum letzten Sack Korn ausplünderten. Aber war Gewalt eine Lösung? Offener Widerstand von Knüppeln und Äxten gegen Schwerter und Kanonen?

Die Geduld der Bauern schien indessen am Ende zu sein – auch mit Martin und seinen Mitstreitern. In unermüdlichem Eifer hatten die Reformer Gerechtigkeit gepredigt und Veränderungen durchgesetzt. In Wittenberg wurden Heiligenfeste und Seelenmessen abgeschafft, statt pompöser Zeremonien forderten Martin und seine Anhänger bescheidene Gottesdienste mit Wortverkündigungen und Gebeten in deutscher Sprache. Das Neue Testament in deutscher Sprache, das im vergangenen Herbst endlich gedruckt worden war, hatte einen reißenden Absatz gefunden und einen Siegeszug durch das ganze Reich angetreten. Nun arbeitete Martin daran, auch die hebräischen Schriften zu übertragen.

Die Bauern fühlten sich in ihrem Kampf gegen die Ausbeutung durch die Herren indes im Stich gelassen. Unnachgiebig forderten sie die Abschaffung der Leibeigenschaft, der Fronarbeiten und Jagd- und Fischereifreiheit. In einem Brief bat Martin die Anführer der Aufständischen um Zeit. Die Welt, so schrieb er ihnen, sei nicht stark genug, zu viele Veränderungen auf einmal zu verkraften. Den Christen stehe nicht zu, sich mit Gewalt gegen die Obrigkeit aufzulehnen. Im Jenseits werde ihnen dafür Gerechtigkeit widerfahren. Martin wußte wohl, daß diese Worte auf die Unterdrückten wie Hohn klingen würden, aber ihm blieb keine andere Wahl. Wollte er Schlimmeres verhindern, mußte er sie aufhalten.

Eines Morgens, als Martin sich bereitmachte, um zur Kirche zu gehen, stürmte Spalatin in seine Kammer. »Ihr müßt sofort mitkommen«, keuchte er mit erstickter Stimme. »Rasch!«

Erschrocken starrte Martin den Sekretär an. Für gewöhnlich konnte Spalatin seine Gefühle unter der kühlen Maske des Beamten verbergen. Es mußte etwas Furchtbares geschehen sein. »Geht es um Seine Durchlaucht? Hat sich sein Zustand verschlechtert?«

»Kurfürst Friedrich geht es den Umständen entsprechend«, erwiderte Spalatin erregt. »Darum geht es nicht. Ganz in der Nähe der Stadt hat eine furchtbare Schlacht getobt. Hunderte, ja Tausende von Bauern haben sich in ein Dorf hinter den Wäldern zurückgezogen und Palisaden errichtet ...«

Martin sprang auf. Sein Herz hämmerte so stark gegen die Rippen, als suchte es einen Weg aus der Brust heraus. »Was sagt Ihr da?«

»Viele Eurer Wittenberger Beichtkinder haben sich den Aufständischen angeschlossen, obwohl Ihr und mein Fürst ihnen davon abgeraten habt. Kommt und seht selbst. Die Pferde stehen vor dem Tor bereit!«

An der Seite Spalatins schlug Martin den Weg in südöstlicher Richtung ein. Bald gewahrte er eine dünne Rauchsäule, die sich wie eine Windhose über die Wipfel der Bäume erhob. Trotz des feinen Nieselregens, der seit dem Morgengrauen herrschte, lag der schwere Geruch nach Verbranntem in der Luft. Martin hetzte zwischen zwei großen Wasserlachen hindurch. Der Fluß war wie so oft in dieser Jahreszeit über seine Ufer getreten und hatte die Auen überschwemmt. Entsetzt bemerkte er, daß sich das Wasser unter den Hufen seines Tieres langsam blutrot färbte.

Und dann sah er die Leichen, unzählige Leichen, wohin man blickte. Sie trieben aufgedunsen im Wasser. Andere hingen zwischen den Zweigen der Bäume.

»Wir kommen zu spät«, flüsterte Spalatin niedergeschlagen. Seine Miene versteinerte, als der Wald plötzlich aufbrach. Vor ihnen lagen morastige Felder, die nicht mehr bearbeitet wurden, und dahinter eine Ansammlung von Hütten und Scheunen. Der Brandgeruch war kaum noch wahrzunehmen, dafür roch es nach Verwesung. Ganz in seiner Nähe brachen zwei Rebhühner mit schrillen Warnrufen aus dem Gebüsch hervor.

Auch der Dreschplatz des Dorfes war von Leichen übersät, darunter zwei Nonnen in angesengten Gewändern, Mönche und einige Edelleute mit klaffenden Kopfwunden. Martin und Spalatin schwangen sich aus dem Sattel und schritten vorsichtig auf die kleine Dorfkirche zu. Martin kannte sie, denn erst vor wenigen Monaten hatte er auf Einladung des Gemeindepriesters in ihr gepredigt. Worüber er gesprochen hatte, war ihm jedoch entfallen. Die Pforten des aus Backsteinen errichteten Gebäudes hingen gefährlich schief in den Angeln. Sie wurden vom Wind hin und her getrieben.

Aufruhr ist nicht nur Mord, sondern ein tosendes Feuer, das ein ganzes Land befällt und in Schutt und Asche legt, dachte Martin traurig. Er zuckte zusammen, als er einen kleinen Jungen entdeckte, der gleich neben der Treppe in einem Aschenhaufen kauerte und ihn mit großen, furchtsamen Augen anstarrte.

»Geht dort besser nicht hinein, Herr«, rief der Junge ängstlich.

Martin strich ihm über das Haar. »Aber warum denn nicht? Dies ist ein Haus Gottes.«

»Jetzt nicht mehr!« Der Junge sprang auf und rannte die Dorfstraße hinunter. Martin zögerte einen Moment, dann lief er die Treppe hinauf, stieß die Tür auf – und erfuhr, was der Junge ihm hatte sagen wollen.

Das Haus Gottes war entweiht worden. Über den Bänken, vor der hölzernen Empore, ja sogar auf dem geplünderten Altar lagen Tote. Der ganze Raum schwamm im Blut, selbst die Wände waren rot.

Martin verharrte am Eingang. Sein ganzer Körper war in einem namenlosen Schrecken erstarrt, nur seine Augen glitten ruhelos durch das Kirchenschiff, als suchten sie immer neue Beweise für die Grausamkeit des Menschen. Übelkeit stieg in ihm auf. Er nahm nicht wahr, wie sich die Tür ein zweites Mal öffnete und Spalatin neben ihn trat.

Erst nach einer Weile gelang es Martin, den Sekretär des Kurfürsten anzusehen. »Ist es … vorbei?«

»Ja, es ist vorbei.«

»Wie viele Tote?«

Spalatin hob müde die Schultern. »Das weiß noch niemand. Manche sagen fünfzigtausend, andere sprechen von weitaus mehr Opfern. Vielleicht … hunderttausend Menschen.«

»Hunderttausend tote Bauern?« Martin glaubte, nicht richtig verstanden zu haben. Verwirrt drehte er sich um.

»Es waren auch einige Edelleute darunter. Die Wut hat um

sich gegriffen wie ...« Der Sekretär sprach nicht weiter. Verwundert sah er zu, wie Martin seine Kutte raffte, langsam von Bank zu Bank schritt und den Toten sorgsam das Gesicht verhüllte. Dafür benutzte er Kleidungsstücke, Schleier, Stoffetzen – was ihm eben in die Hände fiel. »Das ist die Pest, Spalatin«, murmelte er vor sich hin. »Das ist Schlächterei. Der Sinn dessen, was ich schrieb, war doch, die Gewalt zu beenden.«

»Ihr habt den Fürsten zugeraten, die Bauernaufstände im Keim zu ersticken. Habt Ihr das etwa vergessen?«

Martin reagierte nicht. Ja, er hatte Schuld auf sich geladen, große Schuld. Niemals hätte er zulassen dürfen, daß die Obrigkeit derart gegen die Bauern losschlug. Statt neue Gottesdienstordnungen zu verfassen und Kirchenlieder zu schreiben, hätte er sich als Vermittler anbieten können. Doch nun war es zu spät dafür.

Plötzlich hielt er inne, ein brennender Schmerz stach ihm in die Brust. Zwischen den zusammengesunkenen Körpern glaubte er vage, ein Gesicht zu erkennen. Das darf nicht sein, dachte er verzweifelt. Nein, nur das nicht. Haltlos schluchzend fiel er auf die Knie und kroch wie von Sinnen zu dem leblosen kleinen Körper, der zwischen zwei herabgestürzten Balken lag. Es war eine junge Frau, beinahe noch ein Kind. Ihr langes blondes Haar umrahmte ihren Kopf wie ein Kranz aus goldgelben Ähren. Arme und Beine waren in grotesker Weise vom Körper abgewinkelt. Trotzdem sah sie wunderschön aus und so friedlich, als würde sie schlafen.

»Kennt Ihr das Mädchen?« fragte Spalatin mit schwacher Stimme. Er legte Martin eine Hand auf die Schulter, eine reichlich unbeholfene Geste, doch zu mehr war auch er nicht in der Lage.

»Ihr Name ist Grete«, gab Martin zurück. Er schüttelte Spalatins Hand ab; das Blut in seinen Ohren rauschte so stark, daß ihm schwindelte. »Die Tochter einer Reisighändlerin, die hier in der Nähe im Wald lebt.«

»Aber … Sie ist verkrüppelt. Was, um alles in der Welt, mag sie unter den aufständischen Bauern gesucht haben?«

Martin richtete sich auf. Mit zitternden, blutbefleckten Fingern versuchte er, sich die Tränen aus den Augen zu wischen. »Sie ist nicht mehr verkrüppelt, Spalatin«, sagte er leise. Dann bückte er sich und hob den leichten Körper des toten Mädchens auf. »Von heute an ist sie es nicht mehr.«

Es war noch früh. Ein Dunstschleier hing im zaghaften Licht der Morgendämmerung über den Dächern und Türmen der Stadt, als der Wagen aus Torgau gemächlich über das Pflaster holperte.

Auf der Ladefläche herrschte schläfriges Schweigen. Die meisten Frauen hatten die Augen geschlossen, nur zwei oder drei blinzelten vorsichtig in die Sonne oder kauten an einem runzeligen Apfel. Katharina saß auf dem Kutschbock. Im Gegensatz zu ihren apathischen Reisegenossinnen konnte sie es kaum abwarten, ihre neue Heimat kennenzulernen. Ihre Blicke schienen sich überall festzuhalten: an den prächtigen, mit Wappen geschmückten Sandsteinbögen, die zum Hof der kurfürstlichen Residenz führten, an der Kirche, deren Portal mit Holzbrettern verschalt war, und an den großzügigen Fassaden der Patrizierhäuser, die ihren Weg zu beiden Seiten der Straße säumten.

Vor einem imposanten Gebäude aus rotem Ziegelstein, über dessen Portal ein kunstvoll verziertes Kupferschild prangte, brachte Katharina den Wagen zum Stehen. Aufmerksam betrachtete sie sich das Anwesen, das ein Labyrinth aus kleinen Innenhöfen einschloß. Dies mußte das Haus des Hofmalers Cranach sein, mit dem sie von Torgau aus Briefe gewechselt hatte. Der Maler hatte sich erboten, sie und ihre Schwestern für die erste Zeit zu beherbergen. Ohne Zögern stieg Katharina vom Wagen und teilte den Frauen mit, daß sie das Ziel ihrer langen Irrfahrt erreicht hatten.

Von einem der Fenster im unteren Stockwerk war die Ankunft der ehemaligen Nonnen beobachtet worden. Sogleich öffnete sich die Tür, und ein würdevoll aussehendes Ehepaar kam gemessenen Schrittes auf den Wagen zu.

»Katharina von Bora?« erkundigte sich der Mann höflich. »Mein Name ist Lucas Cranach, und ich stehe ab sofort zu Euren Diensten.« Er legte seine rechte Hand vor die Brust und deutete eine Verbeugung an, während seine Gattin die Frauen auf dem Wagen musterte. Katharina errötete. In ihrem ganzen Leben hatte sie noch nie erlebt, daß ein Mann sich vor ihr verneigt oder auch nur galant mit ihr gesprochen hatte. Außer Pater Stefan, dem Beichtvater von Marienthron, hatte ohnehin noch kein Mann das Wort an sie gerichtet, wenn man von ihrem eigenen Vater einmal absah. Da sie spürte, daß sie auf den freundlichen Empfang etwas erwidern mußte, räusperte sie sich und sagte: »Ich danke Euch von Herzen, Herr Cranach. Es ist sehr gütig von Euch, daß Ihr und Eure Gemahlin uns Zuflucht gewähren wollt. Seid versichert, daß wir Eure Gastfreundschaft nicht länger in Anspruch nehmen als unbedingt nötig.«

»Wie ich sehe, wurdet Ihr neu eingekleidet, Schwester … Jungfer von Bora«, mischte sich Cranachs Frau nun in das Gespräch ein. »Die Torgauer müssen brav gespendet haben, nicht wahr?«

Katharina nickte. Jede andere Frau wäre unter den abschätzenden Blicken der Malergattin vor Verlegenheit in den Erdboden versunken, Katharina jedoch blickte sie offen an und strich sich mit einer anmutigen Geste über das einfache Kleid aus grünem Wollstoff, das man ihr für die Reise geschenkt hatte. Obwohl die meisten anderen entflohenen Ordensfrauen darauf bestanden, ihre kurzen Haare demonstrativ zur Schau zu stellen, trug Katharina einen dünnen Schleier aus gebleichtem Kattun, der sowohl ihre glänzenden Augen als auch ihr markantes Kinn vorteilhaft zur Geltung brachte.

»Darf ich fragen, wo ich Doktor Luther finde?« fragte sie, an Cranach gewandt. »Ich möchte ihm so bald wie möglich meine Aufwartung machen. Schließlich verdanken wir es seinen Schriften, daß uns ein neues Leben erwartet.«

Lucas Cranach winkte einen seiner Knechte herbei, der die wenigen Habseligkeiten der Nonnen vom Wagen lud, und bat ihn, Katharina zur Marienkirche zu begleiten. Dort, so erklärte er, sei der Doktor seit seiner Rückkehr in die Stadt häufig anzutreffen.

Als Katharina das dämmerige Kirchenschiff betrat, bemerkte sie einen Mann in einer schwarzen Schaube, der, tief in Gedanken versunken, vor dem Altar stand. Sein breiter Körper lag im Schatten, aber sein Kopf wurde in einen Lichtstrahl getaucht, der durch ein zerbrochenes Buntglasfenster fiel. Katharina spürte plötzlich Angst, am liebsten hätte sie auf dem Absatz kehrtgemacht, aber vor Cranachs Knecht, der ungeduldig am Portal stehengeblieben war, wollte sie sich keine Blöße geben. Sie wartete einen Augenblick, dann ging sie langsam auf den Mann am Altar zu.

»Verzeiht mir, ich bin auf der Suche nach Doktor Luther!« Katharina setzte ihr strahlendstes Lächeln auf, erntete jedoch nur einen verstörten Blick.

Der Mann holte tief Luft und runzelte die Stirn. Offensichtlich fühlte er sich gestört.

»Bitte, Herr, meine Schwestern und ich sind vor einiger Zeit aus dem Kloster in Nimbschen geflohen …«

»Und was treibt Euch hierher?« Der Mann unterzog die

junge Frau einer argwöhnischen Musterung und befand, daß sie nicht wie eine Nonne aussah. Ihre sanfte, kultivierte Redeweise und das selbstbewußte Gebaren ließen eher auf ein Edelfräulein schließen.

»Hier lebt doch Doktor Martin Luther?« erkundigte sich Katharina. »Er hat die Mönche und Nonnen aufgerufen, Gott *in* der Welt zu dienen. Nicht hinter Klostermauern. Und genau das haben meine Schwestern und ich nun vor.«

Ihr Gegenüber schaute Katharina skeptisch an. Er widerstand dem Impuls zu lächeln, obwohl ihm plötzlich danach zumute war. Unbegreiflich, wunderte er sich. Und das nach all dem Leid der vergangenen Tage und Wochen. Mit einer fahrigen Handbewegung lud er die junge Frau ein, sich auf die Bank eines Ratsherren zu setzen.

»Guter Herr, wir wurden in Heringsfässern aus dem Kloster geschmuggelt. Hätte ich lange Haare, so würden sie gewiß immer noch nach Fisch riechen. Wir haben zwei Nächte auf einem offenen Wagen zugebracht und waren Wind und Regen ausgesetzt. Ich bin müde und entsetzlich hungrig. Seid also so gut und sagt mir, wo ...«

»Also schön, Jungfer«, unterbrach der Mann sie und seufzte. »Ihr gebt ja doch keine Ruhe, ehe ich es Euch gesagt habe. Ich bin Martin Luther.«

»Katharina von Bora. Ich ... Eigentlich wollte ich Euch so viel sagen, aber nun fehlen mir die Worte.«

Martin nahm ihre Hand und lächelte nachsichtig. »Und das erschreckt Euch, wie ich sehen kann.«

Ich glaube nicht, dachte Katharina. Ihre Augenlieder begannen plötzlich zu brennen. Sie war todmüde und sehnte sich nach einer Mahlzeit und einem Bett mit blütenweißem Linnen. Vielleicht war es ein Fehler gewesen, gleich auf Luther zuzugehen, überlegte sie. Die matten Züge des Mannes deuteten darauf hin, daß er einen tiefen Kummer mit sich herumtrug, düstere Gedanken, die es ihm verboten, so fröhlich zu sein, wie es seiner Natur offenkundig entsprach. Doch vielleicht konnte sie ihm helfen, diese Sorgen zu bewältigen. Fürwahr, es gab nichts, was sie sich in dieser Stunde mehr wünschte, als die Vertraute dieses Mannes zu werden.

»Cranachs Knecht hat sich gerade aus dem Staub gemacht«, holte Martin sie mit leiser Stimme aus ihren Überlegungen. »Ihr dürft ihm das nicht übelnehmen. Der Bursche ist in ein Mädchen aus der Nachbarschaft verliebt.«

»Der Glückliche ...«, flüsterte Katharina. »Dies sollte mir einmal passieren, aber es scheint, ich habe schon zu viele Klosterjahre auf dem Buckel.«

»Erst mit den Jahren reift der beste Wein heran.«

Katharina erwiderte nichts. Sie erhob sich, schenkte Martin ein warmherziges Lächeln und eilte aus der Kirche.

Neunzehntes Kapitel

Wittenberg, Juni 1525

An einem sonnigen Frühsommertag feierten die Bürger von Wittenberg ein Fest, das so ungewöhnlich war, daß die Kunde von ihm in Windeseile durch das gesamte Reich drang. Vielerorts erhob sich ein hämisches, empörtes oder zumindest besorgtes Geschrei, als bekannt wurde, daß Martin Luther – der zwar noch immer im Schwarzen Kloster lebte, seine Mönchskutte jedoch abgelegt hatte – die ehemalige Nonne Katharina von Bora heiraten wollte.

Unter den Flötenklängen zahlreicher Gaukler und Spielleute tanzten gutgekleidete Menschen auf den Straßen und Plätzen. Ratsherren und Kaufleute ließen Wein ausschenken, und in der Mitte des Marktplatzes drehten sich saftige Ferkel und Gänse am Spieß. Die Stimmung war prächtig.

Die eigentliche Trauung des sonderbaren Paares nahm Stadtpfarrer Bugenhagen, einem alten Brauch gemäß, nach Anbruch der Dunkelheit auf den Stufen der Marienkirche vor. Dort gaben sich Martin und Katharina von Bora im Licht von hundert flackernden Kerzen und Laternen ihr Eheversprechen. Katharina, die ein cremefarbenes Kleid aus Taft und einen weißen Seidenschleier trug, strahlte über das ganze Gesicht.

Beide, Martin und sie, hatten sich den entscheidenden Schritt wochenlang überlegt. Sie ahnten, daß die Heirat nicht nur Freude auslösen würde, sondern auch Wasser auf die Mühlen ihrer Feinde war. Doch letztlich kümmerte es sie kaum, Katharina noch weniger als ihren Gatten. Martin spürte, daß die Zeit gekommen war, seine Überlegungen, was das zölibatäre Leben und die Bewertung des Ehestandes anging, durch das eigene Beispiel unter Beweis zu stellen.

Am Morgen nach der Trauung setzte sich ein langer Festzug in Bewegung, der das frischgebackene Ehepaar unter Glockengeläut von der Stadtkirche zum Kloster begleitete. Dort sollte das Hochzeitsmahl stattfinden.

Martin war so aufgeregt, daß er kaum einen Bissen von den köstlichen Speisen herunterbrachte, die von Cranachs Knechten und Mägden auf silbernen Tellern aufgetragen wurden. Ein köstlicher Duft nach gerösteten Forellen und Aalen in deftigen Soßen, Hühnchen mit Ingwer und Zimt sowie Pasteten aus Wildschweinschinken und Lauchzwiebeln drang durch die Halle. Immer wieder spähte Martin verstohlen über die Tafel zu seiner Frau hinüber, die mit erhobenem Haupt an der Stirnseite saß und die Glückwünsche und Trinksprüche der Anwesenden entgegennahm. Katharina war länger im Kloster gewesen als er selbst. Ihre gesamte

Kindheit hatte sie unter der strengen Aufsicht von Nonnen zugebracht, und doch bewegte sie sich im Kreise der Gesellschaft so sicher, als hätte sie niemals etwas anderes getan, als Bankette auszurichten oder Dienerinnen zu befehligen.

Ich bin froh, daß sie mich genommen hat, dachte Martin glücklich und nahm einen tiefen Schluck aus seinem Becher. Dann ließ er sich von einem jungen Burschen eine Laute reichen. Seine Finger waren ein wenig klamm, dennoch flogen sie im Takt der Musik über die Saiten. Der Junge neben ihm begann, den Rhythmus auf seinem Tamburin zu schlagen. Martin spürte, wie seine Anspannung langsam einer heiteren Gelassenheit wich. Nach all den Jahren war Musik nach wie vor sein heimliches Lebenselixier geblieben. Aus den Augenwinkeln beobachtete er, wie Katharina ihren Platz verließ und sich neben ihn stellte. Sie lauschte einige Augenblicke lang, dann fing sie mit glockenheller Stimme an, die Begleitung zu seiner Melodie zu summen. Um sie herum versammelten sich die Cranachs, Melanchthon, der die jüngste Tochter des Bürgermeisters im Arm hielt, ein paar Studenten und andere Junggesellen aus Wittenberg. Der einzige, der sich abseits hielt, war Ulrich. Martins ehemaliger Ordensbruder hatte das Kloster inzwischen ebenfalls verlassen. Er trug ein rotes Wams, einen weiten Mantel mit Kettenspange und Reisestiefel. Über seiner Schulter hing ein prall gefüllter Ledersack.

Martin stutzte, als er sah, wie sein Freund auf die Tür zur Straße deutete. Seit Wochen sprach Ulrich nun schon davon, Wittenberg zu verlassen, um die Lehre der Heiligen Schrift in seine Heimat zu tragen, doch bisher war es Martin immer gelungen, ihm dieses Vorhaben auszureden. Von plötzlicher Unruhe getrieben, ließ Martin die Laute sinken, flüsterte Katharina eine Entschuldigung ins Ohr und folgte Ulrich auf den Korridor hinaus.

»Das kannst du uns doch nicht antun, mein Freund«, sagte er in gespielt heiterem Ton, als er und Ulrich vor dem Portal des Refektoriums standen. »Bleib bei uns. Heirate eines dieser trefflichen jungen Weibsbilder. Ich weiß aus guter Quelle, daß zumindest eine der Nonnen noch zu haben ist. Katharina würde sich mächtig freuen, wenn es ihr gelänge, noch eine weitere Ehe zu stiften!«

Ulrich lachte. »Ich weiß eure Freundschaft zu schätzen. Ihr habt einen Weg gefunden, wie ihr dem Herrn in Wittenberg dienen könnt. Katharina von Bora als umsichtige Hausherrin und du mit deinen Schriften und Predigten.«

»Aber ...«

»Ich muß meinem eigenen Weg folgen, und ich denke, er führt mich in die Niederlande zurück. Ich möchte, daß die Menschen dort dieselbe Erfahrung machen können wie ich, als ich zum ersten Mal verstand, daß Jesus kein strafender Richter, sondern ein liebevoller Erlöser ist.«

Martin räusperte sich. Es war kein guter Zeitpunkt, die schützenden Mauern Wittenbergs zu verlassen. Kaiser Karl und die Spanier, die Flandern als Teil der Habsburger Erblande besetzten, hatten ihm unmißverständlich klargemacht, was sie von seinen Bemühungen um eine Reform der Kirche hielten. Ohne Gnade verfolgten ihre Späher jeden, in dessen Beutel auch nur der Fetzen einer reformatorischen Druckschrift entdeckt wurde. Wenn Ulrich Kursachsen erst einmal verlassen hatte, konnte kein Fürst sich mehr für ihn verbürgen.

»Gott sei mit dir, Ulrich!« Ohne Umschweife zog Martin seinen alten Freund an sich und umarmte ihn fest.

»Et cum spiritu tuo«, erwiderte Ulrich. Mit einem verlegenen Lächeln befreite er sich aus Martins Griff, schulterte seinen Rucksack und lief mit eiligen Schritten die Straße hinunter, die zum Elbtor führte.

Als Martin sich umwandte, stand plötzlich Katharina mit einem silbernen Kelch hinter ihm. Sie mußte sich wie auf Katzenpfoten angeschlichen haben. Auch daran werde ich mich noch gewöhnen müssen, dachte er, halb belustigt, halb verstimmt.

»Du bist so schnell verschwunden, mein Gatte«, sagte sie. »Ich befürchtete schon, es hätte an meinem Tanz gelegen.«

»Ich wünschte, so wäre es!« Martin schaute zurück zur Straße. »Ulrich verläßt die Stadt. Er geht seinem Schicksal so eilig entgegen, als sei er heute der Bräutigam.«

»Nicht jeder Bräutigam ist so flink.«

»Ich würde nicht sagen, daß die Junggesellen von Wittenberg zögerlich gewesen sind.« Martin strich Katharina eine widerspenstige Haarsträhne unter den zarten Brautschleier zurück. »Sie haben rasch erkannt, was sie an dir haben.»

»Das ist wahr«, bemerkte sie mit einem koketten Augenaufschlag. »Die anderen sind alle versprochen. Aber eine ganze Zeitlang sah es so aus, als würde ich allein übrigbleiben, nicht wahr?«

Martin zuckte die Achseln. Sein steifes schwarzes Festgewand kniff ihn in den Schultern, der ungewohnte Gürtel um die füllige Taille schnürte ihm beinahe die Luft ab. Es war doch vieles einfacher gewesen, solange er noch die Kutte der Augustiner hatte tragen dürfen. Doch diese Zeiten waren nun unwiederbringlich vorbei. »Ach, Katharina …«, stöhnte er. »Der Kaiser hat mich geächtet, auf mich ist ein Kopfgeld ausgesetzt. Jederzeit könnte ich von einem Wildfremden getötet werden. Ich bin noch immer nicht restlos überzeugt, ob ich einer Ehefrau zumuten kann, ein Leben in ständiger Furcht zu führen.«

»Martin, bitte quäl dich nicht selbst«, mahnte Katharina begütigend.

»Aber an meinen Händen klebt Blut. An mir scheiden sich

die Geister. Tausende mußten wegen mir sterben ... An den meisten Tagen bin ich so mutlos, daß ich mich frage, ob es überhaupt noch einen Sinn hat aufzustehen. Ich bin ein wandernder Planet. Niemand sollte bei mir Orientierung suchen.«

Katharina maß ihren Gatten mit einem tiefsinnigen Blick. Dann erklärte sie voller Überzeugung: »Zwei Dinge verspreche ich dir, Liebster – vom heutigen Tag an werden wir gemeinsam musizieren. Und um an dich heranzukommen, werden deine Feinde über meine Leiche steigen müssen!«

»Du bist eine eigenartige Frau, Katharina Luther«, sagte Martin mit feinem Spott, doch seine Miene war ernst, denn er glaubte ihr jedes Wort.

»Als Gegenleistung verlange ich nur *eines*: daß du keinen von ihnen mit in unser Ehebett bringst. Keine Bauern, keine Fürsten, keine Päpste – nicht einmal den Herrgott persönlich. Es sei denn, Er ist der Gott der Liebe.«

Einige Tage später hatte Martin einen sonderbaren Traum. Er sah sich selber in der Kutte des Ordens, die er längst abgelegt hatte, am Fuß der Heiligen Stiege in Rom. Er beobachtete seine Frau, wie sie leichtfüßig Stufe um Stufe nahm. Bangen Herzens wollte er sie zurückrufen, doch sonderbarerweise schien sie ihn nicht zu hören. Plötzlich drängten sich dichte Nebelschleier zwischen sie und ihn. Der Nebel waberte die Treppe hinab wie verschüttete Milch und wurde schließlich so stark, daß er die Orientierung verlor. Blindlings tastete er sich durch den fahlen Dunst, bis er auf einen großen, viereckigen Platz, einen Marktplatz, stieß. Als die Schleier sich endlich lichteten, war Katharina verschwunden. Dafür bemerkte er, daß sämtliche Krämer an ihren Ständen nur Holzschnitte verkauften, die sein eigenes Gesicht zeigten. Sein alter Vater stand vor einer der Buden, ein Porträt in der Hand. Er gab dem Krämer ein paar Münzen, doch bevor Martin eingreifen konnte, zog der Mann eine Schere aus seiner Tasche und zerschnitt sein Bild in kleine Stücke, die der Wind davontrug.

Mit einem Schrei fuhr Martin in die Höhe und starrte wie ein verängstigtes Tier in die Dunkelheit. Sein Nachthemd war am Kragen eingerissen, auf seiner Stirn stand kalter Schweiß. Was, in Gottes Namen, ist bloß los mit mir, dachte er erschöpft. Ich verliere den Verstand. Unbeholfen fuhr er sich mit den Fingern über die pochenden Schläfen und blieb still sitzen, starrte auf die im Dunklen liegende Pforte und erwartete, jeden Moment jemanden hereintreten zu sehen.

»Was hast du?« fragte Katharina schlaftrunken. Sie drehte sich mit Schwung auf die Seite und stützte sich mit dem Ellenbogen ab, um Martin besser ansehen zu können. »Beruhige dich, Liebster. Du hast schlecht geträumt. Gewiß ist das schwere Essen schuld daran. Ab morgen werde ich mich um die Küche in diesem merkwürdigen Haus kümmern. Du wirst sehen, dein Leibdrücken ...«

»Es geht nicht um meinen Magen«, wandte Martin benommen ein. »Aber vielleicht hast du recht. Es war ein Traum ... all die Sorgen ...«

Katharina schmiegte sich tiefer in die weiche Daunendecke, ein Geschenk Barbara Cranachs. Mit dem Zeigefinger folgte sie den winzigen, sauberen Nadelstichen der Naht. »Wenigstens haben wir keine Geldsorgen. Der Kurfürst hat sich doch recht großzügig erwiesen, immerhin hat er dir das Schwarze Kloster als Wohnung überlassen. Und ... Wenn ich dir sagen würde, daß sogar Albrecht von Mainz uns zwanzig Gulden geschickt hat. Was würdest du sagen?«

»Schick es zurück!«

»Dann ist es ja gut, daß ich nichts dergleichen gesagt

habe«, flüsterte Katharina. »Sonst würden wir jetzt unseren ersten Streit haben.« Sie zog ein kleines Brusttuch aus ihrem Hemd und begann, ihrem Gemahl behutsam den Schweiß von Stirn und Hals zu tupfen. Als ihre Finger sanft seine Brust berührten, zuckte er zusammen und stöhnte leise. Sie fühlte, wie er schauderte, aber er wich ihren Liebkosungen nicht aus.

»Ich bete dich an«, sagte er leise. Er neigte den Kopf und küßte sie zärtlich auf den Mund. Wie sanft sich ihre Lippen anfühlten! Er spürte ihren warmen Atem auf seinen Wangen und ließ seine Hände vorsichtig über ihren Körper wandern. Er streichelte ihre Arme, ihren Rücken und schließlich ihre Hüften. Als er bemerkte, wie angespannt ihre Muskeln waren, löste er sich von ihr; ihre Herzen schlugen miteinander um die Wette.

Ein heftiger Schlag gegen den Fensterrahmen ließ Martin jählings in die Höhe schnellen. »Was, zum Teufel …« So schnell er konnte, sprang er aus dem Bett und schlich an der Wand entlang.

»Wenn das ein Attentäter ist, sag ihm, er muß bis morgen früh warten«, rief Katharina in einem mißglückten Versuch, der Situation ihre Schärfe zu nehmen. Ihrem Gesicht war indessen anzusehen, daß auch sie erschrocken war. Eine zweite Handvoll Erde schlug gegen das Fensterglas. Martin stieß mit einem Arm den nur angelehnten Laden auf, durch dessen Spalt kühles Mondlicht in die Schlafkammer drang. Er blickte in den Klostergarten hinunter und erstarrte. »Mein Gott!«

»Was ist denn, Liebster?«

»Da unten steht Karlstadt«, antwortete Martin. »Ich erkenne ihn genau.«

Katharina ließ sich seufzend in die Kissen zurücksinken und nestelte an den Schnüren ihres Nachtgewandes. »Na großartig«, murmelte sie wie ein schmollendes Kind. »Wird von nun an jede Nacht ein Mann vor unserem Fenster stehen, der dich sprechen will?«

Martin erwiderte nichts. Er schlüpfte in seine Pantoffeln und warf sich eine leichte Schaube über die Schultern. Dann verließ er mit einer Kerze in der Hand die Kammer und ging den hallenden Korridor zur Treppe hinunter. Katharina blieb in angstvoller Erwartung zurück. Trotz der Wärme ihrer Decke, des Lammfelles und der Kissen überfiel sie plötzlich ein Frösteln. Wenn der einstige Magister Karlstadt mitten in der Nacht vor dem Fenster ihres Gatten auftauchte, mußte etwas Schlimmes geschehen sein.

Es dauerte eine Ewigkeit, bis Martin wiederkehrte. Als er den Alkoven betrat, war sein Gesicht so bleich, daß Katharina die Hand vor den Mund legte, um nicht laut aufzuschreien.

»Ulrich ist tot«, sagte Martin. »Sie haben ihn vor drei Tagen auf dem Marktplatz von Brüssel verbrannt. Dieser verfluchte Aleander ...«

»Aleander ...?«

»Er war dort, als Nuntius des neuen Papstes. Niemand kann mir weismachen, er hätte damit nichts zu tun. Somit hat dieser Bluthund es also doch noch geschafft, sich an mir zu rächen!«

Katharinas Augen füllte sich mit Tränen. Sie streckte ihre Hand aus, legte sie in Martins Genick und zog seinen Kopf mit einer tröstenden Geste in ihren Schoß. In dieser Haltung verharrten beide, bis Katharina schließlich die Worte wiederfand. »Aleanders Herrschaft ist die des Augenblicks und nicht der Ewigkeit«, sagte sie leise. »Er fürchtet doch nur, daß nichts von dem, wofür er gekämpft hat, sein armseliges Leben überdauert. Eine ... verlorene Seele!«

Martin hob den Kopf und blickte seine Frau mit traurigen

Augen an. »Gebe Gott, daß wir nicht alle unsere Seele verloren haben.«

In den folgenden Wochen und Monaten bemühte sich Martin, seiner Trauer über Ulrichs Tod Herr zu werden, indem er sich mit Gewalt in die Arbeit stürzte. Nach wie vor konnte man ihn Tag für Tag auf der Kanzel seiner Kirche sehen. Abends saß er mit Katharina vor dem Kamin seiner Stube und arbeitete an neuen Schriften, Predigten und Liedern oder beantwortete Briefe. Immer häufiger erschienen Gesandte aus verschiedenen deutschen Fürstentümern in seinem Haus, um Rat einzuholen. Der Kurfürst von Brandenburg und der Landgraf von Hessen, deren Stimmen im Heiligen Römischen Reich von besonderem Gewicht waren, bekannten sich inzwischen rückhaltlos zu seiner Lehre und begannen, ihre Kirchen nach den Vorstellungen der Heiligen Schrift neu zu ordnen. Weitere Fürsten und zahlreiche Reichsstädte folgten ihrem Beispiel.

Ein Jahr nach Martins Eheschließung mußte Erzherzog Ferdinand, der Bruder des Kaisers, auf dem Reichstag von Speyer in eine, wenn auch befristete, Freigabe des neuen Bekenntnisses einwilligen. Die Gefahr der Türkenkriege hatte es erforderlich gemacht, die Reichsstände noch einmal zu vereinen. Für kurze Zeit traten die Auseinandersetzungen um Martins Schriften und Lehren in den Hintergrund. Bis zu einem Allgemeinen Konzil sollte jeder im Reich das Recht haben, so zu leben, wie er es vor Gott und dem Kaiser mit seinem Gewissen verantworten konnte. Als die Herolde den Beschluß im Schloßhof von Wittenberg verkündeten, fielen sich die Menschen in den Straßen jubelnd um den Hals. Martin und Katharina gingen allein in die Schloßkirche und sprachen ein stilles Gebet vor dem Sarkophag ihres Gönners. Kurfürst Friedrich war wenige Monate vor dem Reichstag gestorben. Martin hatte noch Gelegenheit gehabt, ihm seine Bibelübersetzung zu überreichen. Er hatte sie dem weisen Fürsten in Dankbarkeit für all das gewidmet, was er für ihn getan hatte.

Nun saß Friedrichs Bruder Johann, den man auch den *Beständigen* nannte, auf dem sächsischen Thron. Am Hofe munkelte man, daß er nicht in Wittenberg bleiben wollte, sondern vorhabe, seine Residenz nach Torgau oder Dresden zu verlegen. Martin fragte sich, ob sich wohl dadurch Konsequenzen für ihn und seine Familie ergeben würden. Bisher war es für ihn stets beruhigend gewesen, den Landesherrn und vor allem dessen Berater Spalatin in seiner Nähe zu wissen. Kurfürst Johann hatte Martin zwar seiner Gunst versichert, aber ob er die Politik seines Vorgängers wirklich weiterverfolgen und sich dem Kaiser im Ernstfall ebenfalls widersetzen würde, blieb erst noch abzuwarten.

Auch in Martins Umfeld hielten sich Freude und Schmerz die Waage. Im Jahr des Reichstags hatte Katharina einen gesunden Jungen zur Welt gebracht, den sie Johannes nannten. Er war ein fröhlicher Knabe, dem die Herzen im Sturm zuflogen. Martins Brust schwoll vor Stolz, sooft er den Jungen betrachtete, und selbst seine alte Eltern zeigten sich hocherfreut und wurden nicht müde, ihrem ersten Enkel Geschenke zu schicken. Sechzehn Monate später folgte ein Mädchen, Elisabeth, das jedoch von schwächlicher Statur und kränklich war. Martin und Katharina wachten oft in den Nächten an ihrer Wiege, wenn sie vor Fieber keinen Schlaf fand. Im August des folgenden Jahres starb die Kleine. Martin war untröstlich. Wochenlang schlich er wie ein Schatten durch die Gänge seines ehemaligen Klosters und lauschte auf den Wind, der gegen die hölzernen Läden schlug.

Obwohl Katharina alles tat, um ihrem Gatten die Sorgenlast erträglich zu machen, rührte Martin keine Schreibfeder mehr an. Er erwachte erst aus seiner Erstarrung, als er erfuhr, daß der Bruder des Kaisers auf einem zweiten Reichstag zu Speyer seine aus Berechnung erlassenen Beschlüsse widerrufen hatte. Damit trat das Wormser Edikt wieder in Kraft. Martins Anhänger waren von neuem der Verfolgung als Ketzer ausgesetzt.

»Die anwesenden evangelischen Fürsten ließen sich diese unglaubliche Beleidigung natürlich nicht gefallen«, berichtete Spalatin eines Abends, während er gemeinsam mit Martin und Katharina im ehemaligen Refektorium des Schwarzen Klosters zu Abend speiste. Zerstreut ließ er sich von einer Magd dunkles Brot, Käse und Räucherspeck nachlegen, stocherte dann aber ohne Appetit auf seinem Teller herum. Katharina blickte mit besorgter Miene von ihm zu ihrem Mann hinüber, der reglos auf seinem Lehnstuhl saß, dabei aber gebannt an Spalatins Lippen hing.

»Sie haben lautstark protestiert. Sechs Fürsten und vierzehn Ratsherren verschiedener freier Städte unterzeichneten eine offizielle Beschwerdeurkunde. Darin bezeugten sie vor dem Kaiser, daß sie die neuen Beschlüsse des Speyrer Reichstags auf keinen Fall akzeptieren wollen. Ja, daß sie Ferdinands Entscheidung sogar für schändlich und gegen Gottes Wort ansehen. Kaiser Karl muß vor Wut getobt haben, als er davon erfuhr.«

»Aber bedeutet der Reichstagsabschied nicht eine empfindliche Niederlage für uns?« wollte Katharina wissen. Sie stand auf und holte eine weitere Kerze vom Kaminvorsprung, da es an der Tafel mittlerweile schon recht dunkel geworden war.

Spalatin schüttelte den Kopf. Er öffnete den Mund, um zu antworten, aber Martin kam ihm zuvor. Er neigte den Kopf und sagte leise: »Unser Freund will uns erklären, daß der

Protest die Fürsten zum ersten Mal vereint hat. Vorher waren sie oft zerstritten und nicht fähig, einen gemeinsamen Beschluß zu fassen. Doch nun scheint es so, als würden sie künftig geschlossen gegen die Willkür des Kaisers auftreten.«

»Trotzdem sollten wir nicht den Fehler machen, Kaiser Karl zu unterschätzen, Martin«, sagte Spalatin und steckte sich ein Stück Käse in den Mund. »Karl V. ist längst nicht mehr der schmächtige Jüngling, dem du in Worms gegenüberstandest. Er hat Frankreich bei der Schlacht von Pavia in die Knie gezwungen. Seine Landsknechte haben Rom eingenommen und den Papst gedemütigt. Glaub mir, auch für die evangelischen Fürsten ist er eine Gefahr!« Der Sekretär atmete tief durch. Dann griff er in die Innentasche seines eleganten, gefütterten Wamses und zog einen zerknitterten Brief hervor. »Der Kaiser hat einen neuen Reichstag einberufen. Er soll in Augsburg stattfinden.«

»Aber wozu?« fragte Katharina.

Spalatin faltete das Schreiben umständlich auseinander und reichte es Martin. »Um zu beenden, was er in Worms begann ... Um uns zugrunde zu richten. Um alles zu zerstören, was Martin Luther zu erreichen versucht hat.«

Martin legte die Stirn in Falten. Hastig überflog er die wenigen Zeilen. Einen Augenblick sprach niemand ein Wort. Dann sprang Martin unvermittelt auf und machte sich auf den Weg zur Tür. Katharina eilte ihm nach. »Du darfst nicht gehen. Das ist eine Falle, Martin. Einmal bist du mit knapper Not aus Augsburg entkommen. Ein zweites Mal wird es dir nicht gelingen. Sie werden dich genauso lodern lassen wie den armen Ulrich!«

»Ich muß sofort mit Melanchthon reden.«

»Wenn du stirbst, stirbt alles, wofür du stehst.« Katharina begann vor Aufregung zu weinen. Sie breitete die Arme aus und lehnte sich gegen den Türrahmen. »Also schön«, sagte sie. »Ich verspreche dir, daß ich mich zusammennehmen werde. Aber was willst du sagen? Wie willst du ihnen ins Gewissen reden?«

Martin zuckte die Achseln. Er sah, wie Spalatin vor dem Kaminfeuer in die Hocke ging und gedankenverloren einige trockene Holzscheite in die Flammen warf.

»Du weißt es also nicht«, rief Katharina schrill. »*Ich* muß es aber wissen, hörst du?«

Martin versuchte ihre Wange zu berühren, um die Tränen wegzuwischen, doch sie straffte brüsk die Schultern und wandte sich von ihm ab.

»Katharina, in Worms wollte der Kaiser nur, daß ich meine Thesen gegen den Ablaßhandel widerrufe«, sagte er mit tonloser Stimme. »Jetzt will er, daß halb Europa sich vor ihm beugt. Nur die Türken sind noch eine Bedrohung für ihn. Mit einem Wort: Er hat alle Zeit und alle Mittel der Welt, um uns aufzureiben. Es geht nicht mehr allein darum, Geistlichen die Heirat zu gestatten oder den übertriebenen Kult um die Heiligen einzudämmen. Wir müssen kämpfen, um zu überleben!«

»Mag sein, aber du hast Kämpfe genug ausgefochten. Kannst du die Sache nicht einem anderen überlassen?«

Martin lächelte sie an. Seine dunklen Augen glänzten geheimnisvoll im Licht der Kerzen. Einen Herzschlag lang ließ Katharina sich von ihrem melancholischen Zauber fesseln. Sie trat beiseite und spürte den zärtlichen Hauch eines Kusses auf ihren Lippen. Bevor sie aus ihrer Erstarrung erwachte, war Martin bereits an ihr vorbei geschlüpft und um die Ecke verschwunden.

Zwanzigstes Kapitel

Auf dem unebenen Pflaster des Fronhofs, um den sich die Gebäude der bischöflichen Residenz von Augsburg wie ein Gürtel schmiegten, wurden an diesem Abend bereits früher als gewöhnlich Kohlenfeuer und Fackeln entzündet. Der heftige Regen der vergangenen Tage hatte endlich aufgehört, aber es war noch immer kühl und dunstig. Männer, Frauen und Kinder versammelten sich um die glühenden Becken, um sich zu wärmen. Sie erzählten sich Geschichten und sangen, begleitet von einem Flötenspieler, Hymnen in deutscher Sprache.

Der Gesang drang durch die geöffneten, von wilden Kletterrosen umrankten Bogenfenster ins obere Geschoß des Palastes, wo Kaiser Karl in Gesellschaft von Aleander auf die Ankunft der sieben Kurfürsten sowie der Vertreter der freien Reichsstädte warteten. Während Karl mit unbewegter Miene auf seinem mit Pelzen ausgeschlagenen Lehnstuhl saß und den Klängen der Musik lauschte, lief Aleander unruhig in der Halle auf und ab. Seine Augen streiften das schwarze Gebälk an der Decke, die farbenprächtigen Gobelins an den Wänden und die bronzenen Kerzenhalter, die zu beiden Seiten des Portals standen. Jedesmal wenn auf dem Korridor Schritte zu hören waren, zuckte er zusammen, als erwartete er, daß jeden Moment die Tür aufgestoßen, Martin Luther persönlich in die Halle stürmen und ihn zum Zweikampf fordern würde.

»Setzt Euch in Gottes Namen endlich hin«, befahl der Kaiser schließlich mit rauher Stimme. »Ihr fangt an, mich wütend zu machen!«

Aleander schob sich einen Stuhl in die Nähe der blanken Tafel aus Nußbaumholz, an der in Kürze Schreiber und Beamte der kaiserlichen Kanzlei ihre Plätze einnehmen würden. Er war nicht gekränkt über den scharfen Ton, in dem der Kaiser mit ihm sprach, aber sein Mund war trocken vor Anspannung. Sehnsüchtig starrte er auf den silbernen Becher, der vor Karl auf der Tafel stand.

»Sie werden eine Verzögerungstaktik anwenden, um das Verfahren in die Länge zu ziehen, Majestät«, sagte er nach einer Weile. »Besonders der Landgraf von Hessen versteht sich darauf, Verwirrung zu stiften. Auf ihn solltet Ihr besonders achten!«

»Habt Ihr noch mehr gute Ratschläge, die Ihr meint mir erteilen zu müssen?« Karl nippte an seinem Wein.

»Ihr könnt sie auf einen einfachen Nenner bringen, Majestät. Eure Fürsten müssen akzeptieren, daß es nur eine Kirche gibt.« Mit düsterer Miene schob Aleander seine Hände unter die Falten seiner violetten Robe und betrachtete das Muster seiner Schärpe. Sein ganzes Leben lang hatte er davon geträumt, in der Hierarchie der römischen Kirche aufzusteigen und Bischof oder Kardinal zu werden. Doch nun, da er sein Ziel erreicht hatte, schien es ihm beinahe bedeutungslos. Wem nutzen schon alte Symbole des Glaubens, die kein Mensch mehr achtete? Ämter, die angezweifelt und in den Dreck getreten wurden? Der Kaiser selbst hatte der Macht des Papsttums einen empfindlichen Schlag versetzt, dennoch hing er mit beinahe kindlicher Ergebenheit am Glauben seiner Väter.

Aleander räusperte sich; mühsam rang er um Fassung. Wenn es den Deutschen wirklich gelingt, eine neue Kirche zu gründen, wird nichts so bleiben, wie es war, dachte er und senkte den Kopf. Von fern hörte er ein Schluchzen, das durch eines der offenen Fenster drang; das Weinen eines verängstigten Kindes.

Drei Stunden später drängten sich ganze Scharen von Menschen, Sekretäre, Ratsherren, Edelleute und einflußreiche

Kaufleute, in der spartanisch eingerichteten Halle des Fronhofs zusammen. Fanfaren erklangen, als die offiziell Geladenen den Raum betraten und sich durch ein Meer von Bewaffneten in golden schimmernden Brustpanzern auf das mit bunten Teppichen geschmückte Podest zubewegten. Kaiser Karls alter Zeremonienmeister schlug mit seinem Stab dreimal auf den Holzboden.

Der Kaiser, zu dessen Füßen eine Bulldogge lag, nahm die Huldigungen der deutschen Regenten mit stoischer Gelassenheit entgegen. Nur den älteren Fürsten, die bereits seinem Großvater mit Rat und Tat zur Seite gestanden waren, entbot er einen flüchtigen Gruß. Wie gewöhnlich hatte Aleander seinen Platz hinter dem Stuhl des Kaisers; wie immer lag sein Gesicht im Schatten, und nur aufmerksamen Beobachtern war es möglich, das Funkeln in seinen schwarzen Augen wahrzunehmen. Als sich die Fürsten in ihren prunkvollen Gewändern der Reihe nach verneigten, fühlte er, wie das Blut ihm in den Kopf schoß. Die zerfurchten Gesichter der Edelleute, befand er mit dem Blick eines Kenners, bewiesen deutlich, daß sie Angst verspürten. Aber da steckte noch etwas anderes in ihren Zügen, etwas, das Aleander nicht deuten konnte. In gespannter Erwartung hielt er die Luft an und wartete geduldig, bis Kaiser Karl die Hand hob.

Im nächsten Moment erstarb das Gemurmel in der Halle, es wurde so still, daß man den rieselnden Sand eines Stundenglases hätte hören können. Zwei Soldaten, die am Portal Dienst taten, verriegelten auf einen stummen Wink ihres Kommandanten hin beide Flügel der schweren Eichentür. Nun konnte niemand mehr die Halle betreten oder sie verlassen.

»Ich habe Eure Anträge sorgfältig studiert, Ihr Herren«, erklärte der Kaiser nach einigen Augenblicken des Schweigens. Mit einer gebieterischen Geste gab er den Versammelten zu verstehen, daß sie sich setzen durften. »Aber damit Ihr es gleich wißt: Ich bin nicht nach Augsburg gekommen, um mit Euch über Martin Luther zu streiten. Euren Pfarrern wird hiermit untersagt, in meinen Ländern zu predigen. Und Ihr werdet Acht und Bann über diese Bibeln in der Sprache des Pöbels aussprechen und jeden, der eine besitzt, zum Feind des Reiches erklären.« Er schaute herausfordernd in die Runde. »Habt Ihr mich verstanden, Ihr Herren?«

Die Reichsfürsten schwiegen betreten; keiner von ihnen wagte es, sich von der Stelle zu rühren. Statt dessen richteten sich nun alle Augen auf den Landgrafen von Hessen, den die Edelleute zu ihrem Sprecher gemacht hatten. Eine Weile stand auch der Hesse mit gesenktem Haupt vor Karl, doch plötzlich richtete er sich auf und machte zwei Schritte auf den Stuhl des Kaisers zu. Die Bulldogge riß die Augen auf und begann gefährlich zu knurren.

»Bei allem Respekt, aber was Euer Majestät von uns verlangen, ist unannehmbar«, sagte der Landgraf. Er war totenbleich, und seine Hände schwitzten vor Furcht, dennoch zögerte er nicht, Karl den Beschluß der Reichsstände zu verkünden. »Wir werden unsere Pfarrer nicht daran hindern, das Wort Gottes zu predigen. Nicht hier und auch nicht anderswo.«

Ehe Karl seine Überraschung in Worte kleiden konnte, eilte Johann von Sachsen, der Bruder des verstorbenen Friedrich, dem Landgrafen zu Hilfe. »Die deutsche Bibel ist ein Gottesgeschenk für alle, die den Herrn fürchten, Euer Majestät«, erklärte er mit einem leichten Zittern in der Stimme. »Die Untertanen des Fürstentums Sachsen lehnen es ab, sie zu ächten!«

»Wie könnt Ihr es wagen?« Mit hochrotem Kopf sprang Karl auf, wobei er seiner Bulldogge einen heftigen Fußtritt versetzte. Er sandte den Vertretern der Städte, die zu den

Worten des Kurfürsten beifällig genickt hatten, einen bitterbösen Blick zu. Dann schlug er seinen wallenden Umhang über die Schulter zurück und streckte die Hand aus. »Ich verlange von meinen Regenten Treue und Unterwerfung«, rief er erregt. »Als Zeichen Eurer Ergebenheit werdet Ihr morgen alle bei der Fronleichnamsprozession zum Dom marschieren und beten ... Jeder einzelne von Euch – und zwar nach Art und Weise der heiligen römischen Kirche!«

Ein weiterer Fürst trat vor. Es war Markgraf Georg von Brandenburg, ein betagter Mann, dessen Gesicht von zahllosen Falten durchzogen wurde. »Nein, Majestät«, sagte er entschieden. »Das werden wir nicht tun.«

»Ihr *werdet*, Markgraf, sonst bekommt Ihr mein Schwert zu spüren!« Die Stimme des Kaiser klang noch schneidender. »Glaubt nur nicht, ich würde Euch schonen, nur weil Ihr dem Hochadel angehört!«

»Ehe ich zulasse, daß man mir das Evangelium streitig macht und von mir verlangt, meinen Glauben zu verleugnen, knie ich nieder und lasse mir den Kopf abschlagen«, sagte der alte Mann unerschrocken. Unter großen Anstrengungen ließ er sich vor dem Stuhl des Kaisers zu Boden sinken und beugte langsam den Kopf.

Was als nächstes geschah, verschlug nicht nur Karl, sondern auch Aleander den Atem. Kurfürst Johann von Sachsen und Landgraf Philipp wechselten einen kurzen Blick miteinander, dann knieten auch sie nieder. Nach und nach folgten die übrigen Fürsten und die Vertreter der Städte Nürnberg und Reutlingen, bis sie alle in einer Reihe zu Karls Füßen verharrten. Jeder einzelne von ihnen bot dem Kaiser seinen Nacken dar, als erwartete er im nächsten Augenblick den tödlichen Schwertstreich.

Der Kaiser wich langsam zurück. Schritt um Schritt. Einen Moment lang wünschte er sich verzweifelt, auf einem

Schlachtfeld zu stehen und seine Truppen gegen den Feind zu führen. Das Kriegshandwerk war seine Welt. Eine Welt, die er verstand, weil sie klaren Regeln unterworfen war. Hier jedoch, inmitten seiner Fürsten und Vertrauten, verstand er nichts und niemanden mehr. Zum ersten Mal seit seiner Krönung zweifelte er an sich selber und – was das schlimmste war – an seiner Macht. Ungläubig blickte er von seinen Schreibern zu den bewaffneten Wachsoldaten, die sich an ihre aufgerichteten Hellebarden klammerten. Während er noch überlegte, was er als nächstes tun oder sagen sollte, kämpfte sich ein schmächtiger Mann in einer knielangen dunkelbraunen Schecke aus besticktem Seidendamast durch die Reihen. In seiner Hand hielt er eine Pergamentrolle. Es war Philipp Melanchthon.

»Was wollt *Ihr* denn?« herrschte Aleander ihn an. »Ihr habt hier nichts verloren!«

»Verzeiht, Exzellenz, wir haben ein Bekenntnis unseres Glaubens verfaßt – an dem Seine Majestät, so hoffe ich, keinen Tadel finden wird.«

»So, meint Ihr?« Aleander lachte auf, doch seine Augen blieben ausdruckslos und leer. »Dann dürfen wir also davon ausgehen, daß Ihr uns neue Ketzereien unterbreiten wollt. Sind es wieder fünfundneunzig geworden?«

Melanchthon rang nach Atem. Sein Herz schlug ihm bis zum Hals, als er sich dem grimmig dreinblickenden Kaiser und den vor ihm knienden Männern näherte. Dessenungeachtet nahm er all seinen Mut zusammen und reichte Karl die Pergamentrolle. »Mein Freund Doktor Martin Luther und ich haben die Schrift Eurer Majestät gewidmet«, erklärte er feierlich. »Wir nennen sie *Confessio Augustana*, das Augsburger Bekenntnis.«

»Nun, wir werden sehen!« Der Kaiser drehte das Pergament mit spitzen Fingern, als befürchtete er, sich daran zu verbrennen. Dann gab er es über die Schulter an einen seiner Schreiber weiter und kehrte bedächtig zu seinem Stuhl zurück.

Als Melanchthon ein wenig später verstohlen zu dem Vorhang hinüberspähte, bemerkte er zu seiner Überraschung, daß Aleanders Platz leer war. Martins alter Gegenspieler schien den Reichstag in dem Moment verlassen zu haben, da der Kaiser Luthers Bekenntnisschrift empfangen hatte. Melanchthon atmete befreit auf. Ein tiefes Gefühl von Ruhe und Zufriedenheit durchströmte seinen Körper, ein Gefühl, das zuletzt gar seine Angst bezwang.

Außer einer zitternden Bewegung des wallenden roten Vorhangstoffes wies nichts mehr darauf hin, daß Aleander jemals dagewesen war und ihn mit seinen düsteren Blicken malträtiert hatte. Keiner der Anwesenden vermißte ihn, niemand holte seinen Rat ein. Während sich Melanchthon unter zahlreichen Verbeugungen wieder zurückzog, breitete sich in der Halle des Bischofspalasts Stille aus.

Und selbst der Kaiser zog es vor zu schweigen.

Epilog

Martin und Katharina liefen über die regennassen Felder. Sie hielten einander an den Händen, lachten und scherzten wie ein frisch verliebtes Paar. Für einige traumhafte Augenblicke vergaßen sie alles, was sich um sie herum bewegte. Wittenberg war ebensoweit entfernt wie Augsburg. Nicht mehr als eine schemenhafte Erinnerung.

Vor ihnen ragten die Befestigungsanlagen der Stadt Coburg auf, wo Martin auf Anraten der Reichsfürsten Quartier genommen hatte. Er durfte sich nicht in Augsburg zeigen, wollte aber dem Geschehen des Reichstags dennoch aus der näheren Umgebung folgen.

»Fang mich!« Mit einem koketten Wimpernschlag ließ Katharina die Hand ihres Gatten los und sprang lachend einen kleinen, dicht bewachsenen Hang hinunter, so rasch, daß ihr Rock und die Schürze im Wind flatterten. Der Weg führte zu einem Tümpel, dessen Wasser grünlich in der Nachmittagssonne glitzerte. Laub und Gehölz dümpelten auf der Oberfläche vor sich hin. Fasziniert blieb Katharina stehen und beobachtete einen stattlichen Reiher, der vom gegenüberliegenden Ufer abhob und mit ausgebreiteten Schwingen über die duftenden Hecken von Buschrosen und Ginster hinwegflog. Die spitzen Schreie, die das Tier ausstieß, während es langsam entschwand, klangen so klagend, daß Katharina unvermittelt aufhorchte. Beunruhigt drehte sie sich um. Martin, der den Teich inzwischen ebenfalls erreicht hatte, verfolgte die Blicke seiner Frau bis hin zu den

Wallanlagen, wo die Stadtwächter von Coburg ihren Dienst verrichteten.

Irgend etwas hatte Katharina erschreckt; der Vogel war es jedoch nicht gewesen. Er wollte sie danach fragen, aber sie legte nur einen Finger auf die Lippen. Ihr blasses Gesicht sah auf einmal besorgt aus.

Im nächsten Moment ertönte am Horizont ein Geräusch, das sich wie tiefes Donnergrollen anhörte. Oberhalb der Bergkuppe tauchten die Konturen von vier Reitern auf, die einen kurzen Augenblick wie suchend verharrten, dann aber mit rasender Geschwindigkeit den Hügel hinunterjagten. Sie hielten geradewegs auf sie zu. Ein Zusammenstoß war unvermeidlich – ein Entkommen unmöglich.

Martin hielt die Luft an und stellte sich schützend vor Katharina. Er hörte sie entsetzt aufschreien, als aus östlicher Richtung zwei weitere Reiter aus dem Unterholz brachen und den geschwungenen Pfad entlangpreschten. Die Männer trugen Waffen, Helme und Kettenhemden, auf denen unverkennbar das Wappen des Kaisers prangten.

Martin griff nach Katharinas Hand. Langsam führte er sie zu seinen Lippen und küßte sie hingebungsvoll. Dann blickte er ihr in die Augen. »Ich bin so glücklich, von dir geliebt worden zu sein, Katharina von Bora.«

»Martin …«

Der wilde Schrei eines kaiserlichen Soldaten brachte Katharina zum Verstummen. Furchtsam wich sie zurück und tadelte sich sogleich dafür. Sie wollte unbedingt Haltung bewahren, um Martin nicht unmittelbar vor seiner Verhaftung zu beschämen. Die Soldaten sollten nicht den Triumph erleben, sie weinen zu sehen, wenn sie ihn in Ketten legten und nach Augsburg schleppten. Plötzlich bemerkte sie, wie hinter den vier Berittenen eine weitere Person die Hügelkette überquerte.

»Martin, schau! Siehst du, was ich sehe?« Sie streckte den Arm aus; ihre Pupillen weiteten sich in ungläubigem Staunen. Der Mann, der sich ihnen nun näherte, trug einen weiten Samtmantel, der seinen Leib wie eine Glocke umgab. Er saß unsicher im Sattel, und doch hielt er die Zügel nur in einer Hand. In der anderen schwenkte er eine Pergamentrolle. Und er schrie aus Leibeskräften.

»Philipp Melanchthon«, rief Martin aus. Auch er hatte den schmächtigen Reiter in der Gruppe der kaiserlichen Soldaten erkannt. Er legte seinen Arm um Katharina. »Was, um alles in der Welt, kann das bedeuten …?«

»Sie haben widerstanden!« hörte er Melanchthon schon von weitem jubeln. »Die Fürsten haben dem Kaiser die Treue geschworen, aber sie haben ihm auch klargemacht, daß ihr Gewissen nur ihnen allein gehört.«

Während die Soldaten in respektvollem Abstand ihre Pferde zum Stehen brachten, rutschte Melanchthon vor Martin und Katharina aufgeregt aus dem Sattel. Er stolperte auf die beiden zu und nahm sie stürmisch in die Arme. Martin zog den Kopf ein; er hatte den ernsten Gelehrten nie zuvor so ausgelassen erlebt.

»Du bist gerettet, Liebster«, sagte Katharina, von Gefühlen überwältigt. »Nun können sie dir nichts mehr antun.«

Melanchthon nickte atemlos »Du hast der Welt einen barmherzigen Gott zurückgegeben, mein Freund. Eines Tages … werden sie dies verstehen.«

Schweigend drückte Martin seinem Freund die Hand. Dann wandte er sich von Melanchthon und seiner Frau ab, warf den kaiserlichen Rittern einen knappen Blick zu und machte ein paar Schritte in Richtung des Teiches. Voller Freude stellte er sich in den lauen Wind, der seine erhitzten Wangen kühlte, und dachte darüber nach, was sich zu Augsburg zugetragen hatte. Gott selbst hatte auf dem Reichstag

Recht gesprochen. Ja, genauso mußte es sein. Das Wort des Herrn war klar und eindeutig.

»Ich habe nicht einen Augenblick daran gezweifelt, daß du bei uns bist«, flüsterte Martin in den Wind. »Wir müssen nur lernen, deine Sprache zu verstehen!«

Nachwort des Autors

Als ich anfing, mich mit der Geschichte Martin Luthers und seiner Zeit zu beschäftigen, sah ich mich vor eine große Herausforderung gestellt. Immerhin galt es, über eine der faszinierendsten Persönlichkeiten der Weltgeschichte zu schreiben. Luthers Leben ist im Laufe der Zeit von unzähligen Historikern, Theologen und Kulturwissenschaftlern erforscht worden. Seine Schriften wurden ausgewertet und der Öffentlichkeit zugänglich gemacht.

Ein biographischer Roman, der nicht nur trockene Fakten abspulen, sondern eine Geschichte von Menschen aus Fleisch und Blut erzählen möchte, kann die Ereignisse der Reformationszeit naturgemäß nur in Ausschnitten widerspiegeln. So habe ich mich bemüht, die wesentlichen Lebensabschnitte des jungen Luther nachzuzeichnen und diese aus verschiedenen Blickwinkeln möglichst bilderreich zu beleuchten. Bei meiner Arbeit – basierend auf dem Drehbuch zu einer großen Historienverfilmung – war es mir zudem ein Anliegen, den Mönch, Gelehrten und Reformator nicht als biederen Hausvater und belehrenden Theologen darzustellen, sondern als Mensch mit Gewissen, der in vielen Seelenkämpfen lernen muß, sich seinen Ängsten und Schwächen zu stellen, um zuletzt in der Konfrontation mit Kaiser und Papst über sich selbst hinauszuwachsen.

Zweifler, Ketzer oder Reformator – Martin Luther war zweifellos ein starker Charakter, der die Welt im Wechselspiel zwischen Zweifel und Glaubensstärke, Wahrheitssuche und Verwundbarkeit durch seine Ideen unfreiwillig aus den Angeln hob.

Ein Jahr nach dem Augsburger Reichstag, mit dem diese Geschichte endet, gründeten die evangelischen Fürsten in dem thüringischen Städtchen Schmalkalden ein Waffenbündnis, um ihre Interessen gegenüber dem Kaiser zu schützen. Dieses Bündnis wurde zwar später von den Truppen des Kaisers in der Schlacht von Mühlberg zerschlagen, doch die Reformation der Kirche – und damit Luthers Lebenswerk – ließ sich nicht mehr aufhalten. Als Karl V. nach seinem Sieg 1547 in Wittenberg einzog und an das Grab seines kurz zuvor verstorbenen Widersachers trat, zollte er ihm Respekt, indem er seinen Soldaten untersagte, die letzte Ruhestätte des Reformators zu entweihen.

Katharina von Bora, die 1523 aus ihrem Kloster entfloh und Luther zwei Jahre später heiratete, entwickelte sich rasch zur unverzichtbaren Stütze ihres Ehemannes. Sie machte aus dem Schwarzen Kloster, das der wachsenden Familie 1532 vom sächsischen Kurfürsten Johann Friedrich geschenkt wurde, ein herrschaftliches Anwesen mit einem florierenden wirtschaftlichen Betrieb. Sie starb 1552 auf der Flucht vor der Pest in Torgau. Von ihren insgesamt sechs Kindern erreichten mindestens vier das Erwachsenenalter.

Melanchthons Augsburger Bekenntnis, die *Confessio Augustana*, wurde zwar von Kaiser Karl V. niemals anerkannt, aber es gilt noch heute als wichtigste Bekenntnisgrundlage des lutherischen Protestantismus. Der Humanist und engste Mitarbeiter Luthers lebte bis zu seinem Tod im Jahr 1560 in Wittenberg, wo er sich unter anderem für die Entwicklung des Schulwesens im Deutschen Reich verdient machte.

Bleibt zuletzt noch Girolamo Aleander zu erwähnen. Im Roman sind sich der ehrgeizige Vertraute des Kardinals Cajetan und Luther in ihrem Denken bisweilen so ähnlich, daß ich mich gefragt habe, ob die beiden unter günstigeren Bedingungen nicht Freunde oder zumindest Streiter für dieselbe Sache hätten werden können. Tatsächlich war Aleander, der 1480 in Motta bei Venedig geboren wurde, in jungen Jahren einer Reform der Kirche durchaus nicht abgeneigt. Allerdings hegte er die Überzeugung, daß Änderungen nur auf Anordnung des Stellvertreters Christi, also des Papstes, durchgeführt werden durften. Vermutlich konnte er manche von Luthers Bedenken sogar nachvollziehen, doch in dem Wechselspiel aus Frömmigkeit, Machtstreben und politischer Kraft stellte er sich rückhaltlos auf die Seite des Papstes. 1523 wurde Aleander Erzbischof von Brindisi und päpstlicher Legat am Hofe des Königs Franz von Valois in Frankreich. 1536 gewann er die Kardinalswürde, sank dann jedoch rasch in die Bedeutungslosigkeit herab. Bis zu seinem Tod sechs Jahre später spielte er keine besondere Rolle mehr im Zentrum der kirchlichen Macht.

Guido Dieckmann

Leseprobe aus

GUIDO DIECKMANN

DIE SIEBEN TEMPLER

HISTORISCHER ROMAN

Prolog

TEMPELHOF IM JAHR 1314

Thomas Lermond stand am Fenster und hob müde die Hand zum Gruß, als der letzte Bote, ein blonder hochgewachsener Bursche, durch das Tor des Handelshofes ritt. Lächelnd schaute der Junge zu ihm auf und winkte fröhlich, als hätte er nur einen kurzen, harmlosen Ausflug vor sich. Wie die sechs Boten vor ihm ahnte auch er nicht, auf welch waghalsiges Abenteuer er sich eingelassen hatte. Thomas Lermond hatte geschworen, niemals einen anderen Menschen einzuweihen, daher wussten auch die Boten nicht mehr über ihre Mission als nötig. Schließlich hatte Lermond einst einen Eid geleistet, das Geheimnis, das ihm einst anvertraut worden war, mit seinem Leben zu verteidigen.

Der Bote verschwand unter dem Torbogen, aber Thomas Lermond blieb noch ein Weilchen am Fenster stehen, um die feuchte Luft des kühlen Februartages in seine Lungen zu lassen. Er war alt geworden, zu alt für den Kampf, aber nun war der erste Teil seiner Aufgabe erfüllt: Sieben Münzen waren auf dem Weg – sieben Münzen, wie es sonst keine auf der Welt gab, als Zeichen dafür, dass sein Schatz in Gefahr war und geborgen werden musste.

Thomas Lermond beobachtete mit regloser Miene, wie der Bote auf die Straße abbog, die mit ihren Furchen und Unebenheiten kaum als solche zu bezeichnen war. Tempelhof lag abgelegen, tief im Osten, inmitten dunkler, unwirtlicher Wälder. Ein besseres Versteck hatten sie nicht finden können, als sie vor sieben Jahren Hals über Kopf aus Frankreich geflohen waren. Jacques de Molay, der letzte Großmeister des Ordens – Gott mochte sich seiner Seele erbarmen –, hatte recht gehabt. »Reitet nach Osten«, hatte er gesagt, bevor sie ihn in Ketten legten, »nicht nach England oder Spanien. Nach Osten! Dort wird niemand nach euch suchen.« Nach vielen Wochen unter freiem Himmel und in ständiger Gefahr vor Verfolgern waren sie am Ende ihrer Kräfte gewesen, Thomas Lermond und seine sieben Gefährten, und auch wenn in diesem abgelegenen Flecken einige Dinge in Unordnung geraten waren, so hatten sie doch den Schatz in Sicherheit bringen können. Es schmerzte Thomas Lermond, dass der Orden den Tempelhof verloren hatte. Gemäß einem Dekret des Papstes sollte die Komturei in den Besitz der Johanniter übergehen, doch bislang war es diesen nicht gelungen, ihre neuen Ansprüche durchzusetzen. Markgraf Waldemar von Brandenburg oblag daher die undankbare Aufgabe, die ehemalige Komturei zu verwalten, doch weder er noch seine Ritter hatten sich jemals hier draußen blicken lassen. Was kümmerte es den Grafen, ob es auf seinem Grund und Boden noch ein paar versprengte Templer gab? Aus dem Ordenshaus, einem befestigten Gebäude aus Stein, war eine gewöhnliche Handelsniederlassung geworden – für Fisch von der Ostsee und feines Leinen aus Sachsen. Nicht mal der sonst so misstrauische Bischof von Magdeburg, der überall Feinde seiner heiligen Kirche witterte, hatte Verdacht geschöpft. Für ihn waren die Templer entweder geflohen, oder sie saßen im Kerker. Diejenigen, die weder gestehen noch widerrufen wollten, waren längst tot.

Thomas konnte sich ein Lächeln nicht verkneifen. Wenn der fromme Bischof wüsste, was sich gewissermaßen unter seinen Augen abgespielt hatte …

Nachdem sie den Schatz in Sicherheit gebracht hatten, waren die sieben anderen Ritter in die Welt gezogen. Sie waren sich einig, dass es zu gefährlich wäre, wenn sie blieben. Nur Thomas Lermond hatte seinen einsamen Posten bezogen. Es war ein seltsames Leben gewesen, in das er sich notgedrungen hatte einfinden müssen. Tagsüber hatte er die Bücher geführt, hatte mit Fisch, Tuch und Gewürzen gehandelt, und nachts hatte er gebetet und manchmal sogar sein altes, stumpf gewordenes Schwert hervorgeholt – und immer hatte er sein Geheimnis gehütet und die Augen offen gehalten. Niemals hatte sich der Feind gezeigt, niemals, bis vor zwei Wochen zwei Fremde im Tempelhof aufgetaucht waren, junge Mönche aus Frankreich, die ein seltsam gestelztes Deutsch gesprochen hatten. Sie hatten vorgegeben, fromme Dominikaner auf dem Weg nach Osten, ins Gebiet des Deutschen Ritterordens, zu sein, aber für Thomas Lermond hatten die beiden eindeutig zu viele Fragen gestellt. Nur eine, die naheliegende Frage, war ihnen scheinbar nicht eingefallen: Hatte es hier nicht früher einmal Templer gegeben?

Manchmal verrieten einen erst die nicht gestellten Fragen.

Von Westen brach die Dunkelheit über die Wälder herein. Schwere dunkle Wolken zogen am Himmel entlang, als suchten sie einen Ruheplatz für die Nacht. Die Luft war kühl und roch nach Regen. Noch einmal warf Thomas einen Blick aus dem Fenster. In dem einen Moment war der letzte Bote noch als vager Schemen auf der Straße zu erkennen, im nächsten wurde er von der Finsternis verschluckt wie von einem gierigen Raubtier. Thomas zitterte bei dem Gedanken, einer der Boten könnte sein Ziel nicht erreichen. Dann nämlich wäre alles verloren. Nur zusammen konnten sie retten, was noch zu retten war. Sieben Templer gemeinsam. Er gönnte sich einen Schluck Wein, den er sich aus Frankreich kommen ließ. Er wusste, dass alles, was mit Frankreich zu tun hatte, gefährlich war, doch nur so ließ sich seine Sehnsucht nach der Heimat bekämpfen. Mit Schrecken sah er, wie sehr seine Hände im Schoß bebten. Hatte die Angst vor seinen Feinden ihn schon erfasst? Ihn, der einst das Schwert geführt hatte wie kaum ein anderer? Er war zweiundfünfzig Jahre alt und würde vermutlich bald sterben, doch zuvor musste er die Rückkehr seiner sieben Gefährten abwarten und ihnen helfen, den Schatz zu bergen. Das Vermächtnis des Ordens musste um jeden Preis in Sicherheit gebracht werden.

Er leerte den Becher, dann kniete er auf dem kalten Fußboden nieder, obwohl der Schmerz in seinen morschen Gelenken ihm beinahe den Atem nahm. Seine Augen suchten das Kreuz mit dem Heiland über seinem Bett, aber er hätte eine Kerze anzünden müssen, um mehr als nur die Umrisse wahrnehmen zu können. Wenn er ehrlich war, zürnte er manchmal seinem Gott, für dessen Ruhm und Herrlichkeit er im Heiligen Land so viele Schlachten geschlagen und sein Blut geopfert hatte. Wieso hatte der Allmächtige es zugelassen, dass der Orden vernichtet und sein Ansehen in den Staub getreten worden war? Alle Anschuldigungen gegen ihn waren falsch gewesen. Verleumdungen, böse Gerüchte, vom französischen König aus Habgier in die Welt gesetzt und vom Papst hastig abgesegnet. In Wahrheit hatte niemals einer von ihnen Gott gelästert, einen dämonischen Götzenkopf angebetet oder einen anderen Mann unsittlich berührt. Warum also hatte Lermond mitansehen müssen, wie seine Kameraden entweder auf der Stelle getötet oder zu Dutzenden in die Kerker des Königs getrieben worden waren? Wäre er selbst nicht so geistesgegenwärtig gewesen, beim Überfall auf das Pariser Ordenshaus aus dem Fenster zu springen, hätte er die Stadt niemals lebend verlassen können. Und hätte Marie, die Frau, die er heimlich liebte, ihn nicht versteckt und mit Essen und Kleidern versorgt …

Lermond vertrieb die quälenden Erinnerungen aus seinem Kopf, weil er plötzlich fürchtete, der Teufel könnte sie ihm eingegeben haben. Wer war er schon, dass er Gottes Ratschluss in Frage stellte? Der Allmächtige hatte ihn und die sieben anderen leben lassen und zu Wächtern eines Geheimnisses gemacht, das unter dem Himmel seinesgleichen suchte.

Als es vollends dunkel geworden war, legte er sich auf sein Bett und schloss die Augen. Die letzten Geräusche vom Handelshof verklangen harmlos. Ein paar Hühner gackerten, ein Knecht pfiff eine Melodie, als könnte nirgendwo auf der Welt eine Gefahr lauern. Müdigkeit schlich in Thomas' steife Glieder, und er hoffte, dass er nach dem Wein, der ihm zu Kopf gestiegen war, ohne Alpträume würde schlafen können. Keine schreienden Kameraden sollten ihn heute Nacht plagen, auch nicht die Erinnerung an Maries hübsche, blitzende Augen.

Wie weit mochten seine Boten schon gekommen sein? Wann würden sie ihr Ziel erreichen, und wann würden die ersten Brüder eintreffen, um ihm beizustehen?

Thomas Lermond hatte keine Ahnung, wie viel Zeit ihm noch blieb. Wie jede Nacht, seit er aus Frankreich geflohen war, sah er kurz vor dem Einschlafen Maries weißen nackten Leib vor sich. Sie flüsterte ihm etwas zu, das lieblicher und reiner klang als das Gelächter der Dämonen aus seinen Träumen.

Er spürte den Luftzug wie die Berührung einer sanften Hand. Endlich war es so weit. Marie kam, um ihn aus seinen Ängsten und Zweifeln zu erlösen. Sie führte ihn fort vom Tempelhof, in ein neues Leben, wo er weder Ordensritter noch Händler und heimlicher Wächter auf einem gottverlassenen Außenposten war, sondern nur ein Mann, der sich zu seiner Liebe bekennen durfte.

Als Thomas Lermond die Augen aufschlug, klopfte sein Herz vor Verlangen bis zum Hals. Gleichzeitig fühlte er sich lebendig. Warum nur war er in letzter Zeit so verzagt gewesen und hatte überall Feinde und Gespenster gesehen? Bekam ihm der Wein nicht mehr?

Noch als die Tür zu seiner Schlafkammer ganz langsam aufschwang, dachte er an Marie. Für einen Moment war er sogar ganz sicher, dass sie eintreten und ihn anlächeln würde, so wie damals in seinem Versteck in Paris.

Doch dann erkannte er, dass der Schatten, der sich in die Kammer schob, nicht zu einer Frau, sondern zu einem Mann gehörte. War etwa einer der Boten zurückgekehrt? Oder gar der erste Templer? Unmöglich, befand Lermond. Nicht nach so kurzer Zeit.

Mit einem Mal war er hellwach, und noch ehe er aus dem Bett springen konnte, beugte sich eine Gestalt über ihn. Ihr bleiches Gesicht erinnerte an eine Totenmaske, durch deren Schlitze kalte Augen starrten. Augen, die er spüren, aber nicht erkennen konnte. Ein Dämon? Der Teufel?

Sein Herz begann ihm abermals bis zum Hals zu pochen, doch dieses Mal schlug es vor Panik. Er war dem Feind also trotz all seiner Bemühungen nicht zuvorgekommen. Seine Widersacher, die beiden französischen Mönche, hatten auf der Lauer gelegen und jeden seiner Schritte beobachtet.

Und seine Boten? Waren sie den Verfolgern ins Netz gegangen? Unwillkürlich lauschte Thomas, ob er unten auf dem Hof das Geklirr von Schwertern oder das Geschrei von Knechten und Mägden hörte, die zusammengetrieben wurden. Aber alles war still. Es waren keine Bewaffneten im Haus, und wenn, so hatten sie noch nicht zugeschlagen.

»Was wollt ihr?«, fragte Lermond den Eindringling mit dem maskenartigen Gesicht, bemüht, seine Stimme forsch und selbstsicher klingen zu lassen. Er durfte keine Angst zeigen, sonst war er verloren. »Seid Ihr ein Dieb? Wollt Ihr mich ausrauben?«

Sein Gegenüber sog die Luft ein und lachte dann leise. »Ausrauben? Ich?« Der Fremde schien das komisch zu finden. Sein Gelächter wurde lauter; es klang fast wie der Gesang eines Mönches im Kloster. Dann hörte er schlagartig auf zu lachen und seine Miene füllte sich mit Wut und Hass.

»Der Dieb bist doch wohl du, Thomas Lermond! Du hast etwas gestohlen, was nicht euch Templern, sondern dem Papst gehört. Aber keine Angst, ich werde es finden. Und wenn ich den Tempelhof, mit allen, die hier leben, in Flammen aufgehen lassen muss!«